从查理大帝到乌克兰危机
为什么西方如此喜欢仇视俄罗斯

致命的偏见
——俄罗斯-西方的千年之战

Russie-Occident: une guerre de mille ans

[瑞士] 吉·梅坦 ◎ 著
Guy Mettan

侯艾君 ◎ 译

中国政法大学出版社

2018·北京

Russie-Occident: une guerre de mille ans
by Guy Mettan

Original publication: © 2015 Éditions des Syrtes, Genève, Suisse
The simplified Chinese translation rights arranged through Rightol Media
（本书中文简体版权经由锐拓传媒取得，Email：copyright@rightol.com）

版权所有，侵权必究

版权登记号：图字 01-2017-9130 号

序 言 | 对吉·梅坦先生大作的断想*

如果记忆无误，我是在巴黎的"俄罗斯文学节"期间，二月里的某天结识梅坦先生的。他当时是一位记者，是瑞士一家非常权威的《日内瓦日报》（Journal De Geneve）的报社社长和主编，现在则是"瑞士报刊俱乐部"（Geneva Press Club）的领导。此外，他还撰写了大量著作，同时还是一位政治活动家。我说这些，是为了让读者从一开始就明白，梅坦先生是一位学识渊博、严谨认真的人。他不是那种一嗅到某种政治动向就开始飞速炮制应景之作的记者。吸引我关注的并不是梅坦先生的书名——应该承认，书名令我感到异常沉重。该书的书名实际上由三部分组成：

《俄罗斯-西方的千年之战》
《恐俄症历史：从查理大帝到乌克兰危机》
《为什么他们如此喜欢仇视俄罗斯？》

令我感到沉重的与其说是书名本身，不如说是致瑞士读者的小标题（标题三）：《为什么他们如此喜欢仇视俄罗斯？》。在我看来，这种爱恨交织的情感是极为悖谬的，因而也令我极为好奇。同时，关于西方对俄罗斯和俄罗斯人

---

* 这是本书俄文版序言，本书从俄文版译出，由莫斯科鲍尔森出版社（Paulsen）2017年出版的修订版；俄文译者是玛利亚·阿宁斯卡娅（Мария Аннинская）；斯维特兰娜·布尔加科娃（Светлана Булгакова）。

的态度这一命题本身早已引发我的关注。总之，当梅坦先生请我为他的大作的俄文版撰写一篇序言时，我不假思索地同意了。

很多年前我曾随意翻阅一册非常出色的美国政治漫画，其中一幅令我至今记忆犹新：在一面展开的美国国旗下，一个蓄胡子的面目狰狞的人在爬行。他一手举着导火索冒烟的炸弹，另一手拿着刀，头戴一顶有护耳的帽子，帽子上写着"布尔什维克"——很显然，他是一个俄罗斯人。该漫画创作于1918年，这是对布尔什维克在俄国夺取政权——或者，取决于您的政治观点，是对伟大的俄国十月社会主义革命——的鲜明回应。但是，无论我们对该事件持何种态度、无论我们对其如何称谓，都不能回避这样一个极其重要的事实：该事件将世界平分为两部分，达80年之久。当时美国记者约翰·里德称彼得格勒发生的事件为"震撼世界的十天"。是的，世界无疑是被震撼了，甚至今天（2016年），因爆发革命而诞生的国家已消失25年了，但其留下的回声仍令世界震撼。

西方对苏联诞生的极其消极的反应是绝对可以理解的。我觉得——准确说，不是觉得，因为我对此有十足把握——问题并不在于犯罪的、反人类的斯大林体制，也不在于缺乏对起码的人权准则的遵守、"古拉格群岛"及其千百万受害者，不，问题并不在于此。我还要斗胆指出的是：实际上，对于西方来说——甚至不仅仅对于西方是如此——人权在过去和现在都首先是炮制社会舆论的政治工具。英语中有个术语：buzz word（热词）。该词很难恰如其分地翻译，我是这样解释的：就如巴甫洛夫的铃声作用于狗一样，这个词或词组作用于人之后，人就会流下口水。狗形成了条件反射：铃声——肉——流口水，多次重复之后就导致狗在听到铃声之后，哪怕没有肉也会流口水。我们人类与狗并无什么不同。只有在这种情况下，人权一词对于我们来说会成为"铃声"，这就是一种时髦词、热词、"铃声词"。

言归正传。实际上，对于西方来说，人权状况如何其实是无所谓的，我作出如此断言的理由很简单：亚洲、近东、非洲、拉丁美洲的绝大多数国家的人权状况都好不到哪里去，但是——请原谅我套用一句话说——西方并不真正为此牵肠挂肚。

序　言 | 对吉·梅坦先生大作的断想

我要引用一则道听途说的故事：美国总统富兰克林·罗斯福在谈及尼加拉瓜独裁者索摩查时说：索摩查或许是个龟儿子，但却是我们自己的龟儿子。*这段话是否确实出自罗斯福总统之口或出自另一位总统之口并不重要，重要的是：这段话高度准确地反映了西方对于神圣的人权观的无耻态度。如果破坏人权的是他们"自家"的"龟儿子"，那就看他的另一面；如果不是他们"自家"的"龟儿子"，那就……

你瞧，西方敌视苏联（请读作"俄国"，因为对于西方来说，这两个概念之间并无很大差别）并不因为那里的人权受到压制；西方持这种敌对态度是有十足理由的：这一新的政治体制在六分之一的地球上终结了私有制，并号召在所有地方终结私有制。想要绕道而行绝不可能。就如俄罗斯人试图绕过自己想要实现的东西一样，正是俄国人威胁了西方认为神圣不可侵犯的东西。因此，头戴护耳帽、手举尖刀和冒烟炸弹、在美国星条旗下爬行的狰狞男子被刻画为俄国人，正表达了美国人对俄国人的恐惧应该超过对黑暗的恐惧。

这里的引人之处在于：这种恐惧症并非理性，也无法证实是正确的，谈不到西方对"红色威胁"的恐惧。这种害怕并非恐惧症，而是对源自苏维埃俄国的威胁清醒评估基础上作出的反应；既然是如此迅速的反应，那么，无论如何都不能称之为恐惧症。但是，梅坦先生谈的是西方对俄"千年之战"，当然就完全是另一回事。作者认为俄罗斯-西方大战的根源在于基督教分裂为两部分：以罗马为中心的天主教和以君士坦丁堡为中心的东正教。但是，如果说罗马帝国的覆灭并未削弱罗马作为天主教中心的意义，那么，君士坦丁堡的陷落就将东正教"堡垒"果断迁到第三罗马（即莫斯科），成为神圣罗马帝国的对手、竞争者的，不是拜占庭，而是俄国。梅坦先生认为，这是最关键之处。

我认为，他是对的——但只对了一部分。在俄国-西方的对抗中，还有一些其他因素发挥了作用。其中我认为最主要的因素是：鞑靼-蒙古桎梏将俄国同世界的其他部分割裂达250年之久。让我们

---

* 实际上，这段话是当时的美国国务卿霍尔说的——译者注。

回想一下，在鞑靼-蒙古入侵之前，基辅罗斯与我们今天称为西欧的那些国家曾有着广泛的贸易关系；让我们再回想一下，甚至基辅罗斯本身在很大程度上也是留里克王朝建立的，而留里克代表了西方派别。最后，我们再回想一下：基辅罗斯大公的三个女儿都分别嫁给了法国、丹麦等国的君主。这一切无论如何都谈不到什么"恐惧症"、遑论俄国-西方大战。但是很快就在俄国和西方之间出现了一道帷幕——当然不是铁幕，但也是极难穿透之幕。从当时西方的角度来说，俄国似乎消失了，不复存在。过了近三百年后，鞑靼-蒙古桎梏已被打破，好奇、求财的商人们来到遥远的莫斯科公国，来到莫斯科公国之后，他们惊呆了。因为他们发现这个国家的居民虽然外表与他们相似，但规则秩序与他们迥异。特别是英国人查尔斯·弗莱彻（Charles Fletcher）写到这些内容，他是最早描述"古怪"的俄国人的作者之一。

有一次安德烈·康查罗夫斯基做客我的节目，非常尖锐地指出：我国的一切不幸就在于我们和他们长得太像了。比如说，如果我们是蓝色皮肤或花色皮肤，那么，"他们"西方人就不会期望我们做事与他们一样。安德烈·康查罗夫斯基继续说，"他们"西方人并不期望中国人、日本人、阿拉伯人、非洲人做事与他们一样。为什么不会期望？因为他们与西方人长相不同，因此对他们不抱希望。而我们俄国人与他们长相相似……

这种观点略有一点种族主义味道，但是不能不承认，无疑，其中有些地方说对了。在谈及恐俄症时，人们常常会引用古斯丁侯爵的著作《俄国在1839年》，而我觉得并不恰当。须知古斯丁前往俄国出于两个原因：其一，他想超过托克维尔侯爵，托克维尔的《论美国的民主》一书为其带来了不可思议的名气和荣誉，令古斯丁艳羡不已；其次，托克维尔到美国是为了弄清，为何民主制比君主制强大；而古斯丁去俄国是想以托克维尔为标靶，以俄国为例反证君主制相对于民主社会的优势。他是怀着最美好的愿望去俄国的，然而俄国的现实令其美好愿望成为泡影。以至于他难以置信地承认：如果要让我在俄国看到的一切与我极度鄙视的民主制之间作出选择，那么，我宁可选择后者。

序　言丨对吉·梅坦先生大作的断想

　　对我而言，最为重要的是要向读者传达一种思想：即俄国并非只是西方强加给俄国的非正义战争的无辜受害者；如果说西方"喜欢仇恨俄国"，那么，西方的这种"喜好"也并非不是空穴来风，何况这还是一条"双行道"。

　　但是，我所表述的观点丝毫不会贬低梅坦先生的大作的意义。在我看来，这本书妙趣横生、意义重大，因为作者观察的是此前没有任何人具体谈及的主题。我要强调的是：梅坦先生的著作是具体考证，而不是像今日俄国常见的那样泛泛空论：归咎于所有人，将一切都归咎于恐俄症已经成为这种论调的标准范式。梅坦先生的大作是一项立论严谨、论据充分的新闻调查，其所列举的事实无可争辩——尽管说，在我看来，一些结论恰恰很值得商榷。常言道：每个笑话之中都有笑话的成分。所谓无风不起浪。没有缘由的事物是压根不存在的。我并不怀疑，本书必将令许多人深思，重新看待许多重大事件，并对许多已被当成自明真理而接受的东西产生怀疑。

　　祝您阅读愉快！

弗拉基米尔·波兹涅尔

引　言 | "恐俄症"还是"俄国谵妄症"[1]？

> 当代西方的知识阶层（而知识阶层又是决定性的）实际上很不宽容——尤其是对于针对他们的批评很不宽容，整个西方的知识阶层都严格遵从主流趋势。诚然，对于遏制对手来说，起作用的不是棍棒，而是诽谤和经由财政权力的钳制。不信请看看美国那些光彩夺目的主流报纸上，满眼都是偏见和歪曲。[2]
>
> ——亚历山大·索尔仁尼琴《我们的多元主义者》，1982 年

本书既是本人多年职业经验积累的成果，也是对 2014 年乌克兰危机的回应。

从我在《日内瓦日报》（一份权威而且非常自由的报纸，现在已经不复存在）担任实习记者的最初几周开始，我就明白了：什么是双重标准，这种双重标准是西方报刊和西方国家领导人对待不合他们口味的国家和政治体制推行的。1980 年春，我刚刚适应新工作岗位，在日内瓦正好

---

[1] Русофолия 是作者自创的新词，听起来就如法语中的 fobia 和 folie 的合音。Folie 意为疯狂、偏执、躁狂、谵妄——编辑注。

[2] 索尔仁尼琴写下这段话时已经是从欧洲移居美国之后了。在判断美国媒体的时候，他无疑指的是整个西方媒体——包括欧洲媒体和美国媒体。而在出走苏联之后的最初几年，他是在欧洲度过的——主要是在瑞士度过。

召开了"世界反共主义联盟"〔3〕大会。当时是休息日,天气很好,资深记者都不愿意去参加其活动,于是就把我这个实习生派去。欢迎会上汇集了世界上最凶恶的独裁者和刽子手奥古斯托·皮诺切特及阿根廷将军们的代表、韩国人以及其他亚洲独裁政权的代表,人数众多。所有人都对自己身着便装感到极不自然,就如一些廉价连续剧里的主角一样,用墨镜把眼睛遮掩起来,但是我觉得,从他们的额头还是能够看出此前戴军帽留下的勒痕。回到编辑部之后,我如实地阐述了自己的所闻所见,因为当时是星期天,谁也没有读我写的材料,文章正常发表了。

第二天早上,我的上司们简直惊慌失措到了极点!我被叫去严厉地申斥一番。我哪里会知道,该报最大的股东之一正是这个"世界反共主义联盟"的代表?我应该明白的是:独裁政权是各不相同的,独裁政权与独裁政权之间也互不相容。有一些是好的独裁政权,其领导人是亲西方的将军们;还有一些是坏的独裁政权,他们肆虐于俄国和东欧。也不能说,"独裁者将政治异见者投入监狱、拷打政治犯",应该换一种方式表述:"这是自由世界的捍卫者,他们保护这个世界,防止其被共产主义病毒传染。"

这是我的第一个教训。

数年之后,1985年11月19日,里根和戈尔巴乔夫在日内瓦举行首次会晤。这是自从越南战争、苏军开入阿富汗、东欧国家部署美国中程导弹,以及罗纳德·里根于1983年3月提出战略防卫倡议之后,东西方领导人举行的首次会晤。此外,第一次从俄国来了一位年轻的国家首脑,并且携自己漂亮不俗的夫人,这位夫人立即登上了各大杂志的油彩封面,而她本人也因这种梦幻般的知名度而感到兴奋。那一天我刚满29岁,至今我还清楚记得充溢我内心的希望。同时我也始终感觉到,当时所发生的一切都那么反现实。两大阵营的领导人实现了会晤,我因此而发现真正顽固不化的,恰恰不是那个人们预料其会顽固不化的领导人。

---

〔3〕 现在称为"世界自由民主联盟",成立于1966年的世界性极右翼组织,目标是用一切可能的手段"遏制和排拒"共产主义——编者注。

立场最灵活、最愿意作出让步和意识形态牺牲的（哪怕是迫不得已），不是美国总统，而是苏联总书记。对于戈尔巴乔夫来说，条约比金钱都昂贵。他不明白的是：对于里根来说，条约仅仅是一个过渡阶段，而西方法学家嚷嚷的"法治国家"无非是一些漂亮辞藻。首先，国家附着于什么之上？要知道，国家并非某种根深蒂固、静止不变的东西。其次，法制也不是一蹴而就、永恒不变的，恰恰相反，在选择走上一条迂回曲折、不可预测的道路时，法制是随着统治集团的利益，以及特定历史时刻占主导地位的智力趋势的变化而不断变化、摇摆不定的。西方国家的法律体系完全是遵循盎格鲁-撒克逊人的精神，与其说反映了原则，不如说是反映了特定的形势。

实质上，对于西方来说，法律是一个不断变化的概念。仅仅对于当下有迫切意义，因为明天可能就已经陈旧过时了。法律仅仅是便于发动战争或通过非战争手段夺取新领土，法律本身并非终极目标，而是符合一条众所周知的公理："我的永远是我的，你的是不是属于你尚待讨论。"戈尔巴乔夫始终不明白这一真谛，最终于1991年重犯错误：作为对北约不将军队开入东欧的口头承诺的回应，戈尔巴乔夫将苏军撤出东欧。几年过后，整个东欧都被北约掌控，北约甚至已经直抵格鲁吉亚和阿富汗——远离北大西洋数千公里之外的土地。于是我就明白了：良好的愿望极少能够导致正确的政策。

这是我的第二个教训。

萨拉热窝的良好愿望

柏林墙倒塌之后四年，1993年9月，作为《日内瓦论坛报》(La Tribune de Genève) 的主编，我与各国记者组成的代表团一起前往萨拉热窝。此行的目的是捍卫《解放报》(Oslobođenje) 的独立性，保护其免遭塞尔维亚人的侵犯。在此期间，美国和欧盟已经在民族自决权的口号下决定变更现有国界，挑动南斯拉夫联盟分裂，与此同时却很少关心组成南斯拉夫联盟的各民族的意见。"边界不可侵犯"一词还没有进入西方的语汇，因此，所有人都觉得，重塑从捷克到马其顿的中欧地图，破坏至今住在同一屋檐下的各民族联盟是绝对正确的。而这已经是乌克兰和克里米亚的事件迫使西方法学家完全用另一种说法解释国际法之前很久的事了。

例如，1993年，一批权威的巴黎知识分子和法国乃至欧洲报刊的显赫人士定了调子。当时他们众口一词地叫嚷要干预冲突，而且必须阻挡"塞尔维亚野蛮人"的权力。历史已经表明，这些预言注定要在斯雷布雷尼察变成现实。而在1993年，塞尔维亚人就如所有其他人一样，仅仅是一些好战的民族主义者，不更好、也并不更坏，签订一个国际协议、和平公正地解决这次冲突、避免流血冲突也还不晚。于是乎，我们穿上防弹衣、戴上安全帽，前往报社大楼——经过炸弹袭击，已经处于半毁灭状态，该报成为反抗"野蛮人"的象征物，成为记者独立性的支柱，以及多民族国家理想的保卫者。有人安排我们与记者们，以及留在编辑部里的几名塞尔维亚人和黑山人会见，他们被波斯尼亚穆斯林军官们团团围住。自然，他们作为"我们的祖国"为我们演示了所有我们想要从他们那里听到的东西，所有人都感到很满意。所有人甚至都没有想过，我们其实是在帮助波斯尼亚总统伊泽特贝戈维奇做宣传。此人于1970年出版了《伊斯兰宣言》并积极地将伊斯兰教移植到波斯尼亚。

观看这出"喜剧"之后，我决定乘坐联合国驻南斯拉夫保护部队（FORPRONU）〔4〕的首次航班飞往意大利。《解放报》是萨拉热窝最大的报纸，此前一直体现了独立和多民族理想，现在已经变成了政治讽刺画报，开始表达波斯尼亚的利益，并发起宣传——当时还没有称之为穆斯林的宣传。我们作为记者，试图捍卫被粗暴践踏的自由，却成为一个阵营反对另一个阵营的帮凶。我们被打造成一件战斗武器。作为记者的我们，本应该不偏不倚地倾听冲突各方意见并揭穿骗局。我们已经忘记，要让真理获胜，必须首先让全部真相发声；报刊应该避免道德说教，因为这些道德说教常常会掩盖那些自身不想被提及的人在其中的利益。

这是我的第三个教训。

---

〔4〕 联合国驻南斯拉夫保护部队，负有在南斯拉夫境内的维和使命，1992年~1995年间在南斯拉夫境内活动。

第四个教训比较具有私人性质。1994年，就在因苏联解体而导致的危机至高峰时刻，我有机会收养了一个俄罗斯女孩。她出生在苏兹达尔，名叫奥克萨娜，我们是在距离莫斯科180公里之外的弗拉基米尔幼儿园得到她的。当时她刚满三岁。我们去领养她的时候是在一个阴郁的十二月的日子，风雪怒吼。这是我生平最为激动人心的事件。最终，按照叶利钦时期通过的法律，我获得了俄罗斯国籍。这就完全改变了我对俄罗斯的态度。如果说，以前支配我的是对后共产主义时期这个国家会发生什么事件感到好奇，那么，现在我感觉到自己在参与这个国家所发生的一切。我得出一个结论：要不偏不倚地判断这个国家——就如判断任何一个其他国家一样——必须不再仇视她，而是要开始对其有深入体验。

这就是我的第四个教训。

置身这种全新的优越位置，我开始消极看待我的同事们对南斯拉夫和俄罗斯所发生事件所作的报道。当我发现，西方媒体用如此多的偏见、成见和一些陈词滥调影响大众的看法时，我犹如被雷电击中一样感到震惊。我在世界各地旅行得越多，就越多地看到，将西欧和俄罗斯区隔开来的误解鸿沟就越深。

索尔仁尼琴：一个极度热爱俄罗斯的人

在20世纪90年代，西方对索尔仁尼琴的态度令我感到惊讶。我们几十年如一日地出版他的著作，赞颂他，在他的头上罩上一圈持不同政见运动先行者的光环。当他开始批评共产主义俄国时，我们把他捧到了天上。而当他移民，且不再参与反共座谈会，宁可一个人待在威尔马特工作之后，西方媒体和大学都开始对他反戈一击。

他们的偶像开始不再符合他们为其塑造的形象，他开始妨碍他们的学术生涯和记者生涯。当索尔仁尼琴返回俄罗斯，奋力捍卫受尽屈辱、惊慌失措、被廉价拍卖了的祖国，提高了反对"西方派"和自由-多元主义（他们为了从资本主义的食槽里叼一块肥肉而抛弃了俄国）的调门时，西方就放出所有恶犬对他狂吠。对于西方来说，他已经成为一个发疯的老头——尽管说，实际上他恰恰从未改变，他开始以同样的热情批评市场极权主义造成的恶果，正如他曾以同样的热情批评共产主义极权制度造成的恶果一样。

他被诋毁、被蔑视、被泼脏水，这么干的正是以前欢迎他早期言行的那些人。他竭尽全力反对的是这个世界最强大的那些人，他们试图堵住他的道路；而他捍卫的始终是同一个理念：他是俄罗斯的一座山。由于他笔锋一转针对曾经热情接待他的西方而不被谅解——西方认为，作家至死都应该感谢他们；尽管说，索尔仁尼琴永远做的只是一件事情：履行自己的职责。一日为持不同政见者，终生为持不同政见者——这就是他的座右铭。必须记住这一点。

很快又发生了另外一些事件，令我变得慎重起来。事情发生在叶利钦统治初期的1993年，整个西方媒体都在鼓掌欢呼，观看坦克如何轰击议会；后来，俄罗斯最知名的几位物理学家被迫关闭实验室，在麦当劳卖汉堡，因为他们已经没钱付房费了；然后，西方的"专家"们为伊斯兰恐怖分子辩护，这些恐怖分子在车臣对俄罗斯人打游击，杀害了几名人质；然后，这些恐怖分子炸毁了纽约的"双子塔"，对西方切断了来自东方的石油；"专家"们从内心深处感到气愤。此外，我们的大众传媒掌控着后苏联的寡头们，而寡头们控制了本国的自然财富，为的是以后能够"为了民主和贸易自由"而将这些自然财富卖到西方；实际上却是用聚敛的钱为自己买个英国足球俱乐部或参加总统竞选（情况与此大致相似的是乌克兰，例如，季莫申科就是这样获得总理职位的）。

这种不分青红皂白的判断，双方只获取关于对方的讽刺画式的、阉割过的信息，无论对于俄罗斯还是西方来说，都是极为不利的。例如，2014年在基辅独立广场（马伊丹广场）爆发了骚乱，最后演化为一场国家政变，然后又变成一场内战，西方媒体对此的反应是又一场针对俄罗斯的歇斯底里。于是我就明白了：我不能沉默，不能对指责者们（他们认为，攻击俄罗斯的动机是必须回击俄罗斯的"宣传"）的歪曲性言论不作回应。

我希望，即使不能摧毁偏见的藩篱，也要尽力使其变得不再不可逾越。我开始着手撰写这部著作，深入到复杂难解、扑朔迷离、引人入胜的历史深处，考察西方对俄罗斯的扭曲观念是何时产生并形成的。我的考察是从查理大帝与拜占庭帝国关系决裂的时代开始的。

恐俄症牢固植根于西方政府和西方的报刊编辑部中，今天已达到歇斯底里和丧心病狂的地步，但却并非某种永恒不变的东西。我在本书中偏偏要努力表明这一点，本书的唯一目的就是说服读者，并非一定要仇视俄罗斯，而要与其对话。

顺便还要明确一下（尽管说这也是自然而然的事情），本书无论在任何情况下都并非为了反对西方。理解西方仇恨俄罗斯的根源，绝不意味着要否定诸如民主、自由和人权这样一些文明成就——这些文明成就是西方从法国大革命时期就开始努力捍卫的；也并不意味着对普京政府有任何兴奋之情。批评西方的不恰当政策，绝不等同于为俄罗斯的失策开脱。

因此也不应该认为，似乎您手中拿到的这本书是一件针对美国和欧洲的防弹衣，如一面镜子般复制了俄国媒体很典型的双重标准战略，将"好俄国"与"坏西方"完全对立起来。本书作者的任务是：考察西方与俄罗斯之间复杂的关系发展史，向千千万万俄罗斯人致意，在25年的时间里他们试图在本国建设民主制——但并非外部输入的民主制，而是从内部赢得的民主制；恢复被私有化进程摧毁了的经济；令其未来变得可能：这种未来也不应是外国强加给他们的，而是俄罗斯历史本身的延续。

总之，如果本书有些地方不留情面地批评了大众传媒，那么这绝不意味着写作本书是为了反对记者们。全世界有数十万记者在报刊编辑部真诚地工作，但是，他们自身也明白，在面对媒体主人时是何等无助和脆弱，他们无力保护自己免受权势力量、经济机构和政治领导人的压力。以2016年的记者们为例，他们经常会担心失去工作，他们无力抗拒政治正确的要求和通讯社的规定，他们被迫提交自己的材料，以免与现有观念和统治集团的期望相矛盾。记者们的时间很少，独立性有限，他要服从于习惯性力量和融入大众的鼓舞人心的感觉。在这方面，记者们与那些政治家相似：对于他们来说，单独做一个正确者，在政治上就等于死亡；而做一个不正确的人——但是与所有人一起做不正确的人——至少能够确保其政治生命。

如果我的书能够表明，从过去时代沿袭下来的成见并非不可克服，同时还能帮助阻止这种隐形的大战、持续千年的不睦（这种不睦会从内部耗尽西方，令其丧失自身的一大部分），那么，本书就算是达到了目的。如果从侧面审视自己，我们最终就应该明白：西方并不仅仅是美国和欧洲——就如戴高乐将军所说，甚至也不仅仅是从葡萄牙到乌拉尔的广大土地——不，西方从大西洋一直延伸到太平洋。

本书由三部分组成。第一部分用大量具体例证表明，西方先入为主的反俄情绪有多么强大：本部分的第一章是专门讨论恐俄症的。第二章谈的是在不久前发生的事件中各种具体的恐俄症表现，诸如乌布林根空难、别斯兰劫持人质事件、奥塞梯战争和索契冬奥会。在第三章您可以了解到，在乌克兰危机期间，西方媒体没有公正地陈述事实、没有对事件进行思考、没有表述与官方说法矛盾的观点。

本书第二部分讨论导致对俄罗斯仇恨的历史、宗教、意识形态和地缘政治方面的原因，以及这种仇俄情绪的表现形式。本书考察了欧洲不同民族在13个世纪里——准确说，是从查理大帝获得罗马皇帝宝座的那一刻开始的仇俄历史。从查理大帝与罗马教皇之间的皇帝与教会的权力争夺直到法国人、英国人、德国人以及美国人的恐俄症的产生。这种不和最终发展为西方对俄罗斯持续千年的争斗（诚然，为了公正起见，应该说，俄罗斯也曾以同样方式回敬西方）。

本书第三部分讲述了现有的仇俄方法：创造一种专门语言，被学术界和媒体运用；其次是把弗拉基米尔·普京塑造成一个邪恶英雄的形象，将这一形象写入传统神话中；按照这种神话，可怕的、毛茸茸的俄国熊将听从自己的主人，威胁整个欧洲。本书还从这些深刻观念的角度出发，分析了包括乌克兰危机在内的许多时事，表明：如何能够动员欧洲的"软制度"，对付随时准备吞吃"纯洁、无辜"的欧洲的"恶意"的俄国。

最后，在结论中我将表明：西方之所以绝不接受俄罗斯的异类特质，是由于西方的自我意识还没有最终形成。欧洲被国界所阻隔，又经历了危机，需要一个俄国这样的敌人形象，才能感到自己是一个整体。为了找回自信，西方就如白雪公主的继母一样，时不时地要问问魔镜。但是俄国的魔镜与西方的魔镜不同，不愿意曲意奉承，而是不厌其烦地重复说，欧洲并非世界上最美好的国家，在东方的某处，在很遥远的地方，有另一个国家比欧洲要好得多。因此，本书是以关于白雪公主的具有讽刺意味的安排来结尾的，这是一种对维系俄罗斯和欧洲的极其深刻、错综复杂关系的滑稽比喻。

我自己非常清楚地意识到，我已触及了欧洲大学都努力避开的一个禁忌题目。我在本书中引用其著作的许多作者告诉我，他们被迫停止研究，因为他们的资助被取消了。我也完全意识到，我写的多半是一种新闻学报告，而不是学术研究，而这种学术研究是领导权威大学教研室的历史学教授才可以完成的。我给自己提出的任务是审视各种可能的假说，为进一步思考提供食粮——但本身绝不可能得出学术观点。

相应地，我也准备接受大学问家们最严苛的批评，他们会质疑我的研究成果中的每一点："无法证实的比较""过于大胆的概括"；而且，我还会触及许多意识形态理论，这些理论会用各种可能的手段证明：普京是一个残忍的暴君，俄国是一个邪恶帝国，是一个侵略成性的帝国，因而他们自身的行动只是"对俄国人的挑衅和宣传的自然反应"。

但是，据我看来，我已提前推卸掉对自己的部分责难，要避免做仇俄者所做之事：拣选那些能够强化"先入为主的立场"的事实和观点，对能够否定这种"先入为主的立场"的其他事实和观点则熟视无睹。认真阅读本书就可以证明：对我的这种指责是没有依据的，尤其是这种要求绝对脱离了实际。历史能够证明这些要求已经在集体潜意识中深深地扎根，许多世纪以来的仇俄历史能够证实我的推论。必须深入到历史的深处，才能找到导致这种不睦的起点。这是一种理念，认为西方仅仅对俄罗斯社会和俄罗斯国家最初的反西方和反美情绪负有责任〔5〕。

---

〔5〕参见 Anne L. Clunan,《The Social Construction of Russia's Resurgence: Aspirations, Identity and Security Interests》, Baltimor, *The Johns Hopkins University Press*, 2009. 及 Didier Chaudet, Florent Parmentier, Benoît Pélopidas,《L'empire au miroir: stratégies de puisance aux Etats-Unis et en Russie》, Genève, Droz, 2007. 以及弗洛朗·帕尔曼切（Florent Parmentier）为安德烈·茨冈科夫的著作撰写的书评：《Andreï P. Tsygankov: Anti-Russian Lobby and American Foreign Policy》, *Critique internationale*, 03.2010, NO.48.

此外，对于本书研究的每一件发生在俄罗斯的事件，我都将其与西方对其的反应和事件引发的批评，以及西方国家发生的类似事件进行比较。我也列举了西方独立专家对此事件给出的分析（这些分析被西方媒体和反俄专家故意忽略，绝口不提）。最后，当所发生事件的责任尚难确定时（例如，乌克兰事件），我仅限于提及：西方必然要对俄罗斯提出要求；而如果事件涉及西方，对相关问题就会缄口不提。因此，就可以说，这是西方强加给俄罗斯的一场持续千年的战争，又由于俄罗斯对西方采取了强硬反制措施而火上浇油——须知任何战争都需要有互相打斗的双方！

实质上，恐俄症与法国人的仇英和仇德不同，而与"反犹主义"可以相提并论——当然，二者也远不是一码事。如反犹主义一样，恐俄症并非因一定的历史事件而导致的临时性现象。就如反犹主义一样，恐俄症首先植根于大脑中，而不论恐俄症的对象本身的实际行为如何。就如反犹主义一样，恐俄症也竭力将所仇视对象的个别消极属性上升为一种原则。在我们研究的本案例中，具体指的是诸如野蛮、专制、领土扩张。这样，对一个民族的仇恨似乎就是对的。

恐俄症也有一些宗教根源，而此现象的时间范围很难确定。宗教不睦在遥远的时代就已产生，随着历史和政治情境的变化，时而沉寂、时而再次爆发。有时候突然沉寂，经过数代人之后，由于某种神秘原因，突然加剧。有时候也会突然消亡，意外地让位于相互好感和赞叹。随后又发生了某一突发事件，对立双方的意图都被误解，言论被错解，产生了某种盲目的谣传，爆发了边境冲突，仇恨取代了友好。

归根结底，就如反犹主义、反穆斯林主义、反美情绪一样，对俄罗斯的反感也有牢固的地缘政治基础。恐俄症具有各种形式，浸淫各个民族和不同的文化，在不同的历史时期散布，在天主教和基督教新教势力强大的北半球扎根。但是，亚洲、非洲和阿拉伯半岛从未表现出仇俄情绪；至于说中国人和日本人，他们与俄罗斯有领土冲突，且曾经多次引发战争，但是他们从来没有仇俄情绪，甚至他们的语汇中并无相应的字眼。

美国与俄国接壤，表面上看从未爆发过战争，在两次世界大战中美国还都是俄罗斯的盟友,但是,美国在国家层面上却对俄罗斯怀有前所未有的仇恨。我们试图在本书中努力解开这一谜团。因此,应该心平气和地看待本项研究,应该将其视为对新领域的初次实验,需要补充、发展和继续,应该斩断这一妨碍整个西方世界发展的死结。

想要悉数感谢在写作本书过程中曾经帮助过我的所有人是不可能的。我想首先要感谢的是我的瑞士出版商谢尔扎·德·帕伦,他心灵相通地看待我的研究主题,并且为我提供了一切可能的索引资料和文件。我也想感谢所有在我写作过程中支持我的作者们;我要感谢在研究仇俄问题的道路上的先行者们;而这些先行者们有个重要细节是:他们都是美国人或英国人。盎格鲁-撒克逊人将他们的恐俄症提升到高度学术性和有效性,然后又开始冷静分析和批判之,以撰写学术著作来为其探索作结——这些学术著作符合最严苛的学术要求和规范。应当对其作出应有的评价[6]。

对下面这些人士,我负有无法偿还的债务:阿根廷的艾泽科勒·阿达莫夫斯基女士、琼·豪斯·格里森、特洛伊·派多克、安德烈·茨冈科夫、马歇尔·坡、斯蒂文·科恩、费莉西塔斯·马吉尔克莱斯特、雷蒙·塔拉斯、伊维尔·诺依曼、保罗·桑德斯,他们就各种形式的恐俄症写了许多引人入胜的研究性著作[7]。在我身边的人中,斯洛博丹·德斯波特、马克·德斯波特、埃里克·霍斯利、加布里埃尔·哈里斯、乔治·尼瓦对我帮助很大。他们给我提供了无可估量的建议,或给出了十分有益的批评意见。此外,法国《世界外交论衡》杂志、雅克·萨皮尔的博客以及更具有反对派色彩的路易斯·萨查尔的网页也对我帮助巨大,他们总是提供最新消息。

最后,我想把我的这本书献给我的同道,作为记者,他们不顾

---

[6] 您可以在本书各章节都找到对这些作者著作的引述,尤其应该指出的是芬兰的恐俄症的研究者海基·罗斯塔里宁:Heikki Luostarinen,《Finnish Russophobia: The story of an Enemey Image》, *Journal of Peace Research*, 26.02, Oslo, *Sage Publication*, 1989.

[7] 雷蒙·塔拉斯用了"色盲症"(Hypopsia)一词表示西方对俄罗斯的恐惧、不信任、疑虑,参见:《Scapegoating Strangers: Contemporary Politics of Fear and Hypopsia in Europe》, School of Social and Political Science. *University of Edinburg*, 04.2015. 还是恐俄症这个概念更易于理解。

横亘在道路上的艰难险阻，永远都努力保持公正和良知，善意地继续履行自己的职业使命。我也想对2015年里被杀害的64位职业记者、媒体的6位其他工作人员、19位博主致敬[8]。他们的例子提醒我们，为了言论自由，不仅可能有外部敌人会对我们报复，威胁也可能来自你我共有的世界的内部。

---

[8] 数据引自"记者无国界"组织网页：www.rsf.org.

目　录
CONTENTS

序　言　对吉·梅坦先生大作的断想 / 001
引　言　"恐俄症"还是"俄国谵妄症"？ / 006

第一部分　偏见的力量

第一章　恐俄症，或其他民族眼中的俄罗斯 / 003
第二章　巴甫洛夫之犬或对俄罗斯的条件反射 / 016
第三章　乌克兰2014：记者们不会提出的问题 / 047

第二部分　恐俄症简史

第四章　从查理大帝开始的宗教战争 / 081
第五章　法国的恐俄症和关于亚洲专制的神话 / 115
第六章　英国的恐俄症乃是一种"帝国控" / 151
第七章　德国的恐俄症：从"生存空间"思想到否定民族记忆 / 178
第八章　美国的恐俄症，或自由专政 / 215

第三部分 恐俄症的使用方法

第九章　反俄新语汇的单词和句法 / *253*
第十章　恶棍形象或恶熊神话 / *284*

结　论　共存，多极化与和平 / *310*
附　反神话：《俄罗斯-怀特与邪恶女王的故事》/ *318*
吉·梅坦的恐俄症新导航图 / *328*

第一部分

偏见的力量

第一章
恐俄症，或其他民族眼中的俄罗斯

> 西方国家的苏联问题专家与中国问题专家有何差别？差别在于：中国问题专家喜欢中国，而苏联问题专家仇视俄国。
>
> ——俄罗斯笑话
>
> 如果所有的罪恶都可以归咎于俄罗斯，干嘛因为一些小事骂人呢？
>
> ——谢尔盖·阿尔梅伊斯科夫，
> Russian Universe Blog 博主[1]

应该用什么样的尺子衡量俄罗斯？如何描述这个谜一样的国家？近五百年里踏上过俄国土地的所有旅行家、外交官和评论家、间谍和记者都曾提出过这样的问题。但是，他们对于这些神圣性问题并未找到答案。

俄罗斯人自己也无力回答这些问题，尽管每一代新生的俄国人都试图重新弄清：什么是俄罗斯？俄罗斯人不惜代价地试图确定：他们是欧洲人还是亚洲人。这个问题没有答案。一些思想家断言，俄罗斯人从心灵上属于欧洲，但需要根除内心残留的鞑靼特征。另一些人则与此相反，努力强调自己根植于亚洲草原的斯拉夫特质。任何一方都无法说服对方。无论是试图到欧洲洗靴子的西方派（但

---

[1] Sergey Armeyskov,《Russophobia. The discret charm of Cultural racism & the legacy of hate》, blog《Russian Universe. Understanding Russia with native Russian speaker》.

是西方把他们推开了),还是斯拉夫派及其后来的后继者欧亚主义派,都继续珍视关于特殊、纯粹、不受影响的俄罗斯灵魂的神话。没有一方能够占上风是由于一个简单原因:他们的理论都很片面,俄罗斯既不是欧洲,也不是亚洲。准确地说,俄罗斯既是欧洲,同时也是亚洲。

但是,如果说俄罗斯既不是欧洲也不是亚洲,难道说这就是应该仇恨俄罗斯的理由吗?就应该被绝大多数西方记者和专家刻画成野蛮、专制、蒙昧,在领土扩张方面永不餍足的桥头堡吗?也许您自己也会回答说:不。而如果说俄罗斯是如此难以理解,这绝不意味着,可以将其用这种讽刺画的方式刻画出来,用歪斜、充满成见和反俄宣传定式之镜看待她;何况,这些反俄宣传品的作者们自身宁可待在阴影里。而偏偏这种情形每天都发生在绝大多数使馆、期刊生产商和大学中。

发生这种情形的原因是什么?这种恶意来自何处,为什么偏偏针对俄罗斯?须知西方世界无论如何汲汲于自身的优越感,也从不允许自己以这种立场看待他国——比如说,这样看待中国;甚至也不能用这种立场看待东方——西方对其已经批判很多,并且往往将其讥笑为异类特质的来源。[2]

问题是:俄国不同于中国、美索不达米亚和埃及,并不是数千年文明的发祥地,没有远在西方之前很久就发明了文字;耶稣也并没有出生在这块土地上,《圣经》也不是在此地写成的。相反,在他们看来,俄国似乎是一片寒冷、荒蛮、广阔无垠的平原;冰冻、荒漠的平原。不指责俄国落后、没文化、野蛮,又该指责谁呢?

俄国既像西方又不像西方

在对待俄国的观念中还有一个陷阱,就是:俄国乍看起来似乎与西方很相似。已在俄罗斯的卡累利阿生活25年的波兰作家马里乌

---

〔2〕 关于东方主义和西方对东方的扭曲刻画,爱德华·萨伊德曾经撰写过著作《东方主义》。Edward Said,《L'Orientalisme. L'Orient créé par l'Occident》, Paris, Seuil, 1980.

第一章　恐俄症，或其他民族眼中的俄罗斯

什·维尔克指出：没有什么比俄国与欧洲似乎很相似这种感觉更具有欺骗性的了。[3]

在这里，一切事物的体量都不同，宗教礼仪另类，国家制度蒙昧……需要指出的是：任何其他民族都不像俄罗斯民族一样声名狼藉。因为其他民族都不如俄罗斯人那样与欧洲人外表相似，但实际上却完全另类。无论是 16 世纪还是晚近，西方没有人着力从内部认识和理解俄国的现实。

因此，几乎整整五个世纪，西方都机械重复着 15、16 世纪最早踏上俄国国土的欧洲人的判断和结论，而不去纠正其中的误会和错误。[4]维尔克指出，甚至像他的同胞雷沙德·卡普辛斯基这样经验老到的作家、旅行者都不能摆脱类似误区。[5]卡普辛斯基写下了旅行札记，讲述自己在 1938~1939 年间游历苏联帝国的情况，凸显一些事件和细节的同时，也会隐去一些不符合其构想的事件和细节……

我要从这些互相歧异的刻板印象中引述一些能够证明俄国的"蒙昧性"，且从早期旅行家那里沿袭下来的刻板印象，而这些刻板印象被乐此不疲地一直重复到 21 世纪——尽管共产主义思想已经消亡 25 年了。

例如，俄国人似乎生性残忍、粗鲁、凶猛，他们强迁、凌辱甚至消灭少数民族和宗教少数派（例如在两次车臣战争期间）。千真万确，俄罗斯人——不过，就如所有民族一样——在危险来临时并非那么循规蹈矩。但是，如果要估算一下，在近 25 年里，有多少无辜的受害者在关塔那摩的监狱里被刑讯逼供，由于无人机瞄准失误，

[3] 马里乌什·维尔克（Mariusz Wilk），作者著述很多，在这些著作中他讲述了在俄罗斯的生活：1999 年出版《狼的笔记本》（《Волчий блокнот》），2006 年出版《奥涅日湖上的房屋》（《Дом над Онего》），2009 年出版《北方驯鹿的足迹》（《Тропами северного оленя》），2010 年出版《搬运》（《Волок》），2012 年出版《野鹅之路》（《Путем дикого гуся》）。所有著作都用法文在洛桑 Noir sur Blanc 出版社出版。

[4] 参见本书第五章内容。

[5] Ryszard Kapuscinski,《Imperium》, Paris, 10/18, 1999.

在索马里、阿富汗、伊拉克、利比亚和叙利亚有多少平民被杀死？难道说，这些恶行与俄罗斯在格罗兹尼所做的一切相比，不是有过之而无不及吗？为什么我们在谈及上述受害者时就三缄其口，而一谈及俄罗斯就拉响警报呢？

斯大林将好几个民族整体流放到了无水的中亚荒漠，这当然是可怕的罪行。那么，西班牙、葡萄牙、法国和英国将2800万非洲人贩卖为奴算是什么？难道是环球旅行社慷慨赠送的开心之旅吗？〔6〕但是西方从未想过，应该为自己对人类犯下的罪行正式道歉。

西方的记者们乐此不疲地回忆起俄国人实施的镇压和迫害，为何却会忘记自己的可耻历史。他们也没有放弃揭露俄国人的扩张主义，这种扩张性似乎是在俄国人骨子里就有的，是的，俄罗斯帝国当然不是靠卖黑鱼子酱和说甜言蜜语长大的——对这些事实谁都很难反驳。可是，难道说，在美洲、非洲和澳大利亚的原住民的耳中，子弹呼啸就是什么甜美的音乐吗？是的，你不会羡慕沙皇俄国千百万农奴的命运——到1861年，沙皇亚历山大二世才赐给他们自由。可是，难道说，美国黑人奴隶的命运比俄国农奴有什么地方更好一些吗？数千万黑人被驱为奴，一直持续到1865年为止。后来，又经过一百年，直到马丁·路德·金出现，美国的种族歧视才告终结。

作为以前数个世纪的俄国殖民主义的继承者，苏联于1991年崩溃，这是一个非常痛苦的进程。可是，有哪个殖民列强会欢欣鼓舞地放弃自己的前殖民地？比利时人消灭了多少刚果平民？法国人杀死了多少马达加斯加和阿尔及利亚的居民？英国军队杀死了多少肯尼亚"茅茅"起义者和印度的西帕依人？英国殖民者消灭塔斯马尼亚的黑人又该怎么说？到1830年杀死最后一个土著为止，这些人已被完全灭绝。法国军队在阿尔及利亚的农村电击拷打当地人又是怎么回事？而这已经是斯大林"大清洗"之后二十年的事情了！这又如何与法国的文化和人道使命相关联的呢？

---

〔6〕 http://terengaweb.com/quell-est-le-bilan-humain-de-la-traite-negriere.

第一章 恐俄症，或其他民族眼中的俄罗斯

为什么可以原谅法国和德国，却不可以原谅俄国？

俄罗斯至今都没有停止声讨斯大林的罪行，而其时，法国军队的罪行却已经被遗忘，德国也已原谅了纳粹的骇人罪行。在这种情况下，没有谁想记住：苏联是人类历史上唯一一个未经反抗和战争就解散了自己统治之下的各民族的帝国。1991年，在几个月内，15个国家获得了自由和独立。类似情形我们还在哪里见过？

当莫斯科试图保护德涅斯特河沿岸共和国的俄语居民以及奥塞梯和阿布哈兹的少数民族时，所有人都感到愤怒，认为是俄罗斯试图恢复从前的强国地位。但是与此同时，格鲁吉亚人对奥塞梯人和阿布哈兹人的惩治，以及生活在摩尔多瓦的俄罗斯人面临的前景（他们被切割成了多个小块）令哪个欧洲人感到生气了吗？有谁会想到应该保护巴库或纳戈尔内-卡拉巴赫地区的亚美尼亚人免遭因民族原因策动的血腥屠戮了吗？结果是，保护少数民族免遭俄罗斯人迫害成为高尚使命；而当这些少数民族在本国割下其他民族的头，或者排挤他们、践踏他们的权利时——就如波罗的海国家发生的事件那样，怎么，难道我们应该为他们鼓掌喝彩吗？

同样的情况也涉及有组织犯罪。法国评论家皮埃尔·科涅萨曾经著文论及此问题：[7]

意大利犯罪组织给环境造成了巨大损害，因为那不勒斯的蛾摩拉收购废料，位于卡拉布里亚的光荣会收购欧洲的死尸。但是有人却让我们相信：最危险的黑手党是俄国人！罗贝托·萨维亚诺因为写了一本书《蛾摩拉》*而被威胁要对其惩治，不知为何，却没有人

---

[7] 皮埃尔·科涅萨：《臆想一个敌人：像俄国那么干》（Pierre Conesa,《Lafabrication de l'ennemi：le cas russe》, Liberation, 31.12.2009）。参见《混沌之术：布什主义及其传播以及恐怖主义》（《La mecanique du Chaos：bushisme, proliferation et terrorisme》）. Paris, Aube, 2007. "布什主义"是个政治笑话，指的是美国总统乔治·布什说话时语无伦次、语病百出。尤其指他说假话和处于窘境时——俄文译注。

* 罗贝托·萨维亚诺的著作已经出版了中文版，名为《蛾摩拉：一位意大利反黑记者的卧底人生》，人民文学出版社2010年出版——译者注。

对意大利政府提出类似要求。但是，对于杀害如安娜·波利特科夫斯卡娅、娜塔莉亚·艾斯特列米洛娃（2009年7月15日在印古什被枪杀）这样的俄罗斯记者和维权人士的案件，被指责的却是克里姆林宫。

当我们谈及俄罗斯的时候，我们是客观、公正的吗？

我们应该经常对自己提出这些问题。提出这些问题不是为了证明俄罗斯人是对的，而是要明白：他们是完全与我们一样的人，并不更坏、也不更好。在判断他人之前，先把自家屋子收拾整齐并无坏处。一些聪明人会正确地指出，不能用罪行来为罪行开脱。但是本书并不想为任何人开脱，本书只是要提醒大家，一个起诉案件，如果不给机会让被控方自我辩护并对不公正的判决提出质疑，只会损害司法程序。

因为西方自身以动机不良的标尺看待俄罗斯（尽管其不承认这一点），因而永远不会摆脱对俄罗斯的刻板印象和成见。西方不舍得下大力气努力理解俄罗斯，却把自己的观念强加给俄罗斯，就如印第安人将敌人头颅的尺寸减小到玩具那么大。对俄罗斯的仇恨变成了一种分析方法，成为西方看待俄罗斯的标准，其被当成了一个舒适的枕头，确保那些钉在其上的人能够获得学术成就和新闻成就。哪个记者、哪个研究者能够在揭露了双重标准和为俄罗斯正名之后，还能在西方升官晋职？

如何能够成为"理解普京的人"（Puting-Versteher）？[8]

这种冒险是前所未闻的。而在现有的情境下，在乌克兰危机的最高潮（危机迫使"西方"的热心捍卫者彻底丧失了现实感，而扮演了俄罗斯的捍卫者的角色——或者如德国人所说，扮演"理解普

---

[8] 德语词汇"理解普京的人"（Puting-Versteher），是德国人发明的词汇，几乎获得2014年"年度反语"头衔。类似反语还有"理解俄国的人"（Russianland-Versteher）——编辑注。

第一章 恐俄症，或其他民族眼中的俄罗斯

京的人"），这就足以得到一本"加注护照"，而且变更无望。想要理解是什么挑起了俄国的这种反应，并有意倾听一下另一方的说法（audiatur artela palte），仅仅是这样一个愿望几乎就会被西方的报刊主编、知识阶层代表和政治家们视为犯罪，而他们自己则还没等张口说话，马上就会传染上针对俄罗斯的、愤怒的"斥菲利浦篇"病毒。

怎么，难道不能同时既支持乌克兰，也支持俄罗斯吗？或者说，不能在近东地区同时既支持以色列，也支持巴勒斯坦吗？为什么必须要在二者之间选边站？还是说，我们必须要接受狂热的宗教立场，将世界划分成为好人和坏人，然后消灭一部分而安抚另一部分人吗？可我们是与纳粹打过交道吗？——那时，一个民族要求完全消灭另一个民族，完全否定其生存权利。要知道，现在在乌克兰发生的并不是20世纪90年代南斯拉夫那样的民族冲突啊。

如果我们认为以色列有生存权利，就如巴勒斯坦有独立建国的权利一样，那么，为什么与此同时却不承认乌克兰的东部和南部有权自行决定自己的命运（这种自行决定命运的权利也是乌克兰西部希望得到的）？何况，他们的语言和他们自身的存在都已经岌岌可危——当马伊丹人将政权夺取到自己手中时，情况就是如此。

还有一种危险潜伏在我们研究仇俄历史的道路上：将亲俄者从我们身边推开的风险，这种风险就如将俄罗斯人本身从我们身边推开一样。一如其他民族一样，俄罗斯人不喜欢被仇恨，亲俄者与他们在这方面并无二致。

从伏尔泰时代到戴高乐时代，人们经历了发现19世纪杰出的俄罗斯文学作品和对斯大林的热爱，再到热心支持苏联的反共主义持不同政见的运动时代。喜欢俄罗斯的人无论过去还是现在都有，我们对他们怀有深深的敬意。对俄罗斯的热爱之情丝毫不比对俄罗斯的仇恨更年轻，但是很遗憾，这种对俄罗斯的热爱很少遇到。西方（大学、报刊、文学界人士甚至异类的政治家）有时候会对俄罗斯抱有好感，但是这种时候总是很短暂，一般从几十年（如法国）到几年（如英国）。

英国对俄罗斯人萌生热爱有过两次：1812年到1815年间以及

1904年到1917年间。美国人对俄国怀有热爱之情持续了四年：1941年到1945年，当时需要击败日本和法西斯德国。在欧洲，热爱俄罗斯的是服膺共产主义思想的人，这种情况发生在第一次世界大战到第二次世界大战之间，以及1945年胜利之后。到了21世纪，情况就严重恶化了。善意看待俄罗斯的人只是极端少数。他们无法解除主流报刊和其他大众传媒对俄国的仇恨——美国的苏联问题专家斯蒂文·科恩曾经撰文谈及此事。[9]

在世界各国就"你如何看待俄国？"进行的小范围、中立的问卷调查，得出了令人惊讶的结果：越是往南，离西方的影响区域越远，就越是不太严苛地看待俄罗斯及其总统，这些地区的公众舆论不像西方报刊希望的那样绝对。[10]拉丁美洲、非洲和亚洲有不少人担心，西方和俄罗斯的冲突结果可能对西方不利，因此他们将被迫独自面对俄罗斯。

喜欢俄国，但是不喜欢普京

许多亲俄人士看待俄国是选择性的，只喜欢俄国的某一方面。有人喜欢彼得大帝的改革精神和叶卡捷琳娜二世的开明专制；还有人喜欢俄罗斯文学艺术作品体察人类灵魂的深刻和宏大；第三种人则喜欢用俄罗斯用乌托邦思想进行社会实验——可惜，对于俄罗斯来说是毁灭性的；第四种人则全身心地站在敢于反抗这种社会实验的人的一边，试图证实其危险性。

我们已经多次听到一种说法："我一点都不反对俄国，要不是普京的话……"是的，要是俄国的捍卫者同意将普京牺牲掉的话，许多事情就可以得到原谅。他们还提出了当差役抓住耶稣的时候，圣彼得三次不认耶稣的故事加以说明："你认识这个人吗？"圣彼得为自己

---

[9] Stephan F. Cohen,《Hérétiques contre faucons》, *Le Monde diplomatique*, 10. 2014.
[10] 皮尤中心（PEW）2014年度做了关于世界各国对俄罗斯态度的民意测验结果：《Russia's Global Image Negative amid Crisis in Ukraine》。在欧洲和美国，超过72%的被调查者对俄罗斯的态度很负面；中东其次，68%的受调查者持负面看法；而在亚洲、非洲和拉丁美洲，正面评价的比例超过了持负面看法的人的比例。

推卸责任的诱惑是巨大的,因此就回答说不认识。实际上这个问题是毫无意义的,朴实的外表之下其实透着一种圆滑(Софизм)。[11]

如果普京离开了总统职位,仇俄者仍然会遵从自己的消极批判精神,找到其他仇恨俄罗斯及其新领导人的原因。弗拉基米尔·普京是俄罗斯2016年的年度人物,就如巴拉克·奥巴马是2016年度美国的年度人物一样,有其自身的优缺点。那么,乔治·布什怎么样呢?在美国之外,许多人不喜欢他,但他不也是美国在特定历史时期的象征吗?仇恨普京(就如仇恨奥巴马一样)就意味着说,认为没有普京,世界就会变成天堂。

但是,并非所有人都喜欢舔去蛋糕油,而只留下干硬的蛋糕。热爱俄罗斯也还有其他表现形式。坚持这种态度的人将俄罗斯视为统一的整体,有各种优点和恶习,有其悲剧性命运,也有在艺术和科学方面的巨大突破。

恐俄症并非阴谋,而是一种思维方式

现在我们回到恐俄症这一话题。对俄罗斯的仇恨是一种五味杂陈的感情。有消极意义上的仇恨,竭力从俄罗斯的意外衰弱中攫取利益,在俄国建立起便利于西方的体制,并掌控其自然资源——就如在叶利钦统治时期那样,以金融和货币研究所与世界银行共同设计的自由嫁接的方式,寡头们试图掌控俄罗斯的自然财富。

除了对俄罗斯的消极意义上的恐俄症之外,还有一种积极意义上的恐俄症、好战的恐俄症,每当俄罗斯获得实力时,这种积极意义上的恐俄症就会活跃起来。这种恐俄症的任务是不让俄罗斯强大起来。我们观察到,2001年"9·11"恐怖袭击事件发生后,起初普京是支持美国反对恐怖主义的;后来到2003年,俄罗斯反对美国派军队进入伊拉克,西方仇俄人士立即跨上了其酷爱的"软权力"(Soft Power)之马,意在将俄罗斯总统变成新的敌基督。普京从美国的反恐盟友变成了"不受欢迎的"(non grata)人物,因为他竟敢反对

---

[11] Софизм 来自希腊词汇 sophisma,鬼点子、小把戏——编辑注。

美军入侵伊拉克、反对美国的石油大亨开发俄罗斯的油田。这些石油大亨试图分文不花就买下霍多尔科夫斯基掌控下的"尤科斯"公司。

除了上述两种仇俄症之外,还有一种自在的、不依赖任何外在条件的恐俄症。可以看到,这种反俄情绪的爆发,是不论俄罗斯说或做了什么——就如在索契冬奥会期间所发生的那样。要知道,俄罗斯承担了巨额的花费,准备接待参加奥运会的客人。但是,要把火烧得红,必须不断地火上浇油,为达到此目的,一切手段都是好的:曲折隐晦、毫无理由的指责、歪曲事实——如同我们在乌克兰危机期间看到的那样,西方主流媒体断言:似乎顿巴斯已被俄军占领;实际上,当地没有任何人看到过俄军。

仇俄人士是些什么人,为什么他们如此仇恨俄罗斯?首先,仇俄人士绝非同一个腔调说话,也绝不是一些志同道合的大众,专门针对俄罗斯及其总统搞一些阴谋。就如任何其他问题一样,不能做过于以偏概全的概括。谁也不会真的认为,所有美国人都仇视俄国人,而俄国人自身都无一例外崇拜俄国。说实在的,最尖锐的批评确实来自美国,但是,在美国人中也有另外一些批评家,他们会批评前者,尽管说,他们的文章不会刊发在报纸的显眼位置,也不会变成严谨、有说服力的研究成果——不过,这样的人仍然是存在的。

此外,在美国和英国甚至都已经形成了一门单独、独立的学科:恐俄症学。在这种情况下,在欧洲大陆,很奇怪的是:没有一个研究这个题目的严肃学者。这就是说,恰恰是在美国,有一些军人、商人、大学教授和权威杂志对俄罗斯持中立态度。这是一些现实主义者,他们承认俄罗斯有生存和捍卫自身利益的权利——与自己的国家有同等的权利。他们认为在乌克兰发起战争,即使不说是自杀性的,也是非常不理智的——乌克兰既不是美国的海外领土,也不是其势力范围。

美国国会通过的最糟糕的决议之一

将上述思想继续展开来:如果美国主流报刊十篇文章中有九篇是批评俄罗斯的,并且准备提供篇幅给"抨击俄国者"(Russia Bashing，主张对俄罗斯持强硬路线者）人士，那么，仍然会刊载一篇文章是与此观点不同的，这就涉及炮制公众舆论并服务于反俄集团利益的那些人。但是这种情形不胜枚举。除了言论，也还有行动。例如，如果说，在美国有 400 名国会议员投票赞成通过针对俄国的严厉法律，假定其目的是为了保护年轻的乌克兰国家免遭俄国人入侵，仍然会有两个勇敢无畏者声称：这个决定很盲目，缺乏远见。

得克萨斯州的共和党议员罗纳德·保罗忠于高尚的自由观念，评价那份谴责俄罗斯的 758 号决议是"在众议院投票通过的最糟糕的法律草案"，因为这份决议实际上进一步挑动了战争，就如挑动了 2003 年伊拉克战争一样，血腥、无谓。决议"指责俄罗斯没有任何权利侵入乌克兰领土，指责顿涅茨克和卢甘斯克的居民在 2014 年 11 月举行的选举是非法、造假的，似乎民族自决权并非公认的人权之一一样"。

决议还要求"俄罗斯从乌克兰境内撤军，而当时实际上没有任何证据能够证明有俄军在那里"。决议还指责亲俄的分裂势力击落了马来西亚航空公司的客机，而在当时，"按照初步信息，并不能证实地空导弹是属于分裂分子的"。但是，该决议获得了绝大多数投票赞成，还有 10 票反对，其中 5 票来自民主党，还有 5 票来自共和党。[12]

需要指出的是：欧洲就表现得比较克制，也非常矛盾。他们实施了制裁，但又似乎不太情愿。必须问问极左和极右人士，才能够听到这样一些个别的声音：认为欧盟犯了错误，在乌克兰支持针对合法政府的叛乱和政变，而且欧盟认可了将国家分裂为两个阵营（亲西方派和亲俄派两大阵营）的事实。

这样来看，尽管存在意见分歧，但美国并没有针对俄罗斯的阴谋——就如俄罗斯没有针对美国的阴谋一样。从定义来看，阴谋乃是秘密之物，美国和俄罗斯看待对方都已经了如指掌：无论是宣传还是官方声明都是如此，只是需要时间和耐心读懂这些声明并弄清一切。因此，阴谋论说法也会立刻遭到两方面的驳斥。仇俄者常常歧

---

〔12〕 2014 年 12 月 4 日通过的 758 号决议文本：Strongly Condemningthe Actions of the Russian Federation. https://www. govtrack. us. congress 以及 Ron Paul Warns，Reckless Congress Just《Declared War》，www. zerohedge. com.

视亲俄者,给他们贴上一个屈辱性的标签:"阴谋论专家"的信徒。但是,实际情形看起来却与此不同:在任何地方我都看不到对阴谋的暗示,只有一群羊,忠实地跟在头羊后边,躲在其他羊的身后。

俄罗斯人的恐俄症

至于说俄罗斯人自身,尽管看起来很悖谬,尽管他们有自己令人战栗的爱国主义,但是,他们多数人都很消极地看待自己的国家。特别典型的是所谓"西方派"——但也不仅限于西方派。无论欧洲人说了什么,在任何地方,没有任何人像在俄罗斯那样,怒气冲冲地批评自己的国家。就此题目可以单独写一本书……

要寻求俄罗斯人的恐俄症的根源,必须追溯该术语出现的时代。1867年,斯拉夫派诗人费多尔·丘特切夫首次运用该词(当年9月26日写给自己女儿的一封信):"可以分析一下一个当代的现象,该现象越来越具有病态性质。一些俄罗斯人的仇俄症——而且还是一些很受尊敬的俄罗斯人!"可见,最早的仇俄者是俄罗斯人自身!

本章标题中所引用的文字可以雄辩地证明,俄罗斯人的自我批判特点一如既往。没有什么比俄罗斯笑话和幽默能更好地表达谨慎的西方所要定义的那些东西了。

什么是恐俄症?维基百科的解释是:"恐俄症,是对俄罗斯或俄罗斯人、俄罗斯传统、俄罗斯文化,甚至俄语的偏见、怀疑、不友善、敌意的态度。"一语中的。恐俄症就如反犹主义、伊斯兰恐惧症等一切恐惧症一样,已经渗透到所有领域,深入到意识最深处。

在瑞士的一所中学——请注意,这可是在一个民主法治的国家里——拒绝招聘生活在瑞士的俄罗斯人担任中学女教师,理由仅仅是"原则上不允许招聘来自挑动内战、其总统说谎、不遵守法制规则的国家的教师",至于说类似的以民族特征实施的自发性歧视,该学校校长认为,"这已经成为一个笑话,制裁已经波及无辜者"。[13]

---

〔13〕《On m'a refoulée à cause de Poutine》,*20 Minutes*,05.05.2014. http://www.20min.ch/ro/news/vaud/story/21545813.

第一章 恐俄症，或其他民族眼中的俄罗斯

在这种情况下，已经侵犯了一切可以容忍的界限。从什么时候开始，这种对无辜者的惩罚能够等同于争取正义之举？

瞧瞧，对于仇俄者来说，一切都是允许的。

因为恐俄症并不仅仅是某种激情的表现，这首先是一种力量关系和政权属性的表达。也不是对其观点的消极展示，甚至也不仅仅是一连串思想和陈词滥调的刻板印象。这也是——而且首先是——一种积极的、有意识的敌视立场，如果说目的不是要造成直接损害，那也是要冒犯"他者"的权利。从这一观点出发，恐俄症几乎等同于种族主义：无论如何要贬辱"他者"，从而更方便地主宰之。正由于此，恐俄症乃是一种西方现象。甚至超过了萨伊德[14]在《东方主义》中强调的那些范畴：强调差异；确立西方的优越感；用一些刻板印象作判断。[15]

至于说反俄的语言滥调，可以说，这些滥调正在努力成为一门不折不扣的学科，可以依据大学里的理论家的意愿和需求进行改变和革新，这些理论家试图将俄罗斯本身都转换成为理论计划的类别，这样记者们就可以更加轻松地将其庸俗化，投射到大众意识中。

---

[14] 爱德华·萨伊德，美国文化学家，阿拉伯裔，《东方主义》（1978年出版，关于西方如何看待东方的问题）的作者。

[15] James D. J. Brown,《A Stereotype, Wrapped in a Cliche, inside a Caricature: Russian Foreing Policy and Orientalism》, *Politics*, Vol. 30/3, 2010.

第二章
巴甫洛夫之犬或对俄罗斯的条件反射

> 打破沉默之谎言的，绝非深奥的抽象事物，而是一种迫切需求，其责任落在那些有讲台的人身上。
>
> 澳大利亚记者、导演　约翰·皮尔格

似乎是为了证实自己对俄罗斯的偏见是正确的，仇俄人士会提出一个乍看起来无可辩驳的论据：无风不起浪，即使真相并非如此，那也是俄国人先挑起的。相应地，恐俄人士需要不惜一切代价地证明，火是存在的，而玩火的就是俄罗斯人。那么，俄国人应该对自己的挑衅、侵略领土、践踏西方民主自由的行为而承担责任。在整个2014年，西方政治家和报刊利用的都是同一个主题：乌克兰所发生的一切，过错都只在于俄国：亚努科维奇政权腐败不堪、拒绝与欧盟签署协议、马伊丹广场事件、"吞并"克里米亚、马来西亚航空公司的波音飞机在顿涅茨克坠毁——这一切事件的发生都是由于莫斯科的过错。这就意味着欧盟和美国对此毫不知情，乌克兰民族主义者更是如此，他们所有人都只是想扑灭被俄罗斯施放的大火。

一个狡猾的伎俩：这里完全因果倒置了。从右区对独立广场的示威者的射击、破坏2月21日协议、2月22日的国家政变、5月2日在敖德萨的血腥镇压、破坏乌克兰东部省份的语言和文化权利、承诺将塞瓦斯托波尔的海军基地让给北约、乌克兰人直接从天然气管道偷窃天然气、完全不知是谁对马来西亚航空公司的飞机发射导

第二章 巴甫洛夫之犬或对俄罗斯的条件反射

弹、违反日内瓦国际公约[1]而对顿巴斯的居民区进行轰炸、美国对乌克兰政权提供军事支持,对于这一切,西方装作是臆想、杜撰、胡扯,是俄罗斯的宣传。歪曲事实的技巧在于:要让全世界都相信:是俄罗斯主动挑起了行动。实际上,当时的俄罗斯只是对自己不希望发生,也无法预见的事件作出被动回应。

由于这一原因,西方评论家和领导人不愿意承认,乌克兰危机是由于基辅的临时政府发布的命令挑起的;该命令禁止在乌克兰的俄语地区将俄语用作官方语言。克里米亚和顿巴斯难道不是因为这个原因才分离的吗?显而易见,这是恐俄人士不喜欢的:用真正的原因解释乌克兰危机,就意味着承认那些地区分离出去是合法的,这样一来,关于乌克兰事件精心、巧妙地建构起来的理论就会像多米诺骨牌一样崩塌了。[2]如何向公众灌输这样的版本:对乌克兰危机原因的唯一解释,是俄国传统中旧有的领土扩张主义和普京梦想恢复苏联帝国的边界,而不是由于西方支持下的乌克兰政府推行的政策所致?

正因如此,在倾听了大众传播专家的意见(他们为乌克兰新政府提供决策意见,在西方政府中多如牛毛)后,理念发生转变,西方报刊逐渐开始篡改历史,不再提及 2014 年 3 月之前的事件——即围绕克里米亚举行的全民公决。

因为,如果回到 2014 年 2 月,那么,如何能够让公众舆论相信:一切都错在俄国,而克里米亚举行的全民公决是违法的?要知道,那就需要承认亚努科维奇发动的政变是违反宪法的,法国、德国和波兰外交部部长所要求的 2 月 21 日协议只是编造,乌克兰选举本身就成为依靠政变而组建的非法政府破坏国际法之举。在非洲,

---

[1] 指的是《日内瓦(四)公约》关于战时保护平民的条款——编辑注。

[2] Olivier Jazec,《L'obsession antirusse》. *Le Monde diplomatique*, No. 721, 04.2014 год. "美国人波尔曼纳福特曾经从 2004 年到 2013 年间为亚努科维奇总统提供咨询。此前他还曾在罗纳德·里根、乔治·布什以及麦凯恩的办公厅工作"。也请参见 Alexander Burns, Maggie Heberman,《Mystery Man: Ukraine's US Political Fixer》, *Politico*, 05.05.2014, www.politico.com. 这些美国顾问由于同社会各界的关系,他们也为颜色革命的领袖如尤利娅·季莫申科、维克多·尤先科工作,现在还是这些人继续给阿尔谢尼亚·亚采纽克总理和彼得·波罗申科总统提供咨询。

如果某个上校利用所谓街头支持而夺取政权,很快就会被投入监狱。但是,对乌克兰的做法却与此不同。那还用说,要知道,出现了西方梦寐以求的极端重要的利益。

现在我们暂时把乌克兰先放在一边,下一章还将谈及。我们看到,有大量例证能够证明,在西方报刊和政府人士中,对俄罗斯的仇恨已经露出苗头;尽管说俄罗斯还远没有燃放任何焰火。只是反俄的条件反射机制运行如此良好,甚至都不需要俄罗斯方面采取任何行动,就可以挑起这种条件反射。

乌柏林根空难(2002年)

2002年7月1日23点35分,巴什基尔航空公司的图-154飞机与DHL公司的波音飞机相撞,相撞事件发生在德国南部小城乌柏林根上空,距离瑞士边界数公里。结果造成71人死亡,其中包括来自俄罗斯的52名小孩,他们是去西班牙度暑假的。

此事件瞬间就爆发了激情的反应。半夜里,社交网络和通讯社的报道充满了担忧和哀悼。所有人的反应都是表示同情——除了瑞士。瑞士航空公司Skyguide的空中交通管理员就在距离瑞士国界不远处,"引导"两架坠毁的飞机,在表达哀悼之前先为自己开脱,指责罹难的俄罗斯飞行员,似乎他们听不明白用英语发出的指令,对指令的回应非常晚。第二天,7月2日,在空难之后数小时,整个西方媒体都发布了具有反俄潜台词的新闻稿。美国联合通讯社(简称美联社,The Associated Press,缩写AP)的简短报道被《纽约时报》(The New York Times)转载,不容置疑地指出:

在今天的新闻发布会上,德国官方渠道报道说,航空指挥台曾经三次提醒俄罗斯飞机降低飞行高度,避免碰撞,但是一直没有收到回复。[3]

---

〔3〕 www.nytimes.com/2002/71-die-two-jets-collide-high-above-southerngermany.

第二章 巴甫洛夫之犬或对俄罗斯的条件反射

此外，通报还强调说，依据同样的官方信息渠道，波音飞机的飞行员为了避免碰撞已经竭尽所能。

接下来的两天，实际上所有的媒体和网站都转载了这些指责，用恶意的词语追忆俄罗斯飞行员，试图为波音飞机的飞行员和德国、瑞士的负责人开脱洗白。后来，苏黎世法官卡尔·埃克施泰因指出，绝大多数报道空难细节的文章都发表了一整套针对俄罗斯的陈词滥调：俄罗斯飞行员不太懂英语；没有对空中交通管理中心的指令做出应答；俄罗斯飞机质量是不可靠的；缺乏安全系统，服务差；由于资金不足，飞机起飞前飞行员没有检查发动机和客舱系统的状况；飞行员的职业水平也令人难以信任；因为领取低薪，飞行员还不得不兼职开出租车，结果，到上班的时候往往就很疲惫，甚至处于醉酒状态；至于巴什基尔航空公司，这个航空公司的成立是为了满足俄国黑手党的需求。

而实际上，一切恰恰相反：这名俄罗斯高级飞行员的英语非常流利；飞机在起飞前做过精心检查，状况非常好；调查还表明，飞机发生碰撞是由于瑞士航空公司Skyguide空中监管工作中出现的许多失误导致的：当天夜里，在地面塔台只有一名空中交通管制人员，自动安全照明系统（STCA）被切断，用于技术服务。法官指出："但是，针对俄罗斯已经充斥着一整套传统的指责：从疏忽大意到酗酒，以及黑手党的胡作非为。"〔4〕

7月5日，人们已经知道了黑匣子的内容，因而最后的怀疑冰释了。于是，航空公司把全部愤怒都转移到地面指挥人员身上。报刊怕被指责其散布假信息，试图推卸责任，要求瑞士政府和德国政府准确还原事件情形。但是，两年之后的2004年又发生了新的悲剧：一名在空难中失去妻子和两个孩子的男子深夜前往空中交通管理员那里，用刀将其杀死。这一次，报刊大肆炒作。现在，这些戏剧性事件发生十多年后，通常认为，杀人凶手和被杀者都是航空运输安全组织不力，以及一系列阴差阳错的巧合的受害者。由于所有这些事件，司法鉴定规则作出了修正，避免对塔台数据和飞行数据记录

---

〔4〕 https://fr.sputniknews.com/opinion/20120716195366075/.

仪所记录下数据的不同解读。

不过，我们还是回到2002年：空难发生后两天，遇难者亲人正在蒙受无尽的痛苦，全世界关注度仍旧未减，都集中到大众媒体的报道上，绝大多数媒体都无任何理由地，仅仅依据瑞士空中管制中心的断言、以及占上风的成见，将所有责任都推到俄罗斯人头上，用给别人泼脏水的办法洗白自己。而且他们不知羞耻地用一些歪曲的事实来糊弄观众和读者：这可是几百篇实时报道、文章、评论啊，全都是反俄罗斯的。

由于多次改期、延期，司法程序拖延了好几年，甚至直到现在（2014年），事情已经过去了12年，所有人几乎都已经忘记了此事件，司法程序仍未终结，不过真相已经一点点地描摹出来了。要让瑞士航空公司Skyguide开尊口道歉并为俄罗斯飞行员们正名，实在是需要太多时间了。[5]

悲剧事件的唯一积极后果是：鉴于悲剧涉及的是完全无辜的人们——包括许多孩子，瑞士政府与巴什基尔斯坦地方政府以及俄罗斯的相关部门走近了。尽管说，之前瑞士的官方人士对待俄罗斯总是持怀疑态度，总是相信所有针对俄罗斯的成见，但是，他们还是认识到：在一些领域需要与俄罗斯保持业务关系。于是，从2005年开始，瑞士和俄罗斯两国政府以及两国的经济机构之间开始定期互访。2014年，瑞士担任欧洲安全与合作委员会轮值主席，在乌克兰危机中充当调停人。

但是，善意总是为时短暂，一旦情况发生改变，就立刻烟消云散了。例如，2014年春，瑞士联邦委员会通过决定，放弃传统的中立国地位，遵从欧洲对俄罗斯进行制裁。2014年9月，担心美国人和欧洲人不满，瑞士民族委员会鲁迪·卢斯滕伯格（Ludy Lustenberger）取消了自己与俄罗斯同行国家杜马主席谢尔盖·纳雷什金对波恩的访问；此外，俄罗斯著名作家米哈伊尔·希施金从1995年起就在瑞士生活，曾在瑞士报纸发表题为《说谎大师普京为欧洲准备

---

[5] Ariane Perret, 《Collision en plein ciel. La tragédie des enfants russes》, Paris, Editions des Syrtes, 2006.

了什么?》的警告性文章,试图让大家相信:"很快我们就会回到总体说谎的苏联时代——几代人都是在那个时代成长起来的。"[6]对俄罗斯的不信任即将再次复活——甚至在俄罗斯作家的笔端都有体现。

最后,应该说,乌柏林根飞机坠毁事件表明,尽管瑞士曾经以其中立国地位而自豪,实际上也深度服从了全欧洲的反俄情绪。需要一些悲惨事件才能让人们跨过敌视俄罗斯的藩篱——意识到这一点足以令人感伤。

别斯兰劫持人质事件(2004年)

从 2004 年 5 月到 9 月,俄罗斯发生了多起恐怖袭击事件,且一次比一次更血腥。5 月 9 日,车臣共和国总统艾哈迈德·卡迪罗夫在胜利日阅兵式上被炸身亡。6 月份,一系列武装袭击事件蔓延到印古什共和国首府纳兹兰,95 人成为受害者。8 月 24 日,有两架飞机发生恐怖事件:一架是图-154,另一架是图-134,一架坠落到了图拉省,另一架坠落到了罗斯托夫省;发现了 90 具尸体。同一天在莫斯科地铁的"卡希尔"站也发生了恐怖袭击事件;死伤者达 12 人。8 月 31 日,一名自杀式恐怖分子再次在莫斯科地铁的里加站引爆了腰缠的爆炸装置,10 人死亡,50 人受伤;先是一个神秘的"伊斯兰旅",随后是车臣分裂武装领导人之一沙米尔·巴萨耶夫宣称对恐怖事件承担责任。从 1999 年最早的、炸毁莫斯科几栋居民楼的恐怖袭击之后的五年里,连续发生恐怖袭击事件,1005 人成为伊斯兰分子的受害者,相当于 2001 年 9 月 11 日美国纽约恐怖袭击事件死伤者总数的三分之一。[7]

2004 年 9 月 1 日,当地时间早上 9 点半,32 名武装战士组成的团伙(其中包括几名妇女)劫持了别斯兰第一中学。大多数恐怖分

---

[6] Mikhaïl Chichkine,《Ce que Poutine, roi du mensonge, prépare à l'Europe》,*Le Temps*, 15. 10. 2014. http://www.letemps.ch/opinions/2014/10/14/sommes-une-europe-guerre-ne-savons.

[7] 《Время Новостей》, 02. 09. 2004.

子都头戴头盔，遮掩着自己的脸，其中几人腰缠爆炸装置。学校的工作人员、从7岁到18岁不等的学生以及前来参加庄严的9月1日开学典礼的他们的亲人都被劫持为人质，总共有1300多人被劫持，其中大多数都是未成年的孩子。有50多人趁最初的混乱状态逃脱。

从开始起，为了瘫痪治安部队，恐怖分子枪杀了将近20人。接下来的几小时，学校周围已经被警察和特种部队团团包围，从恐怖分子手中逃脱的人质的亲戚开始尽其所能地武装起来，打算用自己的力量收拾恐怖分子。

当时，恐怖分子已将人质驱赶到了学校体育馆，在学校的所有建筑物里都布设了地雷。为了制造恐慌，他们宣称：每有一个恐怖分子被杀死，他们就将杀死50名人质作为报复；每有一个恐怖分子受伤，他们就会打伤20名人质。此外他们还威胁说，只要特种部队胆敢发起进攻，他们就会将学校的大楼炸毁。起初政府试图谈判，为此派去了一名医生列昂尼德·罗沙尔，此人曾经于2002年在杜布罗夫卡剧院中救出许多人质。9月1日晚上，联合国安理会召开紧急会议，会议要求恐怖分子"立即、无条件地释放别斯兰人质"。

第二天人们已经知道，谈判不可能产生任何积极结果。恐怖分子拒绝给他们提供食品和医疗用品，甚至不允许到体育馆里收尸。当时，体育馆里酷热难当，尤其是那些小孩不得不将衣服脱掉。因为口渴难耐，他们甚至喝下自己的尿液。这些细节令世界震惊。

印古什共和国前总统鲁斯兰·阿乌舍夫来到事发地，经过与恐怖分子的谈判，到中午时分，恐怖分子同意释放26名带着吃奶孩子的母亲。到下午3点半，在被占领的学校大楼中传来了两次爆炸声——后来知道，这是恐怖分子引爆了爆炸装置，为特种部队进入大楼制造障碍。

9月3日早晨，恐怖分子允许医疗急救队进入楼内，将21名被打死的人质的尸体收走。由于酷暑和潮湿，尸体已经开始腐烂。一队由特警和特种部队组成的救援人员开始潜入大楼，但是到下午1点零4分，恐怖分子再次开火，并引爆了爆炸装置。其中有2名参加救援的特警被炸死。有30多名人质试图趁爆炸造成的混乱从洞里逃走，但是处在政府军和恐怖分子的交叉火力之间。

第二章　巴甫洛夫之犬或对俄罗斯的条件反射

交火，然后发生新的爆炸——但是现在已经很难确定事件发生的先后环节。有些人证实，当时有一枚炸弹爆炸很偶然，一辆载着紧急情况部（МЧС）救援人员的载重卡车前来收尸，在走近大楼时，恐怖分子对卡车开火，引爆了爆炸装置。另一种说法是：在交火过程中，自杀式恐怖分子引爆了腰缠的爆炸装置。当地居民还提出第三种说法：特种部队的狙击手命中了坐在雷管上的恐怖分子。

不管怎么说，爆炸声自动地成为特种部队、军队和内务部警察对学校的体育馆大楼展开强攻的信号，参与其间的还有自发组织起来的当地居民。

恐怖分子引爆了两个威力巨大的爆炸装置，结果，到午后3点左右，体育馆大楼几乎完全被摧毁，但是，战斗持续到了23点，直到隐藏在建筑工地后边的恐怖分子残余被手榴弹消灭。

恐怖袭击事件的受害者人数多到难以置信：331人，其中有老师、学校工作人员、学生以及他们的亲人。特种部队和特警中有11名战士、8名警察、31名恐怖分子（恐怖分子总共32人）死去，还有至少1名参与强攻行动的平民死去。9月17日，沙米尔·巴萨耶夫宣称对恐怖袭击负责，证明车臣的伊斯兰分子参与了该事件。[8]

这一噩梦般的事件的过程就是如此。在事件发生的最初两天，就如2001年9月11日纽约发生的恐怖袭击事件一样，全世界的人们都心脏停止跳动般关注着人质的命运，媒体也表现得较为客观。但是，当学校大楼被攻下、人质的血迹未干，西方报刊再次团结一致——但不是针对残忍的伊斯兰分子（如果针对伊斯兰分子，这倒是自然而然的），而是针对人质及其解救者！这真是咄咄怪事！俄罗斯国家机构及其法律秩序的保卫力量中枪了，他们被怀疑有如下罪恶：操纵意识、制造恐慌、掩盖信息，甚至指责他们自己在别斯兰搞了这样的屠杀事件。

反俄运动始于9月6日。"自由"广播电台称："关于别斯兰的血腥事件，尚有许多问题没有弄清……受害者的准确数目、人质的

---

〔8〕 对别斯兰事件的更详细、中正客观的看法请参考：https://fr.wikipedia.org/wiki/Prise_d%27otages_de_Beslan.

数目和许多其他细节还没有公布。"

一名西方记者采访一位年轻人,这位年轻人显然受伤严重,记者问他有何感受,年轻人的回答是这样的:

我有个姐姐,她被杀死了,我的二姐现在在医院里。我能有什么感受?难道你听不见,所有人都在哭吗?我的感受和他们是一样的。

紧随其后,该记者接着说:

是的,眼泪已经流淌成河。可是,与此同时就产生了一个问题:在这迷茫的三天时间里,别斯兰究竟发生了什么?有一种说法,作为对"反对派"(请注意该记者所用的术语"反对派"——作者注)发起的积极行动的回应,俄罗斯治安部队在最后时刻决定发起强攻,这纯粹是杜撰,只不过是用于掩盖数量惊人的死难者人数,如此多的死难者,都是貌似精心计划的强攻引发的。

接下来我们继续读几段报道,其中引述了不可或缺的独立专家、军事分析家、反对派、詹姆斯敦基金会(Jamestown Foundation)〔9〕成员保罗·菲尔根豪威尔的话,此人非常奇怪地一遍又一遍地重复那位年轻的奥塞梯人说的话:

……有一种说法:作为对"反对派"(又是这个术语——作者注)发起的积极行动的回应,俄罗斯的治安部队在最后时刻决定发起强攻,这纯粹是杜撰,只不过是用于掩盖数量惊人的死难者人数,如此多的死难者,都是貌似精心计划的强攻引发的。就如在2002年10月在莫斯科杜布罗夫卡剧院的强攻一样,对人民掩盖了真相。

接下来,仍是同样的腔调:

---

〔9〕 詹姆斯敦基金会(Jamestown Foundation)是美国非政府研究组织,成立于1984年。该基金会成立的目的,是为了让政策制订者们和范围更为广泛的政治团体获取在战略战术上对于美国都非常重要的社会内部发生的事件和趋势的资讯,以及常常限制外部获取类似资讯的社会的资讯——编者注。

第二章 巴甫洛夫之犬或对俄罗斯的条件反射

显然,从9月1日的最开始,当人质刚刚被劫持时,政府和治安部队就并未说出全部真相。他们这么做是故意的,是为了掩盖真正发生的事件。[10]

就在当天,以反政府立场和支持不驯顺的车臣人而知名的俄罗斯女记者安娜·波利特科夫斯卡娅在英国《卫报》上发表评论说:

"奴性的俄罗斯报刊过分夸大了别斯兰事件的可怕程度。"

她讲述说,在飞往罗斯托夫的飞机上,在前往奥塞梯的路途中,秘密部门一直想将她毒杀。后来,俄罗斯媒体隐瞒了印古什共和国前总统鲁斯兰·阿乌舍夫——他试图说服恐怖分子放了人质——充当谈判中间人的情形。她还写到,那些亲人被抓为人质后,家人面对他们的命运手足无措的绝望之情:

亲人们都已处于绝望中。所有人都还记得莫斯科杜布罗夫卡发动强攻的情形:特种部队往大厅释放毒气,导致39名恐怖分子和129名人质死去。所有人都还记得,政府当时说了谎。现在,学校被武装人员包围。这是一些普通人,他们是被劫持的人质的父亲和母亲。他们绝望地期盼着国家的救助,他们决定亲手解救自己的亲人。这是车臣战争近五年来的普通场景:人们不再期待政府的保护,他们知道的是:他们只会等来特种部队的违法行动。于是他们决定依靠自己的力量。除此之外他们再无路可走。经过2002年杜布罗夫卡剧院强攻事件之后,人质们给自己得出一条令人惊叹的结论:自救吧,因为国家能够做的一切就是帮助你去死。

接下来她在文章中还批评了俄罗斯媒体"像奴才般驯服于政权"。该文章的结尾写道:

我们正在急速地退回到苏维埃制度,完全缺乏信息,几乎可以

---

[10] Jeremy Bransein,《Russia: Troubling Questions Remain about Bloody Beslan Siege》, www.rferl.org/articleprintview/1054690.html.

和死亡画等号。我们所剩的全部就只有网络；在网络上暂时还可以自由获取一些信息。至于说其他，如果你想当记者的话，那就要完全服从于普京。[11]

这两篇文章只是在血腥的别斯兰人质事件之后出现在欧美报刊上的成千上万篇文章的回声，所有这些文章都指责俄罗斯政府。安德烈·茨冈科夫在其研究华盛顿外交政策及其政策中的反俄路线的著作中指出，指责俄罗斯及其政府的来势凶猛的浪潮似乎是由别斯兰人质事件催生的，不可能不影响到合众国的官方立场。美国媒体心存默契，发表了一连串文章，要求克里姆林宫与"温和派"谈判，给车臣人划拨属于自己的领土，而要求华盛顿对俄罗斯推行更加强硬的政策。[12]

2004年9月，美国的非政府政治组织"新美国世纪"项目（PNAC，Project for a New American Century）撰写了一封《致各国领导人、欧盟政府、北约最高领导机构的公开信》，[13]公开信由115位政治家和知识界领导人签名。该信发表于西方报刊上，公开信的作者们指责克里姆林宫利用别斯兰人质事件对俄罗斯的民主制度发起攻击，并采取新措施，在俄罗斯恢复威权主义体制。在获得俄罗斯激进的西方派支持之后，反俄游说集团完全依照车臣恐怖分子的期

---

[11] Anna Politkovskaï, 《Poisoned by Putin. The horror of Beslan was made still worse by the Untimidation of Russia's Servile Media》, The Guardian, 09.09.2004. www.theguardian.com/world/2004/sep/09/russia.media. 别斯兰事件两年之后，2006年10月7日，安娜·波利特科夫斯卡娅被几名车臣人杀死，杀人者于2012年被判刑，但是雇凶者仍然没有找到。安娜·波利特科夫斯卡娅一半俄罗斯血统、一半美国人血统。她出生于纽约，就其信仰来说与美国的新保守主义智库Thing Tanks的观点接近。在叶利钦统治的最后几年和第二次车臣战争爆发后（1999年），她积极反对官方路线，随后反对普京政府，支持要求车臣独立和依靠"美国新世纪"（PNAC）等美国非政府组织支持的伊斯兰主义者，为此她激起了被恐怖分子一分为二的俄罗斯族家庭和车臣人家庭的仇恨，以及大多数俄国人的反感。

[12] Andrei P. Tsygankov, 《Russophobia. Anti-Russian Lobby and American Foreing Policy》, New York, Palgrave Macmillan, 2009. p. 90.

[13] 《Cessons d'embrasser Poutine》, www.voltairenet.org/article15120.htlm. 德语版和英语版参见：Wolfgang Proissl, 《Offener Brief rückt Putin in die Nähe eines Diktators》, 29.09.2004, a также Colum Lynch, 《Foreign Policy Experts Protest Putin's Action》, The Washington Post, 29.09.2004.

第二章 巴甫洛夫之犬或对俄罗斯的条件反射

望,利用别斯兰事件反对普京:独裁者普京拒绝谈判,渴望摧毁国内的政治平衡。很少有观察家能够透过媒体主导的指责普京的大合唱,强迫自己听听别人对阐释别斯兰事件方面的反对意见。针对俄罗斯政府的文章的清单是如此长而又长,因而不可能全部列出并加以引述。安德烈·茨冈科夫在其著作中列出了一些作者,其中包括:罗伯特·科尔森(Robert Coulson)、理查德·派普斯(Richard Edgar Pipes)、皮特·贝克尔(Peter Baker)、苏珊·格拉塞尔(Susan B. Glasser)、麦克·麦克弗尔(Michael Anthony McFaul)、哈桑·巴耶夫(Хасан Баев)、马克(Mark)、兹比格涅夫·布热津斯基(Zbigniew Brzezinski)、理查德·霍尔布鲁克(Richard Charles Albert Holbrooke)……至于说报刊和新闻报道机构,则包括自由广播电台(Radio Liberty)、《华盛顿邮报》(The Washington Post)、《波士顿环球报》(The Bosoton Globe's)、《国际先驱导报》(International Herald Leader)、《洛杉矶时报》(Los Angeles Times)等。

欧洲各国的国家报刊机构也刊载同样腔调的文章,这些机构受到美国影响,对俄罗斯高度敌视,诸如法国《解放报》(Libération)、德国《法兰克福汇报》(Frankfurter Allgemeine Zeitung)、《德国金融时报》(Financial Times Deutschland)、《新苏黎世日报》(Neue Zürcher Zeitung,简称NZZ)。当然还有德国《世界报》(Die Welt)。文章和言论的标题本身就能表明其倾向性:如2004年9月7日罗伯特·科尔森(Robert Coulson)在自由广播电台节目中的发问:《同恐怖分子的战争还是同记者的战争?》同一天,艾哈迈德·扎卡耶夫在《卫报》(The Guardian)发表了一篇文章,加上一个非常引人注目的标题:《我们的死伤的孩子们。别斯兰的残酷:用俄国的恐怖精神在车臣》;而卡特总统的前顾问兹比格涅夫·布热津斯基则于2004年9月17日在《华尔街日报》发表了专栏文章,将普京与墨索里尼相提并论。[14]

---

[14] Andrei P. Tsygankov,《Russophobia. Anti-Russian Lobby and American Foreing Policy》, New York, *Palgrave Macmillan*, 2009. pp. 201~202.

115位大西洋派人士反对普京

致欧盟和北约的公开信的内容和署名人的名单证明，别斯兰事件已经在西方媒体上被仇俄分子巧妙利用；而此时那些受害者家属还未停止为受害的亲人哭泣。捷克前总统瓦茨拉夫·哈维尔受命组织这场反俄运动——此人在苏联解体之后仍旧坚持其极端反俄观点。在公开信上签名的115人是一些比媒体人士更为缜密谨慎的外交家——须知与欧洲人打交道要严谨才好。公开信的基调是以对死难者家属表示哀悼开头的，乍看起来似乎是中立的、事务性的。但这仅仅是个圈套，为的是更加方便攻击俄罗斯政府。在第三段我们可以读到：

我们深感担心的是：俄罗斯总统利用这些悲剧性事件践踏俄罗斯的民主制。俄罗斯的民主制度始终是脆弱的、不稳定的。2000年1月弗拉基米尔·普京担任俄罗斯总统之后，做的一切事情只是令其更加脆弱了。他有计划地限制报刊的自由和独立，破坏了修正体制和俄罗斯联邦的政治平衡；将自己现实的和设想的政敌投入监狱，将合法的总统候选人从选举人名单中清除出去。他迫害和逮捕了许多非政府组织领导人，蓄意削弱俄罗斯的各个政党。由于在别斯兰的血腥罪行，普京表达了进一步将权力集中的计划，采取了许多措施，这些措施已经令俄罗斯更加接近威权体制……

这些变化是新的证据，证明俄罗斯现政府已经背离了欧洲-大西洋共同体的基本的民主原则。过去，西方对俄罗斯所发生的事情太多的时候保持沉默，不让自己表达意见，认为弗拉基米尔·普京在危险道路上迈出的步伐只是偶然的，相信俄罗斯还会回到西方式的民主发展的道路。西方国家领导人继续对普京表示好感，尽管说，显而易见的是：俄罗斯继续向危险的方向前进，反恐措施已经在俄罗斯国内阉割了民主自由。我们完全确信：独裁专制绝不会是，也不可能是解决俄罗斯问题的办法和应对其面临的现实危险的答案。西方国家的领袖不得不承认：我们现有的对俄罗斯的政策没有达到

第二章 巴甫洛夫之犬或对俄罗斯的条件反射

应有的积极效果。[15]

现在,十年后的今天,我们应该承认:尽管有各种指责和各种预测,俄罗斯仍然没有变成独裁专制的国家。而在这封公开信中,非常奇怪的是:丝毫没有提及2001年"9·11"恐怖袭击事件之后,美国采取的限制自由的措施。这些措施具有"爱国行动"的形式,就藐视公民自由方面,丝毫不逊于俄罗斯政府对伊斯兰恐怖分子所采取的措施。关于关塔那摩监狱的问题,又该怎么说呢(当时还没有任何人听说过此事)?还有,美国国家安全局经常窃听公民的私人谈话,又该怎么说(此事是好几年之后,亏得朱利安·阿桑奇和爱德华·斯诺登我们才得知此事)?

此外,这些知识界活动家和应邀专家不仅在世界性报刊对俄罗斯政府发起猛烈批评,批评其转向了威权体制,而且要求俄罗斯与恐怖分子谈判,在高加索给予这些恐怖分子们貌似"温和"的领导人阿斯兰·马斯哈多夫及其助手伊利亚斯·艾哈迈多夫一块独立领土。他们甚至都想不起来,在"9·11"事件第二天,俄罗斯就曾对乔治·布什提供帮助;也想不起来,正是俄罗斯与美国分享了重要情报:车臣的伊斯兰分子与"基地"组织和马格里布恐怖分子利用的是同样的渠道,正是车臣的伊斯兰分子在波斯尼亚、阿尔及利亚、然后是阿富汗参战,目的是在以后能够在伊拉克、也门、利比亚、以及叙利亚立足;而且,2011年1月他们在叙利亚策划了阿拉伯的骚乱。如果在纽约双子塔被炸毁后三周,美国全国都在为"基地"组织造成的受害者哭泣,俄罗斯专家就在美国报刊发表文章,建议美国与本·拉登谈判,并允许其在阿富汗境内恣意妄为,那么,美国人又该是何等气愤?

在公开信上签名的115人中,有一半是专家和共和党保守议员乔治·麦凯恩和中央情报局前领导人、民主党人詹姆斯·伍尔希周围的前外交官,他们都深信"美国例外"论,深信美国负有崇高使命,理应管理全球和保卫民主制。另一半是知识界的活动家、专家

---

[15] Thierry Meyssan,《115 Atlantiists against Russia》, www.voltairenet.org/article15119.html.

和前高官,既有左翼人士、也有右翼人士,主要来自东欧和北欧,其共同点是:对于似乎正在倒退到独裁专制并试图恢复帝国疆界的俄罗斯,都怀有仇恨。签名者中还有 5 名法国人:帕斯卡·布吕克内(Pascal Bruckner)、安德烈·格鲁克斯曼(André Glucksmann)、皮埃尔·哈斯奈(Pierre Hassner)、贝尔纳·库什内(Bernard Kouchner)、让·拉尼克(Jacques Rupnik)。

与上述盲目仇恨的人士不同,一些"温和"的政治评论家与之保持距离,他们接近保守派:来自卡耐基基金会的安纳托利·列文(Peter Paul Anatol Lieven)和胡佛研究所的戈登·哈恩(Gordon M. Hahn),但是很快他们就被迫闭嘴了。《纽约时报》也出现了一些弱弱的声音,号召对俄罗斯要克制。[16]

别斯兰究竟发生了什么

别斯兰究竟发生了什么,能不能怀疑俄罗斯政府操纵了恐怖分子,意在让他们挑起流血事件,以证明独裁政权推行的强硬政策是对的——这种说法在西方报刊文章中得到明确表露。一些人甚至撰文大谈 1999 年莫斯科恐怖袭击事件中的"普京阴谋"。如何在这些宣传和谎言的茂密森林中找到真相?现在,十年已经过去了,许多事实都已经被反复研究和分析多次,我个人认为,最客观的描述是 2004 年 11 月亨利·普拉特·兹伯格(Henry Plater-Zyberk)为英国军事科学院冲突研究中心撰写的报告,距离那些能够引发对俄罗斯政府好感疑虑的描述非常遥远。[17]

作者非常详细地讲述并分析了所发生的一切:事件的前因后果;人质死伤数目;恐怖分子的数量及来源、恐怖分子的武器、俄罗斯治安部队、联邦政府和地方政府的反应,等等。他得出的结论是:

---

[16] Fiona Hill,《Stop Blaming Putin and Start Helping Him》,10.09.2004,转引自[俄]安德烈·茨冈科夫的著作。

[17] Henry Plater-Zyberk,《Beslan-Lessons Learned?》,Conflict Studies Research Centre, Russian Series 04/34, *Defence Academy of the United Kingdom*, 11.2004.

第二章　巴甫洛夫之犬或对俄罗斯的条件反射

考虑到这样一个事实：劫持人质的行动是精心策划的，人质的对象、人数和年龄特点，恐怖分子提出的要求完全不可能满足以及恐怖分子的极端残忍性，俄罗斯政府面对的是一个无法完成的任务。应该在离解救对象更远的地方（周边）组织保护，这样能够更好地确保对人质的保护……犯下重大失误的另一个领域，是俄罗斯媒体和外国媒体的宣传。这一任务落在了大量不了解情况的官方人士身上，他们散布了一些未经检验的、不确切的信息，令情况变得更加糟糕，一切都变得晦暗不明，引发了各式各样的推测。

那些要与俄罗斯打交道的人应该牢记：在这个国家里，信息机构的工作组织得很糟糕。正是因为这个原因，指责俄罗斯政府审查信息、不惜操控信息并无依据。而如果沟通方式更严厉一些，那么，政府就会被指责为独裁专制——而批评政府的人恰恰就是那些批评报刊混乱不堪的人。必须指出的是：报刊上出现了不少批评俄罗斯政府的文章，但是，在这种情况下，没有任何证据能够表明：俄罗斯总统对这些媒体施加了某种压力。可能会出于阿谀奉承，媒体领导人会主动对"自己"的记者施加压力。

为数众多的自由民主派对俄罗斯政府的批评缺乏足够的依据，结果，提出的方案根本不切实际。西方报刊则从自己的角度出发，仅仅是盲目地重复这些批判性评论，而不去深究问题的实质。对从叶利钦时期至今的俄罗斯反恐行动进行的比较分析也没有得出重大成果。对解救莫斯科轴承厂文化宫人质所采取的措施提出严厉批评同样歪曲了事实，甚至还引发一种幻觉：似乎在精心策划的、更大规模劫持人质的情况下（如在别斯兰），解救人质会进行得很顺利。

接下来，普拉特·兹伯格驳斥了反政府组织和人权斗士们（如萨哈罗夫院士的遗孀叶列娜·波奈尔）得出的结论：他们号召俄罗斯政府同恐怖分子就"关键问题"进行谈判，如果人质得到解救、劫持犯投降，就对恐怖分子进行"公正"的审判。该报告的作者也批判了诸如安娜·波利特科夫斯卡娅的说法：阿斯兰·马斯哈多夫能够说服恐怖分子放了孩子们。[18]在作者看来，这里无法得出第二种看法：

巴萨耶夫派自己的战士到别斯兰去送死，这么做的意图是：该行动的结果成为大规模流血事件，并导致北高加索的民族大战。

普拉特·兹伯格在报告的结尾写道：

普京总统将很难在俄罗斯面临的新安全要求和宪法规定的民主自由之间维持平衡。他允许公众讨论，但是不允许任何人监督反恐措施。因为很显然，类似讨论必然正中意识形态领袖下怀。激进观点领袖及自由民主派就会将自己对俄罗斯政府的批判输出到西方，西方媒体就会抓住并将其放大。

别斯兰事件之后的普京处在与2001年9·11事件之后的乔治·布什同样的处境，差别在于：布什的处境要更便利，因为他能够得到完全忠于他的媒体的支持。由于这个原因，他可以轻松地在境外的阿富汗放手发动一场战争，同时强化对公民监视的措施，未经审讯就可毫不犹豫地实施逮捕。[19]

但是，这次最让人奇怪的是：就如乌柏林根空难一样，事件发生后，西方媒体立即团结一致地反对俄罗斯。他们的第一反应是：将一切都归咎于俄罗斯政府。随着时间的流逝，媒体在当时的这种政策显得尤其令人触目惊心和气愤。但是，就媒体自身来说，他们从来都不曾对自己作出如此批评。他们一次都不曾对恐怖袭击的受

---

〔18〕 Andrei P. Tsygankov，《Russophobia. Anti-Russian Lobby and American Foreing Policy》，New York，*Palgrave Macmillan*，2009. p. 14. 此外，还可参考《莫斯科回声》（《Эхо Москвы》）2004年9月3日；BBC MS. 关于反恐斗争对民主体制的影响的客观分析，可以参考集体以下著作：《Au nom du 11 septembre. Les dómocraties à l'ópreuve del'antiterrorisme》（《纪念9·11：反恐斗争中的民主》）作者包括：Didier Bigo, Laurent Bonelli, Thomas Deltombe（dir.），*La Dócouverte*，2008. 关于别斯兰恐怖事件的后果，可以参考Ghislaine Saffraine《Russie：les „zones d'ombre" du massacre de Beslan》（《俄国：别斯兰流血事件的"阴暗"面》）.

〔19〕 请参考文章：《Deuxieme guerre d'Ossetie du Sud》，fr.wikipedia.org. A также Charles King《The Five-Day War》，*Foreing Affairs*，11-12. 2008.

害者表示过同情,却对叛乱的车臣人用了很多善意的词汇:在他们看来,莫斯科对这些车臣人如此不公正,莫斯科自身对于劫持人质事件也是有过错的。

而车臣伊斯兰分子干出伤天害理之事(头颅被砍下、肠子流出),绝对堪比2014年秋天"伊斯兰国"令整个西方世界感到震惊的暴行。西方媒体只字未提,救援机构人员是在何等艰难的条件下展开工作的:学校地处市中心的人口密集区,几乎每个家庭都有人被抓为人质,当地居民自行拿起武器,并无任何奇怪之处。

就如在莫斯科杜布罗夫卡戏剧中心(即原来的轴承厂工人文化宫)劫持人质事件发生时一样,西方媒体从反俄情绪出发,对"温和"的车臣伊斯兰分子表现出好感,只是他们低估了武装到牙齿的恐怖分子的决心。恐怖分子爆破了学校的墙壁和顶棚,急于尽快启动爆炸装置,而不是急于谈判和让步——如在诺尔德-奥斯特剧院事件时那样。最后,绝大多数西方媒体没有发现,或者说是漏提一个事实:尽管在解救过程中死去了350人,但是,仍有800多孩子获救——这些孩子们已经三天水米未沾,且身体状况极度恶化。

今天,在这些事件过去已经11年,刚刚发生《查理周刊》编辑部枪击事件之后,回想起115人的公开信和西方记者的立场,我们只能麻木地耸耸肩。为了表示对恐怖主义造成的11位受害的法国记者的支持,法国开展了史无前例的团结运动;在西方却没有发出一个声音,为别斯兰死于伊斯兰恐怖分子之手的350名成人和孩子哭泣。如果说在《查理周刊》事件之后,驻巴黎《俄罗斯今日》(Russia Today)电视台和半岛电视台(Al Jazeera)要求奥朗德同杀人凶手谈判,给法国的伊斯兰分子在法国自由迁徙的权利,西方报刊会如何回应?或者,如果外国媒体认为,法国总统对于枪杀《查理周刊》编辑部记者事件负有责任,就如2004年西方媒体对普京所做的那样,那么,这必定是一桩轰动性事件!

如果在"9·11"事件的第二天,所有外国媒体都要求布什总统允许本·拉登政治避难,美国报刊会有什么表现?或者,1993年针对双子塔的第一次恐怖袭击，美国对恐怖分子采取了过于严厉的措施；[20] 以同样的原因，说美国是恐怖分子的同谋，美国的报刊会怎么样？要知道，西方记者和俄罗斯的亲西方记者在别斯兰事件发生后的第二天就是这样做的。但是，西方记者和专家没有一个人就俄罗斯对车臣恐怖分子的镇压行动写过一篇文章说，这种镇压完全是按照西方（或者说是英国）的警察方式进行的，对追求奥尔斯特独立、巴斯克独立或科西嘉独立的斗士，西方曾经运用过这种方式。英国针对贝尔法斯特本地居民的镇压行动持续数十年，绝对堪比俄罗斯在格罗兹尼的所作所为。但是，难道法国、西班牙或英国报刊可曾说过一句反对的话，或者要求英国政府对极端主义者的要求让步，允许北爱尔兰独立了吗？上述三种情形非常接近车臣的情形，而在这种情况下，巴斯克人、北爱尔兰人、科西嘉人的侵略性却无法与来自高加索酋长国的恐怖分子的残忍性相提并论。奇怪的是：谁也没有听到过，对普京下最后通牒的、公开信的115位签名者曾经反对西方国家领袖，指斥他们（粗暴）对待巴斯克、北爱尔兰和科西嘉的分裂分子。

最后一点：经过《查理周刊》的恐怖袭击事件之后，鉴于法国喜剧演员迪厄·多内[21] "美化恐怖主义"，政府和法律机构以及其他部门的人士向巴黎检察院提起54项指控。可以想见，如果在别斯兰悲剧事件之后，俄罗斯政府指控安娜·波利特科夫斯卡娅和公开信作者美化车臣-伊斯兰恐怖主义，反对声浪会何等高涨！在一些善

---

[20] 第一次袭击世界贸易中心是在1993年2月26日，载重汽车在一座塔下爆炸，载重汽车上安装了重达680公斤的爆炸装置。恐怖袭击的目的是令北部的塔楼倒向南边的塔楼，从而摧毁整个楼体，引发大规模伤亡。尽管恐怖分子的计划没能成功，爆炸还是导致6人死亡、1042人受伤。恐怖事件是一小撮伊斯兰阴谋分子策划的，其中包括拉木吉·尤塞夫（Ramzī Youssef）、穆罕默德·阿布哈利玛（Mahmud Abouhalima）、穆罕默德·萨拉姆（Mohammed Salam）、尼达尔 A. 艾雅德（Nidar A. Aiyad）、阿卜杜拉赫曼·亚辛（Abdul Rahman Yasin）、艾哈迈德·艾雅吉（Ahmad Ayadj）。1994年3月，其中四人（阿布哈利玛、艾雅吉、艾雅德、萨拉姆）因制造炸弹被起诉。提起的指控中包括：阴谋炸毁作为私人财物的大楼、非法运输爆炸物。1997年11月，另外两人被起诉：尤塞夫是恐怖袭击的组织者和主要实施者，伊斯玛因艾雅德是运输炸弹的卡车司机。

[21] 迪厄多内·穆巴拉（Dieudonné M'bala M'bala）是一位法国喜剧演员、政治积极分子，多次被指持反犹思想——编辑注。

意报刊的头版头条就会发起一场运动：反对普京的克格勃当局异乎寻常地践踏自由。

南奥塞梯的军事冲突（2008年）

反俄运动爆发于2008年8月7日23点40分，在南奥塞梯和格鲁吉亚的交界处。当时多数国家的领导人都在北京观看奥运会开幕式，全世界的人因酷热难耐而体倦神乏，静候在电视机前，期待着即将出现的盛大场面，因而没有人关注发生的事情。

事情的经过是这样的：以俄罗斯参与组建的南奥塞梯分裂分子的部队为一方（并得到俄罗斯的支持），以格鲁吉亚常备军为另一方，在经过数日的边境摩擦后，演变为公开的武装冲突。8月7日晚到8月8日，格鲁吉亚军队开始强攻南奥塞梯首府茨欣瓦利，结果导致18名混合维和部队（ССПМ，其中多数是俄罗斯人）军人以及160多名南奥塞梯军人死亡。这是俄罗斯于2008年底提供的官方数据。

2004年，亲西方的米哈依尔·萨卡什维利成为格鲁吉亚总统，努力收复试图独立的各州回归格鲁吉亚版图：这样，南奥塞梯就成为冲突的目标。尽管说，南奥塞梯从1992年起获得事实独立（de facto），境内的分裂分子占绝大多数——1992年和2006年举行的两次公投都能够证明这一点。而且，南奥塞梯的居民还希望其独立从法律上（de jure）得到批准。俄罗斯联邦由于签署了国际协议，在这场冲突中承担了调停人和维和者的角色，并且在南奥塞梯境内驻扎了自己的军队；但俄罗斯并未采取任何步骤解决冲突，令其有利于对抗双方中的任何一方。

这样，在不断增长的紧张气氛中，8月7日23点10分，格鲁吉亚政府告知指挥俄罗斯军队的将军，称：格鲁吉亚打算用武力恢复"宪法秩序"。23点40分，混合维和部队（ССПМ）的两名俄罗斯士兵被引爆的手榴弹炸死。由于重炮轰击，导致茨欣瓦利市俄罗斯人占据的建筑物起火并毁坏。俄罗斯维和部队尽管缺乏坦克，但是还是能够对抗进攻方，格鲁吉亚人仅仅占领了城市的三分之二。23

点 56 分，格鲁吉亚国防部长宣布发起强攻。

俄罗斯人获得情报说，格鲁吉亚方面可能从 21 点开始发起强攻。梅德韦杰夫在 22 点 43 分获知此事，下令外交部部长助理格里高利·卡拉辛与萨卡什维利联系，但是卡拉辛打通了美国外交官邓·弗里德（Dan Fried）的电话，弗里德告诉他说，美国会努力控制局势。到了凌晨 2 点零 6 分，维和努力已没有意义。俄罗斯经由不受格鲁吉亚控制的洛克隧道，从驻扎在北高加索军区的军队中向南奥塞梯派去 5500 人到 10 000 人左右的军队。[22]

实际上，敌对双方立即陷入争执：谁首先发起军事行动？宣传机器也加入其间。俄罗斯人宣称：由于炮击和轰炸，导致 1500 名平民死亡。格鲁吉亚则予以回应，指责俄罗斯人说，俄罗斯人利用洛克隧道运兵，证明这是提早策划好的行动。双方开始互指对方犯下了战争罪和反人类罪。

接下来的四天时间里，俄军向新边界积极推进，炮击了格鲁吉亚的几座城市。梅德韦杰夫宣布：目标已经达到，俄军将留在 1992 年协议确定的位置。1992 年协议曾经终结了当时格鲁吉亚对少数民族的战争，3000 多人在那场战争中死去。

8 月 16 日，俄罗斯-格鲁吉亚双方签署和约，军事行动结束——尽管说，南奥塞梯和阿布哈兹两地的命运仍悬而未决。8 月 26 日，俄罗斯联邦正式承认这两个国家独立，并且俄罗斯"有责任确保其安全"。

过了一段时间，成立了一个独立的国际委员会，研究格鲁吉亚武装冲突的详情。成立该委员会是由欧盟倡导，该委员会的领导人是瑞士人、联合国秘书长派驻格鲁吉亚和阿布哈兹的外交官和代表海迪·塔利亚维尼（Heidi Tagliavini），担任助理的是前德国驻格鲁吉亚大使乌韦·施拉姆（Uwe Schramm）。从该委员会于 2009 年 9 月 30 日发布的报告可以明确知道：战争是由格鲁吉亚挑起的，目的是

---

[22] Hans-Georg Heinrich, Kirill Tanaev,《Georgia & Russia：Contradictory Media Coverage of the August War》, в *Caucasian Review of International Affairs*, Vol. 3, 09. 2009. Cria-online. org/8_ 2. html.

第二章 巴甫洛夫之犬或对俄罗斯的条件反射

为了占领南奥塞梯的领土。[23]

但在2008年8月这份报告还不存在,没有人确切知道,究竟是哪一方先开火。但是,从8月8日起,媒体已经开始攻击俄罗斯,就如在乌柏林根撞机事件和别斯兰恐怖袭击事件时所做的那样。在2002年"玫瑰花革命"和2004年萨卡什维利上台之后,格鲁吉亚国内建立起了亲西方体制。新任总统萨卡什维利曾在美国哥伦比亚大学和乔治·华盛顿大学学习。在美国,萨卡什维利与美国的右翼保守人士和主张美国优越论的人士建立起稳固联系。他荧幕形象好,会说英语和法语,与美国总统布什和法国总统萨科齐都关系密切。

担任总统之后,萨卡什维利立即决定加入欧盟和北约。2004年他派出大批军队,在美国进行军事训练,并参加对萨达姆·侯赛因的作战行动。格鲁吉亚军队与美国士兵一起训练,并完成了一些任务,一直持续到2008年夏天。在整个执政期间,萨卡什维利定期在西方媒体发表言论,为自己赢得真正民主派的名声。后来,他厌倦了普通传播手段,雇请了美国的公关咨询机构,该公关咨询机构与埃克森-美孚公司(Exxon Mobil)、家乐氏公司(Kelloggs)、宝洁公司(Procter and Gamble)等公司有合作。该公关机构将格鲁吉亚总统打造为欧洲理想的捍卫者和"民主先行者",在这种情况下,克里姆林宫授权的两家俄罗斯公关机构的努力就注定会遭到失败——这是研究对格鲁吉亚冲突的媒体掩护问题的学者们的看法。[24]

这样,所有美国媒体,甚至绝大多数欧洲媒体都无条件地指责俄罗斯领导人,说是他们挑起了冲突。"当俄罗斯进攻格鲁吉亚时,

---

[23] http://echr.coe.int/Documents/HUDOC_38263_08_Annexes_FRA.pdf.

[24] Daniel Gauseth,《Framing the Russia-Georgian War. An Analysis of the Norwegian print-press Coverage in August 2008》, *Department of History and Classical Studies*, Trondheim, *NTNU*, 2012. 请参考 Margarita Akhvlediani,《The Fatal Flaw: the Media and the Russia Invasion of Georgia》, *Small Wars & Insurgencies*, Vol. 20, No. 2, 06. 2009, p. 363. A. K. Niedermaier,《Countdown to War in Georgia: Russia's Foreing Policy and Media Coverage of the Conflict in South Ossetia and Abkhazia》, United States, Minneapolis, *East View Press*, 2008. Artur Jugaste,《Communicating Georgia. Georgia's Information Campaign in the 2008 War with Russia》, thesis, *Stockholm University*, 2011. 最后,为了对美国在武装冲突时期的媒体战略形成更加完整的观念,可以参考 Heikki Luostarinnen и Rune Ottosen,《The Changing Role of the Media in Conflicts. From Cold War to the Net Age》, *Journalism and the New World Order*, Vol. 2.

西方人正在看电视"——8月8日，言论激进的女记者——《华盛顿邮报》评论员安妮·阿普勒鲍姆（Anne Applebaum）在网络杂志《slate》上写道。[25]她的呼号得到了其他人的附和。8月11日，新保守派人士威廉·克里斯托尔（William Kristol）在《纽约时报》调高了担忧的调门，紧随其后，记者们开始了嚷嚷"俄国入侵"的大合唱。

西方报刊甚至不惜做一些侮辱性的历史比较。例如，兹比格纽·布热津斯基指出：俄国进攻格鲁吉亚堪比1941年苏联攻击芬兰之举（《赫芬顿邮报》，The Huffington Post）；包括挪威的《晚报》（Aftonbladet）*在内的其他报刊则将战争爆发与1968年苏军开入捷克斯洛伐克相提并论；还有人则回忆起1938年的苏台德区危机[26]。为了抹黑普京和俄罗斯对格鲁吉亚的入侵，地球上所有从希特勒到斯大林的可耻往事都被翻检出来；我们要指出的是：这一切都罔顾明显的事实。

欧洲媒体的调子略少一些攻击性。《费加罗报》（Le Figaro）记者、关于"俄国的报复"的著作的作者劳尔·曼德维尔（Laure Mandeville）极为敌视普京，他认为：俄国正在惩罚这些从前的主体，只因为他们企图与西方接近。法国《世界报》（Le Monde）则从自己的角度出发写道：俄国想要收复自己在南高加索的能源、政治和地缘战略地位，在这个地方铺设了石油和天然气管道，华盛顿-安卡拉-第比利斯和莫斯科-埃里温-德黑兰两条轴线在这里交织。《世界报》（Le Monde）8月27日的社论则写道："今天，俄国的报复性的民族主义倚赖的是石油和天然气，其唯一目标就是：复兴业已解体的帝国。"[27]我引述的上述研究著作也引用了德国《商报》（Handelsblatt）、瑞士《新苏黎世日报》（Neue Zürcher Zeitung）和奥地利的《标准报》（Der Standarte），这些报纸都众口一词地附和大多

---

[25] http://www.slate.com/id/2197155/pagenum/all.

* 此处恐作者有误，应是瑞典的《瑞典晚报》——译者注。

[26] www.economist.com/node/14560958. 以及 www.nytimes.com/2009/10/01world/.../01russia.html.

[27] 《Refaire l'empire》, Le Monde, 27.08.2008.

第二章 巴甫洛夫之犬或对俄罗斯的条件反射

数报刊的政策,指责俄罗斯搞领土侵略。

不过,随着扑朔迷离的真相大量浮出水面,格鲁吉亚的过错开始慢慢显露,欧洲报刊的调门也开始发生变化。而且,格鲁吉亚接近欧洲舞台,欧洲媒体开始详细评论格鲁吉亚不断增长的腐败,以及格鲁吉亚新当局的威权性质。俄罗斯的军事行动停止得相当快,不能指责俄罗斯追逐后撤的格鲁吉亚军队过于深入格鲁吉亚领土,但是西方报刊仍然评价说,俄罗斯在签署和约之后,立即将自己的军队撤回到南奥塞梯境内。总体上来说,由于战争的短期性(持续5天)以及俄军军事行动较为谨慎,部分地减弱了舆论对她的批评。

当然,这些批评并没有完全消停。相关争论持续了数月之久,所有人都在急不可耐地等着海迪·塔利亚维尼领导的"真相确定委员会"作出结论。2009年春,德国《明镜周刊》(Der Spiegel)杂志公布了该报告中的数页,引起轰动。该报告全文发布于2009年9月,非常明确地证实:首先发起进攻的是格鲁吉亚。

但是,作为经常发生的情况,除了客观事实之外,还包括报告起草者的一些政治考量。起草者中有一些人对俄罗斯的态度相当消极,谴责俄罗斯侵略了格鲁吉亚领土——虽说为期短暂;例如,其中有出身"绿党"、德国前外交部部长约什卡·费舍尔。这让去年夏天斥责俄罗斯的媒体迅速改换门庭,转而批评敌对双方。例如,《华尔街日报》称:"关于格鲁吉亚战争的报告已经明确了:无论莫斯科、还是第比利斯,双方都有责任。"[28]《经济学人》(The Economist)杂志对俄罗斯也并不友善,尽管并不那么直抒胸臆:"俄罗斯-格鲁吉亚战争:谁之过?"而《纽约时报》则写下如下一段话:"格鲁吉亚驳斥了报告的数据,遵照该报告,是格鲁吉亚首先开火。"[29]

可以看到,媒体不公正地指责俄罗斯说:是俄罗斯发起了军事行动,目的是为了占领格鲁吉亚——就如希特勒在苏台德区和斯大林在芬兰所做的那样;甚至当塔利亚维尼委员会发布报告,证明事

---

[28] See www.online.wsj.com/articles/SB125409588027045015,29.09.2009.

[29] C. J. Chivers and E. Barry,《Georgia Claims on Russia War Called into Question》,*New York Times*, 6 November 2008.

情的真相恰恰相反之后，媒体也不改变战略。此外，还可以看到：在政治优先方向的影响下，历史是可以改写的。例如，2014年9月30日，欧盟委员会对格鲁吉亚民主制工作报告提出修正案，修改该报告，令其有利于萨卡什维利——而格鲁吉亚现任政府指责萨卡什维利滥用职权。同时还对前国防部长提起指控——萨卡什维利在下台前将其解救出来，使其免于被起诉。这样做之所以可能，是由于得到自由-保守派的支持——设在斯特拉斯堡的欧洲议会中，自由-保守派占大多数。报告还有一个纯粹政治性的附件，是对文件文本作出简单改动。在这种情况下，事实部分实质上并未得到验证。[30]

显然，成文的历史经常会被改写，因而对国际委员会报告所做的补充修正也需要被谨慎看待——因为这种补充修正的目的也是为了改变关键路线和结论。或许，法国《解放报》（Libération）驻莫斯科女记者在诚心刁难方面已达极致。我们可以在该报2014年12月18日这一期读到：

> 第聂伯河沿岸共和国——乌克兰、格鲁吉亚：克里姆林宫在支持民族主义运动的同时，继续妨碍自己的邻国投向西方。人们常常将乌克兰东部事件，俄罗斯对顿巴斯分裂主义者的支持同2008年的俄罗斯-格鲁吉亚战争相比较（只是规模需要修正一下）。似乎是为了救助当地的俄罗斯族，经过闪电般入侵后，俄罗斯承认了南奥塞梯和阿布哈兹的独立。今天，所有西方国家的政府一致谴责俄罗斯的行动，尽管说俄罗斯采取的步骤在当时并未引起任何人的抗议。[31]

这是什么？是蓄意抛出的假消息，还是不了解事实？或是已经深深扎根的条件反射：似乎只是偶然地将事情解释为与实际发生的情况不同，或与官方确认的情形不同？以捍卫民主自由为名，西方主流媒体如此歪曲真实情况，简直让人脑洞大开。如果某人被视为西方和民主制的朋友，那么，在这种情况下曲解就有利于该对象；

---

〔30〕 Addendum au rapport sur le Fonctionnement des institutions democratiques en Géorgie, Document 13558, Assemblée parlementaire du Conseil de l'Europe, 30.09.2014.

〔31〕 Véronika Dormann,《La strategie des conflits gelés》, Libération, 18.12.2014. p.4.

如果该对象被视为自由之敌或渴望复兴苏联帝国的"复仇主义者",事实就会朝反方向解释。

有鉴于此,必须指出的是:尽管大多数媒体承认其在 2008 年 8 月武装冲突的问题上陷入了误区,可还有一些媒体仍坚持这么做,就证明这么做是对其有利的。2008 年 10 月 28 日,BBC(英国广播公司)在其节目中修正了之前对该事件的说法:对格鲁吉亚方面对此事的介绍提出了批评。[32]《纽约时报》也在一周后改变立场,但也不忘记特别强调说,"双方都应该受到谴责"。不过,史学家保罗·桑德斯(Paul Sanders)公正地指出:"个别媒体的道歉并不能改变人们对俄罗斯作为侵略者的观念。所有职业记者都很清楚,任何接触都始于第一印象,而这种第一印象是会最终占上风的。当媒体塑造的形象确立起来,进行任何驳斥都不能改变积淀在大脑中,并已在集体观念中机制化了的东西。认知过滤器已经永远关闭。"[33]

索契冬奥会(2014 年)

在索契冬奥会召开(2014 年 2 月)前不久,对俄罗斯的批评达到了最高点。尤其令人奇怪的是:这只是一场体育活动、和平的活动,与格鲁吉亚的五天战争已经时隔久远(已经过去了 5 年),独立广场(马依丹广场)的游行示威暂时还没有血流成河。克里米亚半岛和顿涅茨克暂时还是一派祥和,服从乌克兰。因此,在 2014 年 2 月并无特殊理由可以斥责俄罗斯——难道说,因为俄罗斯准备花费 150 亿美元提升业已停滞的乌克兰经济,已经拿出天文数字般的资金筹备奥运会而应该斥责她吗?

西方不喜欢这种慷慨。在冬奥会开幕前十天,几乎所有的广播电台、电视频道、报纸争先恐后地播放各种访谈报道,总是从不怀善意的角度展示俄罗斯和奥运会;一会将麦克风伸到一个没来得及

---

[32]《Ossetian Crisis: Who Started It?》, *BBC News*, 19.08.2008, http://news.bbc.co.uk/2/hi/europe7571096. 并请参考《Whot Really Happened in South Ossetia》,*BBC Newsnight*.

[33] Paul Sanders,《Under Western Eyes. How Meta-Narrative Shapes Our Perception of Russia - and Why It Is Time for a Qualitative Shift》.

搬迁的当地居民面前；一会又伸到一个被撤职的滑雪缆车负责人面前；时而采访希望引起关注的市长；时而又将话筒伸到拿警察开心的女权组织"造反猫咪"（Пусси Райт/Pussy Riot）成员面前，为的是让你感受西方记者的客观性；时而又采访俄罗斯的同性恋者，想要让同性恋者在某一方面指责普京，但是未能成功。政治反对派讲述的是对公共财富的巨大浪费以及腐败行为；环保主义者则抱怨说没有正确地排放污水；史学家则回想起，在现在的滑雪场所在处曾经爆发过某次战役。总之，大家都尽力不忘记任何事情。

社交网络上也出现了吐槽：例如，在给记者安排的酒店里热水管坏了；而在美国的网页（mashable.com）上也出现了《俄罗斯人不肯示人的12幅索契照片》，其中一幅是女厕所的两个马桶坏了，旁边没有任何遮挡。这些东西都被当作世界级的轰动事件来展示！

除了这些花边新闻之外，反俄论著沿着两条主要轨道集中爆发：西方媒体认真挖掘与用于筹备奥运会的巨额资金相关的腐败和浪费问题。而美国人——例如第四频道（Channel 4）——则决定报道对同性恋者的"镇压"，因为2013年国家杜马通过一部法律，禁止对未成年人宣传同性恋。

而当时有独立观察家指出，该部法律与法国通过的《刑法》条文完全符合，也完全类似美国通过的相关法律。此外，与美国的某些州也非常相似，比如亚利桑那州，对同性恋者的立法很严厉；如果从这个逻辑出发，那么，就应该抵制在美国犹他州首府盐湖城召开的冬奥会——该州由于摩门教徒占多数，因而禁止同性恋关系。甚至俄罗斯"列戈比特"协会（ЛГБТ，男同性恋、女同性恋、双性人、变性人）领导人安德烈·阿列克谢耶夫愤怒于西方的媒体运动和西方发出的抵制索契冬奥会的号召，因为这会剥夺千千万万俄罗斯公民观赏激动人心的场景的权利。

开幕式开始后，恶意之波变成了一场惊涛骇浪，但是，开幕式组织得非常出色，漂亮得难以想象。但是，那些不了解俄罗斯历史和俄罗斯文化的人也不喜欢这场秀：政治评论家更多谈论的是发生恐怖袭击的可能性，气象学家则谈论的是山区和沿海地区巨大的温差（尽管说，之前，2010年在加拿大的温哥华冬奥会期间，这种温

第二章 巴甫洛夫之犬或对俄罗斯的条件反射

差丝毫都不曾令其感到担心）。

幸运的是，与各种阴暗的预测相反，从组织安排方面来看，冬奥会举办得非常理想，运动员、观众们都很顺利，甚至记者们也已无机可乘。甚至火车都是隔一分钟就开一趟！但是那些态度负面的评论家们，没有人想过驳斥自己在奥运会前夕写下的所有令人作呕的文章。要详细谈论成千上万的这些吹毛求疵的文章和广播节目是相当单调乏味的，何况体育已经自我证明。

我将引述三位非常知名的评论家的言论。先从澳大利亚报纸《悉尼先驱晨报》（The Sydney Morning Herald）的体育栏目开始。2月8日，安德鲁·韦伯斯特（Andrew Webster）写道："……很多观察家没有任何理由地试图贬低索契奥运会，搞起猎巫运动：这甚至已经变成了新型的冬季运动。"接下来他讲了一个故事：一位电视媒体人专门在"玫瑰庄园"（Роза Хутор）疗养院拍摄一堆滚落在泥淖中的圆木，以此表明：索契人的待客准备是多么差劲。第二天，当他发现有一片广场非常整洁漂亮，几十个俄罗斯人心满意足地在吃冰淇淋时，他感到无比惊讶！[34]

其他报刊也对反索契冬奥会运动作出回应。例如，德国《明镜周刊》驻莫斯科记者本雅明·比德尔（Benjamin Bidder）于2月11日写道："西方人士随时准备对索契出现的芝麻小事笑掉大牙"，"他们的成心刁难已经超过一切合理界限"。接下来他还讲到，有人将对索契市长安纳托里·帕霍莫夫的访谈剪辑加工并发布到社交媒体：通过市长之口，让他说出"索契没有同性恋者"的话，实际上市长的原话是：此时在索契没有同性恋协会的活跃分子。就在接受访谈之前，他还曾与索契同性恋俱乐部的老板聊天呢。

德国《明镜周刊》的记者还讲到奥地利《维也纳日报》（Wiener Zeitung）记者西蒙·罗斯纳（Simon Rosner）在其推特主页上的行径。在针对索契的奥运会场馆设施未完工的宣传运动达到最高潮时，他拍摄了维也纳被毁坏的街道，并将其在#Sochi Problems（索契故障）上加注发布。CNN（美国有限电视新闻网）网站编辑立即与他

---

[34] www.smh.com.au. Sport. Winter Olympics.

联系,请求允许把他这张照片用在说明索契未完成工程的图册中……然后,美国最大的报纸《今日美国》(USA Today)也对这张照片产生了兴趣。该照片总计被转发350次。稍后罗斯纳在推特承认,这只是和别人打赌所为,实际上照片是在维也纳拍的,但是这次却谁也没有再转发……罗斯纳就此事写道:假使在索契行驶着就像温哥华冬奥会时的老旧公交车,那么,大概就会有人指责俄罗斯说,俄罗斯还"保留着苏联安魂曲"。[35]

至于说俄罗斯通过的针对性少数派的法律,马克·贝内特斯(Marc Bennetts)在《卫报》所有的"以及"上都划了句点:

与其不分青红皂白地指责,不如看看事实。与英联邦的40多个国家以及世界上的70多个国家不同,同性恋在俄罗斯根本没有被禁止。从通过相关法律之日起的六个月来,只有不到12个人因"宣传同性恋"而被判承担法律责任。没有一个人被剥夺自由。俄罗斯警察没有被授权,去羁押那些怀疑为男女同性恋者的人士——并不像美国报纸《纽约时报》的大牌记者去年在文章中声称的那样。如果他说的是真的,那么如何解释,在莫斯科等俄罗斯城市中有同性恋俱乐部,而且他们还可以自由地发布广告?[36]

还有一些例证:环球时代传媒有限公司(GB Times)的备用网站的一次访谈能够表明一些电视频道是如何歪曲事实的。美国全国广播公司(NBC)拒绝转播索契奥运会开幕式影像,借口说奥运火炬没能点着,而且,似乎其责任人在第二天早上被找到时已死[37]。关于媒体对索契冬奥会的报道的详细分析发表在《国家》(Nation)

---

[35] Benjamin Bidder,《Sochi Schadenfreude: Ha Ha, The Russians Screwed up It Again》, *Spiegelonline International*, 11. 02. 2014. 另请参见 Simon Rosner,《Als CNN ein Foto aus Sochi mir wollte》, *Wiener Zeitung online*, 7. 02. 2014.

[36] Marc Bennetts, 《Russia's Anti-Gay Law is Wrong-but so is Some of the Criticism from the West》, *The Guardian*, 05. 02 2014.

[37] 《World Unites in Russia-Bashing for Sochi Olympics》, *GBTimes*, February 10, 2014. 另请参见 Thom Wheeler,《Why a Media-Basing Hasn't Stopped Russia Being the Olympic's Biggest Winner》, *Sabotage Times*, 25. 02. 2014 (sabotagetimes.com).

报纸上,作者是斯蒂文·科恩。[38]斯蒂文·科恩在自己的研究著作中将关于俄罗斯的文章、评论以及媒体的节目综合起来分析,引起了华盛顿反俄组织的极为尖锐、消极的反应。

作为前总统乔治·布什(老布什)的顾问、纽约大学的对苏联关系(后来则是对俄罗斯关系)专家,斯蒂文·科恩为《华盛顿邮报》和《国家》(Nation)撰写了大量稿件。这里引述一段他的文章:

……尽管有一些幸运的例外,但是,在美国的口头或书面媒体——甚至如《纽约时报》《华盛顿邮报》这样令人尊重的出版物——中,出现了一种共同趋势。新闻汇总、编辑部文章和评论背离了传统的、从前被公认的一些原则:忘记报道事实;不把事件放置在特定语境中;对事件及其分析不加区分;不把至少两个以上的"专家"的意见进行比较;在深入的分析性文章中,不将不同观点进行对照;甚至在"观点"栏目中也不本着批评精神发表对立观点。结果,比起以前来,对俄罗斯的看法实在是太不客观了,对俄罗斯的判断简直是投机性的、充满意识形态偏见,就如"冷战"时期对苏联的看法一样。

接下来,科恩列数了美国报刊上出现的不计其数的反普京的文章:

在数周之内,针对俄罗斯的诽谤之词涉及索契冬奥会和不断加剧的乌克兰危机。还在索契冬奥会开幕之前,《时代周刊》(Time)就宣称:新的体育场馆就像是"苏联时代的梦魇般的幽灵",而且标题还用了粗体字:没有任何体育,也没有任何欢乐:有的只是紧张和恐怖袭击。奥运会开幕式的当天,报纸找到足够多的篇幅,连续发表三篇反普京的文章和一篇题材广泛的社论,完全模仿了《华盛顿邮报》的风格。实际上没有任何事实,但是每一篇访谈都在谴责普京浪费几十亿美元,而且必谈其窃取和腐败。而本·阿里斯(Ben Aris)已在《商业新欧洲》(Business New Europe)上发表一篇文章,

---

[38] www.thenation.com/article/178344/distorting-russia.

该文证实：在510亿美元中，至少440亿美元是用于"发展本地区的基础设施，而这是全国都需要的"。总之，在奥运会前夕的整个媒体运动都很可耻：如此恬不知耻地游说恐怖袭击念头，几乎变得猥琐不堪。在这方面，《华盛顿邮报》几乎堪称范例：在那些最为敌视俄罗斯的批评者中间，该报堪称是独特的《华盛顿真理报》，极度亲近统治层。体育评论员与"观点"栏目专家一起把索契奥运会变成了"匪帮体制"（这是普京所追求的）与"不屈服"的恐怖分子之间的权力斗争，如此浪漫地解读敌对双方，以至于读者会犹豫不决：究竟应该站在哪一边。在难于抉择的情况下，美国记者提前宣布恐怖分子获胜，抹黑了"普京的奥运会"并在观众和运动员中种下了恐怖的种子。[39]

对此再做评论已是多余。

---

[39] *Newsweek*，10.02.2014. 访谈录：Stephen F. Cohen par Zoe Slander,《The American Who Dared Make Putin's Case》.

第三章

乌克兰2014：记者们不会提出的问题

> 今日的西方世界因何而瘫痪：在真实和虚假之间已经丧失差别，在无可置疑的善与无可置疑的恶之间丧失差别；在分崩离析和思想之熵之间丧失差别。多一些与众不同的人吧，哪怕只是一些与众不同的人就好！但是，100头向不同方向使劲的骡子是不会完成任何动作的。
>
> ——亚历山大·索尔仁尼琴
> 《我们的多元主义者》，1982年

> 说出来的思想就是谎言。
>
> ——费多尔·丘特切夫诗作《沉默》

为什么一谈到俄罗斯和普京，西方报刊就放弃了客观性？这种条件反射来自何处？为什么西方记者在几百年来都引以为豪的道德原则——努力弄清、理解、挖掘真相，比较各种观点，愿意换位思考和尊重他人——就被瞬间遗忘殆尽了呢？当然，并非所有人都像美国主流电视频道"福克斯新闻"（Fox News）那样做——该频道在2008年的五日战争期间直播了对两名妇女的访谈，本以为他们会痛斥普京，孰料两名妇女称：是萨卡什维利挑起了战争……主持人立即中断直播，开始插播广告。[1]

---

[1] 丹尼尔·戈赛特（Daniel Gauseth）在其学位论文的前言中谈及此事。关于此事的访谈也可以在YouTube上看到，但是视频质量很差。Nikolai Orlov：《Fox News–Cover Up–Georgia Russia War》，http://www.youtube.com/watch? v=dKASUchWf_ U.

或者，如法国电视一台（TF1），在 2014 年 6 月纪念盟军登陆诺曼底 70 周年之际，决定采访普京，但是又担心普京的回答会涉及克里米亚事件和法国媒体的工作。[2] 看起来，对于我们的报刊和报道机构、对于我们的研究者、政治家来说，现实并不是事实创造的，而是由讲述事实的人的观点创造的。或者说，是以谈论这些事实的人的名义创造的。

前《金融时报》（Financial Times）和《时代周刊》（Times）记者、卡耐基"争取国际和平"基金会研究员、"新美国"基金会研究人员安纳托里·列文（Anatol Lieven）赞同我的看法。他曾经撰文谈及 1999 年~2000 年第二次车臣战争期间爆发的恐俄浪潮：

西方恐俄症中最为令人不安的情形是：许多记者、评论家和知识分子，随时准备牺牲职业操守，取悦英国维多利亚的沙文主义者或巴尔干民族主义者——一旦触及他们的政治偏爱和民族感情时。为了摆脱这种条件反射，可以建议他们重读一下阿里斯泰尔·霍恩（Alistair Allan Horne）[3] 关于法国在阿尔及利亚的战争的《残酷世界》中或马克斯·黑斯廷斯*（Max Hugh Macdonald Hastings）的《朝鲜战争》中的某些情节——比如，关于 1950 年攻占首尔和美军空袭以及维克多·基尔南（Victor Kiernan）写的《殖民帝国与军队》，在该书中，基尔南讲述了美军在越南的行径，以及法国军队在非洲的所作所为。

而当涉及俄罗斯在车臣的罪行时，西方评论家应该读读在城市条件下战争会导致的不可避免的伤亡的记录——就在《海军陆战队》（Marine Corps）、《界限》（Parameters）等报纸上。这些记录是一些高级职业人士写下的，他们还是忠于事实的，尽管说这些事实可能对其不利，但是他们还是不怕承认这一点。例如，1993 年，美国军

---

[2] 不过，完整的访谈录（41 分钟，而不是直播时的 24 分钟）也已经上传到了 TF1 的网站：www.videos.tf1.fr/.../1-integralite-de-l-interview-de-vladimir-poutine-843075.html.

[3] Alistair Horne,《A Savage Peace》; Max Hastings,《The Korean War》; V. G. Kiernan,《Colonial Empires and Armies》——编辑注。

* 英国著名史学家，主要研究二战史，其著作包括《大决战》《绝世年代——军阀丘吉尔》《朝鲜战争》等，一些著作已经译成中文出版——译者注。

人被迫陷入索马里首都摩加迪沙的城市战,结果,黑人方面的伤亡人数要远远高于美军方面的伤亡人数(黑人居民还不是种族歧视的受害者!),几乎是25倍到30倍!换句话说,车臣的伤亡人数巨大本身并不能证明俄罗斯军队特别残忍,而只是证明了城市条件下的战争特点。[4]

间谍普京与西方意识形态专家的《尼西亚信经》

十五年过去了,而情况几乎毫无改变,甚至发生了相反的情形:随着乌克兰危机爆发,西方报刊的反俄运动加大了力度。这就是西方意识形态的《尼西亚信经》:俄国是个落后、野蛮的国家,处在较低发展阶段,并且始终觊觎他国领土,努力恢复从前的统治地位,将专制制度视为理所当然,已经成为其民族传统。相应地,俄罗斯人是一些头脑狭隘的家伙,热衷于民族沙文主义,敌视一切新生事物,也就是说,是一些反动派,是一些粗鲁的乡巴佬和酒鬼——当然,说实在的,他们有时也会在美学和艺术方面有所突破。

至于说俄罗斯总统普京,他的形象是这样的:克格勃的前间谍、鼹鼠、傀儡,反民主分子和反自由分子,欧洲和美国理想的狂妄敌人。待在克里姆林宫阴暗的高墙后面,他珍视的唯一梦想是:悄悄地让散居在苏联前领地的2500万"臣民"回到俄罗斯强国。作为专制和共产主义统治方式的合格继承人,这位统治者只理解实力的语言,他是一个属于过去的人——应该这样看待他。

我们来看看,就在2014年12月18日记者招待会前夕(在这次招待会上,普京要回答记者提问,涉及卢布贬值和油价下跌等问题),法国《解放报》(Libération)写了什么(而《解放报》绝非个案):

今天,普京要为其对乌克兰的侵略行动、对该国俄语地区伪装拙劣的占领行径和吞并克里米亚的行径买单(更不要说被其雇佣军

---

[4] Anatol Lieven,《Against Russophobia》. *World Policy Journal*, 01. 2001.

击落的马来西亚航空公司的飞机了）并付出代价。在其面临统治十五年中最为严重的危机的条件下（俄国货币贬值，经济即将崩溃），这位前克格勃军官把自己的一些部长暂时留在前沿。在传统的年度记者招待会上，其目的是为了展示粗暴的实力，俄罗斯总统还将对其政策作出解释和评论。利用其特殊的声望（这是其善于宣传和恬不知耻地挑动沙文主义情绪的结果），普京多半会跨上自己的爱马：西方针对神圣罗斯的国际阴谋的命题。[5]

在此之前的几周，瑞士《时报》（Le Temps）也写了与此类似的文章，只是看起来更加精巧：

在脱离人民的世界精英面前，俄罗斯总统将自己展示为一位捍卫所有遭受屈辱、被侮辱的人——准确地说，是自认为如此的人——的利益的人。所谓"普京主义"就是紧紧抓住做作的民族属性思想，目标是恢复业已失去的强大。去捍卫基督教，确立家庭价值观，顺便也确立起勇气和男性优越感。俄国将自己刻画为一个好父亲的形象，愿意用强大的右手拥抱自己数量众多的人民。这是帝国主义，其实质已经日益明朗。我们能够看到，他反对的是什么：他反对的是美国，反对文化多样性，反对全球化，反对伊斯兰教，反对人权，反对同性恋自由，反对精英和自由资本主义……普京主义相当于中国的民族主义-共产主义，其中也有一些与美国茶党运动（Tea Party）[6]共同的东西。[7]

如何解释这样的一个事实：事情只要一涉及俄罗斯，那么，思维健全、严肃、资深的记者就会突然放弃思想独立，参与到反俄指

---

[5] François Sergent,《Chauvin》, Libération, 18. 12. 2014.
[6] 美国的茶党运动（英语写作 Tea Party movement），是美国的保守-自由政治运动，是由于内政原因引发（特别是由于 2008 年的经济稳定紧急法案和在医疗保险方面推行的许多改革）、出现于 2009 年的系列抗议运动。
[7] Frédéric Koller,《Le tsar des réacs》, Le Temps, 11. 2014. 这篇社论揭开了本着同样精神的其他系列文章，如：《La tentation autoritaire》, 12-13. 04. 2014;《Dangereux Poutine》, 15. 04. 2014;《Le réembarquement de laRussie》, 09. 05. 2014;《Succès européen, échec russe》, 28. 06. 2014.

责的大合唱中去？为什么他们对领导着远比很多国家民主得多的俄罗斯的普京如此充满成见？何况，他们从来都不允许自己对美国总统或本国领导人做同样的事情？[8]

最令人吃惊的是西方媒体的立场：西方媒体曾经以其崇高的新闻道德和对他人进行的"宣传"的抨击而引以为豪，实际上他们并未进行采访和民意测验——而这些恰恰是新闻实践的首要基础。他们似乎在说："是啊，一切都很明白"，"事实是明摆着的，我们的嘴巴说出的就是真理，可以有意见分歧，尊敬的先生们，不过，我们的节目已经完成了"。

可是，节目是如何完成的呢？问题何在？要先对他人，然后再对自己提出多少问题啊！关于2014年的乌克兰问题就是如此！危机尚未结束，戏剧性事件还在延续，暂时无法确定，在已发生的事件中，究竟是谁之过。事件远非我们的信息和报道机构想要展示的那样清晰。格鲁吉亚的情形也是如此，绝大多数声音都指责俄罗斯，甚至都没有着手弄清事实，也没有让那些能从多个方面和视角进行分析的专业人士发声。无疑，人们对于这件事会有很多的看法。

没人对维多利亚·努兰提一个问题

2013年12月美国国务卿欧洲事务助理维多利亚·努兰（Victoria Jane Nuland）称，美国有多少钱投入到乌克兰：从1991年以来，他们花了50亿美元，为了帮助这个国家建设"他们理应得到的"未来，以及支持反对亚努科维奇总统的反对派。此外，在2014年"2月事件"期间，努兰还曾电话告知美国驻乌克兰大使杰弗里·派特（Geoffrey Ross Pyatt）："欧洲可能会滚回地狱……"，克里奇科（现任基辅市长）在政府里是多余的，因为他不能与亚采纽克（现任总

---

[8] Mathias Reymond, 《Une couverture manichéenne, des clivages innattendus. Médias français en campagne ukrainienne》, *Le Monde diplomatique*, 08.2014.

理）在这一层级合作。[9]就如往常一样，西方媒体应该就此作出回应。但是，尽管声明的性质令人发指，西方报刊宁愿把这一切当作耳旁风。

美国的钱究竟花在了什么地方？纳税人有权知道，他们的钱去了哪里。为什么欧洲报刊从未确认一下，维多利亚·努兰是与罗伯特·卡根结婚了吗？而卡根可是新保守党的领袖、极端的锡安主义者，俄罗斯的坚定敌人，与乔治·布什的前顾问威廉·克里斯托尔（William Kristol）一起，都是PNAC（Project for New American Centru）专家中心——换句话说，就是新美国时代项目——的负责人[10]。2010年，这个PNAC中心变成了FPI，即"外交倡议"分析中心，该中心曾说服美国政府在阿富汗和伊拉克发动战争，并且起草了"115人联名公开信"——"北大西洋主义者"反对普京的信。[11]

当美国人努兰按照自己的意图任命了乌克兰新政府成员时，旧人还在台上。这可是不加掩盖地在准备叛乱啊！难道不是吗？为什么，欧盟各国的首都没有感到气愤——当美国政府成员羞辱她的时候？而普京还没说什么，他们就会大声呐喊呢？

我举出的这些问题中，西方媒体不曾提出其中任何一个！

现在我们谈谈2014年2月独立广场叛乱和亚努科维奇总统的特种部队"贝尔库特"对示威人群开枪的问题。结果是80人被打死，这是闻所未闻的。接下来就是叛乱、推翻政府、现任总统出逃，新政治家上台。但是，那些事件在时间上离我们越远，就越是可以自

---

[9] 《Victoria Nuland Admits: US Has Invested $5 Billion in the Devlopment of Ukrainian "Democratic Institutions"》，www. informationclearinghouse. info/article37599. htm. 而关于"滚回地狱"的言论的详细情形，请参见 http：//www. huffingtonpost. fr/2014/02/06/victoria-nuland-ukraine-unioneuropeenne_n_4740136. html，06. 02. 2014.

[10] "新美国时代"（Project for the New American Century，PNAC）是美国的非政府政治组织，从1997年运转到2006年，该组织是由威廉·克里斯托尔和罗伯特·卡根建立的。"新美国时代"（PNAC）的官方目标是"推进美国在全球的领导地位"。"新美国时代"的建立基于这样一种观点：美国的领导地位无论对于美国自身乃至全世界都是美好之事，同时，也对里根总统的军事实力和政策道义纯洁性政策提供支持——编辑注。

[11] 参见安德烈·茨冈科夫（Андрей Цыганков）的著作。罗伯特·卡根现在供职于政治上最当红和最反俄的美国智库卡耐基"争取国际和平"基金会和设在美国的德国马歇尔基金会。参见本书第八章。

由谈论这些事件，而最初的说法看起来就越是可疑。

例如，2014年3月6日爱沙尼亚外交部确认，外交部领导人乌尔马思·帕艾特（Urmas Paet）曾经与当时的欧盟外交部领导人凯特琳·阿什顿（Catherine Margaret Ashton）进行电话密谈，在密谈时他指出：瞄准独立广场的示威者的狙击手完全可以执行乌克兰新领袖，而不是前总统亚努科维奇的命令。[12]

2014年10月10日，路透社发表了报道，其中谈到，调查证明，相关说法存在重大分歧。例如，"贝尔库特"特种部队的指挥官被怀疑谋杀，从镜头中消失，有证人似乎看见他双手拿着武器，但是证人的谎言被揭穿——因为嫌疑人实际上只有一只手；还在此前好几年，就已经因手榴弹爆炸失去了另一只手……[13]

这些资讯对于想象乌克兰的真实事件非常重要，而西方媒体则不感兴趣，因为他们不愿意放弃对俄罗斯的敌对情绪。可以真的指望，受到"开放社会"研究所资助的记者们——换句话说，指望高度仇俄的乔治·索罗斯——开始客观的调查吗？[14]

现在我们再来谈谈敖德萨的大火和血腥屠杀。2014年5月2日，40名亲俄的积极分子试图躲在工会大楼里，结果他们被另一方放的大火活活烧死。就像以前的情况一样，随着时间的流逝事件的详细情形开始弄清了，极右分子的责任是显而易见的。这是一场集体性屠杀，死亡人数在与整个独立广场事件相关的受害者中占一半，但是西方媒体对此毫无兴趣，尽管说在几周前西方媒体也曾发表过关

---

〔12〕 John Hall,《Estonian Foreign Ministry confirm authenticity of leaked phone call discussion how Kiev snipers who shot protesters were possibly hired by Ukraine's new leaders》, http://www.dailymail.co.uk/news/article-2573923/Estonian-Foreign-Ministry-confirms-authenticity-leakedphone-call-discussing-Kiev-snipers-shot-protesters-possibly-hired-Ukrainesnew-leaders.html.

〔13〕 Steve Tecklow, Oleksandr Akymenko,《Special Report：Flaws found in Ukraine's probe of Maidan massacre》, www.reuterscom/.../us-ukrainekillings-probe-special.

〔14〕 对独立广场流血事件以及狙击手是来自"亲马伊丹力量"、还是来自"反马伊丹力量"的严谨研究，参见 Ivan Katchanovski,《The Sniper's Massacre on the Maidan in Ukraine》, School of Political Studies & Department of Communication, *University of Ottawa*, 01.06.2014. 以及德国 ARD 频道所做的报道《Zweifel an Berichten zu Maidan-Scharfschutzen》, http://www.tagesschau.de/multimedia/video/video1386106.html.

于基辅的戏剧性事件的报道。

现在我们引述法国《马里亚纳》周刊（Mariana）的文字：

请想象一下，乌克兰起义者被前政府的支持者所包围，躲在工会大楼里，当这座大楼被追击者放火焚烧时，保卫人员却熟视无睹，不予介入。想象一下，大火之后在建筑物里找到近四十具烧焦的尸体。到底发生了什么事？如果事件发生在我们这里，激情就会达到最大限度。我国政府叫嚷说，亚努科维奇的雇佣军搞大规模镇压，进行大肆宣扬。……BHL（贝尔纳多·亨利·列维，Bernard-Henri Lévy）[15]给自己准备了一件崭新的白衬衣，准备发表电视讲话。而罗兰·法比乌斯（Laurent Pierre Emmanuel Fabius）[16]则唱起了被践踏的全人类理想之歌。现在有什么反应呢？没有任何反应！[17]

再作出什么评论已是多余。

克里米亚人1991年已经举行公投

现在我们谈谈2014年3月16日俄罗斯组织的克里米亚公投的话题。一些西方报刊态度谦逊地准备附和白宫的观点，称："克里米亚的自决公投与乌克兰宪法和国际法相违背"，因而是违法的。[18]克里米亚95%的居民都赞成与俄罗斯结盟，西方没有人对此事实感兴趣。假使我们的记者善意地履行了自己的职业义务，那他们就应

---

〔15〕贝尔纳多·亨利·列维（Bernad-Henry Levy），法国哲学家、政治记者，2014年2月9日在欧洲独立广场发表题为《我们都是乌克兰人》的演讲；2014年2月18日号召欧洲运动员停止参加俄罗斯索契冬奥会，作为对基辅发生的暴力事件的抗议。2015年1月29日，与乔治·索罗斯共同撰文《拯救新乌克兰》——编辑注。

〔16〕罗兰·法比乌斯（Laurent Fabius），法国政治家、社会主义者、前总理（1984~1986年在任）、外交部部长（2012~2016年在任），是2014年2月欧盟签署和平更迭乌克兰政权计划时的三位部长"见证人"之一。在欧洲国家的部长们从基辅急速离开后，该计划立即落空了——编辑注。

〔17〕Jack Dion,《Pourquoi le massacre d'Odessa a-t-il si peu d'écho dans les médias?》, www.marianne.net, 06.05.2014.

〔18〕Céline Lussato,《Ukraine. Pourquoi le référendum en Crimée estillégitime》.

第三章　乌克兰2014：记者们不会提出的问题

该指出：这次公投只是确认了上次公投的结果，而上次公投是1991年1月12日由乌克兰政府组织的，是完全合法的。在1991年的公投中，81.37%的国民参与公投，参加投票的人中，94.3%的人赞成恢复克里米亚的独立地位，并签署了戈尔巴乔夫提议的新联盟条约。

两次公投的结果趋同。但是，在两次公投的情况下，以美国为首的国际社会都急于宣布：不认为公投是合法的。例如，1991年2月，在乔治·索罗斯的唆使下，乌克兰拉达重新审理了已通过的决定，紧急通过一项法律，否决了克里米亚公投的合法性。要知道，西方决不能让塞瓦斯托波尔海军基地脱手并让俄罗斯自由进入地中海。手忙脚乱中谁也没有注意到这一点，历史似乎也自我遗忘了……但是，只不过，不是被剥夺了自决权的克里米亚人自己遗忘了历史。[19]我们以科索沃为例：2008年科索沃没有搞双重公投，但是该省却得到了期待中的独立。有哪位记者想起了此事，并比较过这些互相矛盾的事实？[20]

我们再来看看另一起重大事件：2014年7月17日马来西亚航空公司的飞机MH17坠毁事件。[21]从坠机后的最初一刻起，世界各国的主流媒体很轻易地就指责俄罗斯和分裂分子。事情发生才过几小时，奥巴马总统及其国务卿约翰·凯利（John Forbes Kerry）就对俄罗斯竖起中指，而且还没有任何证据。7月26日，美国针对俄罗斯批准了新的一揽子制裁，白宫发言人再次声称：据推断，弗拉基米尔·普京应该对飞机坠毁事件承担责任。[22]

在几星期之内，所有西方媒体都在炒作飞机被击落的题材，在

---

[19] 参见详细的法律和历史研究：Arnaud Dotezac, 《L'ineptie des sanctions economiques》, *Market Magazine*, No. 118, 09-10. 2014.

[20] См. *Le Monde diplomatique* No. 721, 04. 2014. 2008年2月17日，在未经联合国同意而发动军事行动九年之后，科索沃议会投票赞成该州独立，该决定与贝尔格莱德的意志相矛盾，但是得到了法国和美国的支持。俄国和西班牙之前和此刻都拒绝承认这种破坏国际法的做法是合法的。情况就如乌克兰一样。

[21] 参见就此题目而对美国分析家所做的奇怪访谈：Edward S. Herman, 《Mainstream News Coverage of Ukraine, Malaysia Airlines Flight MH17 Shows Western Propaganda Machine at Work》, Dan Falcon, *site Truthout*, 10. 10. 2014. www. truth-out. org.

[22] 参见《Crash du MH17: de Lourdes sanctions sont prises contre la Russie》, RTS Info, Radio Télévision suisse, 26. 07. 2014. www. tempsreel. nouvelobs. com, 20. 07. 2014.

已知信息的基础上，又加上布鲁塞尔的北约智库的无数咨询师和专家，以及乌克兰新总统波罗申科身边人的言论，大量的独立专家对他们作出呼应，他们被请求就顿巴斯所发生的事件作出评论，而且所有人都持同一个腔调：要捍卫乌克兰的新政府。在谈到俄国的女权组织"造反猫咪"（Pussy Riot）或阿列克谢·纳瓦尔尼时西方媒体那么认真捍卫人权，却一次也不曾提到，乌克兰军队射杀顿涅茨克和卢甘斯克的平民已经违反了《日内瓦公约》，犯下战争罪。[23]

记者们也不曾下功夫对下述事实进行对照：2014 年 12 月 27 日马来西亚的亚洲航空公司的飞机坠毁后，只用几小时就在爪哇海域找到了飞机残骸；同年 7 月底在马里北部坠毁的阿尔及利亚航空公司的飞机也只需两个昼夜就能读出并分析飞机黑匣子的内容；在这种情况下，在印度洋寻找马来西亚飞机（MH370）却不知为何中断了，而且也没有成功；不知为什么需要花一年时间才能完成对马来西亚航空公司飞机（MH17）坠毁条件的研究。为什么，能够透视一切的美国之眼能够读到私人短消息和私人汽车的车牌号，却在乌克兰什么都没看到——乌克兰全境都被空中预警和控制（AWACS）系统飞机和北约雷达监控？最后，为什么西方报刊如此喜欢对普京提问，却不曾对北约的军事领导人提出类似问题？

为什么，西方媒体对一个屈辱的乌克兰妇女的反应如此积极，却对千百人的生活保持沉默？[24] 为什么媒体随时准备引述乌克兰和美国的信息来源——所有人都知道他们是支持谁的——却不愿意引述俄罗斯的信息来源？这样做的动机是他们是在捍卫偏见吗？就可靠性来说，俄罗斯方面举出的材料丝毫也不比乌克兰人和美国人从网上下载的晦暗不清的图片差。最后，凭空杜撰的俄罗斯占领顿巴斯这种事情终究并没有发生——尽管有人对此期待已久，而且乌克

---

〔23〕指的是《日内瓦公约》第 4 条，战时要保护平民——编辑注。

〔24〕《„I was tortured by Russian-sponsored militants ", Ukrainian woman tells UN》, http://www.unwatch.org/ukrainian-victim-testifies-before-unrights-council/, 17.09.2014. 公报转引了伊丽娜·多夫甘（Ирина Довгань）对日内瓦人权理事会提供的证词，人权理事会审理她对分裂武装对她施暴的申诉。但是，乌克兰炮兵部队对顿涅茨克居民实施的血腥镇压以及乌克兰非法军队拷打分离分子的情形，却从来没有人将其公之于众。

兰已经为此提前指责俄罗斯了。在六个月时间里，瑞士《时报》（Le Temps）宣布此事至少36次，而且用了大号标题、小号铅字和中号铅字……2015年3月底，整个西方等待的只是这一件事——说实在的，最终也没有等到……

可以到此为止了。现在我们要解释一下乌克兰危机的深层次原因——而这是西方报刊不可能给出的。我们要引述发表在权威出处的美国作者的著作，免得有人怀疑我们只是从网络泥淖中挖掘一些东西。

对北约的批评声音

第一份证据来自小杰克·马特洛克，共和党人，1987年~1991年间美国驻莫斯科大使。马特洛克见证了苏联解体和布什与戈尔巴乔夫签订条约等事件。[25] 2014年2月8日，他在博客写道："我认为，从俄罗斯的角度、从欧盟的角度，特别是从美国的角度来看，将乌克兰的政治、经济改革变成东西方战争是一个巨大的悲剧。"[26] 接下来马特洛克谈及几个要点：

> 乌克兰最大的麻烦不在于外部，而在于其内部。应该由乌克兰人自己——而不是第三方——解决这些问题（文件涉及维多利亚·努兰干预乌克兰内部事务）；如果不与俄罗斯保持和睦关系，乌克兰永远都不会自由、繁荣和民主……其他国家干预其内部事务只会加剧其境内的危机，对于解决这些问题来说毫无助益。

关于北约东扩问题，4月3日马特洛克在博客上写道：

> 并没有任何书面的、正式的双边条约，双方要让德国东部地区免于第三方军事存在，北约只是口头承诺不占领东欧各国。

---

[25] J. Matlock《Reagan and Gorbatchev: How the Cold War Ended》，以及其纪事：*Washington Post*《The US Has Treated Russia Like a Loser Since the End of the Cold War》。参见其博客《Ukraine and the United States》，www.JackMatlock.com, 08.02.2014.

[26] 《Manufacturing a War: A Primer》，www.counterinformation.wordpress.com.

我确信,如果布什和戈尔巴乔夫再次当选总统,那么,在他们执政期内,北约是不会扩大自己的疆界的。[27]

随后,马特洛克着重落脚于"而(u)"上:

假如俄罗斯人、中国人甚至西欧人在墨西哥或加勒比海建立自己的军事基地,或者在这些国家扶植一个敌对美国的政府,那么,美国人会怎么反应?

关于维多利亚·努兰和拜登出现在独立广场的示威人群中一事,马特洛克写道:

如果领导"占领华尔街"运动的是一些外国人[28],您会怎么说?您认为,这样一来,示威人群就会更快地达到既定目标了吗?[29]

美国报刊针对北约的另一个批评声音来自西点军校毕业生、芝加哥大学政治学教授、冷战时期核遏制问题专家,以及其名作《以色列游说集团及美国的外交政策》一书的作者约翰·米尔斯海默。他发表在美国杂志的文章引起了强烈共鸣,该文章揭示了一个"西方共同接受的观念体系",从该体系的角度出发,比较方便的是要"完全、彻底地证明乌克兰危机就是由于俄国侵略"。作者非常明确地表示:乌克兰危机的责任在于西方。证据就是:北约东扩已经持续了好几波:1999 年捷克、匈牙利和波兰加入北约;保加利亚、爱沙尼亚、拉脱维亚、立陶宛、罗马尼亚、斯洛伐克和斯洛文尼亚于 2004 年加入北约;黑山和阿尔巴尼亚于 2009 年加入北约;2008 年布加勒斯特峰会上,审理了格鲁吉亚和乌克兰希望加入北约的新申请。

---

[27] Jack Matlock.com,《Nato Expansion:Was There a Promise?》, 03.04.2014.

[28] 英语:Occupy Wall Street, 2011 年 9 月 17 日纽约爆发的抗议运动,目的是持久占领纽约金融中心的华尔街,吸引公众对"金融精英的罪行"及必须对经济进行结构性改革的关注。

[29] 《Former US Ambassador: Behind Crimea Crisis, Russia Responding to Years of "Hostile" us Policy》, http://www.democracy-now.org/2014/3/20/fmr-us-ambassador.

但是，乌克兰和格鲁吉亚作为新成员国加入北约的进程终止了，因为普京明确对布什解释说，乌克兰加入北约将直接对俄罗斯构成威胁，在这种情况下，乌克兰作为国家"将不复存在"。

2007年，普京在慕尼黑发表的关于欧洲安全的讲话中强调：对于维持和平来说，必须遵守确定的边界。但是，六年过去了，在同乌克兰总统亚努科维奇进行关于欧洲商业谈判的幌子之下，欧洲又一次试图达到其既定目标。

西方政策在三个方向的联合——北约东扩、欧盟东扩、传播民主制度（经由美国资助的非政府组织）——已经变成一只火药桶，只需划一根火柴就够了……普京的行为完全可以得到解释。将西方同俄罗斯分离开来的仅仅是广阔无垠的平原，沿着这片草原，拿破仑、德意志帝国和纳粹德国的军队都曾开入俄罗斯。

我还要引述前美国大使、"冷战"时期对苏联实施"遏制"政策的倡导者乔治·凯南的看法，他曾撰文谈及，北约东扩太快、太积极："我认为，这是一个可悲的错误。没有任何理由如此行动。谁都没有威胁到谁。"而"由于西方国家领导人继续否认普京的政策是由于可以理解的、合法的安全考虑，自然他们就不会改变自身的政策，而是因为俄罗斯反对其过度侵略而对俄罗斯施以惩罚"。实际上，"他们应该放弃将乌克兰欧洲化的想法，尽一切可能地将其变成中立国家，变成北约和俄罗斯之间的缓冲国——类似"冷战"期间的奥地利一样"。因此，由于政治家们的盲目性，而且得到了姑息放任他们的媒体的支持，乌克兰发生了分裂，大炮轰鸣取代了外交官的纵横捭阖。

保罗·克莱格·罗伯茨与美国的军事政策

第三种声音或许最绝对：这是罗纳德·里根政府的前财政部副部长、《华尔街日报》副总编波尔·克莱格·罗伯茨（Paul Craig Roberts）的声音。罗伯茨揭露了美国的军国主义政策并且企图统治全世界。他认为，这与爱好、自由和平的《美国宪法》相矛盾。

罗伯茨写道："欧洲政府和西方媒体让美国醉心于对俄罗斯的侵略性政策和反俄宣传，令世界陷于危险之中。华盛顿编造一些异乎寻常的谎言，展示俄罗斯的妖魔化的阴暗面，就如华盛顿曾经那样展示伊拉克和萨达姆·侯赛因，然后是阿富汗和塔利班、叙利亚和阿萨德、委内瑞拉和查韦斯，最后是伊朗的阴暗面一样。现在美国断言：担任俄罗斯领导人的是新的希特勒或新的斯大林。"

罗伯茨还列举了美国参谋长联席会议主席马丁·邓普西（Martin Dempsey）于2014年7月24日在美国阿斯彭研究所（Aspen）的论坛上发表的言论，在他看来非常令人愤慨：马丁·邓普西将"普京在乌克兰的侵略比作1939年希特勒和斯大林对波兰的占领"。此外，邓普西还宣称："所谓的俄国对乌克兰的援助是1939年之后首次出现的情形：一国故意利用另一个独立国家的军事资源来达到其目的。""华盛顿赋予自己上帝选民的权利，就如犹太人所做的那样"，而且认为，"美国法律应该凌驾于其他国家的国内法律之上也是理所当然之事"。连法国也陷入了这一罗网：2014年7月，由于在购买伊朗石油时充当中介，法国巴黎银行（BNP Peribas）被要求向美国缴纳80亿美元罚款。连瑞士也中招了，她被迫向美国的税务机构交出客户信息。"不难猜到，正是美国在乌克兰搞了国家政变，推翻了合法途径当选的政府，现在对那些反抗其权力的人实施镇压。"此外，罗伯茨还写到一份法案，是参议院2277号法案（欧洲报纸对该法案讳莫如深），该法案规定：在与俄罗斯交界处的美国武装力量要做好战斗准备，给予乌克兰以美国盟友的地位，目的是为美国军事援助基辅和反对"顿巴斯的恐怖分子"开辟道路。[30]

著名政治学家、合众国际社（United Press International）的前负责人、The Globalist 网站和 The American Conservative 网站的首席国际

――――――――

〔30〕 Paul Craig Roberts,《L'insouciance qui nous condamne》, Le Courrier, 07. 07. 2014; 来自原文《The World Is Doomed By Western Insouciance》的片断，www.paulcraigroberts.org. 在同一篇文章中，作者还阐述了保罗·沃尔福威茨（美国前国防部长）的理论，以及怀有敌意的国家，包括"所有拒绝服从美国的国家"。罗伯茨甚至称西方报刊是娼妓式的，因为这些报刊散布了能够挑起战争的理论。

分析师、爱尔兰人马丁·塞亚弗（Martin Sieff）认为："普京仅仅是用古老的门罗主义武装自己：从1882年起，美国宣布该学说是自己外交政策的原则；换句话说，任何一个大陆国家无权侵入美国的直接势力范围。如果说，普京采取的步骤对于世界和平是危险的，那么，也应该承认——尽管说承认这一点令人不快：普京采取这些步骤是俄罗斯出于自然而然的担心和完全合法的、确保自己安全的意图。"

"俄罗斯人被迫对北约的积极东扩和美国悍然介入俄罗斯的势力范围作出反应。我们对此喜欢还是不喜欢，俄罗斯有比美国更多的理由觊觎克里米亚（1783年就已经并入俄罗斯帝国）和乌克兰。"[31]

破坏民主原则

斯蒂文·科恩是乔治·布什总统的苏维埃问题专家、纽约大学和普林斯顿大学的名誉教授、《国家》（Nation）的首席记者，令他感到不安的是：美国的报刊和政治中占主导地位的是唯一的一种观点。[32]

新"冷战"之所以将特别危险，是因为在合众国里将不存在任何意义重大的反对派。当我们拒绝支持我国政府不正确的政策时，我们不可能期望得到任何有重大影响的人物的支持，也不可能期望国会的支持——国会已经变成进攻性政策的支柱。

从乌克兰危机爆发至今，诸如《纽约时报》《华盛顿邮报》《华尔街日报》这样的报纸一次也不曾让我们说话。无论是微软全国广播公司节目（MSNBC），还是"福克斯新闻"（Fox News）都不曾让我们去做节目。在这些电视频道上，所有事件都从唯一的立场来解读：一切都错在俄国人……在我漫长的人生中，我一次都不记得这

---

[31] Martin Sieff,《Quand la Russie applique sa recette de la doctrineMonroe》, l'Hebdo, 01.05.2014; взято с сайта The Globalist.

[32] 也参见他关于媒体对索契冬奥会的报道的评论（见上一章）。

样粗暴破坏民主原则的情形——何况还是在严重危机的条件下。[33]

在法国，反对片面的官方观点和歪曲地提供信息的舆论在抬头：不能理解，在乌克兰到底发生了什么？为什么俄罗斯推行这样的政策？要知道，如果将一切都解释为俄罗斯根深蒂固的"扩张"意图和恢复苏联帝国的意图，那么，难以理解的是：当初他们干嘛要让其解体？特别应该倾听一下经济学家雅克·萨丕尔（Jacques Sapir）、前总理多米尼克·德维尔潘（Dominique de Villepin）以及前任国防部长、社会主义者让·皮埃尔·舍温曼（Jean-Pierre Chevènement）的意见，多倾听一下《世界外交论衡》（Le Monde diplomatique）杂志和《马里亚纳》周刊（Mariana）的意见；政论家雅克·阿塔利（Jacques Attali）、艾伦·卡莱尔·丹克斯（Hélène Carrère d Encausse）院士和前外交部长休伯特·魏德林（Hubert Vedrine）偶尔也会用另外一种腔调发声。

雅克·皮埃尔·舍温曼写道：

每个人都确信自己非常正确。布鲁塞尔觉得完全理所当然：欧洲努力向全世界推广自己的自由主义生活方式、环保规范和"民主理想"。他们针对莫斯科恢复了"东进"战略（Drang nach Osten），只不过这种"东进"战略具有新的形式。从俄罗斯方面来看，她认为欧洲的背景就是北约，这样一来，一些人的弥赛亚思想引发了他人的防御性民族主义。[34]

前外交部部长休伯特·魏德林也赞同他的观点：

从1992年起，西方对俄罗斯的政策无礼、挑衅、强硬，同时也很乏味。换句话说，这种政策缺乏连续性。起初欧洲听从美国的馊主意，搞了一个极端自由主义的宇宙大爆炸（big bang），堪称是没

---

［33］ Stephen F. Cohen，《Heretiques contre faucons》，*Le Monde diplomatique*，10. 2014. 转载自 *The Nation*，15. 10. 2014.

［34］ Jean-Pierre Chevenement，《Ukraine：il est temps qu'une parole raisonnable se fasse entendre!》，*Marianne*，22. 05. 2014.

有疗法的电休克！导致苏联的经济结构和社会结构崩溃，导致了因瓜分赃物而暴发的掠夺体制上台。匆忙、轻率地承诺接纳乌克兰加入欧盟不可能产生快速和具体的效果。克林顿在任时期以及随后的乔治·布什在任时期都试图扩大北约，将格鲁吉亚、摩尔多瓦、乌克兰和阿塞拜疆接纳为北约成员国，在莫斯科看来，不啻是直接的挑衅之举。〔35〕

我们的求知欲哪里去了，难道我们不是都希望看到世界本来的样子，而不是我们想象中的样子吗？知识分子、教师、学者和研究人员（所有以思考、理解并作出解释为职业的人，和以讲述事件为职业的记者们）都应该对自己提出这样的问题。

为什么我们不提出问题

或许，我们应该问自己的第一个问题是：须知我们是一些有理性的人——或者说，在任何情况下，我们都自认为是这样的人。这个问题就是：为什么我们不再提出问题？如果能够进入镜子后面看看镜子的另一面在干什么，这种前景会令我们产生何种莫名的恐惧感？为何我们如此害怕，为何我们在竭力避免令理性感到尴尬的问题和假说？我们是在担心，突然发现，原来普京是对的？突然发现，他并不像别人胡说八道得那样可怕？终究有一些问题是我们必须有勇气对自己提出的。

为什么我们的报纸、广播、电视从来不曾提出关于西方军事入侵的合法性、正确性以及最主要的——必要性——的问题？但是我们无节制地抹黑那些我们认为的二流国家自我保卫、免遭侵略的做法。在西方，效果被认为是一种优先标准，可为什么总结25年里的军事行动时我们就忘了这个标准？在索马里、阿富汗、伊拉克、利比亚、叙利亚的军事行动，以及今天对伊斯兰国的军事行动效果何

---

〔35〕《Ukraine, comment s'en sortir》, интервью Hubert Vedrine, *Le FigaroMagazine*, 02.05.2014.

在？怎么，难道说这些军事行动导致和平了吗？或者说，或许这些投到阿富汗塔利班和马里伊斯兰分子头上的"民主的炸弹"比俄罗斯投到执拗的车臣人头上的炸弹带来的毁灭和苦难更少一些？

我们关于外部世界的观念真的是如此客观——就如我们乐于相信的那样吗？我们的行动真的是崇高道德意图的结果，而不是出于物质利益——这些物质利益不便示人——吗？我们的外交政策所依据的道义原则是否对于所有人都是不可动摇的？为什么2014年乌克兰的边界必须是不可变更的，而2007年塞尔维亚的边界就并非如此？1993年捷克斯洛伐克的边界为何也是如此？

为什么认为，俄罗斯在克里米亚搞公投是对国际法的践踏，而欧洲批准科索沃的分离就并不？或许您会说，要知道，在那个年代一切情况都与今天不同；那么，可不可以表示下好奇，究竟不同在哪里？当俄罗斯决定收复克里米亚，西方抬高了批评的调门；而当1991年肢解南斯拉夫时，西方却不置一词。这样一来，在人权的天平上，似乎顿巴斯和克里米亚的俄语居民比前南斯拉夫各民族的分量轻？或者，我们再举阿布哈兹人和南奥塞梯人为例：当1989年和1992年格鲁吉亚人宰割他们的时候，他们的生命权要少于科索沃人吗？〔36〕

千百万美元、数十亿美元都用于制造杀伤性航空炸弹、无人机，支付给了提供雇佣军的私人公司。难道说，把这些钱花在克服贫穷、饥荒和不开化问题——这些是恐怖主义的最初根源——方面，岂不是更明智些吗？武装入侵和占领利比亚、阿富汗、伊拉克、中美洲共和国、马里，我们从中获得了什么好处？要知道，因此而导致的混沌和不幸只是更多一些。怎么，难道那些"被解放民族"得到了期待已久的和平了吗？为什么关于这些从来没有人写文章，却指责普京支持顿巴斯的暴乱分子？

为什么报刊有如此多的笔杆子在绞尽脑汁谈论言论自由，却从

---

〔36〕请参阅斯维特拉娜·阿列克西耶维奇（Светланы Алексиевич）《红色人的终结》（Конец красного человека）一书对这些事件的讲述，不过，该书基本上持反普京的立场。

来没有人思考一下信息的筛选和传播机制？为什么不讨论一下如德国记者乌多·伍尔夫科特（Udo Ulfkotte）的书？他曾经在《法兰克福汇报》（Frankfurter Allgemeine Zeitung）工作17年，收集资料并充实了许多人名和事实。乌多·伍尔夫科特表明：主流报刊负责关键栏目的记者如何为北约工作，以及德国的政治集团和秘密部门如何操纵这些报刊的。他的研究成果立即被批评为"阴谋论"，但是对于事实部分却没有人敢于批驳。此外，这些事实也得到了德国新闻学研究所分析员乌维·克留格尔（Uwe Kröger）的其他研究成果的证实。[37]

为什么记者们认为，采访与非政府组织和反政府组织有关系的"士兵母亲委员会"领导人是正确的，而同时却无视乌克兰的士兵母亲们的抗议行动？她们在基辅连续几星期为反对将他们的孩子们赶去作战、杀害他们在顿巴斯的同胞而抗争。为什么只有在涉及俄罗斯的时候，国家政策才应该被批评？为什么不批评布鲁塞尔、华盛顿或基辅采取的步骤？

CNN、福克斯新闻、"今日俄罗斯"频道，谁更客观？

俄罗斯、委内瑞拉和伊朗的记者只要稍一被怀疑持有政治异见就会丢了工作。但是，我们西方记者处在优越的位置，在自由和民主的条件下工作，为什么我们从来不思考一下：通讯社、电视频道和报纸果真是如此自由吗？——何况，他们都非常倚赖国家的资助。自由广播电台或"福克斯新闻"（Fox News）电视频道到底比俄罗斯的"今日俄罗斯"频道自由客观在哪里？或者说，西方的大型通讯社（包括国家通讯社和私人通讯社）比俄罗斯的俄通社-塔斯社（ITAR-TASS）客观在哪里？

为什么，所有属于工业巨头或工业集团的西方媒体都不曾提出关于与雇主利益一致和必须赞同雇主的意识形态的问题？要知道，

---

[37] Udo Ulfkotte,《Gekaufte Journalisten. Wie Politiker, Geheimdienstund Hochfinanz Deutschlands Massenmedien lenken》, Rottenburg, *KoppVerlag*, 2014. Uwe Kruger,《Meinungsmacht. Der Einfluss von Eliten auf Leitmedienund Alpha–Journalisten–eine kritische Analyse》, Koln, *Herbert von HalemVerlag*, 2013.

在受到某家银行、军工企业或外交部资助的报纸工作，意味着承载了一种责任。媒体赞助者难道不会对西方记者施加强大压力吗？

报刊从来就不是独立的，所谓客观性只存在于伦理课本中。但是，最近十五年中，广告业务急剧下滑以及社交媒体的出现令传统媒体陷入危机，这种危机使得其对真相和客观性的要求也更为棘手。对于记者们来说，这是一个被禁止的话题。害怕失去工作、害怕触犯广告商、害怕失去国家机构的支持，导致记者的求知精神急剧减弱，但却随时准备迎合政治和经济大亨的需求。

如果西方媒体不是如此喜欢教训他人，那么，倒是可以原谅他们充满成见的看法和对道德原则的背离。我们自己也是劣迹斑斑，有什么权利指责莫斯科的记者们顺从政府呢？我们有什么权利指责卡塔尔的"半岛"电视台、古巴或委内瑞拉的媒体不传播信息，而只是在搞宣传呢？

关于乌克兰和格鲁吉亚的被压迫民族的民主和解放的漂亮辞藻，实际上只是一些无花果树的叶子，*用以掩盖炫耀武力和权力的曲折意图，目的是控制能源走向，确保其挺进到新市场；此外，还可以加上武器和石油贸易，而这些都需要避人耳目。为什么只是把一方永远不变地、习惯性地展示为正确的？难道我们没有被教导过，不能相信显然过于简单的东西，而永远要举出对立阵营对事件的说法，让读者、听众和电视观众自己形成看法吗？

为什么，一些严肃的报纸连续几星期地刊载一些猜测俄军载重卡车开向乌克兰边境的不实报道，多次重复说，俄罗斯正在武装分裂主义者，但却所有人只字未提美国副总统乔·拜登访问基辅，目的是给乌克兰军队提供非致命武器？或者，几百名军事专家和宣传专家抵达乌克兰只是一场欢乐之旅？称之为"精心伪装的入侵"——就如西方媒体称呼俄罗斯援助顿巴斯起义者那样——难道不是更贴切一些吗？

为什么将暴力和流血仅仅归咎于分裂主义者？难道说，乌克兰

---

* 《圣经》中记载，亚当和夏娃在偷吃禁果之后，知道自己赤身裸体是羞耻的，就用无花果树叶遮蔽身体——译者注。

第三章 乌克兰2014：记者们不会提出的问题

军队是向顿涅茨克和卢甘斯克投去鲜花了吗？为什么所谓"严肃"的报刊不愿意（或不敢）承认：对平民的轰炸已经破坏了《日内瓦公约》？难道新闻学已经退化到如此地步，我们现在只能像鹦鹉学舌一样重复北约的报道，而不考察对立面的意见了吗（难道说，是想把对立面的意见粘贴在报纸的下边，隐藏起来）？为什么奥巴马的讲话被反复转述、分析和详细评论，而当时俄罗斯总统的言论（甚至哪怕特别重要的言论）却只归结为几句脱离具体情境的引言，因此就无法理解：他到底说了什么？

或许可以对此回答说：俄罗斯只是一个次等重要的国家，其总统也不值得特别关注。可是，为什么在报刊上冒出这么多有关甚至最不起眼的俄罗斯反对派的文章、照片和评论？

为什么，西方包括对诸如取笑普京的女权组织"造反猫咪"（Pussy Riot）如此兴趣高涨，但却对亵渎圣彼得堡的罗马广场和巴黎圣母院的女权主义者绝口不提？与此同时，为了从不利的角度展示普京，却不惜耗费昂贵的直播时间。

干嘛需要如此详细描述普京在2014年布里斯班峰会期间的不满情绪？要知道这可是一位"次等人物"，干嘛要对其如此关注？后来，突然莫名其妙地在文化频道（法国音乐广播台）讲：尽管宣布抵制他，实际上普京是一个非常有教养的人，他会高度考虑每个人的感受、感谢接待方、与警官握手，基本上很得体地消解了其他国家领导人（首先是澳大利亚总理托尼·艾伯特，Tony Abbott）对他不加掩饰的蔑视。这一切或许都是微不足道的小事，但却雄辩地证实了西方记者们的心态：他们似乎已经放弃了意见独立性，变成了政权的驯顺仆从、政府指令的代言人。

当然，绝非所有人都应该喜欢俄罗斯，每个人都有权批评俄罗斯。可是，为什么仇恨俄罗斯具有如此的全球性、集体性；为什么在最近几十年里对俄罗斯就不曾说过一句善意的话，似乎那里就不曾发生过任何好事？

难道俄罗斯没有开放边界，让外国人入境，同时也开放边界，让本国公民出境——这可是谁也不曾料到的步骤——吗？难道俄罗斯不够透明吗，她已经如此透明，非政府组织和西方记者不曾记录一次重大的、值得他们认真研究的、破坏人权和人身自由的情形。1939年，丘吉尔谈到俄罗斯时说：俄罗斯是一个谜中之谜；而现在，俄罗斯之谜已经被解开，一切都是允许的，来吧，了解吧——只要你意愿……

难道俄罗斯没有消除从苏联时期就悬在西方头上的威胁（那些在东欧待机而动的核导弹、坦克）吗？难道俄罗斯没有把自己的军队撤离距离柏林2000公里之外，而当时美国却恰恰相反，把自己的军队开进了波兰、捷克和波罗的海三国，并在土耳其保留导弹，在全世界都保留海军基地吗？在这种情况下，难道美国的军费开支没有在从"冷战"结束后25年来增长了好几倍吗？在两大阵营中，是哪个阵营急速地武装起来并每年花费5000亿美元军费？

俄罗斯主动从欧洲和中亚撤军，提议为了和平而加强合作（被西方拒绝了），在"9·11"事件之后对美国伸出援手；难道说俄罗斯没有证明：她已经放弃了一切军事入侵？当20年前苏联解体时，数百万平方公里土地、上亿人口都通过和平方式获得了独立，那么，如何能够写一些荒谬绝伦的长篇大论，说俄罗斯正在复兴帝国式的扩张主义：实际上说的是对第聂伯河沿岸共和国、阿布哈兹、南奥塞梯甚至顿巴斯各民族？难道说莫斯科没有停止警告西方，武装入侵利比亚和叙利亚蕴含着的危险性吗？

我斗胆继续作出一些令人不快的评论。如果坚持事实，而不论我们的报纸上写了什么、电视上说了什么，在某些方面来说，俄罗斯其实比一些西方国家更民主、更进步。难道俄罗斯没有在事实上（de facto）废除了死刑，而在美国的许多州还在继续实施死刑吗？腐败？难道我们有什么强于俄罗斯的地方吗？难道说，法国在上届总统的时代，政府高层不是爆出好几桩臭名昭著的丑闻？在日本，类似情形玷污日本高官的令名已有十多年，而欧洲媒体对此却充耳不闻。我们再以性别平等为例：俄罗斯比大多数欧洲国家都好得多。司法审理？无论如何批评俄罗斯，就其透明性来说并不比其他国家差。对关塔那摩犯人动用"秘密监狱"和刑讯逼供是远比因逃税而判决某一寡头严重得多的罪行。

美国国家安全局（NSA）在世界各国系统性地窃听私人电话通

第三章　乌克兰2014：记者们不会提出的问题

话，毒害两位敢于披露这些破坏民主制的情形的勇士朱利安·阿桑奇和爱德华·斯诺登，都没有像俄罗斯限制某些反对派媒体那样引起如此巨大的愤怒。

我们是否已经到了应该自行发起认真调查的时候？例如，瑞士参议员、欧洲议会议员迪克·马蒂（Dick Marty）称："欧洲人的虚伪（令他）感到愤懑"，"欧洲的部长们和秘密机构的领导人与美国的同行达成秘密协议，在这种情况下违反了本国法律"。他还说："美国作出了一个下流的选择：他们破坏了人权，但却毫不讳言。欧洲人只是探讨遵守人权的问题，而他们实际上是用脚践踏了人权，而不是保护了人权。"[38]

大规模非法窃听、关塔那摩的拷打和"造反猫咪"（Pussy Riot）

为什么西方报刊经常发布关于俄罗斯破坏人权的信息，而关于美国国家安全局非法窃听私人电话通话——这种窃听活动不论过去和今日都在进行——却只字未提？为什么对瑞典政府以不使用避孕套这样的不雅事体迫害朱利安·阿桑奇的问题不作任何评价？或许，我们该给揭露美国国家安全局活动的无畏勇士颁发诺贝尔和平奖，顺便也给俄罗斯的反对派报刊颁发诺贝尔和平奖？

最后，还有一个问题：法治国家在何种程度上能够保障人权。在我们这里，似乎理所当然地是能够保障的，而在俄罗斯，人权通常就遭到了破坏。而与此同时，关于美国遵守人权的情况该怎么说：在美国，法律被追溯性修正，然后迫害一些组织和公司（此处指法国巴黎银行——BNP Paribas），这些组织和公司似乎破坏了对伊朗的禁运措施——尽管说当时发生这一切时，禁运还不曾实施。另一个例子是：法院为那些投机阿根廷债务的人开脱——他们损害了那些

---

[38]《L'hypocrisie des Europeens me scandalise》，*Le Temps*. 参见 Silvia Cattory,《Dick Marty: ce que j'ai decouvert m'a profondement choque》, http://arretsurinfo.ch/dick-marty-ce-que-jai-decouvert-maprofondement-choque/, 07.01.2015.

通常被认为是自由和独立的公民的利益。

大众媒体对于世界上发生的一切负有重大责任。他们首先有责任让社会知情;其次,他们要培育社会舆论;因此我们有充分的权利用一堆问题对他们狂轰滥炸,就如落到伊拉克、利比亚、叙利亚的枪林弹雨。为什么欧洲的安全就应该比俄罗斯的安全更重要?为什么在乌克兰危机中,亲欧洲的乌克兰西部人的观点的分量比亲俄的乌克兰东部人的意见的分量重?为什么欧洲的利益应该凌驾于俄罗斯之上?为什么新闻学的伦理规范(批判的视角,研究对立方的观点)只适用于克里姆林宫,而从不用于基辅?

为什么不尝试理解对立面,哪怕在短时间内换位一下,找到大家都可以接受的解决办法,而不是不断地火上浇油?如果说俄罗斯确实是入侵了乌克兰,那么,为什么不回想一下,俄罗斯的入侵是开始于虽说贪腐,但却是合法的亚努科维奇政府被推翻之后?如果选举是按照欧洲各国领导人2月22日签署的协议举行,那么,克里米亚就完全不会落入他人之手,顿巴斯也就不会爆发战争。

还可以提出一些更加具体的问题。例如:为什么像瑞士《时报》这样的严肃报纸也对欧盟委员会前主席若泽·曼纽尔·巴罗佐(José Manuel Durão Barroso)唱颂歌:西方反俄阴谋的想法纯粹是宣传,实际上全都是普京的颠倒梦想?所有人都知道,巴罗佐能够被擢升到欧盟的管理层,要归功于这样一个事实:还在他担任葡萄牙总理时,就千方百计欢迎美国入侵伊拉克,并且邀请欧洲国家的部长们前往亚速尔群岛度假,试图争取他们对美国军事政策的支持。[39]

还有一个问题。瑞士的法语广播(RSR)在早间新闻宣称,依据社会测验,92%的俄国人支持普京;接下来,开始直播对一位女性持不同政见者的访谈,她详细地解释了,为什么8%的俄罗斯人对

---

[39] Frederic Koller,《Quand Barroso se lache》, Le Temps, 22–23. 11. 2014. 紧随这篇编辑部评论文章之后,很快就发表了一篇题为《我们来澄清一下:没有任何反俄阴谋》的对巴罗佐的访谈,发表于2015年1月31日,占去整整一版。这篇访谈的要旨是为了让欧盟委员会前主席巴罗佐能够驳斥所有关于俄国存在偏见的指责。不过,巴罗佐的所有论据都已被加布里埃尔·哈里斯发表于2月3日的《曼纽尔·巴罗佐令人困惑的清晰》(《L'obscure clarte de Manuel Barroso》)一文逐一反驳。但是,正如其他的所有中立性论著一样,这份文件只占1/4版,而其作者本人也并不在瑞士《时报》(Le Temps)工作。

第三章 乌克兰2014：记者们不会提出的问题

自己的政府不满。当然，知道8%的国民对自己政府不满的原因是非常有趣的，但是，假使有人给我们解释，为什么绝大多数俄罗斯人支持自己的总统，恐怕好处要多得多……

当然，乌克兰危机在很大程度上促成了西方对俄罗斯态度的恶化，现在恐俄症已达到如此超乎想象的地步，超过了一切合理界限。"一切都错在俄罗斯"这个句子成为欧洲和美国的社论作者、专家、政治家和大学研究人员喜欢的口头禅。只要需要解释我们大陆上出现的任何一桩微小问题时，他们就会将其用到。任何的出言不慎、表述失当的言论、一切意外事件——哪怕是微不足道的小事——也都会被歪曲，朝着对俄罗斯不利的方向解释。任何纤毫小事都会充斥着奇谈怪论，用于反对俄罗斯。

甚至一些极为严肃的媒体也没有置身事外。2014年，在颁发诺贝尔和平奖的当天，瑞士广播电台转播了两位挪威"专家"的言论：如果不把和平奖授予俄罗斯的持不同政见者，他们就会对诺贝尔和平奖委员会的同心同德表示质疑！他们指责诺贝尔和平奖委员会主席托尔比约恩·亚格兰（Thorbjorn Jagland）不够客观，因为同时他还兼任欧盟委员会秘书长一职，因而竭力讨好俄罗斯当局。[40]

向那些游说者发问（他们试图施压诺贝尔和平奖委员会，以便将诺贝尔和平奖颁给俄罗斯的反对派）岂不是更好吗？问问是谁资助了他们，他们为谁工作？印度和巴基斯坦的千百万妇女忍受着侮辱和性虐，他们难道不比俄罗斯反对派报纸的读者更应该引起关注吗？幸而委员会没有屈从于压力。2014年的和平奖授予巴基斯坦的勇敢少女马拉拉·优素福扎伊：她也成为历史上最为年少的诺贝尔和平奖获得者。与她一起获奖的还有印度人凯拉什·萨蒂亚尔希，他们两位都曾为了反对剥削儿童和争取他们的受教育权而奋斗……

2014年8月29日，在俄罗斯的"谢利格尔湖"论坛上，一位年轻的女大学生向普京提了关于乌克兰危机及其对哈萨克斯坦（哈

---

[40] 2014年10月10日早间新闻，星期五，www.rts.ch/la-1ere/programmes/le-journal-de-6h/6193035-presente-par-valerie-droux.html. 等颁发2015年度诺贝尔和平奖的时刻到来，能不能让那位要求奥巴马总统（为了是否应该武装乌克兰而始终在摇摆不定）放弃自己于2009年获得的诺贝尔和平奖的专家说句话？

萨克斯坦是俄罗斯在包括俄罗斯、白俄罗斯、哈萨克斯坦在内的三边关税同盟中的伙伴）的影响的问题，普京回答说：哈萨克斯坦从来就不是独立国家，但是，与乌克兰不同的是：哈萨克斯坦善于建设一个巩固、稳定的国家，已经存在20年了。西方媒体只把前半句话译成英语，且只有前半段话在哈萨克斯坦的民族主义者的网站被转引，后半句话被刻意地忽略了。这是为了什么？是为了方便电视转播吗？是否为了说服社会舆论，似乎俄罗斯总统想要贬低哈萨克斯坦，以便以后轻易地对其下手？[41]

还可以举出很多其他例证。例如，2014年9月中旬，7500万俄罗斯人参加了地方代表和地区代表选举，但是，没有一家西方报纸报道这次选举，两天后，所有的西方报纸都将心思转向了俄罗斯寡头弗拉基米尔·叶弗图申科夫（在俄罗斯的富豪榜上排第十五名）被软禁的信息。出人意料地，在报刊上有很多版面用于详述事件并加以评论："为什么，俄罗斯人本已很低的社会安全度还在不断降低。"[42]

自然，顺利举行的选举就如分分钟抵达的火车：你几乎很难察觉。可如果在选举中发现了造假行为，会发生什么事情呢！或者，如果亲西方政党对普京的"统一俄罗斯党"占了上风，而不是输给了"统一俄罗斯党"，又会怎样呢……

如果可以，应该感到好奇的是：为什亲西方媒体和非政府组织战战兢兢地注视着克里米亚鞑靼人的命运，同时，却对另一个被排挤的少数民族（拉脱维亚和爱沙尼亚的俄语居民）的命运毫无兴趣。

---

[41] Stanislav Pritchin,《Moscow and Astana remain partners despite their leaders' reservations. A seemingly innocuous statement by Vladimir Putin was used by the Kazakhstani and foreign media to generate a controversy between Russia and Kazakhstan》, 08. 09. 2014. http://in.rbth.com/world/2014/09/08/moscow_abd_astana_remain_partners_despite_their_leaders_reervations_38125.html.

[42] Maxim Trudolyubov,《Russia's halfway house》, International NewYork Times, 25~26. 10. 2014.

第三章 乌克兰2014：记者们不会提出的问题

意见光谱只有瞄准镜大小

为何不思考一下德国杂志《德国商报》（Handelsblatt）的出版商哈勃·斯泰因哈特（Gabor Steingart）的勇敢立场？他曾经指出，在2014年的数星期里，德国报刊失去冷静，观点的光谱缩到最小，变成瞄准镜大小……一些文章的标题就能够编成一册流氓语汇：《扯淡扯够了！》——《德国每日镜报》（Del Tagesspiegel）制止道；《必须展示实力！》——《法兰克福汇报》(Frankfurter Allgemeine Zeitung) 发出号召；《马上，或者永不！》——《南德意志报》(Süddeutsche Zeitung) 威胁说……谁首先挑起了危机？什么时候爆发危机的？是俄罗斯收复克里米亚时爆发的，还是西方努力动摇乌克兰局势时爆发的？[43]

这是一个好问题。

西方媒体对俄罗斯政策的实质在于：如果火车准点到达，车站值班员将钟表的指针向前拨，让所有人都以为火车晚点了。如果事实与反俄成见不符，那么，这些报刊的表现将像威廉·伦道夫·赫斯特（William Randolph Hearst，耸人听闻的"黄色新闻"鼻祖）的报纸一样。有这样一个故事，摄影师弗里德里希·雷明顿（Frederic Sackrider Remington）被派去哈瓦那拍摄战争场景，之后他请求允许他回来，因为哈瓦那没有任何战争。"不，请留在那里"，赫斯特打断他："您要做的事情是拍摄，战争由我来搞！"几周之后，果然爆发了战争。

亨利·基辛格确认德国杂志《明镜周刊》（Del Spiegel）对俄罗斯存在偏见："诽谤普京并不是美国的政策，只是对缺乏政策的掩饰。"[44]基辛格最初是旗帜鲜明的俄罗斯的敌人，后来改变了观点，宣称："我们应该努力和解，而不是追求主导地位。"报刊和非政府组织对俄罗斯言论的共同调门、故意沉默和对某些事实的无知的模仿造成了扭曲，歪曲了真实情况。

---

[43] Gabor Steingart,《Face à la Russie, l'Europe fait fausse route》, Le Temps, 25.08.2014. 引自英文版，杂志 Handelsblatt, 08.08.2014.

[44] 转引自斯蒂文·科恩（Stephen Frand Cohen）:《Heretiques contre faucons》, Le Monde diplomatique.

俄罗斯的扩张主义是个历史事实,而欧洲的扩张主义难道不是事实?是谁在近年来扩张更多,是欧盟,还是俄罗斯?是北约,还是俄罗斯?是的,俄罗斯确实有限制公民自由和控制媒体的趋势。可是为什么不承认西方用资金帮助一些亲西方、反政府派别的出版社、组织和"智库"生存下来的事实?类似的资助行为是合法的吗?如果是合法的,那为什么对此缄口不提呢?

西方民主派的双重标准

为什么,当流血是为了正当事业、我们的事业,我们就会视为理所当然;而当流血是损害我们的利益时,我们就会愤慨?这种道德上的双重标准应该让我们警醒。第一次世界大战爆发已经过去一百年了……有值得我们思考的东西。让我们来比较一下,1993年叶利钦镇压了合法产生的议会发动的骚乱(当时议会投票让他下台),西方报刊对此表示欢迎。而到了2014年,乌克兰议会推翻了合法当选的亚努科维奇总统,还是当年那些报刊,再次为乌克兰议会鼓掌叫好。叶利钦时期死难数百人,西方媒体全都予以谅解;看起来,这几百名死难者的分量轻于独立广场的几十名伤亡者吗?我们回想一下,西方报纸写了一些什么。查理·兰波罗基尼(Charles Lamborghini)撰写的《鲍里斯·叶利钦动用武力,是为了公众福祉而采取的行动》(《费加罗报》1993年9月23日);鲍里斯·图曼诺夫撰写的《一群疯子和醉鬼》[《比利时自由报》(La Libre Belgique)1993年9月25日];杰拉尔德·朱佩(Gerard Dupuis):"血流得很少……总而言之,一切都很正常"[法国《解放报》(Libération)1993年10月5日];最后,如:安东尼·博萨德(Antoine Bossard):"鲍里斯·叶利钦消灭了自己的对手,但是流血最少,恢复了国内秩序,给俄国人一个发展民主制的机会。"[《日内瓦日报》(Jounal De Geneve)1993年10月5日][45]

---

[45]《Juste un peu de sang》,文章详情见《世界外交论衡》(Le Monde diplomatique),10.2014.

第三章 乌克兰2014：记者们不会提出的问题

政治家们的表现也并不比媒体更好。2015年1月1日，法国时任总统弗朗索瓦·奥朗德呼吁自己的同胞不要错过提高本国威望、展示思想独立性的机会，他不敢说半个字反对美国，但是敢于反对原教旨主义和伊斯兰恐怖主义，同时强调说，这并不涉及宗教问题。而如果他反对乌克兰危机升温、反对将俄罗斯妖魔化就会好得多——因为这样能够更好地推动欧洲和平……

其实，问题非常宽泛，而其根源非常深刻，具有哲学性质。如果我们这些文艺复兴的继承者，在问题涉及俄罗斯时就放弃了理性结论和批判地看待他人的论断，那会发生什么情况？如何出现这样的情形：我们这些被卢梭、康德、马克思、克尔凯郭尔、萨特、汉娜·阿伦特思想滋养的人们，如何会在一谈到过去、"地球陆地的六分之一"的时候，就接受一些最深不可测的偏见、最龌龊不堪的陈词滥调、肮脏不堪的规则？我们为何如此乐于接受塞缪尔·亨廷顿（Samuel Phillips Huntington）、弗朗西斯·福山（Yoshihiro Francis Fukuyama）、贝尔纳·安利·列维（Bernard-Henri Lévy）关于自由、民主和可持续发展的令人心安的理论？我们发生了什么情况，以至于我们丢弃了诸如费尔南·布罗代尔（Fernand Braudel）、雅克·勒高夫（Jacques Le Goff）、埃里克·霍布斯鲍姆（Hobsbawm Eric）、保罗·肯尼迪（Paul Kennedy）等伟大史学家，转而去寻求一些自封的史学家，向他们付出代价，为的是让他们遵照最庸俗的美国标准改写历史、勾画未来？

执意坚持不正确的东西，并没有任何值得赞赏的。为什么，比如说在涉及俄罗斯时，我们不再体会到对死难者的哀恸，忘记对主人的热情好客表示感谢？为什么所有的大众媒体不等验证事实是否准确、对照各方观点、研究各种资料来源就异口同声地抹黑俄罗斯？

恐俄症：同样是一种歧视

谢尔盖·阿尔梅斯科夫在自己的博客写道：恐俄症是文化种族主义的一种变种。从这个观点出发，俄罗斯人是在智力、文化甚至生物学方面的低等种族，逊于其他族群（欧洲人、盎格鲁-撒克逊人、德意志人);喜欢作出一些不得体的行为,对西方社会秩序(换句话说,也就是对整个西方文明)都造成麻烦。[46]

美国史学家马丁·马拉(Martin Malia)曾在伯克利大学教课,在他大部头的严肃著作《西方眼中的俄罗斯》(英文书名是《Russia Under Western Eyes》)中,试图解释这一认知鸿沟和总体性的不信任——这种认知鸿沟和总体性不信任将欧洲与其领土广袤的、不方便的邻国隔离开来。[47]他指出,在不同的历史时期内,俄罗斯有时被斥骂、有时则被抬高,但是,与其说是由于俄罗斯对欧洲扮演的角色,不如说是源于欧洲内部的问题、恐惧和希望。这种由于自身矛盾和危机而导致的对俄罗斯双重态度的最好例证是:西方对20世纪徘徊在东方的这个红色幽灵赞赏和厌恶参半。

换句话说,俄罗斯妨碍了欧洲对自身和周围世界所持的观念。在将自己理想化的形象和在俄国形象中反映出来的现实之间的矛盾,或许就是西方将俄罗斯妖魔化的原因。相反,当西方对自身的怀疑占上风时,又开始将俄罗斯理想化。对于西方来说,俄罗斯人白皮肤、蓝眼睛,宗教和文化方面都与自己相近,似乎与欧洲人很相似;而当他们发现,这个民族对民主、信仰、自由和资本主义持截然不同的观念时,就因此而对俄罗斯人产生苦涩的失望。

俄罗斯所呈现出来的,尤其令西方难以忍受的差异,是那些初次接近时几乎难以觉察的差异。这或许可以解释,为什么西方可以容忍其政治盟友独裁专制和破坏人权,而不能原谅其潜在对手这样做。俄罗斯的性少数派中的积极分子和西方媒体突然提高了批评俄罗斯排挤同性恋者的调门是从何说起——俄罗斯从来不曾逮捕过这些人?与此同时,他们对沙特阿拉伯和巴基斯坦(在这些国家里,死刑照旧是合法的)的非传统取向的人士的命运却沉默不语。[48]

---

[46] Sergey Armeyskov, blog《Russian Universe. Understanding Russia with Russian speaker》.

[47] Martin Malia,《L'Occident et l'enigme russe. Du Cavalier de bronze au mausolee de Lenine》, Paris, Le Seuil, 2003.

[48] "同性恋者的权利:镇压令欧洲议会感到不安" 17.01.2014, http://www.dialogai.org/actualites/2014/01/droits-deshomosexuels-la-repression-dans-le-monde-inquiete-le-parlement-europeen/#sthash.3jKYMM3K.dpuf.

这就可以解释，为什么报刊和非政府研究所会定期地爆发针对俄罗斯的恐俄症和不宽容；要知道，人们通常仇恨的是离自己近的人、与自己相类的人，非常了解的人或自以为非常了解的人，因为遥远的、异族的人只会引起恐惧，却从来不会引起仇恨。

或许，如果没有关于俄国熊的神话，没有口中叼着刀的共产党人的形象，没有幻想着收复帝国疆域和恢复苏联实力的普京，西方就会觉得自己不自在。如果从这个角度看待问题，就会理解：一谈到俄罗斯，西方就会讲给自己听的那些神话、故事（storytelling）是如何建构起来的。

西方不断提高、磨砺其反俄修辞，并努力在自己的心目中崛起，并通过贬损俄罗斯而获得自信。通常由一些高智商的知识分子、学界上层人士定下基调。一旦发生类似乌克兰危机那样的危机事件，大众媒体、大学、国际关系研究所就会让一些神性的老古董式的陈词滥调再次见光，同时还包括各种想象，并且邀请波兰、波罗的海国家、盎格鲁-撒克逊人的专家参与这个大合唱。在这样的大合唱中，绝不允许俄罗斯人发声——哪怕是为了保持平衡也好。该链条是在一条闭合电路内运转的。[49]

2005年，瑞士-俄罗斯贸易局招标一个交叉研究项目，题目为"俄罗斯人眼中的瑞士和瑞士人眼中的俄罗斯"。研究成果截然相反：3/4的俄罗斯人热情洋溢地看待瑞士，认为该国繁荣、善意、对一切新生事物都持开放态度、完全值得信任。相反，75%的瑞士人认为俄罗斯人是一些潜在的共产主义者、间谍和黑手党。在近十年来，瑞士人表达对俄罗斯不信任的语汇有所变化，但是其态度的实质和仇俄人数一如从前。

我们看到的还是一种条件反射：不信任俄罗斯，斥骂俄罗斯，

---

[49] 试举日内瓦大学各学院中学界扭曲的例证：首先，以2014年秋乌克兰事件为题的两场报告，报告人都是2004年9月在115位大西洋分子发表的反俄公开信上签名者（参见本书前一章）。其中之一是保加利亚人伊万·克拉斯杰夫，其二是德国前外交部部长约什卡·费舍尔。其次，托马斯·雅内隆的报告《乌克兰危机与俄国的新扩张主义：波罗的海地区的前景》（《Crisis in Ukraine and the New Expansionism of Russia: theBaltic Perspective》, *Global Studies de l'Universite de Geneve*, 27.10.2014）.

指责俄罗斯——这些都绝非偶然。既有历史根源，也有客观原因，除此之外，还有一些机制和强化这些机制的因素。这种条件反射植根于内心，得以经常保持，有时甚至已失控。记者们是在不断地复制这种行为定式，自身都不很清楚自己在干什么。总而言之，可以说，恐俄症并非与生俱来的，而是被教化的，然后扎根下来，铭刻在欧洲人的集体潜意识中。至于如何、为什么的问题，在接下来的章节我们将谈到。

第二部分

恐俄症简史

第四章

从查理大帝开始的宗教战争

> 在欧洲我们是一些寄人篱下者和奴仆,而在亚洲我们是主人。在欧洲我们是一些鞑靼人,而在亚洲,我们是欧洲人……
>
> ……这些俄罗斯人,他们是什么人?是亚洲人吗?是鞑靼人吗?
>
> ……斯拉夫人统一是什么意思?干嘛用的,有什么目的?这种危险的统一会告诉我们什么,能够告诉我们什么新东西?结果可能是:允许用自己的尺度,一如从前地,稀松平常:侵略,就算是意味着征服,意味着邪恶、阴险,意味着将来会消灭文明,意味着会建立起一个蒙古人的联合大帐!鞑靼人们!
>
> 陀思妥耶夫斯基《作家日记》1881 年

看起来似乎很悖谬,但是,恐俄症却是产生于俄国走上历史舞台之前。要理解这条成见的鸿沟(这条鸿沟将当代西方与俄罗斯分离开来),必须回到宗教大分裂时期(1054 年),甚至应该再往前推 200 年,回到查理大帝被封为全西方的皇帝(800 年),查理大帝开始向拜占庭皇帝争夺罗马皇帝继承人职位和对基督教仪轨的修改遭到东方教会斥责时。

许多宗教、政治、经济和文化原因导致中世纪基督教的两大分支走向决裂。我们只讲三方面原因:这些原因在以西方为一方,以拜占庭帝国和希腊东正教会为另一方的矛盾中发挥了重要作用。在君士坦丁堡陷落后，俄罗斯决定成为拜占庭的宗教遗产和政治遗产的继承人，于是，西方对东方的仇恨就转嫁到俄国，而且还在不断增长。

政治竞争起的重要作用也不亚于宗教争端。这种竞争加剧了不断加深的东西方分歧，导致东西方分裂，而这次分裂导致的后果至今都难以克服。

基督教会的两半部分的分裂改造了大陆的历史，至今都促成双方对对方的歪曲观念，尽管说在12个世纪过去之后，矛盾的宗教背景已经丧失重要性和紧迫性。

假如，988年弗拉基米尔大公在赫尔松的塔弗利彻宫〔1〕（已经是在克里米亚！）接受的是罗马天主教，而不是东正教，那么就会彻底改变整个欧洲历史；这样一来，无论在东方，还是西方，就没有人敢于怀疑俄罗斯是否属于欧洲。这样一来，无论是罗马（刚刚让波兰人和匈牙利人信仰了基督教），还是拜占庭都能够看管弗拉基米尔大公，但是，俄国历史上的第一位统治者还是坚决选择了东正教。

"宇宙之光"君士坦丁堡优于罗马废墟

对于以基辅为中心的罗斯国家的早期统治者来说，选择拜占庭的礼仪是自然而然的，也是合情合理的。尤其当时的背景是：拜占庭皇帝将妹妹许给弗拉基米尔大公为妻，以换取其军事支持。〔2〕拜

---

〔1〕 按照《往年纪事》中的传统解释，弗拉基米尔大公是在988年于克里米亚接受基督教的。989年在第聂伯河岸边为自己的人民施洗（参见 http://fr.wikipedia.org/wiki/Vladimir_Ier），以及 Alain Besancon, Sainte Russie, Paris, Editions de Fallois, 2012. p. 38. 阿兰·贝赞松（Alain Besancon）的书中认为，弗拉基米尔大公接受东正教和拜占庭仪轨，说明希腊的基督教仪轨非常壮观、漂亮，编年史中说，看到的人都不知道他们在哪里，"是在天上还是在人间"。

〔2〕 安娜（Анна Византийская, 963-1011/12）是瓦西里二世皇帝及与其共治的弟弟君士坦丁八世唯一的妹妹。据《往年纪事》（Повести временных лет），弗拉基米尔大公占领科尔松（即赫尔松）之后，要求拜占庭皇帝们将妹妹许他为妻。否则就进军君士坦丁堡。拜占庭皇帝答应了，但条件是弗拉基米尔必须受洗——编辑注。

占庭在文化方面更接近,仍然有巨大影响力,从商业角度来说也意味着非常巨大的利益。港口城市君士坦丁堡控制着经由黑海海峡前往地中海的通道,这个将近百万人的城市比起遥远的、置身废墟中的、只有几万人的罗马显然更有吸引力。

在9世纪,人们常说的"宇宙之光""万城之城",恰恰是君士坦丁堡而不是罗马。希腊在基辅乃至当代乌克兰范围内的千年存在,以及拜占庭传教士的积极传教活动,最终使得罗斯向东正教和拜占庭的巴希列夫斯倾斜。[3]而且拜占庭带来了文字系统(西里尔字母)、祝祷文字(旧斯拉夫文字)和新型艺术(譬如,圣像造型艺术),对年轻的罗斯国家的形成作出了巨大贡献。

从宗教角度来说,在教会分裂之前,教会之间的仪轨传统差别似乎并不大。此外,弗拉基米尔的选择是如此自然,甚至在几十年后还得到了法国国王的支持。11世纪40年代末,出身卡佩王朝的亨利一世丧偶,他没有继承人。在物色新王后的过程中,他将目光投向卓有威望的基辅罗斯的待字闺中的安娜公主——弗拉基米尔之孙、智者雅罗斯拉夫的女儿。法兰克人的国王派出自己最出色的主教,来自夏龙的罗杰前往基辅罗斯向安娜公主求婚。

1051年5月19日,安娜仍然作为东正教徒,与遵守罗马礼仪的天主教徒亨利一世在莱姆斯完婚。当时两大教会构成一个不可分割的整体——分裂是在1054年发生的事情。婚礼非常奢华。安娜执政到1061年,在丈夫去世后履行摄政职责。她为自己的长子腓力(未来的腓力一世)施洗。此前在法国宫廷不为人知的名字得到广泛传播。安娜丧夫后,又与瓦卢瓦伯爵劳尔四世(王国内最有声望的封建主之一)成婚,11世纪70年代末去世。教养良好、举止优雅的安娜称法兰克人国王的宫廷"野蛮""粗鲁"。[4]她的第二次婚姻被认为是"宫廷爱情"的早期范例之一。

---

[3] 巴希里弗斯(Басилевс)或瓦西列夫斯(Василевс)是拜占庭皇帝的称号——编辑注。

[4] 令人惊奇的是:安娜·雅罗斯拉夫娜在学会自己丈夫所讲的法语之前,会说俄语、希腊语和拉丁语。婚约是用两种语言订立的,而同时期不识字的亨利一世却是用划十字代替签字。

安娜·雅罗斯拉夫（在法国被称为"基辅的安娜"）的故事能够直观地表明，当时的欧洲对于罗斯并无任何成见或价值判断。直到后来，教会分裂对绝大多数到过俄国的欧洲旅行家的讲述打下了烙印。

安娜·雅罗斯拉夫在莱姆斯的婚恋故事也能够证明，在1054年之前，欧洲君主对俄国并无成见；相反，欧洲君主将罗斯看得很高，情愿派出自己的牧师沿着残破不堪的道路到2000公里之外寻求伴侣。

安娜王后的故事也能够证明：当时的文明繁荣并不在西方，而是在东方——尽管后来的史学家试图让人相信情况恰恰相反。显然，欧洲旅行家对俄国的所有否定性评语是在教会分裂后才出现的，而且本身是宗教偏见的产物。这些成见是紧随分裂之后，天主教的反东正教会宣传所致。随后我们有机会详细讨论这一问题。

我们先回到教会分裂的问题上来。至今为止还很难确定：宗教在冲突产生过程中起了什么作用，而政治又起了什么作用。教会分裂是否仅仅是宗教分歧的结果？还是由于帝国之间的政治野心和竞争——事件的参与者都竭力依靠宗教分歧来巩固自己的地位？

宗教乃是8世纪时的"软实力"

我们回到那些导致教会分裂并极大影响了西方和俄罗斯历史的宗教和政治事件。站在21世纪的高度来看，导致教会分裂的原因实际上可能非常空洞、微不足道。经过几十年理性主义、怀疑主义和不可知论的熏陶和洗礼，教会与国家分离、承认教育和社会领域的世俗性导致的后果就是：从道义上说，就三位一体和未发酵面包祭奠学说之间的分歧已经陈旧。

但是，如果假定宗教在地中海是极其重要的"软实力"工具，就能更好地理解东西方教会之间、拜占庭与神圣罗马帝国之间对抗的重大性。

8世纪在《尼西亚信经》（Nicene Creed）中因提及"及圣子

(Filioque)"〔5〕而引发的争执,如果放在今天只会引人一笑——尽管说当时在欧洲和地中海的权力斗争中曾经发挥了极其重要的作用,就如今日欧盟和北约人士涉及普京统治下的俄罗斯的演讲中必提人权和民主选举一样。因此,如果提请注意一下教条和礼仪差异的实质(今天我们称之为意识形态差异)是有好处的,正是这些差异挑动了教会分裂。还要提请大家注意的是:查理大帝以及其后的神圣罗马帝国皇帝们贪恋权力、贪求威尼斯商人们的商业利润(用现代语言来说,就是商业冒险),教皇希望对包括东方在内的整个教会确立绝对权力,导致西方教会同东方基督教会分离以及与之相关联的政治力量(拜占庭帝国)彻底崩溃。

如此一来,476年罗马陷落后,拜占庭成为罗马帝国的继承人。拜占庭是新的东罗马帝国的唯一中心,吸收了东罗马帝国的文化和法律遗产,在很大程度上也吸收了罗马帝国的宗教遗产。当时,无论是帝国的前首都,还是欧洲各省都已陷入混沌和无政府状态(例如,罗马丧失其9/10的人口,处在一片废墟中),君士坦丁堡的影响在不可遏制地增长。

如果不算中国,拜占庭首都已经成为文明世界人口最为稠密、最为繁荣的城市。尽管说罗马有教皇、安条克和亚历山大里亚有主教,等同于拜占庭教会的教皇或者其地位和权力超过拜占庭的教皇,但是,君士坦丁堡迅速地成为文化艺术之都,成为基督教最大的宗教中心。

生活在君士坦丁堡,而不在罗马

从7世纪开始,阿拉伯征服和伊斯兰世界的快速发展极大地削弱了拜占庭,令其丧失埃及和北非的领土,但是并不影响其文化和政治优越感。直到1204年十字军东征,占领君士坦丁堡后才对其实

---

〔5〕"及圣子"(拉丁语 *Filioque*)是对11世纪西部教会(罗马教会)通过的,就三位一体教义的尼西亚-君士坦丁堡《信经》拉丁语译本的补充,遵照该教义,圣灵不仅源自圣父,而且来自圣父和圣子。但是,未得到东部大主教们的同意,补充这一条,就成为1054年基督教会分裂的借口——编辑注。

力造成决定性打击。尽管经常遭受入侵的威胁,拜占庭还是将罗马帝国的存在延续了千年。在至少7个世纪里,拜占庭始终是地中海之光,其境内荟萃了当时主要的智力生活。

从500年到1200年,"生活"在君士坦丁堡。知识界举行极为活跃的大辩论,学者和神职人员孜孜不倦地工作,艺术高度繁荣。当时的罗马、亚琛、巴黎和伦敦都很惨淡,它们不过是一些很小的小城,城里有很多简陋的茅舍,道路破败。在军事方面,拜占庭地位有所下降,但其出色的弓箭手和极其能干的外交官善于不费吹灰之力地在敌人中间散播不睦和猜忌,[6]这个一度伟大,其后成为地区性强国的国家始终得到他国的尊重。

君士坦丁堡在宗教方面担负的关键角色常常成为拜占庭大主教与罗马大主教之间利益冲突的根源。最初普世教会承认教皇的权力,但是,就如圣彼得定位的那样,教皇仅仅是作为"平等者中的第一人"(primus inter pares)。教皇无权擅自作出决定,他只能召集教会会议,并主持会议。从组织角度来看,教会是由五大教区组成的(耶路撒冷教区、安条克教区、亚历山大里亚教区、君士坦丁堡教区、罗马教区),每个教区都由一位权力平等的大主教领导。在开始履行大主教职责之前,每个大主教的信经都要得到其他人的批准。

所有重要决定都要在普世教会会议上达成共识后作出;这种普世教会会议需要由组成统一教会的所有代表参加。这种决策机制堪称非常民主,东方的大主教——尤其是拜占庭大主教——对其非常看重。

正由于此,按照普遍接受的程序和当时有效的教规,381年召开的第二次普世教会批准了《尼西亚信经》(credo)。最初《尼西亚信经》是在耶稣受难日,由受洗者们庄严宣读的。经普世教会批准的、所有基督教主教都认可的版本中指出,圣灵出自圣父,而不提圣子。但是,有一些版本中断定:圣灵出自圣父、及圣子(拉丁文,filioque),从宗教角度来说这是完全许可的。"及圣子"一词可以随意添

---

[6] Edward N. Luttwak,《La grande strategie de l'Empire byzantin》, Paris, *Odile Jacob*, 2010.

加,是符合教义的。

从6世纪起,读《尼西亚信经》开始成为宗教礼仪中不可分割的一部分,在西方传播开来——尤其是在西班牙,按照查士丁尼皇帝的要求传播开来,查士丁尼将其视为在帝国的遥远一隅巩固自己影响的手段[7]。由西哥特人皇帝雷卡雷德一世倡议,在589年召开的托利多教会大会决定,从此之后要在做神职活动时唱诵《尼西亚信经》,教会大会以背叛禁令为威胁,提到:圣灵出自圣父及圣子。显然,西哥特人国王希望借此强调自己忠于罗马信仰,不接受阿里乌斯派(按照该教义,基督的神性不等同于圣父)。包含"及圣子"内容的版本逐渐在日耳曼民族中传播开来。当时并未引起任何反对意见,每个人都可以自由地将其加入或不加入《尼西亚信经》的文本中。

查理大帝挑起的,由"及圣子"引发的争端

到了8世纪,情况变得复杂化:732年,查理·马特战胜了阿拉伯人,加洛林国家成为西欧最强大的国家。作为巩固对被征服领土之权力的手段,复兴西罗马帝国就成为加洛林王朝诸国王(从矮子丕平到查理大帝)的主要目标。他们希望借助"软实力"巩固自己暂时尚不稳固的地位,强行在新帝国各部推行神职活动改革,推行格里高利圣咏,以及包含"及圣子"的《尼西亚信经》。

当代欧洲在许多方面取得的成就都要归功于卡洛琳王朝的这些英明统治者。他们努力为自己的政权(形式为各种制度)奠定可靠的基础,并将这些制度用法律确立下来(借助加洛林王朝的各种著名典章),他们也能够让神职人员服从其目标。经过他们的努力,教会的神秘性和革新后的仪轨成为一种共同语言、意识形态纽带,将被征服的各民族联合到新皇帝的麾下。

为了实现自己的计划,查理大帝延请了一位一流助手,英国僧侣阿尔昆(Alcuinus),此人学识渊博、视野开阔,是一位天才的宣

---

[7] Robert G. Heath,《Le Schisme occidental de 1054. Les Francs imposent leur Credo a l'Eglise romaine》, Lyon, *Editions du Cosmogone*, 2012.

传家。用现代语言来说，此人堪称同时履行了内务部长、教育部长和大众传播部长的职责。阿尔昆不顾教皇和拉丁大主教们的反对，依靠帝国境内的日耳曼各族（法兰克人、哥特人、撒克逊人、西哥特人），运用软硬兼施的办法，说服摇摆不定的大主教们确定新的《尼西亚信经》。而教皇和拉丁大主教们照旧坚持拜占庭和东方教会通过的、没有"及圣子"内容的、旧的宣叙调版本。

西方思想家喜欢将查理大帝想象成一位成熟老到的皇帝，想象成建学校的善良老头。实际上他是一位专制者，尽管比较开明，但却是威权主义的，完全能够推行一切。而且，查理大帝不仅能够密切监视人们的活动，而且还密切监视他们的思想。他甚至还亲自给大主教阿玛拉里乌斯（Amalarius）写信，想要"了解教士施洗时的训诫，获得关于教堂中通过的神职活动规则的报告"。[8]

至于教育领域，阿尔昆还改革了学校和古旧书抄写店——誊抄古籍的作坊。他还编订了所有课程的教科书：

请你们大家就位，你们的工作就是抄写上帝的法律和父辈们智慧的神圣证明。不可无礼玷污这些伟大的嘉言。小心不要让你们的疲惫之手犯下错误。努力寻觅最符合神意的文本，让你们的文字飞速地成为人所共知的真理。[9]

但是，查理大帝在位期间发生了一件最具标志性的事件，该事件改变了欧洲历史：在 800 年圣诞节时，查理被加冕为皇帝。在加冕礼之前，查理大帝与教皇达成一桩残酷的交易。还在几年之前，查理大帝已从教皇阿德里安五世那里获得教会保护者的称号。当时，教皇与当地居民和教会神职人员之间关系紧张，而伦巴第人占领意大利北部更加剧了这种局势。

799 年，当罗马贵族袭击教皇利奥三世，对其轮番打击，将其从

---

〔8〕 Robert G. Heath,《Le Schisme occidental de 1054. Les Francs imposent leur Credo a l'Eglise romaine》, Lyon, Editions du Cosmogone, 2012. p. 29.

〔9〕 http://fr.wikipedia.org/wiki/Alcuin.

骡子上掀下来，撕去其教皇服时，[10]查理大帝对教皇利奥三世伸出了援手。法兰克人国王帮助教皇恢复教皇称号，作为交换，于800年圣诞节从教皇手中获取皇位。为了彻底巩固自己在宗教界的影响，他接受了圣修士称号，这样他就得以将世俗权力和宗教权力在自己手中合二为一，从而在与教皇争夺对西方的控制权方面获得更大优势。

"双剑论"：教权与皇权

阿尔昆以其独有的投机式低调，将自己所采取手法的真正目的隐藏起来。他缓和了业已产生的冲突，炮制"双剑论"，按照该理论，教皇应该捍卫信仰，而皇帝则应该捍卫拉丁语的基督教世界。这一"双剑同盟"后来变成了"剑与圣水刷的同盟"，令教会得以复兴，而卡洛琳王朝则得以巩固自己的权力。无论任何历史变数，都并不注定要破裂这一同盟。罗伯特·希斯（Robert Heath）正确地指出：罗马教会得以巩固，恰恰是依靠法兰克人的支持。[11]

罗马教会获得普世向导的地位。罗马教会确立了普世性和罗马对其他大主教的优越地位之后，自然而地，罗马就成为国王统治下的法兰克人推行政策的绊脚石——国王擅自履行宗教事务部部长的职能，而其政策是由外交部部长决定的，正是阿尔昆本人对王国全境的神职仪式发号施令。[12]

这些手腕追求的是双重目标：一方面，在新的祝祷仪式和规则之下将整个帝国联合起来，迫使祭司们屈服；同时还必须消除拜占庭对意大利和西欧西部的一切影响。还在787年尼西亚召开第七次大公会议之后，法兰克人就开始行动了。他们坚持说，不可认真看待希腊人，因为统治希腊人的是一个女人，是伊丽娜女王，教皇必须与他们保持一定距离。

---

[10] http://fr.wikipedia.org/wiki/Leon_III_pape.

[11] 此处实际上指的是罗马-天主教会——编辑注。

[12] Robert G. Heath,《Le Schisme occidental de 1054. Les Francs imposentleur Credo a l'Eglise romaine》, Lyon, Editions du Cosmogone, 2012.

经过多年的神学辩论以及由法兰克人召集的几次公会（参会的都是为法兰克人效劳的神职人员）之后，加洛林王朝达到了目的。他们的动议促成教皇和皇帝的紧密合作以及欧洲基督教徒之间的团结，但却损害了整个基督教会的统一。

确实，这种政策只会引起拜占庭皇帝的愤怒，他们将查理大帝未经他同意而举行加冕礼之举视为叛乱。对于希腊东正教会的大主教来说，未经定期召开的公会决定，擅自批准《尼西亚信经》从此后不再读诵，而是改成唱诵，并且包含"及圣子"的内容，这已经是亵渎传统、拒不承认教会神父们的权威。

起初冲突还没有超出教会内部的狭窄范围。所有人都按照自己的传统诵读《尼西亚信经》。在意大利，作为对加强自身影响的交换，祭司们拒绝接受罗马的祝祷仪轨，而是代之以法兰克人的仪轨。但是最终他们还是忠于自己的古老传统，在诵读《尼西亚信经》时不提"及圣子"（Filioque）。教皇利奥三世很机灵，借口说从教义的角度来说，两个版本是可以兼容的，一种传统并不妨碍另一种传统的存在。他同意承认提"及圣子"（Filioque）是正信的教义，但是拒绝将其纳入拉丁祝祷仪轨。

自从查理大帝在宫廷将"及圣子"（Filioque）写入祝祷文中之后，祭司们将原始的，没有"及圣子"内容的《尼西亚信经》的拉丁文和希腊文文本雕刻在罗马宫殿的银板上，以示抗议。拜占庭人比西方居民有教养得多。他们已经习惯于神学矛盾和知识辩论，严守"爱亲近的人"的福音派原则，与法兰克人的教条主义的教会格格不入。最终他们接受了这样的折中办法。查理大帝去世后几年，加洛林王朝的崩溃也令这种紧张度有所下降。

到9世纪末，教皇尼古拉一世（858年~867年）决定继承加洛林王朝的未竟事业，作出决定：不懂拉丁语的拜占庭皇帝不配获得王位，真正的罗马人的皇帝只能在西方推举产生，随即爆发了更加尖锐的冲突。争端的爆发是因为保加利亚教会决定提"及圣子"，罗马教会希望将其纳入自己的势力范围；而当时的保加利亚教会却在拜占庭的庇护之下。教皇将拜占庭大牧首福季亚（Фотия）推翻，而拜占庭教会报复性地将教皇革出教门也加剧了局势。随后，冲突

第四章 从查理大帝开始的宗教战争

沉寂了近百年,直到在原来加洛林王朝的废墟上建立了神圣罗马帝国,奥托一世于962年2月2日在罗马加冕。

祭司们的国土再次处在伦巴第人入侵的威胁之下,因为他们的国王贝伦伽尔二世觊觎教皇省。962年,教皇约翰十二世(其同代人称他为淫荡者和敌基督,证实他是教会历史上最坏的一个教皇)再次向日耳曼统治者们求助。日耳曼的统治者们不等他再次向自己求助,就如200多年前的查理大帝一样,抓住机会挑选了皇冠,顺便也给教皇带去了重获教皇省的快乐。

从这一刻起,日耳曼的影响对于教皇制度来说成为重负。从996年开始,日耳曼统治者们得以将日耳曼人推举为教皇。[13]他赞同提"及圣子",并主张按照法兰克人的仪轨进行神职活动,而支持拜占庭和大公教会的意大利大主教们则一无所获。

杜撰的《君士坦丁御赐教产谕》和争取教皇的至高无上地位

在法兰克人的绝对君主制的影响下,教皇们面对不受限制的权力也经不起诱惑。在走上至高无上地位的道路上,他们利用了两套战略:加强对世俗事务的影响,最终确立对大公教会的统治地位。为了达到既定目标并为自己的要求寻求依据,教皇们利用了所谓的《君士坦丁堡御赐教产谕》——这是一份在9世纪里伪造的假文件。该文件由两部分组成。

第一部分(confessio)注明文件日期315年,君士坦丁的第四个领事馆,陈述了教皇西尔维斯特一世传达给君士坦丁的信条,并讲述了西尔维斯特教皇在给皇帝施洗之前治好君士坦丁麻风病的故事。

第二部分(donatio)的内容是列举了皇帝赐予教皇的领土和特权的清单:其中包括对东部教会(罗马城外的拉特兰教堂、圣彼得教堂、圣保罗教堂)的最高教权、帝国各省的财产;拉特兰宫殿;

---

[13] 格列高利五世是第一位登上教皇宝座(996年~999年)的德意志人(萨克森人),政治上他持续地作为德意志皇帝驻罗马代表而展开活动,稍后,在1054年教会大分裂的前后,担任教皇的几乎全是德意志人——编辑注。

给教皇的皇家勋章和头饰以及给教皇身边人的元老勋章和头饰；罗马、意大利和整个西方。结尾，皇帝似乎声明：他要远去东方，帝国西部就留给教皇独自管辖。[14]

直到 1430 年，关于文件来源的真相才揭开。在将近 5 个世纪里，该文件被完全视为真品，发挥了应有的影响。今天的人们对该文件已几乎忘记，但是，实际上《君士坦丁御赐教产谕》在教会和西方的形成过程中发挥了极其重要的作用。该文件令拜占庭帝国被排挤出去，不得管理这些领土；并将拜占庭刻画成为罗马帝国遗产的僭取者，该文件也成为教皇拥有对其他大主教（特别是拜占庭的大主教们）至高无上的宗教权力的理由。

从这一刻起，教会分裂已在所难免——因为日耳曼的皇帝们和教皇们从现在起开始追求一个共同目标：获得统治西方的全部世俗权力和宗教权力。他们不打算顾及东罗马帝国的皇帝和希腊-拜占庭的东正教教会——君士坦丁堡的皇帝（巴希列夫斯）和大主教们。按照西方通行的说法，教会分裂发生于 1054 年，基督教的两大分支就如两大帝国一样，最终走上了独自发展的道路。

实际上分裂进程是渐进的，不管怎么说，在很长时间里，希腊文明和拉丁文明之间的关系仍很紧密。斯蒂文·朗西曼（Steven Runciman）指出：在第二个千年初期，人们甚至都不知道已经发生分裂。还在 1453 年君士坦丁堡陷落前不久，拜占庭的最后几任皇帝还继续服从教皇权力。[15] 到 1439 年，拜占庭已经丧失全部领土，奥斯曼人将这座空城包围起来，在佛罗伦萨召开的教会会议上，确立了东部教会对罗马的从属地位，也得到拜占庭皇帝的批准。姗姗来迟的、东西方接近的最后一次尝试无果而终。双方的分歧和相互敌视是如此深重，甚至在拜占庭其面临亡于奥斯曼人之手的威胁都不能消除。

---

[14] http://fr.wikipedia.org/wiki/Donation_de_Constantin.

[15] Steven Runciman,《Le schisme d'Orient. La papauté et les Eglises d'Orient XIe et XIIe siecles》, Paris, *Les Belles Lettres*, 2005.

第四章　从查理大帝开始的宗教战争

西方基督教重新审视"圣三位一体"教义

以上所述涉及了教会分裂的政治方面。现在我们再来看看宗教分歧本身的实质，因为这些宗教分歧对于今日令东西方分离的那些事物也产生了决定性影响。

围绕"及圣子"（Filioque）的争执"无论在今天看起来多么过度夸大和奇怪"，[16]但毕竟深刻地刻画出其分歧的实质，这些分歧成为分裂的基础，并且继续分化着罗曼-日耳曼的天主教西方和希腊-俄罗斯的东正教东方。从神学角度来看，与聂斯托里派和一性论异端有接触的东方神学捍卫了"三位一体"学说，"三位一体"是拥有不同功能的三种实体，但却组合为一个本质。

当时，天主教徒倾向于将"三位一体"视为统一体（圣父、圣子和圣灵则取决于具体情况），作为对异端承认阿里乌斯派的回应。在东方教会中，圣灵具有重要地位，体现在所有的信徒大会和教会的活动中。对于西方基督教来说，"主的统一是绝对的，而三位一体各位格就存在于其内；而当时对于东部教会来说，三个位格中的每一位格都有自身的功能，三个位格在同一本体中结合"。[17]

从神学观点来看，这两种学说都具有同等的正确性。当西方教会在《尼西亚信经》中写入"及圣子"（Filioque）后，争端加剧了。在东方教会看来，"这就摧毁了三位一体内部功能的微妙平衡"，将圣灵置于相对于圣子的从属地位，从而就造成神的位格之间存在等级。一些神父提议，应该说圣灵源于圣父，但要经由圣子，而不是源于圣父和圣子；但是法兰克人否决了这一提议，同时也否决了在祝祷时完全不读《尼西亚信经》的提议。

必须指出的是，从宗教角度来看，许多其他信条也引起了争论——例如神职人员的独身问题（东部教会允许任命已婚男子担任

---

[16] Steven Runciman，《Le schisme d'Orient. La papaute et les Eglises d'Orient XIe et XIIe siecles》，Paris，Les Belles Lettres，2005.

[17] Steven Runciman，《Le schisme d'Orient. La papaute et les Eglises d'Orient XIe et XIIe siecles》，Paris，Les Belles Lettres，2005. pp. 37，152~153.

神职人员）和西方教会在供奉新鲜面包时礼仪的问题。从9世纪开始，坚持拜占庭仪轨的西西里岛居民就被强加了这样的仪轨。对于拜占庭人来说，取代传统的克瓦斯面包为新鲜面包（待客）简直是胡闹，因为"基督的肉身可以把我们带到天上，就如酵母可以发面并烤热面包一样"；而且它还是欢乐的象征，而不是这个像石头或烧土般的新鲜面包一样，是苦难和伤心的象征。[18]

这种激情的理由在今天会引发一笑，但却是一幅东西方基督徒之间文化鸿沟的出色插图。

这些问题在不计其数的东正教最高会议和教会会议上激起了无穷无尽的激烈争论。论战持续了好几百年，直到法兰克皇帝、日耳曼皇帝不能将自己的观点强加于教皇们为止。我们看到，由于政治家对红衣主教们施加压力，教皇已经逐渐处在皇帝们的影响之下。拉丁人接近于希腊和地中海传统，因为在许多世纪里，拜占庭在意大利还都拥有自己的领地，西方教会与东方教会的关系并未决裂。从1014年起，《尼西亚信经》和德国式仪轨已经遍及整个西方教会，而拜占庭的仪轨逐渐消失了。四十年后，1054年，教会分裂最终完成。

东方民主制对西方的绝对君主制

引起拜占庭人最大愤怒的不是神学矛盾，而是在教会机构设置问题上的矛盾。习惯于思想论战，拜占庭人在智力方面要灵活得多，对于无关紧要的偏离规则的现象也宽容得多，他们准备适应宗教差别——直到他们对大公教会批准的教义产生质疑。而没有"及圣子"的《尼西亚信经》文本分别是325年在尼西亚、381年在君士坦丁堡批准。东方教会人士只承认那些在大公教会会议（联合了所有基督教教会）期间，依据民主原则进行讨论，并经圣灵启示过的决定是合法的，这些决定在任何情况下都不得被任何一个单独教会未经新的大公教会初步批准就加以改变。在《尼西亚信经》中加上

---

〔18〕 Кардинал Хергенрётер, *цит. по*: http://en.wikipedia.org/wiki/Azymite.

"及圣子"的决定是于589年在托雷多的一个地方会议上悄悄作出的，随后将这句话强行纳入《尼西亚信经》，"用欺骗的办法"纳入祝祷仪轨，不仅将东方教会玩弄于股掌之间，而且还要令其屈服于西方教会，这种企图被认为是不能容忍的。

冲突从神学性质变成政治性质。基督教两大分支产生重大隔阂的原因，显然是法兰克人统治者——然后是日耳曼人统治者想要通过施压于教皇派（他们需在宗教层面做同样的事情）而复兴西罗马帝国，并且令东罗马帝国服从于自己。最初教皇派曾抵制日耳曼的压力，但是，权力诱惑和他们自身想要确立圣彼得大主教对其他大主教的至高无上地位的诱惑相比显然更强大——尤其是在教皇宝座落入日耳曼人之手之后就更是如此。

东方教会（特别是拜占庭教会）人士觉得这场改革是对大公教会精神，以及使徒和教会神父们的叛变，他们继续认为，罗马教皇仅是平等者中第一人，对其他人并无特别的权力，对教义和教会组织的任何决定都只能在达成共识的基础上共同作出。对于东正教会来说，19世纪批准的，关于教皇的绝对权力以及罗马教皇们在信仰问题上永无谬误的教义绝对是格格不入的。

在西方，这种对最高权力的渴望最终演变成了教皇和皇帝们之间旷日持久的争执和对优势地位的争夺。圭尔夫（Guelph，教皇党）们与吉贝利尼（Gibellini，皇帝党）之间无休无止的、劳民伤财的战争在意大利持续好几百年。但是，甚至在这种兄弟相残的战争的后方，罗马教皇和皇帝们都能在一个问题上达成一致：他们在任何情况下都高于东方，拜占庭皇帝和东方教会都应该卑躬屈膝地服从他们。

两次"偏离航线"的十字军东征：1204年和2003年

希腊人和东方基督徒至今还记得：威尼斯人背信弃义地针对拜占庭人发起的第四次十字军东征。1204年，由于拜占庭被围困并被十字军攻占，建立起一个拉丁帝国，拜占庭皇帝被迫远走尼西亚。拉丁人和拜占庭人的内战在希腊人心灵中种下了痛苦的屈辱感。

我们怀着令人悲伤的讽刺指出，十字军东征这种"偏离航线"

与2003年的事件具有惊人的相似性。当时美国的右翼政党能够令乔治·布什（小布什）总统针对以本·拉登为首的伊斯兰恐怖分子的"十字军东征""偏离航线"，对伊拉克发起入侵。入侵的想法是经济方面的意图——与当年威尼斯人推动十字军东征的情形完全一样。时间过了800多年，回头看来，这种相似性实在是非常惊人！

此外，二百多年后，当拜占庭被穆斯林攻陷已是在所难免时，西方根本没有帮助拜占庭，也没有去保护东方的基督徒。教皇很清楚地意识到，一旦东方遭难，基督教将遭受多么巨大的损失；因此他徒劳地号召国王们前来救援。然而拜占庭听任命运摆布，保卫拜占庭的只有少数意大利志愿者，在汉诺威军队完全不作为的情况下很快消失了，转移到海峡的另一边，回到佩雷要塞；而欧洲的统治者们热衷于兄弟相残的内战。

对于欧洲来说，君士坦丁堡陷落和穆斯林统治者登上拜占庭巴希列夫斯宝座引发了巨大震动。就如1991年的苏联解体也曾引起了类似震动一样。一方面，笼罩在宫廷和政府人士心头的感情，就如乔治·布什（老布什）在1992年1月对国民发表的呼吁《论国内形势》中针对"冷战"结束的感言："他们输了，而我们赢了。"另一方面，许多人意识到了损失巨大，但也仅限于平淡地抒发一下"战败者罪该万死！"而已。

斯蒂文·朗西曼认为，欧洲人对待君士坦丁堡陷落怀着一种幸灾乐祸的心情：

> 西欧对拜占庭文明和宗教导师的妒火上升，上升到其先祖，谴责东正教徒为异端和不信神者，同时也怀着一种紧随而来的负疚感：她在灾难中抛弃了这样一座伟大的城市，宁可忘记拜占庭。欧洲从未逃避自己对希腊人的责任，但是认为，这种责任只属于古典时代。对于未来几代欧洲人来说，拜占庭不过是一支由宗教偏见组成的丑陋插曲和丑陋现象，最好不要想起。[19]

---

〔19〕 Steven Runciman,《La Chute de Constantinople 1453》, Paris, *Tallandier*, 2007. p. 268. （俄文版：Стивен Рансимен,《Падение Константинополя в 1453 году》, М. : *Наука*, 1983.）

对于希腊人和东方基督徒来说，其帝国的灭亡和奥斯曼穆斯林的胜利不啻是一个巨大的悲剧。他们不能把君士坦丁堡的陷落归咎于西欧，这是拜占庭内讧和阿拉伯人、土耳其人旷日持久的攻击削弱了国家而导致的后果。但是，西方因企图管理全部世俗和宗教事务而挑起分裂，东方对此的看法非常明确。

19世纪末希腊法官、史学家基里亚科斯·朗普里罗斯（Кириакос Ламприллос）曾写道，东方帝国的居民中形成一种印象，他们成为天主教会和神圣罗马帝国皇帝大肆恶作剧的受害者。[20] 利用拜占庭败亡之机，天主教会和神圣罗马帝国否认希腊-拜占庭文明给基督教文化、科学和艺术带来的一切，仅仅承认古希腊的贡献；而且事后（posteriori）还篡改、追溯式地修正了分裂史。教皇和天主教会高级官员销毁了一部分文件并篡改了一部分文件，以便洗白西方，将分裂的责任转嫁给拜占庭。

分裂之过在于西方，而不在于东方

从杜撰《君士坦丁堡御赐教产谕》文件的历史可知，当谈到巩固教皇的无上权力时，天主教会的历史伪造者实际上不惜做任何事情。最后发现，教皇阿德里安否定查理大帝将"及圣子"（Filioque）写入《尼西亚信经》的回信，以及包含"亲拜占庭"的教皇（从约翰八世到利奥九世）的信件的法典几乎消失不见了；教皇利奥三世镶嵌在圣彼得教堂大门上的，带有《尼西亚信经》原始文本的银板被摘除了，最后被"亲日耳曼"的教皇销毁。[21] 接下来的几个世纪里，教皇的使节由于无礼和阴险而对东方教会造成了极大的侮辱，指责她歪曲了《尼西亚信经》，就好像是东方教会蓄意从《尼西亚信经》中抽走了"及圣子"（Filioque）的字样一样！

透过数世纪的尘霾和层积的偏见，应该换一种方式看待教会分

---

[20] Cyriaque Lampryllos,《La mystification fatale. Etude orthodoxe sur le Filioque》, Lausanne, *L'Age d'Homme*, 1987.

[21] Cyriaque Lampryllos,《La mystification fatale. Etude orthodoxe sur le Filioque》, Lausanne, *L'Age d'Homme*, 1987.

裂历史。西方的编年史家谈及"东方大分裂",实际上应该说的是"西方大分裂"。愚弄如此成功,以至于所有的持拉丁仪轨的天主教徒和西方的无神论者都确信,是东方教会偏离了轨道——尽管说实际上恰好相反。骗局至今都没有揭开。许多非西方史学家都竭力恢复历史公正(斯蒂文·朗西曼是一个可喜的例外!)。在较小的程度上,天主教会也对真相感兴趣。

在欧洲各王国一派繁荣的时候,拜占庭帝国开始削弱——这也是不利于东方的原因之一。战败者无历史——从此再无历史。但是,分裂和篡改事实毒化了尚未愈合的伤口。其毒药还在继续毒化欧洲——西方与俄罗斯的紧张关系就是证明。一方面,不能指责欧洲的统治者说,他们利用自己前所未有的实力,确立对孱弱的东方的统治地位,借此对476年罗马陷落进行报复。另一方面,也不能对改写和伪造历史视而不见——尽管说,类似行动造成的流毒也对当代欧洲的形成产生了影响。

侮辱性的术语:"恺撒主义"和"拜占庭主义"[22]

这一不利现象表现出双重性。首先,东西方人士在从760年到1450年的近7个世纪里的残酷论战很快就越出了纯神学分歧的界限,而进入到社会领域。正是从这一刻起,可以认为,西方已经出现了对东方和东正教的偏见和烙印。

在许多个世纪里,西方神学家们着手从修辞和语义方面千方百

---

[22] 此处和之后的文字中,"拜占庭主义"的含义依据的都是本书法语作者的定义。在法语中,按照 Larousse 词典,"拜占庭主义"的定义如下:是一种情调,人们喜欢花费时间,对一些无聊话题展开棘手的、节日式的辩论。在俄语中,"拜占庭主义"还有其他几个含义:①是政治和国家-法律、教会和人口特点的总和,而所有这些特点的载体是拜占庭帝国;以及建立在这些特点基础之上的东正教宗教世界观的意识形态(参见维基百科)②拜占庭日常生活的典型特点:专制制度,官僚主义,教会服从国家;顺从于宗教的外在形式,没有道德规则;甜言蜜语,辉煌壮丽;淫荡;③对教皇权力奴才般的卑躬屈膝;对国家政权表现着奴颜媚骨(Словарь иностранных слов, вошедших в состав русского языка, подред. А. Н. Чудинова, 1910)。法语词汇 byzantinisme 译成俄语意为学究气,热衷于空洞无物的高谈阔论。俄语文本中的描述必须始终参考术语的词源——编辑注。

计地捕捉一些东西，用来歧视拜占庭。他们贬辱希腊文化，因为希腊文化不是建立在拉丁语的基础之上的；嘲笑拜占庭的知识分子热衷于神学辩论，将他们称之为"拜占庭主义"；连篇累牍地指责希腊基督徒阴险诡诈、充满敌意。

拜占庭的"恺撒教权主义"（цезаропапизм）也成为西方史学家的一个陈词滥调。这一侮辱性术语常常出自当代反俄知识分子的笔下，他们制定出关于俄罗斯是亚洲式专制的理论，将伊凡雷帝和弗拉基米尔·普京之间画等号！实际上说的是西方人道主义编年史家的一个发明：他们努力为古希腊罗马时期的哲学价值观正名。他们不能直接指责罗马-天主教会的教条主义，于是就攻击拜占庭的"恺撒教权主义"。

关于东方是"不可理解的""专制""欠发达的""残酷的""半野蛮的"的思维定势在数百年后的今天又直接照搬到俄罗斯的头上，只不过术语有所更新。现在一如从前，在西方的语汇和观念中，不论任何方式与拜占庭相关的一切都有消极的内涵。甚至"拜占庭"这一名称本身都可以证明，西方想要用它来贬辱东方居民——东方居民自身从未用过这个术语，他们自己称自己的国家是东罗马帝国，自称"罗姆人"，称自己的首都是君士坦丁堡——以该城市的奠基人、罗马皇帝君士坦丁命名。[23]

阿拉伯人称他们为"罗马人"，或"罗马基督徒"。西方用拜占庭给君士坦丁堡施洗，希望借此贬低其重要性：拜占庭原本是一个希腊渔村，君士坦丁在该渔村原址建立起自己的首都。

330年之后，从德国史学家赫罗尼姆斯·沃尔夫（Hieronymus Wolf，1557年）的时代开始，对东罗马帝国及其居民运用"拜占庭帝国史""拜占庭人"等术语。利益相关方的人士却从来不曾这样自称过。类似术语在17世纪得到广泛传播——例如，在孟德斯鸠的著作中就可以看到。[24] 不幸的是，这一术语曲解了历史观，拜占庭被

---

[23] http://fr.wikipedia.org/wiki/Byzance.

[24] 不过，实际上到19世纪中期之前，这一术语并未在西方社会中、英语史书中获得广泛传播，特别是提及"拜占庭帝国"的第一种情形是在1857年乔治·芬利（George Finlay）的书中——编辑注。

视为一个僵化的帝国,不够宽容、荒淫无度。她的科学、哲学和文学遗产都被归于阿拉伯人,甚至连拜占庭作为东西方文明的"金桥"[25]作用也似乎从未存在过一样。[26]

欧洲对俄罗斯东正教发起十字军东征

现在我们来看看西方与俄罗斯的冲突历史。在教会分裂后,罗马并未停止过从东正教那里"夺取"俄国的尝试——罗马丧失了对俄国的影响。

还在967年在拉维纳召开的教会会议上宣布:东欧的基督徒必须联合起来。格里高利七世(1073年~1085年)登上教皇皇位之后,借助德国封建主,令俄国改宗天主教就成为其主要的优先方向。正是从这时开始了"东进"(Drang nach Osten)——而"东进"这一名称是后来才有的。这一东进战略互有胜负,一直持续到了1945年。

12世纪中期,到1149年,大主教马特维·克拉科夫斯基在给贝尔纳·克莱尔沃斯基的信中号召对俄国野蛮人发动十字军东征——克莱尔沃斯基正在寻求派传教团到俄国东正教徒那里的可能性。[27]

1200年,传教士深入到波罗的海地区。从1220年起,条顿骑士团的骑士们征服领土,直抵利沃尼亚,而这是在教皇英诺森三世倡导的、波罗的海十字军东征的旗帜下发生的——英诺森三世似乎是要终结那些"鄙视天主教信仰"的人们的无法无天的行径。1242年亚历山大·涅夫斯基的胜利令侵略者就地止步,这场胜利

---

[25] "金桥"这一隐喻强调说,拜占庭不仅仅是一块跨境领土,而且也是独一无二的联系环节,在许多世纪里,依靠拜占庭,东方文明(阿拉伯、波斯和奥斯曼)和西方文明之间的交流才成为可能。

[26] Cyriaque Lampryllos,《La mystification fatale. Etude orthodoxe sur le Filioque》,Lausanne, *L'Age d'Homme*, 1987.

[27] Natalia Narochnitskaia,《Que reste-t-il de notre victoire? Russie-Occident: le malentendu》, Paris, *Editions des Syrtes*, 2008. p. 166; Marian Pleza,《Les relations litteraires entre la France et la Pologne au XIIe siecle》, *Bulletin de l'Association Guillaume Bude*, 1983. Vol. 1. No 1. p. 72.

在俄罗斯人民的记忆中打下了深刻烙印。[28]西方史学家不愿意回忆起条顿骑士团入侵和波兰、立陶宛天主教徒从13世纪发起的十字军东征的失败历史，因为这些都不能写入侵略成性的俄国的形象中。他们宁可无视1240年俄国人两线作战、捍卫领土（在西部抵抗来自德国人和波兰人的进攻，在东部抵抗鞑靼-蒙古入侵者）的事实。

实际上，弗拉基米尔和诺夫哥罗德大公亚历山大·涅夫斯基被迫与金帐汗国媾和，以拯救罗斯免遭来自瑞典人（1240年7月15日的涅瓦河战役）和条顿骑士团骑士们的侵略（1242年4月爆发了冰湖战役）。条顿骑士团还在1237年就已在楚德湖附近扎营，试图令俄国人改宗天主教。如果说西方天主教徒已经忘记了这些历史事件，那么，相反，俄罗斯人很好地记着；而且他们至今都不能原谅的是：这些天主教徒骑士们试图利用鞑靼-蒙古人的袭击之机，从背后打击俄罗斯。而当时的神圣罗马帝国尽管最初取得了一些成功，但仍然是一个脆弱和四分五裂的国家，她始终不能确立对欧洲全境的优势。法国人、英国人、匈牙利人、波兰人、中欧和巴尔干半岛的斯拉夫民族都得以避免被其主宰。不过，当然不是因为神圣罗马帝国不作为。

追求在欧洲的统治地位、依靠普世主义（以其宗教和帝国方案）的趋势都表现在13世纪到14世纪的某些历史著作和文学著作中。恩格尔伯特·艾德芒茨基在其1307年到1310年写就的著作《罗马帝国的兴亡》（De Ortu et Fine Romani Imperii）中，论证了欧洲必须有统一帝国和统一的统治者的命题。他认为，皇帝是能够保持和平的、至高无上的法官。[29]

在普世主义思想面具下巧妙掩盖的帝国意识形态已经开始运

---

[28] Alexandre Tchoubarian,《La Russie et l'idee europeenne》, Paris, *Editions des Syrtes*, 2009. p. 49.

[29] Alexandre Tchoubarian,《La Russie et l'idee europeenne》, Paris, *Editions des Syrtes*, 2009. p. 47.

转了。

许多年后，我们再从今天的高度看当代形势，说得诙谐一点，那么，巴尔干半岛、波兰和波罗的海国家已经加入欧盟，而2015年，欧盟通过吸收乌克兰和格鲁吉亚来实现东扩的计划已经在所有的战略要点上符合查理大帝、奥托一世和亨利二世等日耳曼皇帝的意图。亨利二世于1014年正式建立了第一帝国，在本尼迪克特八世的庇护下巩固了皇帝与教会的联盟。1157年，弗里德里希·巴巴罗萨最终建立了联盟，宣布自己的国家为"神圣帝国"。

沙皇相当于神圣罗马帝国皇帝

当时，基辅罗斯在兄弟阋墙的内战和外敌攻击下崩溃了。从13世纪中期开始，在成吉思汗入侵之后，基辅罗斯处在鞑靼-蒙古人的统治之下。但是，到14世纪，俄罗斯人能够围绕莫斯科收复国土，建立起一个稳定的国家。这种国土统一是如此成功，以至于在君士坦丁堡陷落之后，俄罗斯国家能够担当已经灭亡了的拜占庭帝国的继承人。莫斯科大公伊凡三世从1462年开始执政，打破了鞑靼-蒙古人的枷锁，获得了所有罗斯各公国的统治者的地位。他所接受的沙皇（"恺撒"一词的简写）称号的发音也表明希望同时保持与拜占庭和蒙古人[30]的联系。

经过来自欧洲人的不计其数的入侵行动和两百多年沉重的鞑靼-蒙古人桎梏，俄罗斯人无论如何再不容忍新的征服，这种对独立和与其他国家的平等地位的坚定追求保留至今。由于其痛苦的历史经验，俄罗斯人随时愿意付出巨大牺牲，只为了保持国家独立。

有过切肤之痛，波兰、瑞典、法国和德国侵略者（遵循条顿骑士团和蒙古-鞑靼人的旧例）都对此深信不疑。

伊凡三世宣布自己是拜占庭遗产的继承人，这种地位由于迎娶

---

〔30〕详见本书第五章，并参见 Marie-Pierre Rey，《Le dilemme russe. La Russie d'Ivan le Terrible a Boris Eltsine》，Paris，*Flammarion*，2002. p. 23.

了拜占庭末代皇帝的侄女儿进一步得到巩固；宣称自己的权力受之于天，这样就与东方国家的皇帝平起平坐。当罗斯沙皇按照普世学说（否定教皇权力和宣布莫斯科为第三罗马的教条）宣布自己是教会的沙皇时，类似的权力理念就达到了顶峰。[31]

1520年，普斯科夫的费罗菲为这一政治决定总结了法律依据，宣称："……所有的基督教国家都已经终结，融入我国君主的统一国家……两个罗马已经覆灭，第三罗马还屹立着；而第四罗马是不存在的……看起来，尽管所有基督教国家都消灭异教徒，但是，赖基督保佑，只有我国的统一国君和统一国家还保持了统一。"这样就为俄罗斯的民族意识奠定了基础。[32]

在西方，这些文字被用来揭露俄国人的帝国主义，认为俄国人有"侵略"欧洲的弥赛亚企图。不过，这是一个粗制滥造的谎言，因为：还在12世纪时，远在费罗菲发布声明之前的300多年，西方就试图让俄国东正教徒改宗自己的信仰。在俄国人看来，这一论题只是证实俄国与其他国家拥有同等地位，不愿意服从其他第三方势力——无论是欧洲的还是亚洲的势力。这一论题也有象征性意义，就如苏瓦松花瓶的传说[33]或法兰西民族神话中的圣女贞德的故事（Jeanne d'Arc）一样纤毫不差。

伊凡三世宣布自己为拜占庭的继承人和东正教的保护者，在俄国历史上开辟了新时代。他将俄国变成欧洲舞台上权利充分的玩家。伊凡三世及其后继者瓦西里三世发挥了极其重要的作用。由于自己的决定，伊凡三世宣布：他拥有与欧洲君主们同样的称号和属性，

---

[31] Ian Grey,《Ivan III and the Unification of Russia》, New York, *Collier Books*, 1967. p. 39. 参见 Marie-Pierre Rey,《Le dilemme russe. La Russie d'Ivan le Terrible a Boris Eltsine》, Paris, *Flammarion*, 2002. p. 24.

[32] Ian Grey,《Ivan III and the Unification of Russia》, New York, *Collier Books*, 1967. p. 39. 参见 Marie-Pierre Rey,《Le dilemme russe. La Russie d'Ivan le Terrible a Boris Eltsine》, Paris, *Flammarion*, 2002. p. 25.

[33] 与苏瓦松花瓶相关的一个神话，是都尔教会主教格雷戈里在《法兰克人史》中讲述的。据认为，该花瓶在486年苏瓦松战役之后很快被得到的。在苏瓦松战役中，克洛维一世获得了对高卢-罗马总督西阿格里乌斯的胜利，自封为"罗马人的皇帝"——编辑注。

这样就事实上（de facto）与欧洲的君主们平起平坐了。同时，他赋予自己的政权与欧洲的国王和皇帝同样的神圣光环。

此外，伊凡三世还对欧洲的创造人士开放俄国，邀请来自意大利和今日瑞士南部的提契诺（Ticino）州的建筑师们——其中包括瑞士裔的佛罗伦萨人皮耶罗·索拉里（Pietro Antonio Solari）——到莫斯科，这就是为什么1480年建成的克里姆林宫的要塞城墙与意大利米兰的斯福尔扎古堡和瑞士的贝林佐纳非常相似的原因。

不过，文艺复兴时期的那些欧洲统治者的做法也很可取，他们也开始对俄国表示尊重，并派自己的使者和观察家到俄国。在这种背景下，就很容易理解：为什么伊凡三世会拒绝从德意志皇帝弗里德里希三世那里接受王位——弗里德里希三世希望订立盟约。这样就会成为俄国作为藩属国附属于德意志帝国，并且同意其征服欧洲的象征。伊凡三世的答复非常明确：

> 朕，蒙上帝恩典，在久远以来的国度担任国君，从最早的先祖开始，无论是先祖，还是朕躬，奉上帝意旨，请求上帝保佑朕及朕之儿女，从创世直到永远。朕乃自己国土的国君，法规之类，无论此前还是现在，朕都不需要。[34]

以哥特式教堂为界，欧洲被一分为二

16世纪，基督教新教沿袭了西方惯常的对东正教的不信任，并未尝试修补导致欧洲分裂为两部分的裂痕。从15、16世纪俄国实力复兴的时刻起，这一分水岭就不仅横亘于信徒的大脑中，而且也横

---

[34] Marie-Pierre Rey, 《Le dilemme russe. La Russie d'Ivan le Terrible aBoris Eltsine》, Paris, *Flammarion*, 2002, p. 28. 关于拉夫连季·苏里的著作，请参考 Laurentius Surius, 《Histoire ou commentaire des choses memorables advenues depuis 70 ans en ca par toutes les parties du monde》, пер. на фр. 1571. 引自 Marie-Louise Pelus, 《Un des aspects de lanaissance d'une conscience europeenne: la Russie vue d'Europe occidentale au XVIe siecle》, La Conscience europeenne aux XVe et XVIe siecles. Actes du Colloque de septembre-octobre 1980, collection de l'ENSJF. Paris, 1982.

亘于文化和政治问题上。

在五个世纪里，南-北"分界线"将欧洲基督教分成两部分，也与俄罗斯-欧洲的文明分界线完全重合。这条分界线始于瑞典和芬兰，穿过波罗的海三国、波兰、加里奇和整个乌克兰西部以及摩尔多瓦。从东方来说，罗马尼亚人和摩尔多瓦人成为这一规则的例外。罗马尼亚的教会虽然是东正教会，但却是独立的，他们的文化和语言是在罗马人征服达西亚之后发展起来的，具有拉丁血统。同时，从边界线的西边来看，塞尔维亚人（以及在较小的程度上还包括保加利亚人）在犹豫不决地信仰东正教之后，就永远在两种宗教之间摇摆不定——他们保持东正教信仰和西里尔文字；在住在俄国以西的斯拉夫人中，他们最接近俄国人。

专攻天主教史的法国史学家阿兰·贝赞松指出，欧洲的边界与天主教和哥特艺术的边界一致。

"欧洲东部边界可能是能够联结最后几座哥特式教堂的一条线。这条线穿过芬兰、波罗的海国家、波兰、匈牙利、黑山、斯洛文尼亚的边界。刚好与包括25个成员国的欧盟的边界一致（2016年已达28个成员国——编注）……而接下来，马上就是拜占庭艺术的范围"。[35]

换句话说，紧接着就是一些非欧洲的野蛮之地。贝赞松在自己思想的结尾，将这一分水岭归咎于似乎极端仇视天主教的俄国：

欧洲就在那里结束了……就在她碰到另一种文明、另一种体制的地方，这种文明和体制具有完全异类的、与欧洲格格不入的属性和宗教。

这种意见根本就是错的。因为，如前所述，实际上对于欧洲人来说，从11世纪起，东正教就是引发对俄国仇恨的主要因素之一，波兰天主教徒至今还在继续同东正教作斗争。1596年，波兰-立陶

---

[35] Alain Besancon, 《Les frontieres de l'Europe》, Academie des sciences morales et politiques, 19.01.2004, www.amsp.fr/travaux/communications/2004/besancon.htm.

宛王国强迫今日乌克兰西部的东正教会服从罗马教皇（史称"布列斯特教会合并会议"），甚至于1612年侵占了莫斯科。瑞典这一基督教新教王国打算在北方也如法炮制。在乌克兰西部建立合并后的希腊-天主教会成为天主教在千年之中的唯一胜利。还在20世纪末，波兰裔教皇约翰·保罗二世试图派出天主教传教士到乌克兰，但是无果而终。

到克里米亚战争期间，1854年，来自法国城市图尔的大主教写道："那里住着一些自称基督徒的人们，但是对于基督教会来说，他们是一些比自然崇拜者更加危险的人。"当时的法国大主教希布尔（Sibour）公然宣称："这场战争的真正原因是必须回击异教徒福季亚。"[36]我们不要忘记，推动拿破仑三世发动克里米亚战争的原因，除了想要为其叔叔拿破仑一世的战败实施报复之外，还由于天主教极端越山派大主教的极力坚持。[37]他们支持波兰的天主教徒，并威胁要对东正教的俄国人发起新的十字军东征。

19世纪末，罗尔巴赫（René François Rohrbacher）神父在其著作《世界天主教会史》（Hirstoire universelle de L'Eglise catholique）中仍然坚持说，对于罗马乃至与天主教会相关的一切来说，没有比莫斯科的专制君主更危险的敌人了。[38]他列举了1840年代里法国报刊对古斯丁著作的评论：

> 俄国建立起了自己的教皇制。从波罗的海到多瑙河下游，直到威尼斯海峡的所有地方都实施了用天主教替代俄国教会，用教皇替代沙皇的计划——用现代语言来说就是：用宗教权力的自由替代世俗权力的专制。[39]

---

[36] 《Orthodoxie et Occident》, www.eglise-orthodoxe-de-france.fr.

[37] 教权至上主义（意大利语 *papa ultramontano*）——罗马天主教会的意识形态和思潮，主张民族国家的天主教会要绝对服从教皇权力，捍卫教皇对欧洲世俗国王的至高无上的权力——编辑注。

[38] Simone Blanc, 《Histoire d'une phobie: le testament de Pierre le Grand》, Cahiers du monde russe et sovietique 1968. Vol. 9. pp. 289~290.

[39] Rene-Francois Rohrbacher, 《Histoire universelle de l'Eglise catholique poursuivie jusqu'a nos jours》, Paris, 1900. 最初几卷出版于1842年~1849年间，到1900年前多次再版和修订。

20 世纪初德国史学家保罗·罗尔巴赫（Paul Rohrbacher）是这样描述俄国因东正教信仰而引起的落后：

> 俄国文化落后的最后一条原因，是俄国与拜占庭教会的联系。由于这种联系，与西方天主的教会共同体（尽管距离遥远，且存在蒙古人的枷锁，但却会对国家的发展产生良好影响）交往的所有可能性自始至终就被排除了。
>
> 假如说在 10 世纪弗拉基米尔大公成为遵守罗马仪轨的天主教徒，这对于将俄国纳入欧洲国家的文化和政治共同体来说就具有决定性意义——就如同说，假如蒙古人从未侵略俄国，而莫斯科大公国从未成为金帐汗国的藩属一样，具有决定性意义。[40]

由不久前发生的事件，我们想起了法蒂玛的预言：该预言在天主教徒中非常流行。该预言说，1917 年，圣母玛利亚出现在法蒂玛城附近（她现身为一位年轻的葡萄牙牧羊女），宣称：必须让俄国改宗真正的信仰，以避免一场比当时正在肆虐的第一次世界大战还可怕的战争。预言中明确说道：为了防止这件事的发生，我来到这里请求将俄国献给我完美无瑕的心灵，并在每月的第一个星期六供奉赎罪。如果我的请求能够被听到，俄国就会改宗天主教，和平时代就会到来。如果没有听到，那么，俄国就会将其错误扩散到全世界，就会引发战争和对教会的迫害。[41]

这是一种愿景、启示还是迷信，本身并不重要。重要的是：俄国在其中被作为"邪恶轴心"的核心要素和"敌基督"的体现。几个月之后，共产党人上台，令该预言产生了更强烈的共鸣。

我还要提醒一点：1830 年波兰被瓜分并爆发起义时，教会曾对波兰天主教徒提供支持。1853 年，在克里米亚战争期间，几个团的波兰起义者在教皇的祝福下站在法国人和英国人一边作战。1941 年

---

[40] Paul Rohrbach,《Deutschland unter den Weltvolkern: Materialen zurauswartigen Politik, 1899-1918》. 参见 Troy R. E. Paddock,《Creating theRussian Peril》, Rochester, *Camden House*, 2010. p. 65.

[41] http://fr.wikipedia.org/wiki/Secrets_de_Fatima.

到 1942 年间，由"乌斯塔沙"（ycтaшa）*在获得墨索里尼和希特勒的同意之后建立的、独立的克罗地亚国家政府除了大规模屠杀塞尔维亚人之外，还强迫近 25 万东正教徒改宗天主教——该行动得到梵蒂冈的默许。[42]

1991 年，南斯拉夫爆发了内战。梵蒂冈和以时任联邦德国总理赫尔穆特·科尔为首的德国基督教民主党迫不及待地承认信奉天主教的黑山独立，令南斯拉夫解体加快并很快爆发内战。

西方与俄罗斯冲突千年，烈度未减

如罗伯特·希斯（Robert Galbraith Heath）所说，只有一个办法能够结束西方和俄罗斯之间持续很多世纪的对抗（在这场冲突中，西方对整个东正教，尤其是对俄国人怀有深刻反感）：弄清真相，不再对东方指指戳戳地斥骂。[43]

西方的成见至今仍然非常深刻。阿兰·贝赞松在自己的新著《神圣罗斯》一书的第一章是这样开头的："说谎技巧就如俄国本身一样太过老旧。德·古斯丁和米什列认为说谎乃是典型的俄国特征。"[44]作者对东正教厌恶和钦佩交织。他努力证明：俄国从未停止通过语言操控术对外国人说谎。他坚持说，第三罗马思想的支持者们痴迷于弥赛亚扩张主义，称：总体来说，西方允许俄国继续安静地待在她的森林里。[45]

阿兰·贝赞松感到可惜的是：莫斯科大公国拒绝了 1439 年佛罗伦萨召开的大公会议上的豁达大度的提议：将两大教会联合起来；

---

* "乌斯塔沙"是法西斯、极右的民族主义组织，于 1929 年 4 月 20 日在保加利亚首都索菲亚成立，也称为"克罗地亚革命运动"，一直活动到 1941 年 4 月。其目标是让克罗地亚从南斯拉夫独立，其领导人巴维里奇与墨索里尼的意大利法西斯党有密切关系。但是，20 世纪 90 年代以来，相关国家对此历史问题的看法存在争议——译者注。

[42] http://fr.wikipedia.org/wiki/Crimes_de_letat_independant_de_Croatie.

[43] Robert G. Heath, 《Le Schisme occidental de 1054. Les Francs imposentleur Credo a l'Eglise romaine》, Lyon, *Editions du Cosmogone* 2012. p. 53.

[44] Alain Besancon, 《Sainte Russie》, Paris, *Editions de Fallois*, p. 13.

[45] Alain Besancon, 《Sainte Russie》, Paris, *Editions de Fallois*, p. 49.

第四章　从查理大帝开始的宗教战争

待主教伊西多尔（Исидор）从佛罗伦萨返回后，沙皇下令将其投入监狱。他并没有提及亚历山大·涅夫斯基造成的受害者，显然他是认为，瑞典人和条顿骑士团的骑士们的侵犯只不过是完成了一次森林欢乐之旅。[46]

接下来作者解释说，宗教合并会议的出现似乎是由于俄国西部地区的大主教因为伊凡雷帝统治之下教会中发生的事情而感到恐惧，因此认可了教皇的权力；但是，与此同时还保持了东正教的习俗和仪轨。[47]伊凡雷帝被用最邪恶的色彩刻画，作为一个神学爱好者，似乎怀有一种"做残忍之事的热情"，"是个典型的怪物"。生活在比当时早一代人时间的英国国王亨利八世是个杀妻者，但是，提到他时仅仅说因为他热衷于国家学说。[48]

不过，我们宁愿假定：伊凡雷帝真的并不算是温良恭俭让。但是，其试图将教会合并之举与伊凡雷帝的名字联系在一起的做法会引起更多质疑。想要提请注意的是：合并教会与东正教会发生分离是1596年发生的事情，当时伊凡雷帝已经去世12年了。还在1569年，联合起来的波兰和立陶宛利用俄国的公国之间和王朝之间的内讧订立了卢布林联合体，以便攻占这个国家。[49]只是在此之后，位于所谓"鲁塞尼亚（Ruthenia）"[50]的几个教区的大主教们决定与君士坦丁堡的教会断绝关系，承认罗马的权力。当时的"鲁塞尼亚"已经加入信仰天主教的"波兰立陶宛王国"，与此同时，对于新教会

---

[46]　谢尔盖·艾森斯坦的杰作《亚历山大·涅夫斯基》讲述的就是这场战争，尽管是在共产主义的建设高潮时期的1938年拍摄的，而且亚历山大·涅夫斯基已经被封圣。这是一个出色范例，表明这一悲剧在俄国历史上留下了多么深刻的印象。

[47]　Alain Besancon,《Sainte Russie》, Paris, Editions de Fallois, p. 54.

[48]　一个令人惊讶的事实是：在西方的编年史中至今将伊凡雷帝刻画为所有统治者中最恐怖的统治者，因为他处死了自己的波雅尔贵族。同时，百多年后的英国统治者克伦威尔将一半英国贵族砍头，历史学家却将其尊为英国民主制之父。路易十四在投石党运动时期对法国贵族也干了同样的事情，但却获得"太阳王"的美名。

[49]　但是他们未能坚持太久，到1612年即已结束。

[50]　"鲁塞尼亚"：最初用这一术语的是欧洲的僧侣和天主教人士，他们将这个术语推及莫斯科罗斯，以及加入立陶宛和波兰大公国的罗斯国土。波兰史学家出于政治原因，努力将罗斯西南部冠名为"鲁塞尼亚"，而对于罗斯东北部则坚持冠以"莫斯科维亚"这一政治性地名——编辑注。

对保持东正教信仰的信徒的迫害却只字未提。[51]

关于所谓东正教弥赛亚思想"是俄国帝国主义的基础,此后上升到俄国人民的超越性价值观层面"[52]这一命题,除了引人发笑之外并无其他。这不仅仅因为天主教已经对东正教开战千年之久(从1054年开始),而且还因为:从赫里斯多夫·哥伦布时代开始,天主教会(经过了宗教改革之后,还包括基督教新教教徒)就孜孜以求地派出传教士到世界各个角落——拉丁美洲、亚洲、中国和非洲,目的是让当地居民信仰自己的宗教,而且还经常动用武力。难道东正教做过类似事情吗?[53]除了为数不多的,为斯拉夫侨民设立的教堂,"外来的"东正教实际上不曾出现在这些大陆上。至于说苏维埃政权的"世俗"帝国主义,只要看一眼1991年到2015年间的俄罗斯和欧洲地图就可以看清:究竟是谁——是西方还是东方——推行了扩张主义政策。

对拜占庭和罗斯的历史性恶意

欧洲对于拜占庭和中世纪罗斯表现出了不可思议的历史性恶意。欧洲不仅没有归还历史上的欠债,而且又添上新债——孜孜以求地抹黑那些将他们从突厥人和鞑靼-蒙古人的征服中解救出来的人。如果不是拜占庭在很多个世纪里都承受住了阿拉伯人和土耳其人的进攻,那么,欧洲会变成什么?假如蒙古诸汗和金帐汗国不是因其发动侵略而在罗斯国土上覆亡,那么,欧洲会发生什么情况?

当时罗斯的南半部已经被鞑靼-蒙古人奴役,北半部在打游击战、休战、开战多次交替,当时的拜占庭人正同土耳其人进行殊死斗争,中世纪欧洲没有叛乱,在政治和文化方面发展起来,建设教

---

[51] http://fr.wikipedina.org/wiki/Eglies_catholiques_orientales.

[52] Alain Besancon,《Sainte Russie》, Paris, *Editions de Fallois*, p.63.

[53] 显然,基于宗教理由的冲突在俄罗斯也发生过,但是在东正教的历史上从来不曾有过宗教裁判所。东正教会不曾用武力方式强制加入帝国的各民族改宗东正教,这些民族都保持了自己一直以来的宗教信仰。至于说对分裂派的迫害,往往是东正教徒自己成为受害者,有点像是欧洲的宗教战争。

堂，沉迷于宫廷爱情，进行着精致的经院辩论。假如拜占庭和罗斯不是像查理·马特[54]在普瓦提埃一样，奋起抗击伊斯兰民族（阿拉伯人、土耳其人和蒙古人）入侵，不仅君士坦丁堡的圣索菲亚大教堂，而且全欧洲的教堂都会变成清真寺，所谓的欧洲文明永远都不会进入黄金时代。

最后，假使不是拜占庭充当了东西方中转站，依靠其给予威尼斯人和汉诺威人的商业和海洋优势，东方和阿拉伯文化宝藏永远不会以如此规模进入欧洲。正是拜占庭比安塔路西亚更多地——尽管说安塔路西亚也发挥了很大作用——充当了两个世界的文化和文明之间的桥梁。希腊人建立的君士坦丁堡也正是这样将欧洲同古希腊文明联结起来。有多少存放在梵蒂冈的中世纪修道院和图书馆中的珍贵无比的抄本经由拜占庭（罗马帝国和古希腊的继承人）从亚历山大里亚和安条克来到了欧洲？

还不消说14世纪里，当君士坦丁堡陷落已成定局的情况下，很多拜占庭的知识分子大规模移居意大利。这样，拜占庭知识分子就成为文艺复兴的源头，他们在君士坦丁堡被十字军攻占，以及1453年陷落之后，在意大利找到了庇护所。这一波移民潮在中世纪的欧洲所发挥的作用，等同于1917年和1945年俄罗斯移民，以及1933年以后德意志人和犹太人离开法西斯德国移居美国后所发挥的作用。1786年以后，美国被称为"知识沙漠"，其真正繁荣起来是在20世纪20年代后大批欧洲思想家、艺术家和学者来到美国之后。[55]因此，君士坦丁堡被欧洲人攻占——随后又被奥斯曼人攻占——之后，意大利开始了文艺复兴，绝非偶然。

值得注意的是：在宗教大分裂之后，出于对东正教的仇恨，西

---

[54] 查理·马特（688年~741年，或说686年~741年），法兰克宫相（最初是墨洛温王朝时期的宫相，后来，公元714年~741年间，当国王发挥微不足道的作用时，他就成为实际统治者）。在普瓦提埃附近击败阿拉伯人，被作为欧洲的拯救者而载入史册——编辑注。

[55] 参见汉娜·阿伦特关于美国革命导致的智力空白的思想：除了本雅明·富兰克林之外，20世纪20年代之前美国并无思想家。文学方面并无作家获得国际声望。到19世纪末出现了著名科学家如爱迪生。甚至在电影摄制方面——如果可以这样表述的话——美国的电影产品在很多方面也要归功于20世纪20、30年代侨居美国的导演和演员。

方宁可故意忘记信奉基督教的拜占庭的功勋,而把信奉伊斯兰教的安塔路西亚的文化贡献放在首位。这种令人惊讶的,对拜占庭文化贡献绝口不提的现象直到19世纪都非常典型。1830年希腊获得独立之后,重新发现了许多古希腊的物质和文化遗产,但是,就在当时,西方继续无视信奉基督教的希腊作出的巨大文化贡献。如我们后来所知,类似的思维定势甚至在"大牌局"时代仍然占优势——在"大牌局"中,英国和俄国在整个19世纪都展开竞争。英国在同信仰东正教的俄国的争夺中,对穆斯林的土耳其提供经常性帮助,甚至于1853年对俄国宣战。

没有拜占庭,就不会有意大利文艺复兴

如果我们说,没有拜占庭就不会有意大利文艺复兴——或者至少复兴规模没有那么宏大——是不会引起质疑的。没有拜占庭和俄罗斯,就不会有基督教的欧洲乃至欧洲文明。当代欧洲难道不欠拜占庭希腊人和莫斯科维亚人、诺夫哥罗德人的巨额债务吗?当十分富有的欧洲和富裕的德国指责今日希腊不愿意尽快偿还默克尔女士索要的几百万欧元,并且指责俄罗斯收复了克里米亚(988年,远在鞑靼人[56]和奥斯曼土耳其人占领克里米亚之前很久就已经被拜占庭让给了罗斯)的时候,难道不应该回想起这些吗?

由此可见,是拜占庭人为西方提供了巨大的服务,让西方有可能建成统一的文化空间——尽管说情非所愿。而正是通过与东方(特别是与拜占庭)的对抗,西方获得了巨大的精神实力和世俗实力。中世纪的欧洲乃至后来的当代欧洲,都是作为东方的对立面,在德国皇帝办公厅和天主教神职人员的教区内形成的。毫不夸张地说,拜占庭堪称是欧洲认同的范例和镜鉴。查理大帝在为构成其帝国的四分五裂、互相敌对的各民族寻求共同的、意识形态方面的联通环节时,很好地认识到了问题的实质。他迫使教皇和帝国各民族接受"及圣子"(Filioque)的教义以反对拜占庭的意志,他给予统

---

[56] 本书中"蒙古人""蒙古-鞑靼人"和"鞑靼人"等术语都是同义词。

治下的领土——也就是正在产生中的欧洲——以共同的信仰和教会仪轨、新的意识形态，经由这种意识形态形成了新的认同——不同于最初的普世教会的认同。

查理大帝的后继者、撒克逊人的皇帝和教皇们也都很清楚地意识到这种必要性。可以说，拜占庭是不自觉地充当了西方的陪练的角色，为西方提供了巨大服务。但是西方不仅没有还债，相反，还在继续实施已经检验过的计划，试图再次进行领土合并——这一回，西方是利用俄罗斯作为拳击陪练。在查理大帝时代和第二个千年之初，欧洲需要东方，东方是作为欧洲形成的一个有利背景——正如21世纪初欧洲需要俄罗斯以巩固欧洲联盟一样；过去拜占庭扮演的角色现在分派给了俄罗斯。

现在，当欧洲精英们谈及欧洲没落时，为拜占庭正名是已有利的。一时间涌现出了大量的研究罗马帝国的著作，目的是从中简选出那些曾确保帝国强大和长久存在的事实，从而更加精细地研究拜占庭的历史。拜占庭令罗马帝国的存在延长了千年之久——这是人类历史上闻所未闻的，也是无可比拟的成就。

确实，就时间长度来说，拜占庭帝国比罗马帝国多屹立了一千多年，而且是在非常不利的条件下，因为拜占庭始终是蛮族、波斯人、阿拉伯人、土耳其人发起攻击的桥头堡。应该把拜占庭视为可以效仿的榜样、而不是所有人都蔑视的穷乡僻壤。当代欧洲也应该如此看待俄罗斯，将其作为伙伴而不是竞争对手。

西方史学：说谎不脸红

由此可以得出什么结论呢？首先，宗教矛盾丝毫没有丧失其紧迫性，还在继续用那些反东正教的偏见污染人们的思想，就如1054年一样；尽管今天那些老旧的指责已经换成新的词汇，但与此同时也添加了一些新的依据。

其次，如果说到说谎——如阿兰·贝赞松断言的那样——俄罗斯方面的谎言也比西方更少些。在教会大分裂之后，西方不知羞耻地伪造历史事实、改写历史，试图将分裂的责任转嫁给东方教会。

西方还歪曲费罗菲的原话，掩盖波兰人和瑞典人持续不断地试图侵占乌克兰和白俄罗斯领土的企图。如果再加上杜撰的《君士坦丁御赐教产谕》（其目的是巩固教皇对东方教会的至高无上的权力），那么，无需更多的证据就可以证明：西方在这方面非常精通说谎技巧。在涉及东方和俄罗斯关系的所有问题上，西方史学说起谎来毫不脸红。

以萨达姆掌握大规模杀伤性武器为题材进行的、无所不用其极的造假行为（该造假行为只是很长的清单中的一条：1898年入侵古巴前夕的"缅因号"巡洋舰被炸事件；1964年美军登陆前夕，所谓在越南北部东京湾的两艘军舰"马多克斯号"和"特纳·乔伊号"被袭击事件）为2003年对伊拉克的入侵开脱，该造假行为表明：西方为达目的，可以不择手段。

实际上，应该重新审视整个欧洲和俄罗斯的历史，以恢复在基督教的两大支柱之间的正常、平等、互相尊重的关系，使欧洲的两大部分（欧盟和俄罗斯）实现和解。只有在这种情况下，欧洲才可能回到那个幸福的时代：法国国王到俄国为自己物色伴侣……

第五章
法国的恐俄症和关于亚洲专制的神话

> 在这方面,欧洲会发现现代主义的真正诞生地,几乎是美的拯救性力量的感性展示。这一果实是在沙皇的圣彼得堡成熟的,而圣彼得堡被长期视为野蛮堡垒。
>
> 马丁·马拉(Martin Edward Malia)[1],转引自亚瑟·昂肯·洛夫乔伊(Arthur Oncken Lovejoy)的《论20世纪初的俄国文化复兴》。

法国让两种思想成为恐俄症的基础,在世界性恐俄症的形成方面发挥了关键作用:其一是:关于俄国扩张主义的神话和关于俄国的亚洲式专制的神话。关于俄国扩张主义的神话的产生,要归功于路易十五统治时期在波兰贵族的参与下杜撰的"彼得大帝遗嘱"。而关于俄国的亚洲式专制的神话则出现于启蒙时代,从孟德斯鸠提出,随后得到狄德罗和复辟时代的知识分子(尤其是基佐和托克维尔)的支持。在很多方面,这两种稳定的观念是在15世纪到17世纪末最早到过莫斯科大公国的外国人的讲述的影响下发展起来的。应该指出的是:"令人好奇的莫斯科风俗"是被欧洲人透过自身的宗教偏见来看待的,其结果就是对于生活在大公们"暴政"之下的"野蛮人"的习俗不予理解、绝不认可。旅行家们的这些证据无疑对于最杰出的启蒙思想家们产生了影响,他们从17世纪初就开始试图在追

---

[1] 马丁·爱德华·马拉(Martin Edward Malia),美国的苏联问题专家;亚瑟·昂肯·洛夫乔伊(Arthur Oncken Lovejoy),美国哲学家、思想史家——编辑注。

求公民自由和绝对君主制之间寻求某种折中方案，并且把进步和文明等概念引入学术范畴，以确定最佳的统治形式。

一些哲学家（特别是莱布尼茨和伏尔泰等人）凭借其对当时彼得大帝推行的大胆改革产生的印象，对俄国赞誉有加，断言说，对于社会进步来说，只要有来自"开明国家的光反射"就够了。但是启蒙时代的大部分思想家并不赞同这种观点，他们指出了俄国社会存在的不足，其中之一是：俄国社会缺乏贵族反对派或资产阶级反对派，无法在某种程度上消解沙皇的绝对君主制政权。

经过了革命动荡和拿破仑的军事冒险，自由主义理论在法国社会得到了极大共鸣。保守派热烈支持自由主义，他们认为，在自古就有的俄国专制的基础上形成农村公社是一种新的社会主义威胁。到19世纪末，法国和英国面对德国敌人，被迫与俄罗斯国家签订了盟约——尽管俄国推行了领土扩张政策。安纳托里·勒鲁瓦·波利耶（Anatole Leroy-Beaulieu）是恐俄者中最温和的，他有一些非常出色的判断：俄国当然是专制的，但是可以改观。从进步观点来看，越是落后的国家，其进步的潜力就越大。俄国完全可能成为共和制的法兰西和女王陛下的立宪君主制的英国——文明和自由的两大世界性支柱——的盟友。1914年，以中欧列强（德国、奥斯曼帝国、奥匈帝国和保加利亚王国）为一方，法国、英国和俄国同盟为另一方（协约国），双方之间爆发了战争。

法国恐俄症的产生简史就是如此。我们还将详细研究一下，恐俄症是如何在18、19世纪法国的思想大辩论和政治波动过程中发展起来的。

伪造的《彼得大帝遗嘱》和关于俄国扩张主义的神话

我们先从关于俄国的扩张主义的神话开始。用美国史学家马丁·马拉（Martin Edward Malia）的话说，在18世纪60年代，在乌克兰、匈牙利和波兰政界人士的参与下，法国外交官撰写了所谓《彼得大帝遗嘱》，在这份伪造的文件中揭开了"俄国人要征服欧洲大部分的伟大构想"。拿破仑时代的外交部长认真看待这份文件，甚

第五章　法国的恐俄症和关于亚洲专制的神话

至美国总统在"冷战"初期都依据这份文件,解释斯大林的行为。[2]

远在乔治·凯南的"遏制理论"出台和"冷战"爆发之前的两百年,路易十五就已经提出了建立法国、波兰、普鲁士和土耳其联盟,以便可靠地阻击俄国对欧洲其他部分的入侵。伪造的"彼得一世遗嘱"的第一个版本出现于 1756 年,曾经到访俄国的骑士邓恩(路易十五的"黑色委员会"[3]成员)的旅行记就成为该版本的基础。1797 年,原先由波兰的米哈尔·索科尔尼茨基将军编辑的该文件被再次加工,服务于推翻了君主制的法国督政府的需求。这样,该文件就成了实现欧洲和谐的"药方集"一样的东西。

要让俄国人民保持持续不断的战争状态,让士兵在战斗中得到锻炼,不知休息。[4]

等等等等,诸如此类。

1812 年,在对俄国发起军事行动之前,拿破仑为法国的出版家查理·路易·赖苏尔(Charles Louis Lesur)订制了一本关于俄国的宣传之作,让西方了解俄国政权的恐怖:"最绝对的、不受任何限制的政权""亚洲特点多于欧洲特点"。书中还附上臭名昭著的、伪造的《彼得大帝遗嘱》供公众评判。[5]

由于引发巨大共鸣,这部精心伪造和提供的文献"证据"的作品被认为是恐俄症书籍的巅峰之作。在这部五百页的厚书中,伪造的"彼得大帝遗嘱"只有不到两页,但却无疑是该书中最关键的部分。这份包括 14 个要点的"文件"受欢迎程度堪比 15 世纪杜撰的《君士

---

[2] Martin Malia,《L'Occident et l'enigme russe. Du Cavalier de bronze au mausolee de Lenine》, Paris, *Le Seuil*, 2003.

[3] "黑色委员会",是一个专门检查信息造假、解密信息的机构。该名称源于相应的法国机构名称(法语为 *Cabinet Noir*)——编辑注。

[4] Raymond T. McNally,《The Origins of Russophobia in France, 1812-1830》, *American Slavic and East European Review*, 17.04.1958. 参见 Iver B. Neumann,《Uses of the Other. The East in European Identity Formation》, Minneapolis, *University of Minnesota Press*, Borderlines vol. 9, 1999. pp. 89~90.

[5] C. L. Lesur,《Des progres de la puissance russe depuis son origine jusqu'au XIXe siecle》, Paris, 1812. pp. 177~179, 383, https://archive.org/details/desprogresdelapuissancerusse.

坦丁御赐教产谕》〔6〕和19世纪末伪造的《锡安长老会纪事》〔7〕。该《遗嘱》被用英文和法文多次再版，直到被揭露该文件是造假为止。后来，《彼得大帝遗嘱》作者为了强化其依据，引用了一些文件，重新审定和修改了文本，但其实质并未改变。

1876年，法国大主教高姆改写了《彼得大帝遗嘱》的引言部分：

> 莫斯科帝国的奠基人彼得一世给自己的后继者指明了道路，该道路可以引导他们走向世界统治地位。无论该著名《遗嘱》是否真实，有一点无可置疑：宗教热情是沙皇们一切行为的基础。要理解俄国在过去、现在和未来的政策，就必须重读这份官方文件。其主要段落如：为了神圣、不可分割的三位一体，朕，彼得，全俄罗斯的皇帝和专制君主，告谕朕的后代和皇位继承人，以及俄罗斯国家的政府。
>
> 上帝赐给朕沙皇桂冠和朕自身的存在，总是用圣灵之光照亮朕，用圣灵之手支持朕。允许朕依循朕之观念，朕认为这些观念乃是神启，引导俄国人民走向欧洲的至高无上的地位〔8〕。

伪造的《彼得大帝遗嘱》成为19世纪恐俄症思想的宣言。而恐俄症的最鲜明代表是拿破仑时代的宗教人士多米尼克·乔治·弗里德里希·普拉特神父（Dominique Dufour de Pradt），他曾撰写好几本书，号召欧洲人在俄国人面前关上大门：俄国按照亚洲的专制模式发展……欧洲应该收队，不与那些同欧洲没有任何直接的共同利益

---

〔6〕《君士坦丁御赐教产谕》（拉丁语 *Donatio Constantini*）是一份杜撰的君士坦丁大帝赐给大罗马教皇西尔维斯特的法律文书，而该文件成为教皇觊觎教会内部最高权力和中世纪欧洲最高统治权的宗主权的主要依据之一。详见第四章——编辑注。

〔7〕《锡安长老会纪事》（Протоколы сионских мудрецов）是一份伪造的、关于臆想出来的犹太人世界性阴谋的文件集，其中特别表述了犹太人夺取世界性统治地位的计划——编辑注。

〔8〕Jean-Joseph Gaume,《Le testament de Pierre le Grand ou la clef del'avenir》, 1876. http://catholicapedia. net/Documents/cahier-saint-charlemagne/documents/C. 347_ Mgr-Gaume_ Testament-de-Pierre-le-Grand_ 20p. pdf.

第五章　法国的恐俄症和关于亚洲专制的神话

的国家建立政治关系。[9]几十年过后，德·古斯丁侯爵（Astolph e-Louis-Léonor, Marquis de Custine）就此的看法更加尖锐。正是那些对伪造的《彼得大帝遗嘱》作出评论的评论家们最早提出了要在欧洲和俄国之间建立一道独特的"中国长城"、防火墙的想法。[10]

甚至到1879年已经揭穿了该书的骗局，该文件对后来几代政治家的影响仍然非常巨大。比如，众所周知的是：直到1945年，美国总统杜鲁门在与"遏制"理论之父乔治·凯南谈话时还曾提及该文件。[11]伪造的《彼得大帝遗嘱》的支持者们对丘吉尔产生了直接影响——1946年，丘吉尔发表了著名的"铁幕"演说。[12]这份假文件的主要思想至今都控制了西方的记者、政治家和关于车臣问题、摩尔多瓦问题、波罗的海三国问题、格鲁吉亚问题、乌克兰问题的专家们的大脑……每当在俄罗斯帝国的边缘地带爆发冲突，立即就会令人作呕地（ad nauseam）[13]重弹俄国人的弥赛亚企图的老调。既然俄国追求的是统治全世界，那就必须要对其严加防范。

从1815年开始，伪造的《彼得大帝遗嘱》在英国受欢迎到不可思议的地步。当时的英国人实际上是发展起来一种偏执的恐俄症，用对俄国威胁的恐惧进行预热，便利于自身的殖民政策（关于这个问题，下一章将进行详细论述）。接下来，该文件被译成俄文，被民族主义者和亲斯拉夫主义者带回俄国，在俄国是如此满怀激情地看待此文件，似乎他们确实相信其真实性；而西方报刊自然立即就抓

---

[9]　Iver B. Neumann,《Uses of the Other. The East in European Identity Formation》, University of Minnesota Press, Borderlines v. 9, 1999. p. 91.

[10]　Michel Cadot,《L'image de la Russie dans la vie intellectuelle francaise, 1839～1856》, Paris, Fayard, 1967.

[11]　Simone Blanc,《Histoire d'une phobie le testament de Pierre le Grand》, Cahiers du monde russe et sovietique. 1968. Vol. 9, pp. 265~293. 书中讲述了该文件不可思议的故事，并列举了该书对天主教徒和诸如大卫·沃克瓦尔特等英国的帝国主义仇俄人士产生影响的具体例证（参见关于英国恐俄症的章节），http://www.persee.fr/web/revues/home/prescript/article/bude_ 0004-552. См. также Raymond T. McNally,《The Origins of Russophobia in France, 1812-1830》, American Slavic and East European Review, 17 April 1958.

[12]　Larry Wolff,《Inventing Eastern Europe. The Map of Civilisation on the Mind of the Enlightment》, Stanford, Stanford University Press, 1994, p. 365.

[13]　拉丁语 ad nauseam，令人作呕的。

住这个机会。多么优雅的进程——激动不安地接受了伪造的思想，并将其作为揭露俄国扩张主义的基础！在整个19世纪里，这一成功的意识操纵也成为不计其数的讽刺画作者们的灵感源泉。在这些讽刺画中，俄国熊作为亚洲专制和野蛮的象征，随时准备吞噬文明、民主、无辜的欧洲。而且，尽管有大量证据能够证明该文件是伪造的，但其毁灭性效果至今都很明显。

在19世纪上半期，比起尼古拉一世的贪恋权力，这种愚弄更有利于巩固欧洲意识中关于俄国是一有机会就准备撕裂欧洲文明的、"门口的野蛮人""残忍的哥萨克"的观念。还在蛮族大入侵时代，西方就对"东方的蒙昧人"（在东方蛮族的进攻之下，罗马帝国被攻陷）的恐惧之感已经产生，深藏在欧洲人的集体潜意识之中。而借助伪造的《彼得大帝遗嘱》，并在后来多次利用了这份伪造的"文件"之后，这一旧有的恐惧又得到新的体现，而其名字就是：俄罗斯。

到俄国的早期旅行者及关于俄国很野蛮的观念的产生

关于俄国的扩张主义的神话之所以出现，有许多有利的历史和文化机缘。上一章已经详细阐述，西方对俄国的偏见是如何在与东正教对抗的基础上产生的。我们努力分析一下最早到访"莫斯科维亚"（莫斯科大公国）的旅行家所写的东西，从而明白：为什么这些旅行者的讲述会异口同声地抹黑这个国家，这些外国访客的意见中是否有一些客观依据。伊凡三世统治时期以大量的旅行日记而知名，因为在该时期，许多使节、教皇使节、西方旅行者到访俄国。1553年，英国人组建了一家莫斯科公司，做木材和毛皮贸易。在300多年时间里，该公司就相当于北方的"东印度"公司。欧洲国家的宫廷已经了解了终于标注到地图上的莫斯科大公国。

欧洲人第一部广为人知的旅行记的作者是文艺复兴时代的威尼斯外交官安布罗佐·康塔里尼。由于康塔里尼的同胞欠债，康塔里尼从波斯返回俄国后被沙皇短期扣留。康塔里尼讲述自己被捕和被

第五章 法国的恐俄症和关于亚洲专制的神话

释放的过程,称莫斯科维亚人"很漂亮,但是很粗鲁"。大主教[14]对大公过分顺从。但是,作为一个真正的威尼斯商人,他首先感兴趣的是莫斯科的商业潜力——尤其是毛皮贸易。

1501年,对俄国的成功深感不安的立沃尼亚天主教徒克里斯蒂安·邦霍维尔(Christian Bomhower,后来成为爱沙尼亚德尔普特市*大主教和卖赎罪符的商人)得到教皇的祝福,号召对俄国的宗教分裂分子发起新的十字军东征。在他的观念中,"莫斯科维亚人"是一些坚持残忍、野蛮传统的自然崇拜者,而伊凡三世则是一位罪恶的暴君,为了消灭真正的基督徒,其与鞑靼人和土耳其人一起订立了秘密的盟约。[15]西吉兹蒙德认为,莫斯科大公国的居民是一些亚洲人、而不是欧洲人,他们与鞑靼人和土耳其人联合起来反对基督教世界;教皇的使节、匈牙利人雅克布·皮佐(Jacob Piso)也赞同他的观念。他本应该在波兰和莫斯科维亚之间订立和约,与土耳其人共同斗争,但是他持亲波兰反莫斯科的立场。雅克布·皮佐的波兰旅行记充满了对俄国的敌意。特别是:他曾经写道,大公是个残酷的暴君,将俄国的天主教徒陷入深重的苦难,似乎"对他们运用了最严酷的法律,他们生在这样的条件下,忍受微不足道的地位。[16]"

雅克布·皮佐的大多数同时代人都坚持同样的主题。即使是其中最杰出者、奥地利皇家外交官西吉兹蒙德·冯·赫尔伯斯泰因(Siegmund Freiherr von Herberstein)也不例外:他曾于1517年到1527年间多次前往俄国旅行,在此期间撰写《莫斯科公国札记》,但该书直到1549年才出版。最初他被奥地利皇帝马克西米连派往东方,缔结同盟,反对波兰国王西吉兹蒙德。结果后来波兰国王心血来潮,决定将匈牙利让给哈布斯堡王朝,以博得其青睐,赫尔伯斯

---

[14] 准确说,应该是指莫斯科大主教——编辑注。

* 今天的塔尔图——译者注。

[15] Marshall T. Poe,《A People Born to Slavery. Russia in Early Modern European Ethnography 1476-1748》, Ithaca, *Cornell University*, 2000, p. 19.

[16] Marshall T. Poe,《A People Born to Slavery. Russia in Early Modern European Ethnography 1476-1748》, Ithaca, *Cornell University*, 2000, p. 21.

泰因又受命去进行谈判，在波兰和俄国之间签订"永久和约"。《莫斯科公国札记》无疑是当时最为纪实的文献。据认为，正是由于作者的权威性和该书多次再版，该书成为在"俄国暴政"问题上产生意见分歧的开端。[17]

沙皇主宰着宗教界，就如主宰自己的世俗臣民一样。他可以按照自己的意志，毫无障碍地支配每个顾问的生命和财产，没人敢于在某件事上质疑或作出反抗。他们直截了当地称：君主的意志就是上帝的意志，不论君主做什么，都是按照上帝的意志在做……很难理解，是人民出于粗鲁无知才需要一个独断的统治者，还是说由于君主的暴政使他们变得如此粗鲁无知、没有知觉、残酷无情。

赫尔伯斯泰因强调了俄国政治制度中的四种成分：
1. 绝对君主制，大公完全控制国家的政治、行政、军事机构。
2. 独裁专制。大公完全掌控财产——特别是臣民的不动产。
3. 臣民的奴性：臣民是大公的奴仆。
4. 伪神性：臣民崇拜大公，就如崇拜上帝本身一样。[18]

实际上，所有后来的讲述人都要引用赫尔伯斯泰因对俄国的描述——直到18世纪都是如此。到后来，赫尔伯斯泰因的描述被放大为一种机会主义评论，其尖锐程度取决于该作者对俄国的敌视程度。从16世纪末期开始，德国出版了大量的对于俄国具有侮辱性的插图小册子，这些小册子尤其在基督教新教徒中间很受欢迎。在这些带有插图的小册子中常常指责伊凡四世对自己的宫廷近臣（叛乱贵族）极度严酷，将其刻画成一个侵略者和不信神者，努力毁灭利沃尼亚和整个基督教世界。1561年于纽伦堡出版的插画小册子更认为俄国对妇女、儿童残忍到难以置信的地步。而在接下来的几个世纪里，

---

[17] Marshall T. Poe,《A People Born to Slavery. Russia in Early Modern European Ethnography 1476-1748》, Ithaca, *Cornell University*, 2000, p. 117. 另请参见 Marie-Pierre Rey,《Le dilemme russe. La Russie et l'Europe occidentale d'Ivan le Terrible a Boris Eltsine》, Paris. *Flammarion*, 2002, pp. 26~27.

[18] Marshall T. Poe,《A People Born to Slavery. Russia in Early Modern European Ethnography 1476-1748》, Ithaca, *Cornell University*, 2000, pp. 139~140.

这些指责重又多次沉渣泛起。[19]

而就在该时期，按照西班牙教士对美洲印第安人道德的讲述，血腥征服似乎并不算是什么罪行！欧洲人对自己在种族和文化上的优越感深信不疑，不惜对他们征服或到访过的，这种从南北美洲到非洲和印度的劣等国家作出类似描述。俄国自然也难逃此等命运。

马丁·马拉指出，正是在这种极度紧张的气氛中，西欧打造着莫斯科大公国的消极形象。况且宗教矛盾照旧在撕裂这个国家：似乎她另外还从自己古老的鞑靼统治者那里继承了最压迫深重的独裁专制，而这种独裁专制又与古代斯基泰人的贫穷和残忍紧密相关，在西方人看来，这些都是亚洲特征。[20]甚至在普京担任总统的时代，俄国专制、野蛮、落后等这些共性特征仍旧一成不变地构成反俄言论的基础，只不过是用了现代的术语。

在马歇尔·坡（Marshall Tillbrook Poe）*的出色著作中，对在启蒙时代之前写到俄国的作者的文字进行了详细研究，马歇尔对这些作者热衷于夸大俄国专制君主的强大给出的解释是：他们喜欢这种非黑即白的明确比较，而其深意是将"专制"的俄国与理想化了的自由欧洲对立起来。

如果臣民甘愿服从，君主能否算是暴君？

没有一个写到俄国的作者能够摆脱这种理念上的悖论：如果认为一个政权是暴政，那么，必须是沙皇奴役了自己的臣民、而不是由于臣民的自愿顺从——否则就不能认为是暴政。俄国的情况似乎就是如此。要解释类似情况，必须表达一种观念：俄国人是野蛮人，是天生的奴才，因而由于自己的天性，注定要接受专制制度。按照

---

[19] Marshall T. Poe,《A People Born to Slavery. Russia in Early ModernEuropean Ethnography 1476-1748》, Ithaca, *Cornell University*, 2000, p.129. 也参见 Konstantin Hohlbaum,《Zeitungen uber Livland》, p.121.

[20] Martin Malia,《L'Occident et l'enigme russe. Du Cavalier de bronze au mausolee de Lenine》, Paris, *Le Seuil*, 2003.

* 马歇尔·坡（1961年~）美国史学家、作家——译者注。

当代尺度,这种观念是种族主义的——或者至少是一种粗鲁的文化偏见。

作为对俄国人自愿服从沙皇政权的消极评论的回应,马歇尔·坡得出了更有说服力的结论。第一个依据具有术语学的性质:从俄语翻译成欧洲语言时意义发生偏移,强化了暴政的语义学相对面——奴性。

从俄国统治者的角度来说,专制制度意味着:沙皇并非任何国家的藩属,不受任何外来影响,沙皇是直接从上帝那里获得权力的。在拜占庭末代皇帝死后,伊凡三世采用了沙皇称号("恺撒"),终结了鞑靼-蒙古枷锁,征服了北方的城市国家,"统一了罗斯国土"。俄国宫廷改变了礼仪,接受了符合新情况的制度。

这样一来,大公以前类似首领(Primus inter pares),现在采用了主子/君主(源自鞑靼语,意思是"大人""主子""奴隶主")的称号,正是从这种概念出发,臣民们效忠大公,并且说"供您驱使的奴仆",也就是说表示"心悦诚服地欢迎"。

在路易十四的宫廷中,欧洲人也做同样的事情,效忠君主和贵族,口称"您的忠顺的仆人"——尽管说并不认为自己是奴才。但是,由于在远离俄国的地方翻译俄文文字,再加上依据的是宗教和文化偏见,字面涵义就占了上风;尽管说,对这种措辞需要理解其比喻义。

用相似的语义演化也可以解释"专制君主"在欧洲语言中的词义。对国王的这种斯拉夫语名称就逐步具有类似"暴君"的消极色彩,而斯拉夫统治者就成了专制者。在欧洲人的口中"专制者"就是梦想奴役自己人民的暴君。而对于俄罗斯人来说,在任何情况下,最初这一名称都带有某种赞美的意味。而对于西方人来说,这一名称具有侮辱性。与此类似,用字面意思解释"先生"这一礼貌性称呼时也会发生混淆。[21]因为在西方没有人会想到说,我的谈话者、"先生"是自己的主子,必须对其卑躬屈膝——更不会认为其是国王。

---

[21] 最初法语说"我的主子";而在当代,"我的先生"是对男性的礼貌称呼,没有任何等级含义——编辑注。

第五章 法国的恐俄症和关于亚洲专制的神话

除了这一语义学误区之外，兼以对俄国人所理解的"奴隶制"和服从大公的解释也不确切。没有一个作者下功夫去分析这个角度，弄清：当时的臣民是大公"奴才"、大公还是"上帝的奴仆"呢。大公还有责任保护自己的臣民，保护他们的生命和财产免遭无数侵略者（条顿骑士团、蒙古诸汗、天主教传教士、波兰和立陶宛侵略者、瑞典征服者）和自身（即分裂，以及毁灭性的内战）的侵害。

1612 年，在侵占莫斯科之前，波兰巫师萨缪尔·马斯凯维奇曾与莫斯科公国谈判，号召莫斯科公国为了自由与波兰联合起来，莫斯科公国是这样回复的：

你们珍视自己的自由，我们珍视自己的不自由。你们所拥有的不是自由，而是胡作非为：强者掠夺弱者，强者可以剥夺弱者的财产，乃至生命……而我们正好相反，最显贵的波雅尔都无权欺辱最普通的普通人：只要提出申诉，沙皇就会审讯并予以惩治。如果是国王自己做违法之事，那么也是他的权力：他就像上帝一样，他既严酷也仁慈。我们忍受沙皇造成的委屈比忍受兄弟造成的委屈更容易些，因为他是全世界的主宰。[22]

这段文字是论述俄罗斯和西方之间关于权力理念的深刻差别的极为出色的范例。如果说，俄国人只是一些没有头脑的奴才，那么，又如何解释他们时不时地会发动起义反对自己的统治者？如果他们的顺从是违反自己意志，又如何解释专制制度——在欧洲被认为是真正的暴政——在俄国能够存在好多个世纪？

在西方，受到基督教新教的影响，从文艺复兴的人文主义者的时代开始，通常认为自由是实现自我完善和灵魂拯救（世俗的理解就是社会公正）的手段，为此，上帝将自由赐予人类。而对于俄罗斯人来说，自由是横亘在人类走向拯救道路之上的、变化莫测的、桀骜不驯的自然状态，令人类走向退化。因此上帝不是将自由给予普通人，而是大公，而大公应该确保普通人的和平。

---

[22] Martin Malia, 《L'Occident et l'enigme russe. Du Cavalier de bronze au mausolee de Lenine》, Paris, *Le Seuil*, 2003, p. 216.

上帝将自由赐予大公是有一定的条件的,他不能为了自己的利益而利用自由,否则臣民发起叛乱就是正义的。这样一来,对于俄国人来说,大公的意志就是上帝的意志。

专制制度是一种经济上的世袭制

马歇尔·坡得出一个结论,专制制度,更准确说实际上是一种宗法性世袭制,对于俄国精英来说,已经成为一种将臣民联合起来、在广袤的、四分五裂的国土上保持稳定的一种经济方式。

俄国人成功地解决了当代君主制面临的四个主要问题:密谋者问题;繁荣问题;资源动员问题;解决冲突问题。在这种情况下,还避免了建立中央集权国家和欧洲主权国家进程中经常伴随的不计其数的内战。这可是在缺乏相互联系的广袤幅员上完成的!

到彼得大帝统治之初,关于俄国是暴政、野蛮、奴性的国家的思维定势已经在西方的意识中深深地扎根。国家的欧化路线、战胜瑞典、在波罗的海沿岸建设新都令俄国与欧洲列强(如英国、法国、奥地利和普鲁士)平起平坐。

彼得大帝改革短期内让欧洲改变了对俄国的态度,"开明专制"时代开始了。18世纪30年代,瑞典史学家斯特拉林堡、俄国史学家瓦西里·塔季谢夫建议以乌拉尔山脉为界,将欧洲和亚洲区分开来。这一方案在1815年的维也纳会议上得到确认。维也纳会议的召集,目的是为了在准确划定欧洲国家国界的基础上分配被占领土,对在拿破仑战败后在谈判过程中丧失领土的国家作出补偿。

俄国胜利挺进了封闭的伟大帝国和欧洲国家俱乐部,引发了极大好感,同时也引起来自法国方面旧有敌意的再次复苏。

18世纪里俄国的形象是十分矛盾的。她的吸引力因莱布尼茨、伏尔泰和早期狄德罗的影响而得到强化。而随着法国大革命的临近和卢梭、达兰贝尔、晚期狄德罗、天文学家和旅行家沙佩·奥特莱奇(Jean-Baptiste Chappe d'Auteroche)以及马布利神父的思想问世之后,法国对俄国的态度又变得更加负面。

第五章　法国的恐俄症和关于亚洲专制的神话

"厚古派"与"厚今派"：关于"进步"的争论

哲学家的影响不断增长，以及"学者共和国"[23]的日渐时髦，适逢俄国历史上最天才的统治者们和最有教养的统治者（彼得大帝和业绩辉煌的叶卡捷琳娜二世）登上政治舞台。皇后叶丽萨维塔统治的时期将他们二人的时代分割开来，其特点是较为克制。许多人开始写书谈到俄国。

一些启蒙思想家将俄国推崇为榜样，而另外一些人则正好相反。沙皇同启蒙思想家们谈话交流，以便营造自己是开明统治者的形象。每个人在这场政治交易中都有自己的盘算。

在外国人的眼中，由于思想对抗而导致对俄国产生不同的观念：对于一些人来说，俄国不啻是人类的希望；而对于另一些人来说，俄国是其主要威胁。在之后的几个世纪里，俄国的这两种截然相反的面目将在历史转折关头成为意识形态争鸣的对象。自由派和保守派都只看到俄国的阴暗面，浪漫派和社会主义者则只看到其光明的一面。

由于启蒙哲学家们的两种创新理念，18世纪提出的俄国问题在欧洲的政治辩论中成为关键性问题。18世纪40到60年代，作为对所有政治、社会和哲学理论的回应，出现了普世的进步和文明的概念。每一种理论都提出了各自的、推动人类走向进步道路的方法，以及各个民族国家在这一独特的阶梯上所处的位置。由于这些原因，就应该详细分析这些思想。

在意大利文艺复兴时期，在人道主义者和经院派之间爆发的思想对抗的过程中，首先提出了进步思想。到17世纪末，关于"古"和"今"的大辩论爆发时，对这一问题的兴趣又恢复了。以布瓦洛（Nicolas Boileau-Despréaux）为首的"厚古派"断言：好的文学作品

---

[23] 也叫"通信共和国"或"学者共和国"，17世纪欧洲受过最有教养的人们组成的非政府团体，通过通信讨论一些范围极其广泛的问题：自然科学、宗教、哲学、道德、社会政治问题，将他们联系在一起的主要思想是：社会进步及科学在其中所起的作用——编辑注。

是依靠对古典作家的模仿而立足的。这一命题的思想依据是：认为古希腊罗马文化中的艺术成就是无法超越的。而以查尔斯·佩罗（Charles Perrault）为首的厚今派坚持当代作者的荣誉感，认为文化的进一步发展是可能的，也是必须的，而文学创作需要革新。他们赞成要创作适应当代的、新的艺术形式和新的文学作品。

将进步作为人类的全球性线性发展的观念直到18世纪末才出现，1795年孔多赛的著作《人类精神进步史表纲要》为该理念奠定了思想基础。正是从那时候起，产生了当代的进步观。并产生一种信念：社会在逐渐地走向物质繁荣、科学技术知识的积累、道德（松弛）和社会机制的完善，因而也在走向人类精神的发展。

维克多·里克特·米拉波（Victor Riqueti de Mirabeau，是加布里埃尔·里克特·米拉波 Honoré Gabriel Riqueti, de Mirabeau 之父）最早将"文明"一词用于现代意义。1758年，他在其著作《人类之友》中写道："毫无疑问，宗教是最有效的力量，包含着人类和文明的主要发动机。"对于孔多赛来说，文明的思想与一定国家范围内的成就紧密相关，这样的国家经历了从野蛮存在向文明的公民社会的过渡。[24]

在"文明"一词的两种当代涵义中，当时只具备其中之一。这个新词还并不意味着，通过历史发展而自然形成于18世纪之前的一定的社会制度和社会的一整套独特品质。该术语还仅仅意味着人种的物质、智力和道德方面的高水平发展；对于欧洲（不包括亚洲，也不包括俄国）来说，这种高水平是可能的，从蒙昧状态（如在新大陆能够观察到的那样）经由停留在过去的野蛮状态过渡而来。[25]

到17世纪末，人们更多地用"开化"而不用"文明"，意味着发展文明的使命落在国家（即国王）的肩上，而不是社会和公民的肩上。

---

[24] http://fr.wikipedia.org/wiki/Progres；http://fr.wikipedia.org/wiki/Civilisation.

[25] Martin Malia,《L'Occident et l'enigme russe. Du Cavalier de bronze au mausolee de Lenine》, Paris, Le Seuil, 2003, p. 46.

第五章　法国的恐俄症和关于亚洲专制的神话

莱布尼茨和伏尔泰：支持俄国的开明君主制

在17世纪末，第一位指出俄国所扮演的特殊历史角色的大哲学家就是戈特弗里德·威廉·莱布尼茨。莱布尼茨对彼得大帝改革，对他以欧洲模式为基础进行的社会机制现代化的努力并建起对欧洲开放的首都作出了公允评价，并率先提出，俄国可能成为两大世界性文明——欧洲文明和中国文明——之间的桥梁。他认为，实际上俄国是一张白纸（tabula rasa），可以用理性之手在这张白纸上镌刻理想的社会秩序。[26]

尽管说莱布尼茨也重弹俄国暴政和野蛮的老调，但是他认为，专制君主受到理性驱动（同时也受到哲学家们的建议——特别是伏尔泰的建议），其开明活动能够帮助俄国克服现有的落后性。而开明统治者的活动不仅能够建设一个在社会和政治方面不逊于西方的国家，甚至还可能超越那些被绝对君主制和中世纪陈旧传统羁绊的西方国家。

1711年，莱布尼茨与彼得大帝会面令"学者共和国"受宠若惊，推动了"白纸（tabula rasa）论"和开明专制的命运令人羡慕的论题的提出；这些论题在整个18世纪里都非常受欢迎。英国人杰利米·边沁（Jeremy Bentham）、法国重农主义者梅西耶·德·拉里维埃（La Rivière de Saint-Médard）以及年轻的狄德罗都成为主张该思想的翘楚。

启蒙时代最出色、最权威的哲学家当然是伏尔泰，[27]他将俄国视为"机遇之国"。在许多著作（1731年出版的《查理七世史》、1748年出版的《关于彼得大帝的笑话》、1759年~1763年间出版的《彼得大帝在位期间的俄帝国史》）中都发展了这样的理念："不放弃过去、废除那些并无依据的贵族和宗教人士的特权，进步是不可

---

[26] Ezequiel Adamovski,《Euro-Orientalism. Liberal Ideology and the Image of Russia in France (1740-1880)》, Oxford/Berne, *Peter Lang*, 2006, p. 32.

[27] Ezequiel Adamovski,《Euro-Orientalism. Liberal Ideology and the Image of Russia in France (1740-1880)》, Oxford/Berne, *Peter Lang*, 2006, p. 37.

能实现的。而尘世的幸福取决于人们，及人们按照理性改变社会的意愿。"

对于伏尔泰来说，"劫后重生"的俄国是他实施自己理论的天赐良机。他深信："真理正从北方走来"，这个国家注定要充当欧洲理性之光的角色。伏尔泰与叶卡捷琳娜二世（北方的塞米拉密斯*）建立了就如莱布尼茨与彼得大帝一样的紧密关系。狄德罗也走过同样的道路。他曾前往圣彼得堡旅行，叶卡捷琳娜二世高价收买了他的藏书。

关于俄国是一张白纸（tabula rasa）、展开独特实验（目的是赶超业已退化的欧洲）的试验场的观念后来被布尔什维克捡起，他们将俄国变成了"无产阶级先锋、共产主义建筑工地"。到20世纪90年代初俄罗斯首任总统鲍里斯·叶利钦执政时期，俄国是一张白纸（tabula rasa）的观念曾鼓舞过新自由主义和资本主义的辩护者。

无论是18世纪，还是20世纪，由于这种观念再加上开明专制理念，俄国一度被认为是前卫国家中的佼佼者，在知识分子中很受欢迎。但在漫长的恐俄症历史上，这种时期只是一个短暂插曲。伏尔泰的命题注定并不比其发明人伏尔泰自身更长久。

孟德斯鸠与俄国缺乏权力制衡的观念

在1748年出版于日内瓦的名著《论法的精神》中，孟德斯鸠试图按照亚里士多德的观念对各种统治形式的分类进行系统化，弄清民主制、君主制和贵族制之间的差别，将他们与向暴政和寡头制的丑陋退化的政治体制区分开来。

紧随伏尔泰之后，孟德斯鸠也利用俄国巩固其论题，但其目的截然相反。依据欧洲旅行者在过去几世纪里留下的旅行日记和他们关于俄国暴政和野蛮的观念定势，他认为俄国是令人作呕的专制制度的体现，即使其统治者们有善意也不能将这种专制制度弱化。按照孟德斯鸠的看法，所有三种统治形式都可能退化，并最终演变为

---

* 古巴比伦女王——译者注。

第五章 法国的恐俄症和关于亚洲专制的神话

暴政。在他看来,最好的统治形式是可以建立并用法律加以制衡的政权统治形式。孟德斯鸠的著名分权理论、当代民主制的基础就是建立在这一理念基础之上的。孟德斯鸠自身认为贵族制,或能够被贵族阶层弱化的君主制更好一些,其可以对抗绝对政权,而暴政则是最坏的方案。作为例证,他列举了俄国的专制制度中的许多典型习俗。

孟德斯鸠解释说,为什么在俄国对小偷和杀人犯处以同样的刑罚:"在专制国家中人们很不幸,与其说他们珍惜生命,不如说他们畏惧死亡,因此,在这些国家中,处死刑就可能更严酷。"孟德斯鸠写道:

> 莫斯科公国也想放弃自己的专制制度,但却不能够……商业本身与这些法律是矛盾的。在那里,人民仅仅是由奴隶组成的:一些人依附于土地,另一些人被称为宗教人士或贵族,仅仅是基于他们是第一部分人的主子。本应由手工业者和商人组成的第三阶层在莫斯科公国是不存在的。[28]

孟德斯鸠也是反俄的自由资产阶级,关于俄国缺乏中间环节、缺乏第三阶级(中产阶级)陈词滥调的发明人,直到今天还有人这么说。他的理论很快变成了老生常谈,以后将成为当代美国恐俄症的基础(在后边的章节中会详述)。

卢梭也将俄国作为一个糟糕的历史范例。他批评俄国和彼得大帝改革是从外部植入的,是非自然的,是与俄国人民和俄罗斯灵魂的本质相矛盾的,这也成为卢梭主张回归自然的信条的一部分。而且,对于卢梭来说,这也是一个反对其对手伏尔泰,并对波兰表示好感的良机:波兰曾责成他编辑本国的宪法草案(1771年~1772年间出版的《关于波兰宪法的思考》)。

卢梭认为,彼得大帝的改革是很表面化的,因为沙皇努力将自己的同胞变成德国人或英国人,而不是试图将他们变成真正的俄国

---

[28] 参见孟德斯鸠《论法的精神》以及 Nicolas Baverez,《Parier sur la Russie au-dela du despotisme》,*Le Point*. 2014. 16. 01. 2014, www.lepoint.fr.

人。卢梭的新命题是：俄罗斯帝国似乎远在被鞑靼人征服之前很久就已经定下目标：令欧洲屈服于俄国。这在恐俄人士中不可思议地大受欢迎，该书多次再版，数量之大，简直令人反胃（ad nauseam）。他说的这些话表明：他对1756年的伪造的《彼得大帝遗嘱》第一版中表述的"征服者俄国"的神话负有责任。

到18世纪70年代，马布利神父又发挥了孟德斯鸠的看法（1771年~1776年间出版的《论波兰政府与法律》）。他建议波兰人解放农奴，"以建立一个宝贵的、人的阶级，这个阶级在其他国家名为资产阶级或第三等级。是介乎极其富有的统治上层和卑微的穷人之间的过渡阶级，他们可能成为精神载体，是其他两个阶级所没有的，没有这个阶级，就不可能发展工业"或取得商业成功。[29]

但是，对类似思想进行集大成，只有狄德罗能够胜任。[30]他驳斥了卢梭宣称的恢复自然状态的思想，将必须建立第三等级的自由资产阶级观点同文明进步思想结合起来。因此，狄德罗堪称是当代公民社会理论（公民社会乃是保持社会平衡的手段）的奠基人：富人阶级乃是专制、暴政或寡头表现的对抗力量，而专制、暴政和寡头表现会导致极度不平等。他最早提出资产阶级是社会政治进步的载体的思想（后来，马克思将这一功能转交给了无产阶级）。类似观点就将俄罗斯抛到世界文明阶梯的脚下。

在美国革命期间，资产阶级确实是发挥了进步的发动机的作用，证实了马布利的构想。随后，同样情况也发生在了法国，但是，由于法国革命事件的激进性，表明了滥用平等可能导致的恶果，这引起了保守派的反动，需要时日才能克服这些消极后果。在拿破仑统治期间，资产阶级作为一个社会等级而变得强大起来，但是未被认可为政治性的权力制衡。到最后，复辟力量试图调和贵族制、资产阶级和君主制。

---

[29] Ezequiel Adamovski,《Euro-Orientalism. Liberal Ideology and the Image of Russia in France（1740-1880）》, Oxford/Berne, *Peter Lang*, 2006, p. 45.

[30] 早期的狄德罗对俄国说了很多溢美之词。他曾与叶卡捷琳娜二世保持通信往来，并与女皇在圣彼得堡会见。女皇资助他的《大百科全书》项目，并买下他的藏书。但是后来这位思想家的观点变了，开始持亲资产阶级的立场。

第五章 法国的恐俄症和关于亚洲专制的神话

法国的陈词滥调 VS 日本的客观性

大约与此同时，法国神父、天文学家让·巴蒂斯特·沙佩·奥特莱奇（Jean Chappe d'Auteroche）正在写作《1761年西伯利亚旅行记》（记述了堪察加半岛），奥特莱奇神父是启蒙时期典型的教养良好的知识分子。不过，他的观点却完全被偏见所扭曲。1761年6月6日，奥特莱奇曾前往俄国托博尔斯克观察金星凌日现象。多特罗什通过这次旅行顺利完成了学术使命，但是这位天文学家却对俄国产生了非常消极的印象，随后回到法国，他将这些印象记录了下来。一位批评奥特莱奇的人称："他常常仅限于复制他之前的旅行者的看法，说一些他从未见过的事情；而对于他亲眼看到的东西，他的描述都非常肤浅。"[31]

奥特莱奇在自己的著作中不仅列举了许多事实和有趣的细节，而且还给出许多带有偏见的评论。在他看来，俄国的一切都很糟糕，尤其是人民的状况非常坏，地位低下如奴隶一般。给人的印象是：他在俄国接触到的只是残酷、酗酒、鞭刑和拷打。给1768年版本插图的版画很好地反映了作者不加掩饰的激动之情。作者的同代人萨德（Donatien Alphonse François de Sade）曾歌颂了俄国鞭子这种用于拷打的工具。作者细致入微地描述了各种肉刑，而观众似乎也喜欢观看用鞭子鞭打裸体妇女，将其当作某种"野蛮的色情表演"。[32]该著作在法国非常被认可，因而有幸被女皇叶卡捷琳娜二世亲自予以驳斥：女皇叶卡捷琳娜二世认为该书是对俄国的严重侮辱。2003年，法兰西科学院常任秘书长（终身秘书长）艾伦·卡莱尔·丹科斯（Hélène Carrère d'Encausse，是一位祖上有俄国血统的法国人）出版著作，其中详细研究了对俄国的两种看法。[33]这种态度让人们

---

[31] Jean-Ferdinand Hoefer,《Nouvelle biographie generale》, Paris. *Didot*, 1851~1866.

[32] Larry Wolff,《Inventing Eastern Europe》, *Stanford University Press*, 1994, p.76, 77.

[33] Helene Carrere D'Encausse,《L'Imperatrice et l'abbe un duel litteraire inedit entre Catherine II et l'abbe Chappe d'Auteroche》, Paris. *Fayard*, 2003.

从不同角度来看同一个事件。

奥特莱奇的反俄观点并不令人惊讶。让人感兴趣的是另一件事：就在当时，日本人大黑屋光太夫船长也出版了关于叶卡捷琳娜二世时期的西伯利亚和俄国的札记。*

日本人在俄国的土地上看到的情景完全不像是"开化的法国学者"[34]所看到的那样。日本人光太夫讲述了沉船事故和沉船后与船员一起在阿留申群岛登岸的故事，就在那里，堪察加和雅库茨克的省长们挑选了几名日本人，并将其送往叶卡捷琳娜宫廷。在允许他们返回日本之前，光太夫在圣彼得堡住了好几个月，还学会了俄语，并且两次从俄国的一端走到另一端。他把自己对俄国的印象收集下来，并由一位有学识的书记员桂川甫周做了记录。

该书法文版编辑在后记中断言：光太夫的著作是游记文学中的明珠。作者详细描述了俄国的风俗习惯、行政制度、自然风光、沙皇宫廷、人民、政治生活、妓院、饮食、酒类，不加任何判断或偏见，描述非常鲜明，不带丝毫成见。要知道，日本人与法国人经过了同样的那些城市、穿过了同样的那些河流、受到过同样的惩罚，甚至可能碰到了同样的那些人！但是，将两本书比较起来，得出的一个印象就是：两个旅行者讲述的是两个完全不同的世界——因为作者的感情不同，因而他们获得的经验也有很大差别。

对于法国人奥特莱奇多次提及的难以忍受的专制制度、可怕的奴隶制以及中世纪的严刑拷打，日本人只字未提。在光太夫的笔下，俄国完全是一个正常国家，有自己的特点和风俗，他们很冷漠，但是富有同情心，具有独特的诗意杂志般的风格。与欧洲旅行者不同的是：这位日本船长并不依据他人的道听途说，而只是描述自己亲眼看见的事物。读这两本书令人着迷，因为他表明了主宰作者的偏见的力量之大（而就日本人科代的情形来看，却完全没有受到偏见的影响）和欧洲人夸大自身文化与其他世界之间的文明落差所表现

---

* 大黑屋光太夫的书名为《北槎闻略》。——译者注

[34]《Naufrage & tribulations d'unJaponais dans la Russie de Catherine II (1782–1792)》/ введение, перевод и примечания Жерара Сиари；послесловие Жака Пруста. Paris. *Chandeigne*, 2004.

出来的偏执。

早期的自由理论与亚洲专制制度

直到1820年之前，俄国仍然是开明绝对君主制的支柱，引发了欧洲人对俄国的五味杂陈的感情。英国和德国为俄国将欧洲从拿破仑的枷锁之下解放出来所发挥的作用而激赏，尤其是拿破仑的最为活跃的敌人斯塔尔夫人就是这种情绪的表达者。但是，政治反动派的思想家们如英国人埃德蒙·伯克（Edmund Burke）、法国人路易·德·博纳尔（Louis Gabriel Ambroise de Bonald）和约瑟夫·德·迈斯特（Maistre, Joseph de）等人则照旧对俄国持负面态度。他们不信任俄国的开明专制，在他们看来这似乎太现代了，而是梦想回到保留三个等级的旧制度，认为只有以教皇为首的天主教信仰才是秩序和进步的唯一保障。在他们看来，亚历山大一世时期的俄国太过现代，极少倾听宗教界和贵族的意见。

从1815年拿破仑威胁消失之后，俄国在自由派的眼中已经不再那么受欢迎。经历革命动荡和拿破仑倒台之后，孟德斯鸠和狄德罗的思想又在那些不接受革命，但热衷于自由主义的新一代思想家中间得到回应。在他们的帮助之下，俄国变成了欧洲自由主义者和获胜的资产阶级的眼中钉、肉中刺。前述的普拉特神父在其1823年出版的著作《英、俄两大强国与欧洲的对比》中，将俄国的野蛮和欧洲的文明对立起来。他将俄国描述为"一个完全异类的世界，是敌视整个欧洲自由的东方专制制度典范"。

同时，法国作家、史学家阿尔方斯·拉布（Alphonse Rabbe）在其关于俄国历史和地理的著作中终结了伏尔泰的神话，紧随着卢梭之后，诋毁俄国文明的人为性和肤浅性、缺乏过渡性的政治环节。为了让读者看到一幅完整的图景，还必须提及声望卓著的议员、记者、索尔本大学教授圣马可·吉拉尔登（Saint-Marc Girardin），对于他来说，俄国文明只是模仿的，是独裁专制的，是法国大革命鼓舞下进行的自由主义改革的死敌。[35]

欧洲能够感受到反动趋势，开始全速复辟。在尼古拉一世的领导之下，俄国变成了"欧洲宪兵"，参加了对境外的自由主义运动和革命的镇压，以保持维也纳会议所规定的欧洲秩序。正是在这种背景下，所谓开明专制的神话让位于亚洲式专制制度的神话。由于相互不同，但却互为补充的原因，有三种理论（基佐、托克维尔和德·古斯丁的理论）在巴黎发挥了关键性作用。基佐是政论家和史学家，曾担任路易·菲利普政府的首相，因曾经号召"先生们，发财吧！"而闻名。在其出版于1828年至1830年间的名著《欧洲文明史》中，基佐是作为资产阶级的辩护人，而资产阶级是经济发展动力和稳定社会秩序的基础。在他看来，不论政治体制如何——是共和制还是君主制，真正重要的是政府的社会基础，是能够保障社会稳定，从而确保社会进步的"黄金中间等级"。

无论这看起来如何悖谬，但是与其他人不同的是：基佐在其《欧洲文明史》一书中只字未提俄国，要知道，在基佐所处的时代，俄国被认为是欧洲的主导性力量！对俄国的无视在某种意义上就让他变成了一个仇俄人士。或许，基佐原本就是要刻意不提俄国，因为在他看来，这个国家的专制独裁制度是与他的进步观相矛盾的，他认为资产阶级是进步的力量，而在尼古拉一世时期的俄国缺乏基佐所认为的，能够确保社会进步和政治稳定的过渡性阶级。在这种情况下，当时的沙皇制度无疑是稳定的典范，完全与基佐的论调相矛盾，但是他对过渡性阶级——很快就被称为中产阶级——的历史作用的看法将会对研究者们产生很大影响。[36]

托克维尔和德·古斯丁的札记是恐俄症的《圣经》

稍后，到了1835年，阿列克西斯·托克维尔出版了自己的代表

---

[35] Ezequiel Adamovski,《Euro-Orientalism. Liberal Ideology and the Image of Russia in France（1740-1880）》, Oxford/Berne, *Peter Lang*, 2006, pp. 96~98.

[36] Ezequiel Adamovski,《Euro-Orientalism. Liberal Ideology and the Image of Russia in France（1740-1880）》, Oxford/Berne, *Peter Lang*, 2006, pp. 108~115.

作《论美国的民主》，成为自由主义和当代自由民主制的《圣经》。作为一位优雅的贵族，最令他关注的是滥用平等（被法国大革命捧上了天）导致的暴政问题和权力制衡（在旧制度下，权力制衡功能是由三个等级完成的）被摧毁的问题。他认为，对于文明的前景来说发挥关键作用的将有两个国家：美国和俄国。托克维尔更看好制度温和的美国，在这种制度下，要实现目标依靠的是个人兴趣，要给个人的力量和理性以充裕的空间。至于说俄国，那么可以说，在这个国家里，社会的全部力量都集中在一人手中。在美国，自由是一切活动的基础；而在俄国，奴性是一切活动的基础。两个国家有着不同的起源和道路，但是非常可能的是：天意会神秘地准备将他们中的每一个都培养成半个世界的主人。[37]

托克维尔认为，过度的民主平等确实可能导致某种民主性的或官僚式的专制制度（就如我们今天所说的极权主义），应该不惜一切代价，借助能够将美国联合起来的两大因素避免这种偏离：第一个因素是中产阶级，因为不计其数的所有者确实是任何社会动荡的天敌，能够确保社会稳定。第二个联合因素是协会，因为政治、工业和商业，甚至科学和文学协会的行为永远都会像一个有教养的、强大的臣民。他们在捍卫自身面对政府的权利时，也会拯救普遍的自由。

在托克维尔及其自由派同道者古斯塔夫·德·博蒙（Gustave de Beaumont）等人看来，产生了村社的俄国乃是专制的、平等的。他写道：

> 这里的一切都千篇一律：思想、法律、习俗甚至一切事物本身。我似乎觉得，这一点很像美国。但却缺乏自由所赋予的出口，此种民主社会，会让人起鸡皮疙瘩的。[38]

1843年，阿斯托尔福·德·古斯丁伯爵的旅行记《俄国在

---

[37] Alexis de Tocqueville,《De la democratie en Amerique》, Paris, *Pagnerre*, 1850.

[38] Alexis de Tocqueville,《OEuvres et correspondance inedites》, Paris, *Michel Levy*, 1861, pp. 237, 245.

1839年》出版之后,法国的恐俄症达到了高峰。到20世纪末,该书再版几十次,被译成英语、德语、丹麦语、意大利语、俄语等语种出版。

与托克维尔不同,德·古斯丁并不是理论家。他是一位保守贵族,去俄国是为了寻找依据,用于反对代表制统治形式。他读过了所有的反俄著作,并掌握其思维定势。在接触到俄国道德的特点之后,他就变成了宪制和恐俄症的鲜明支持者。在他看来,俄国已经无药可救:

> 莫斯科公国是在鞑靼-蒙古的巨大枷锁的深刻的无道德的条件下形成和强盛起来的。她仅仅是因为完全掌握了顺从的技巧才获得实力的。甚至在获得解放之后,莫斯科公国也还不能放弃已经习惯了的奴才-主子的角色分配。归根结底,彼得大帝只是将蒙古奴才的政治技巧同一个主子对荣誉的追求——成吉思汗将征服世界的任务留作遗产——结合起来。

德·古斯丁深信,只有俄国改宗天主教才能在沙皇帝国移植欧洲文明,据他看来,俄国从欧洲文明那里不过是吸取了一些"皮毛"。[39]

古斯丁的全书就是以这样的基调写就的,而其结论堪称是恐俄症思想的真正精品:

> 无秩序的、不自量力的野心在俄国人民的心灵中奔涌,这种野心只会在被压迫者的心灵中萌芽,其存在的基础就是全民族的不幸。这个民族实质上是一个侵略成性的民族:她处于受屈辱的地位,最渴望的却是统治其他民族。对荣誉和未来财富的想法吸引他们忘记自己经受的屈辱。为了洗刷自己做出的耻辱性牺牲:放弃公众自由和个人自由,一个跪下去的奴隶却在梦想征服全世界。[40]

---

[39] Ezequiel Adamovski,《Euro-Orientalism. Liberal Ideology and the Image of Russia in France (1740-1880)》, Oxford/Berne, Peter Lang, 2006, p. 289.

[40] Astolphe de Custine,《La Russie en 1839》. 引自 Martin Malia,《L'Occident et l'enigme russe. Du Cavalier de bronze au mausolee de Lenine》, Paris, Le Seuil, 2003, pp. 123~124.

第五章　法国的恐俄症和关于亚洲专制的神话

直到 19 世纪、20 世纪、21 世纪，仇俄人士都将一再地回到这个题材。

德·古斯丁的书被精心研究、评论，多次再版。甚至 150 年之后，该书在欧洲和美国仍然被认为是恐俄症的最出色文献。该书以优雅的叙事风格呈现出一个西方人在民主制、扩张主义、野蛮风俗、酗酒和索贿问题上的反俄偏见的尺度。书中有很多细节和关于宫廷道德、机要信使的制服和贵族的忠顺、风俗习惯和关税的笑话。关于俄国生活的每个方面都找到一两句话，足以让读者对俄国生活得出消极看法。德·古斯丁的具体、生动、辛辣的著作成为恐俄人士的万能的《圣经》，是恐俄人士用作证据的不竭源泉和插图库。

该书一经问世立刻获得了巨大成功，到"冷战"时期，该书配上了沃尔特·贝德尔·史密斯（Walter Bedell Smith, 1946 年到 1949 年间担任美国驻苏联大使）撰写的前言在美国再版后，再次成为畅销书。用他的话来说，《俄国在 1839 年》一书是一部"如此深刻入微，超越时空的政治观察，甚至可以称为是关于苏联的佳作"。到 1987 年，当该书又再版的时候，兹比格纽·布热津斯基又强化了这种看法，在书评中写下了这样的一段话：

德·古斯丁关于俄罗斯性格和俄国政治体制的拜占庭特性的洞见，至今还没有任何一位苏联问题专家能够对其作出补充。[41]

该书最近一次再版是在 2005 年法国 Actes Sud 出版社用法文出版的。[42]

社会主义的出现与俄国村社

当时对于富人和特权阶级又出现了另一种威胁：社会主义。无

---

[41] Larry Wolff,《Inventing Eastern Europe. The Map of Civilisation on the Mind of the Enlightment》, Stanford, *Stanford University Press*, 1994, p.365.

[42] 2015 年 9 月，法国的 ClassiquesGarnier 出版社还曾用法文出版了 B. 米尔琴娜主编的德·古斯丁著作的"批判版"——编辑注。

论是对于自由民主派人士，还是保守的君主派人士来说，社会主义都比俄国更可怕。与社会主义一起到来的还有对平等的滥用，而这是从法国大革命的时代起就非常令人担心的。这种恐惧将不久前的对手们（保守派和自由派）团结起来。

基佐、托克维尔和德·古斯丁（Astolphe-Louis-Léonor, Marquis de Custine，古斯丁）都持一种天才的想法：用极具吸引力的、美国式的资产阶级自由民主制模式对抗社会主义。他们掌握着能够想象到的最好的稻草人：专制的、集体主义体制的俄国，农民在村社里享有平等权利，对私有制构成直接威胁。1840年代的欧洲就如一口煮沸的大锅，在马克思、无政府主义者、社会主义乌托邦主义者的不懈努力之下，1848年革命笼罩了整个欧洲。

从19世纪的第二个25年开始，许多社会主义和无政府主义的理论家都开始赞美俄国的村社。与自由主义理论相反，法国的社会政治活动家维克多·康希德兰（Victor Considerant）、恩斯特·科尔德鲁瓦（Ernest Coeurderoy）称誉来自北方的"哥萨克蛮族"帮助欧洲民族搞革命，但是他们对俄国人（后来被称为"社会主义的老大哥"[43]）的过分赞颂似乎并不那么有说服力。

紧随赫尔德和德国浪漫派（他们在20世纪初再次发现了斯拉夫人的美德）之后，德国的奥古斯特·冯·哈克斯特豪森（August von Haxthausen）伯爵在其影响巨大的三卷本著作《对俄国人民生活的内部关系——特别是乡村机构——的研究》（出版于1848年到1852年间）中宣传了俄国的村社。他认为俄国乃是一种乌托邦："当时所有欧洲各国都团结起来，倡导社会革命，反对财富和私有制，而这种革命在俄国是不可能实现的，因为西欧革命者的乌托邦思想在这个国家已经得到充分实现"。[44]

强大起来的社会主义和某些知识分子对左翼力量——俄国原始的农业共产主义的同情产生了双重效果。其一，被吓坏了的保守派

---

〔43〕 E. Coeurderoy,《Hurrah!!! ou la révolution par les Cosaques》, 1852.

〔44〕 Ezequiel Adamovski,《Euro-Orientalism. Liberal Ideology and the Image of Russia in France (1740-1880)》, Oxford/Berne, *Peter Lang*, 2006, p. 142.

第五章　法国的恐俄症和关于亚洲专制的神话

和自由派团结在一起。面对共产主义的威胁，保守派放弃了要将俄国作为恢复旧制度的形象的空幻希望，而自由派则更加相信美国模式的资产阶级民主制。无论是保守派，还是自由派，都将对抗针对财产、社会和国家的社会主义威胁的使命寄托在中产阶级身上。

但是，由于亚历山大·赫尔岑（19世纪40至50年代在瑞士和法国流亡）以及其他作者（如法兰西学院斯拉夫语言文学教研室主任罗贝尔·希普里延 Robert Cyprien），乌托邦主义者和无政府主义者对俄国的农业社会主义形式产生好感，也推动了德国左派在反俄和反斯拉夫的意义上更加激进化。马克思和恩格斯有关斯拉夫人和沙皇制度的言论也非常尖锐。自从他们发声之后，关于俄国的落后性的命题就成为左派恐俄症的开端。后来，在与共产主义党派断绝关系和1917年革命事件之后，社会民主党人和欧洲社会主义者又随手捡起该论题。

尽管社会主义政党放弃了马克思主义，但是恐俄情绪至今都还能感觉得到。现在，社会改革比保护选民的自由权利更加令社会民主党人感到不安。在今天，俄国的落后性常常成为当代最激进的恐俄人士的依据——就2014年初俄国承认"列戈比特"（LGBD）的权利而展开的辩论就是一个鲜明例证。

在同无政府主义者*（如，埃利泽·勒克留在其著作《新编万用地理学》中捍卫俄国村社思想，认为是农民协会的典范）——特别是同巴枯宁（巴枯宁号召斯拉夫民族团结起来，将自己从奥地利、奥斯曼帝国、德国等外国的枷锁之下解放出来，他曾撰书论及这些问题）作斗争——的过程中，马克思曾经长期认为，俄国人是一些无可救药的反动派：

> 德意志人和匈牙利人不仅是进步和革命的象征，而且还是斯拉夫人的启蒙者和文明载体。[45]

---

* 埃利泽·勒克留（Élisée Reclus，1830年~1905年），19世纪法国著名地理学家，也是著名的无政府主义者——译者注。

[45] К. Маркс，Ф. Энгельс，《Письма》，М.：ГПИЛ，1957. Т. 6. С. 289~306. 参见 Natalia Narotchnitskaia，《Que reste-t-il de notre victoire? Russie-Occident: le malentendu》，Paris. *Editions des Syrtes*，2008，pp. 48~49.

直到 21 世纪，对马克思和恩格斯的论题仍有需求。在关于欧洲和俄罗斯的判断中，西方的新闻学就成功地利用了马克思和恩格斯的论题！

个人自由作为俄国村社的选项

不过我们还是回到有关民主制的争论和西方自由民主制与俄国共产主义-专制制度之间的对抗问题。

在整个 20 世纪里，一个唯一的知识论辩从未消停过：平等应该是充分的，还是相对的？最高权力应该属于谁，是人民、天命的君主，还是一群人（中产阶级）？为了避免"滥用平等"，消除由于人民的体制性多数所造成的威胁，自由民主制号召建立一些机制，这些机制是遏制绝对权力（通过分权，削弱行政权力）和多数人民的权力（从而确保少数人民的权利）所必需的。由此就产生了建设各种协会和公民社会的必要性：能够抵消可能出现的、多数国民的"暴政"。

发现俄国社会组织中与"东方专制制度"共存的共产主义成分，就给了自由派既批判俄国专制制度，又批判俄国社会主义的机会。自由派想终结来自俄国专制制度的诱惑，吸引那些怀念君主制的人们，让那些浪漫派和非马克思主义社会主义者们（他们将俄国称颂为"天堂般的、平等和独立的一角"）闭嘴。

批判专制制度——还有比这更简单的事情吗！因而批判的锋芒直指俄国村社，村社被展示为思想单一、国家压制个体的根源，而怪物般的官僚政权尤其首当其冲。阿根廷史学家埃塞克里·阿达莫夫斯基出色地概括指出：法国的自由思想家们优先关注的是人。关于中产阶级的辩论已经退居其次，让位于个人崇拜的问题：在这种情况下，个人指的是作为民主、进步和文明的载体，并面对着试图摧毁他的力量（沙皇专制制度和农民村社的平均主义）的所有者。

当时的俄国承受着双重威胁。在西方人的意识中，俄国已被逐渐排挤出欧洲之外，变成特殊的、东欧式的、亚洲式的世界。18 世纪的欧洲概念还包括俄国，但是到了 19 世纪 50 年代，西欧文明的构想占据上风，在这个构想中已经没有俄国的容身之地。这一时期适逢克里米亚战争和英、法缔结反俄联盟的时期，而且法国皇帝拿破仑三世梦想为自己当帝王的叔叔当年耻辱性的战败报仇，对俄国绝无友好感情。

安纳托里·勒鲁瓦·鲍利耶与法国恐俄症的最终合成

直到19世纪70年代，法国对俄言论的调门才开始发生变化：需要等到法国皇帝拿破仑三世逊位、普法战争中法国耻辱性地战败、德国统一乃至俄国废除农奴制，关于俄国人（俄国人希望，在欧洲的心目中俄国属于文明国家，且走上了工业化道路和资本主义道路）的言论才比较具有和解性质。

法国的孤立处境和德国不断增长的实力令法兰西第三共和国的领导人感到担忧，法国开始寻找新的盟友。最知名的亲斯拉夫主义者、俄国问题专家——其中尤其知名的是保罗兄弟和安纳托里·勒鲁瓦·鲍利耶（Cahiers Anatole Leroy-Beaulieu）——就是这一路线转换的显著例证。保罗担任法兰西学院经济学教研室主任，而安纳托里·勒鲁瓦·鲍利耶则在1880年到1910年在政治学研究所教授当代史和与东方国家关系课程。两人都曾去过俄国，熟悉俄国文化。安纳托里·勒鲁瓦·鲍利耶的主要著作《沙皇俄国与俄国人》（四卷本，1881年~1889年间出版）被译成多种语言，至今都没有丧失其现实性。

但是，在对俄国的言论方面，他就变成另一番腔调：安纳托里·勒鲁瓦·鲍利耶利用司空见惯的反俄老调："亚洲专制""劣等""不文明""狂热""人为地模仿西方文明""双重天性""不正常"。他称俄国为"缺憾之国"，要想属于西方文明，还欠缺太多东西。

俄国史与其他欧洲国家历史的区别，首先在于其缺乏的东西，而不在于其已经拥有的东西。现在缺憾的东西也与过去缺憾的所有东西相符，时间并不能填充什么：文化的缺憾、社会的缺憾乃至俄罗斯精神本身的缺憾。

我觉得，国家历史的空洞，人民缺乏传统和民族性机制，人民也不明白如何适应其他民族的制度，这些可能是导致俄国知识分子消极思维方式的神秘原因之一，也是道德和政治方面的虚无主义的潜在根源之一……同其他西方民族的历史相比，俄国的历史是绝对消极的。[46]

尽管宣称自己持亲俄立场，但是安纳托里·勒鲁瓦·鲍利耶还是积极地利用19世纪自由主义反俄辩论中产生的思维定式。他断言：俄国与其他国家不同的地方在于：俄国缺乏封建制（这种封建制度能够带来权利观念）和骑士制度（能够带来荣誉观念）以及教会（对于削弱国家政权是必需的）等独立制度，也缺乏公民社会、公众团体、中产阶级、个人主动性。据他认为，可以对俄国表示好感，但是这样并不会令俄国落后得更少一些。在这个意义上，在殖民扩张的最高峰，作者表现为欧洲和美国民主制的真正代表，这是毫不奇怪的。在1894年出版的埃利泽·勒克留的著作《欧洲的霸权》一书中，作者欢迎全世界都实现欧化，也欢迎欧洲去开化东方和世界其他部分这一事实。

埃塞克里·阿达莫夫斯基则借助出色的图表比较，巧妙地展示了托克维尔的《论美国的民主》与勒鲁瓦·鲍利耶的《沙皇俄国与俄国人》这两部著作极其相似，甚至两部著作的一些章节在很多方面都互相仿效，而且俄国常常被作为美国的参照物而呈现——尽管说两位作者的观点并不相同。在两位作者著作的一开始，在关于所研究国家的物理地理学内容中就可以发现这种主旨对照。在托克维尔的笔下，美国的气候是多样性的，其地理状况推动了该国的工业发展，在欧洲移民的努力下，实现了商业繁荣；而在勒鲁瓦·鲍利耶看来，俄国拥有单一而紧凑的领土，与欧洲的领土迥异，因此不适于欧洲移民，而俄国当地的气候只能助长俄国人的个人惰性。该书其他部分也以这种基调一以贯之。

---

〔46〕 Anatole Leroy-Beaulieu,《L'Empire des tsars et les Russes》, Paris, *Robert Laffont*, 1990. Цит. по: Ezequiel Adamovski,《Euro-Orientalism. Liberal Ideology and the Image of Russia in France（1740-1880）》, Oxford/Berne, *Peter Lang*, 2006, p. 198.

第五章　法国的恐俄症和关于亚洲专制的神话

勒鲁瓦·鲍利耶将美国的人民权利、民主制和各党派非暴力竞争与俄国的革命精神的发展、虚无主义、恐怖主义、革命事件风险相对照，全书多次引用了托克维尔的话。

关于俄国可以救治，以及俄国的落后并非无望的论调

勒鲁瓦·鲍利耶在俄-法关系转折时期开始了创作。俄、法两国走向接近的新路线导致的结果，是于1892年至1894年间签订了好几项协议，巩固了俄-法同盟。1907年，在经过多年敌对之后，俄、法两强与英国联合起来，目的是成立协约国，对付共同的敌人德国及其盟友奥地利。勒鲁瓦·鲍利耶既要重复反俄的思维定势，但是现在也需要考虑新的背景，最终就将两种互相矛盾的原则巧妙综合起来。在这样的合成物中，托克维尔主张的资产阶级民主制与沙皇专制制度，甚至俄国的平均主义-共产主义并行不悖。

在这种情况下，作者并不认为新盟约具有危险性，避免与仇俄的英、法知识分子进行辩论——这种辩论从19世纪20年代已经爆发，在19世纪50年代克里米亚战争期间尤为激烈。这位知名教授成功地折中了学术界对俄国的自由主义批判，并赋予这种批判以道义和学术权威——而这种权威在欧美的大学里一直保留至今。

而这之所以能够成功，端赖勒鲁瓦·鲍利耶精心推敲措辞及其对细微差别的灵敏的学术嗅觉，能够掩盖其对于俄国的负面看法，使这些负面看法更易于接受。该学者对反俄的自由辩论作出的贡献不可低估。在他的观念中，俄国是一个落后的专制国家，充满了缺点，但在欧洲良好的价值观、技术、工业进步、外国投资、资本主义发展（这些都可以给俄国带去自身的制度、法律和独创的政治制度）的影响下，俄国是可以改变的。

无疑，俄国并非莱布尼茨所认为的白纸一张（tabula rasa）；据勒鲁瓦看来，俄国发展中存在的缺陷可以用西方文明的优势加以弥补。伟大的比利时经济学家古斯塔夫·德·莫利纳里（Gustave de Molinari）敌视任何国家介入，已经对改革带来的缺点和国家社会主义支持提出批评，他也曾批评俄国缺乏真正的私有制，俄国资产阶

级很脆弱。

勒鲁瓦重提这一分析，但其观点却正好相反。他想表达的思想是：类似的落后性证实了俄国蕴藏的巨大潜力。俄国的落后并非不可治愈的病症，而仅仅是一种必须加以纠正的不足。维特改革和英国、法国资本的大量流入使俄国已经开始产生魔法般的效应，什么都不能妨碍俄国成为法国和英国的盟友。

自由主义意识形态在整个20世纪都将被利用。自由主义时而轻蔑地对俄国嗤之以鼻（当俄国向共产主义狂奔时）；时而会吸引俄国加入反对希特勒的同盟；时而又诱惑俄国走经济自由主义道路（当20世纪90年代初苏联解体之后）。

历史的嘲讽在于：今天的法国被认为是老牌社会主义国家，而她曾一度站在政治自由主义学说的思想前沿，还在19世纪初就将部分理论工具提供给了当代恐俄症。法国甚至还借助重农学派及其"可容许的奢侈"、好的财富（维系穷人生活，促进经济增长）理论，积极推动政治自由主义和经济自由主义的合流——尽管说经济方面的构想性工作最早是由亚当·斯密和大卫·李嘉图完成的。[47]

还应该指出的一个有意思的方面是：法国自由主义思想家对俄国的专制制度、农奴制和俄国人奴才般的心理状态给予最为严厉的抨击，但对于当时在美国也很繁荣的奴隶制却不置一词，美国的奴隶制是经历了血腥内战，直到1865年才由林肯总统予以废除。还可以比较一下：普鲁士是1823年才彻底废除农奴制的；奥地利是1848年废除的。

就这个意义上来说，看起来，自由民主制即使不是富人的特权制度，至少也是欧洲裔的成功人士的特权制度。这种民主制并未推及他人：从黑人直到亚裔。关于俄国人残忍的证据也与此类似：尤其是在19世纪50年代俄国与伊玛目沙米尔进行高加索战争期间，作家（如大仲马）和旅行家都曾广泛描述了俄国人的残忍性。但是西方文明的理论家们却没有人就美国印第安人被种族灭绝而表示过

---

[47] 1776年亚当·斯密出版《国富论》，1817年大卫·李嘉图出版《政治经济学及赋税原理》。

不安——这种针对印第安人的种族灭绝就发生在同时期，就发生在他们的眼皮底下。

1917年革命、第二次世界大战、世界智力中心从欧洲转移到美国之后，反俄的自由派人士成为美国批评俄国的主力之一，同时也是反极权主义话语的基础。

文化梯级论

进步和文明的概念是18世纪末孔多赛定义的，而这些概念导致了发展理论和散射理论的出现。最广为传播的观念是：进步是分阶段实现的。文明是逐步过渡的——比如，从奴隶制过渡到封建制，然后再过渡到资产阶级民主制（按照马克思的理论，再过渡到社会主义），或者，如果相信孟德斯鸠和托克维尔的理论，是从贵族暴政过渡到绝对君主制——然后，按照马克思的理论，在经过短期的无产阶级专政之后，摆脱国家的压迫。

在分阶段进步理论提出的同时，孔多赛还试图解释其如何在不同类型的人群中传播：自从达尔文之后该问题就开启了人种分级，其中一些人种在进步的标尺上（或者，按照社会达尔文主义理论，在适应的标尺上）比较低下。

在欧洲推进了自由模式，对抗独裁制度，确立了能够征服亚洲式野蛮的文明，因而催生了文化梯级论。

按照这一理论，文明将从位于巴黎和伦敦之间的文明策源地：从西方向东方传播，中欧，然后是东欧，最后俄国的民族随之都将成为文明开化的民族。这种理念在整个19世纪都曾得到发展。逐渐地，对启蒙普世主义的浪漫主义反应让德国汇入文化大潮，借助文明发源地的法国（作为知识领域的文明发祥地）和英国（在经济领域最早开启工业革命）而弥补了现有的缺憾。

随着时间的流逝，该理论日渐成功。1861年，亚历山大二世废除了农奴制，世界发现，普鲁士比俄国早半个多世纪于1807年已经采取了类似措施。随即，当德国议会（Reichstag）完成几次议会选举之后几十年，紧随其后，俄国在1905年革命失败之后实施了议会制。19世纪后半期英国首相帕默斯顿最早提出了"二加三体系"：两个自由的海上强国（英国和法国）对抗三个北方的、陆上的、君主制的专制强国（普鲁士、奥地利和俄国）。

稍后，文化梯级结构变得更加精细。由德国和奥匈帝国组建的中欧被认为是介于法国、英国（处在文明梯级的上层）与俄国（尽管评价不同，但是俄国处在文明梯级的下层，甚至还没有走上文明的道路）之间的过渡环节。

马丁·马拉指出：如果说，令路易莎·卡罗拉（Lewis Carroll）感到如此好笑的、古怪的西里尔字母就是俄国最首要的典型特征，也是俄国给西方旅行家留下的最主要差别，那么请不要忘记：就在该时期（甚至直到20世纪50年代）德意志的中欧还在用哥特字体，该字体在习惯了拉丁字母的西欧人看来也是相当古怪的。这三种字体（拉丁字母、哥特字体和西里尔字体）十分直观地反映了欧洲人心目中的东西方文化梯级的三部分。[48]

文化梯级论的奇怪之处是：可以随着局势变化而将俄国纳入欧洲文明或将其清除出欧洲文明之外。当俄国可以带来好处时（如19世纪90年代的法国、20世纪初的英国以及第二次世界大战期间），就将他纳入欧洲文明体系，并且就如勒鲁瓦指出的那样：俄国可以与西方兼容。与此同时还要特别强调一下：俄国人的理想与西方的理想是相似的，都是要建立多元主义民主制和自由经济——就如不久前发生的一样：戈尔巴乔夫时期和在世贸大厦双子塔被袭之后的2001年至2003年间。

但是，当俄国被视为威胁（如1815年、1917年和1945年，或者当2003年普京将经济控制起来后）时，文化梯级论也很有益，因为这样就可以将俄国开除出文明国家，并炮制大量的习见的陈词滥调，将其抛入野蛮世界：威权主义、返祖般的扩张主义、国家主义（国家至上主义）、反对进步的保守主义。

因此毫不奇怪：从法国大革命时代开始，关于文明是沿着西方-

---

[48] Martin Malia,《L'Occident et l'enigme russe. Du Cavalier de bronze au mausolee de Lenine》, Paris, *Le Seuil*, 2003, p. 207.

第五章　法国的恐俄症和关于亚洲专制的神话

东方轴心或西北-东南轴心渐进发展的假说就完全无视西方的偏执行为。谁也不提欧洲人在南美洲、非洲和亚洲殖民地的野蛮行为，以及在1901年义和团起义之后西方殖民军队针对中国实施的恐怖行动。以沉默之幕来掩盖美国对印第安人的暴力行为和这样一个事实：美国的奴隶制实际上与俄国的农奴制在当时是同时存在的，也就是说，从全人类的价值观来看，当时的美国并不比同时期的俄国更"文明"。

应该指出的是：1945年以后世界经济和文化中心已经从欧洲转移到了美国，文明梯级论并不能解释西方的文明进步；该理论也不能解释斯大林主义时期和20世纪60年代俄国经济的繁荣——当时的文明进步轴心似乎已经转向东方。

从战前岁月到20世纪60年代末，对于亿万西欧人和从殖民依附地位中解放出来的第三世界国家的公民来说，同西方（当时的西方正在为争取自己从前的殖民地特权而焦头烂额呢）相比，苏联确实是进步的楷模。

东西方为了争当进步发动机称号的意识形态斗争进行了好几十年。但是，从20世纪60年代末开始，将世界划分为两大体系的旧的划分法再次具有了现实意义。这种划分法仅仅对西方有利：美国成为西方的中心，获得"第一世界"的头衔；同时期的苏联集团稳稳地获得"第二世界"称号。

由此一来，文化梯级论就从理论构想开始付诸实施。将俄国的落后归因于俄国的模式（西方模式）的同时，我们也将这种落后物质化，将其当成绝对现实，并且依据流行的种族主义观点（如，认为俄国人是野蛮人，犹太人是吝啬鬼，黑人很懒惰，穆斯林都是恐怖分子），将其变成一种不可分割的成分和歧视性的绝对之物，这样就距离将俄国归入文明之敌不再遥远——这些都是那些最为激进的媒体经常干的事情。

对人类社会等级的系统化梳理、确定性的迫切需求、关心人类社会的等级和层次之所以需要，仅仅是为了让典型的、害怕在竞争中落败的西方焦虑不安的心理平复下来，需要经常为速度而不安：需要检验追逐者的脚步远近。从启蒙时代开始，西方社会就需要证据来证明：西方社会处在进步和文明的前沿，他们的价值观是普世的，这是为优越感和追求优等地位必须付出的代价。而俄国距离如此近而又如此不相像，正好成为一个理想的标尺。

法国史学家乔治·索科洛夫（George Sokolov）在其著作《俄国发展中的迟滞性》[49]中熟练地概述了西方同俄国关系中的永恒问题，西方为俄国贴上一张标签，而这个标签"很容易超越经济和政治范围，扩大到文化和伦理领域。（俄国发展中的）迟滞就变成了落后"。还在20世纪60年代，美国的俄裔史学家亚历山大·赫尔申科隆（Alexander Gerschenkron）回应了美国经济学家沃尔特·魏特曼·罗斯托（Walt Whitman Rostow）的关于经济发展和消费社会与多元主义民主制同时出现的五个阶段的、简化了的自由理论。他表明，落后国家可能会利用先进国家的经验，越过好几个发展阶段，就如20世纪30年代的俄国一样；而关于经济发展先于政治发展，还是相反的问题（也就是资本主义催生民主制、还是相反的问题），相关辩论至今还在继续。

1877年，英国作者多纳尔特·麦肯基·沃勒斯（Donald Mackenzie Wallace）写道："读者应该努力承认：俄国农民——哪怕是穿着羊皮的俄国农民——也都是和我们一样的人类。"[50]过了140年，俄国人身上穿着的兽皮早已不见了，但是，关于俄国人是落后的野蛮人（他们很执着地，试图达到自由经济和多元民主制这些先进的西方文明所取得的伟大成就）的观念却没有消失。

---

〔49〕 Georges Sokoloff,《Le retard russe》, Paris, Fayard, 2014.

〔50〕 Donald MacKenzie Wallace,《Russia. Its History and Condition to 1877》, Boston-Tokyo, *J. B. Millet Company*, 1877.

第六章
英国的恐俄症乃是一种"帝国控"

> 俄国是一个包裹、深藏在谜中的谜。
>
> 温斯顿·丘吉尔，1939年10月
>
> 是一种包裹在陈词滥调中、深藏在讽刺漫画中的思维定势。
>
> 詹姆斯·布朗，阿伯丁大学（英国），2010年[1]

英国对世界性恐俄症的形成作出了巨大贡献。如同法国一样，英国的恐俄症于1815年推翻拿破仑之后在该国产生，并在两个层面上发展起来。一方面，英国的恐俄症具有地缘政治特征，因为早在工业革命爆发之初，英国就将俄国列为觊觎世界性统治地位的强国。所谓的"大牌局"（俄、英两大帝国在亚洲的竞争）就成为这种对俄国的一切都感到不快的体现。当时，经由英国的民主体制，恐俄症从"大牌局"的外交高空降落到广大公众层面。为了实现其帝国野心，英国政府和殖民游说集团必须说服选民，如果按照《维也纳和约》的成果巩固俄国的地位，必将威胁英国在亚洲的统治地位。当法国哲学家在思想战场上肉搏，讨论民主制的优势并将反对亚洲专制制度的论据精细化时，英国人开辟了商路，并孜孜以求地征服

---

[1] 这是丘吉尔在年度报告中的言论，是在第二次世界大战之初，德国和斯洛伐克入侵波兰之后发表的。而詹姆斯·布朗的话摘自他的一篇仇俄文章（James D. J. Brown,《A Stereotype, Wrapped in a Cliche, Inside a Caricature: Russian Foreign Policy and Orientalism》, Politics, 2010. Vol. 30/3）。

新市场。

因此可以说,英国的恐俄症既没有宗教基础,也没有哲学基础,对俄国专制制度的任何指责都主要是用于反对俄国沙皇的宣传。对专制制度的批判完全没有纳入英国政府的计划——尤其是在英国与奥斯曼苏丹(东方专制暴君)订立反对俄国人的同盟的背景下。19世纪末,处在工业革命高峰和人口增长高峰的英国变得空前强大。英国人持续不懈地扩大自己的帝国,并在地中海和中亚挑起了与俄国的冲突。英国已经对其在美国的领地失去控制,因此,除了掌控在加拿大的领地之外,英国主要对南方海上通道和获得新领土感兴趣,以寻求自然资源和新的劳动力。

英国人的注意力主要集中在从加勒比海诸岛经由非洲、近东和印度、澳大利亚到中国的广袤土地,国际局势也对英国的国家兴盛非常有利。由于七年战争,1760年普鲁士被俄国占领,随后又被拿破仑击败,变成了一个二流国家。奥地利则被国内问题和反对民族主义病毒的斗争所吞噬——这些民族主义病毒是拿破仑为帝国境内的许多民族培植起来的。而法国在拿破仑战败之后必须进行重建,消除工业落后。奥斯曼帝国则被北方的俄国人入侵以及北非领土的独立斗争所削弱,已经持续衰落几十年了。

到1815年,在消除了拿破仑威胁之后,英国无论在海上,还是陆地都已没有竞争对手,只有强大的前盟友可以与其对抗。俄国于1812年战胜了拿破仑,并于两年后占领了巴黎,俄国在维也纳和会上发挥了主导性作用,并依靠其体量和军事实力变成欧洲一流强国。

从16世纪初建立莫斯科贸易公司开始,伦敦和莫斯科一直保持良好关系。但是,三百年的真诚友好关系最终被紧张时期所取代。在不到三十年的时间里,以前的两个盟友就爆发了战争——尽管说,俄国和英国并不接壤,也没有利益冲突。从1815年开始,在英国政府的政策和英国的公众舆论中,亲俄情绪被攻击性的仇俄情绪所取代。

是什么原因引发这种突如其来的戏剧性变化?

第六章　英国的恐俄症乃是一种"帝国控"

1815年：俄国出人意料地成为威胁

为什么对俄国的良好态度急剧变成对俄国的攻击性的仇俄情绪？20世纪40年代末，在哈佛大学校园内，这个问题又被提了出来。故事重演：苏联-英国同盟成功抗击了法西斯德国，但在战争结束后，从前的盟友再次成为敌人——爆发了所谓"冷战"。约翰·豪斯·格里森（John Gleeson）撰写了一部关于英国恐俄症历史的杰作，试图弄清其原因。[2]

该书第一段如下：

恐俄症是英国历史的悖论。19世纪初，英国的仇俄情绪发展起来，很快成为英国最具特色的、持久不变的对外部世界的国家观念因素。这种对三百年友好关系的出乎意料的变化在克里米亚战争中得到反映。这一结局不明的冲突是两国关系史上唯一的一次公开冲突。英、俄两国的关系一直是和平的，对于欧洲列强来说并不多见。现代史上的三次大规模杀戮（拿破仑战争、第一次世界大战和第二次世界大战）中，英国是列强中唯一一个得以免遭败绩的国家——而三次免遭败绩都得益于俄国的军事援助。那么，为什么仇俄情绪能够在英国人的心中生根呢？[3]

这段话非常好，非常理智，有远见！不可思议的是：甚至从那时起已经过了65年，这段话至今仍有其现实意义，而且同样能够出色地概括21世纪初美国和欧洲恐俄症的特征。三次拯救了西方世界的俄国现在并不对西方构成威胁。那么，为什么俄国会在西方的政府和学界——当然，还有媒体——引起如此的仇视和故意呢？

对英国人头脑中产生的恐俄症的第一种解释比较粗浅：两大强

---

[2]　John Howes Gleason,《The Genesis of Russophobia in Great Britain. A Study of the Interaction of Policy and Opinion》, Cambridge, *Harvard University Press*, 1950.

[3]　John Howes Gleason,《The Genesis of Russophobia in Great Britain. A Study of the Interaction of Policy and Opinion》, Cambridge, *Harvard University Press*, 1950, p.1.

国之间的帝国野心产生了冲突。在1815年之前两国互相距离遥远，但在摧毁法国之后两国成为对手。1945年之后的美国和苏联的情形也与此类似。但是，格里森认为这种解释并没有说服力。用帝国野心并不能解释：盟友之间的对抗是从何处开始的。俄国和英国的殖民利益并不交叉：俄国首先撕咬亚洲"软腹部"，而英国则撕咬南方的印度、中国、埃及和非洲的土地。

格里森正确地指出，英国不知为何无视俄国对"英国在巴尔干半岛、高加索、君士坦丁堡、阿富汗、叙利亚和埃及的挑衅政策的反对和抗议"。对于每一个相信历史会重演的人来说，显而易见的是：1990年~2000年间，美国、欧盟和北约在东欧和中亚的活动酷似1815年~1840年间英国的政策。格里森继续写道："如果可以让一个公正的法官作出判决的话，那么，这个判决多半会有利于俄国人。"〔4〕

按照格里森就19世纪20~40年代英国爆发恐俄症的原因的第二条推论，"问题的根源应该在政治和社会舆论的交锋点寻找"。英国爆发恐俄症的原因不仅在于英、俄两大帝国利益的冲突，也在于英国政党对选民选票的争夺。格里森认为，英国爆发恐俄症的真正原因应该从英国国内政治斗争中寻找：英国的政党利用对俄国的恐惧，批评英国政府面对俄罗斯国家对英帝国造成的危险时坚持推行过度的和解政策；或者，反过来说，英国是要借此证明从军事上或经济上夺取那些新领土的正当性——这些领土必须在俄国"野蛮人"和"专制暴君"武力控制之前，归并英国。

用这种行为模式也可以再好不过地描述2015年美国出现的局势：同样是两党体制；同样是议会抵制和空洞许诺；同样是通过媒体操纵舆论；同样是为了国内斗争而爆发反俄情绪并歇斯底里发酵。1815年英国的辉格党人和托利党人与2015年美国的民主党和共和党之间的差别无几。

而且在这两种情形下，俄国都被赋予了一个天赐的稻草人角色，注定是敌人形象的化身，深陷两党制的政治家们都争相攻击对方，

---

〔4〕 John Howes Gleason,《The Genesis of Russophobia in Great Britain. A Study of the Interaction of Policy and Opinion》, Cambridge, *Harvard University Press*, 1950, p.3.

试图让社会舆论服从于自己并争取选民支持。还可以提出一个问题：2013年到2014年间难道没有发生同样的事情吗？由于内部分歧，欧盟无法定位自己对俄罗斯的政治立场，但却火上浇油，在乌克兰危机中轻率地强化了对俄罗斯的压力。

按照格里森的推论，英国的恐俄症乃是英国政府和反对党政策导致的后果。最初他们试图发动英国社会各界反对假想中的俄国帝国主义，或者反过来说，在媒体上高调谴责所谓的政府对俄让步，随着时间流逝，这些媒体的影响力越来越大。社会活动家和政治活动家都经常遭受这种压力，他们热衷于倾听不计其数的社会大合唱的声音：明显的或潜在的；具名的或匿名的。[5]

对于格里森的理论，还可以补充一个人类学范畴的解释：大自然不能容忍空洞。任何强国成为霸权之后，就会努力保持优势并且会无视任何抗议，直到碰到一个能够令其恢复健全思维的对立方为止——就如拿破仑战争末期英国成为霸权国家一样。这种解释也符合孟德斯鸠和托克维尔的提法：如果没有一种制衡力量，任何权力在其国内乃至国外都会变成一种绝对权力——如果没有另一个强国能够遏制他的话。对于防止一个国家滥用权力来说，国际法很少能够成为足够的保障。

在独裁候选人缺乏实力相当的竞争对手的情况下，总是能够利用基本法为他们的利益服务。而且，强国还能够按照自己的利益"解释"，甚至改写国际法——如果他无力对抗国际法的话。在这种情况下，法律就只是用来掩盖最强大国家的主导地位的门面而已。

第一个令人担忧的信号：攻占奥恰科夫

我们来一起看看，英国是如何变成恐俄症的苗圃的。英国与俄国关系中的第一道裂痕见于1791年俄国人占领奥斯曼帝国的奥恰科夫要塞之后。奥恰科夫要塞位于第聂伯河和布格河河口，距离敖德

---

[5] John Howes Gleason,《The Genesis of Russophobia in Great Britain. A Study of the Interaction of Policy and Opinion》, Cambridge, *HarvardUniversity Press*, 1950, p. 5.

萨不远，该要塞拱卫通往乌克兰草原的大门。对于奥恰科夫要塞的陷落，英国对此的回应是：英国首相皮特于1788年建议组织一次海上考察，迫使叶卡捷琳娜二世后退。

但是，英国首相的建议并未得到社会各界和议员们的支持，他们不理解，要塞主人的更换干英国何事。首相皮特耻辱地放弃了这一提案，第一次争论不曾延续。后来，英国和俄国共同反对爆发了革命的法国和拿破仑。

但是，英国的政治领导人从已发生的事件中吸取了教训。在英国民主制的历史上，首次发生了社会舆论迫使政府在解决外交问题方面走向倒退。从此之后，在发动对外行动之前就应该准备社会舆论，在媒体上组织相应的支持，开动宣传机器，动员"软实力"资源。从这个意义上说，格里森的判断是完全正确的：英国的恐俄症完全是其国内政治生活催生的。

接下来的英俄关系紧张出现于维也纳和会进程中。英国外交大臣卡斯尔雷、奥地利外交大臣梅特涅、俄国沙皇亚历山大一世都认为，欧洲和平和繁荣的最好保障只能是恢复旧制度；但是，卡斯尔雷不同意亚历山大一世要求担任波兰国王，将波兰与俄国合并的强烈愿望。在奥恰科夫要塞危机之后，英、俄之间的矛盾再次复苏了。波兰始终是英国大陆政策中的一张王牌——对德国、奥匈帝国和俄国施压的杠杆。自从18世纪末波兰王国和立陶宛大公国被瓜分之后至今，波兰始终如一地寄希望于英国的支持，而英国最不希望俄国控制波兰并且在欧亚大陆的心脏地带站稳脚跟。

正是在这个时期，出现了最初的一批文章，指责拿破仑试图与俄国和波斯秘密结盟，征服英国殖民地印度。不论是真是假，这些观点似乎已经证实了伪造的《彼得大帝遗嘱》中的提法[6]——刚巧，该遗嘱刚刚被译成英语。对于英国的民族主义者和帝国主义者们来说，这一理由就足以将俄国从文明国家的行列里剔除出去了。帝国的游说集团在伦敦威望非常之高，他们成为俄国乃至一切俄罗斯事物的最凶恶敌人。

---

[6] 关于伪造的《彼得大帝遗嘱》的问题，参见本书上一章。

第六章 英国的恐俄症乃是一种"帝国控"

英国商界也因为拿破仑的大陆封锁政策而受害。没有机会利用欧洲的港口，他们便再不能将自己的商品输送到那里。如果不能掌控港口，这对于海上强国来说是一个沉重打击，会造成巨大的财政损失。封锁也让英国人明白：海上的主宰地位对于国家强盛来说是一个必要条件，但并非充分条件；要拥有不受限制的主宰地位，必须拥有陆上的权力。新的目标决定了英国政治路线的改变：俄国已经成为自己的潜在障碍。

从19世纪20年代起，帝国强盛的最热心的支持者开始挑起辩论，并在英国媒体散发一些令人不安的新闻：沙皇企图无限制地进行扩张，他们对英国在地中海、中亚、印度和中国的利益构成威胁。这样一来，"大牌局"就爆发了。在持续整个19世纪的这场"大牌局"中，英国人与俄国人争夺对中亚的控制权。正是这场争夺迫使英国人为了预防性保护其在印度次大陆的领地（印度、巴基斯坦和孟加拉国），而在阿富汗发动两场战争。

辉格党代表的是贵族和最保守的一派，其言论非常激进。如1817年10月24日的《纪事晨报》(The Morning Chronicle) 就一个荒谬传闻（西班牙与俄国结盟，为了在南美洲得到俄国的支持，并将其在地中海的领地让给俄国作为交换）所写：

在很长时间里，俄国人持有一种朴素信念：他们天生是要统治世界的，这种信念不止一次地在俄国的论著中宣示过。[7]

《纪事晨报》继续写道：

实际上，在占据王位达一个世纪的君主们的统治下，他们的进攻性领土扩张行动一刻也不曾停歇。专制沙皇们必须要考虑自己民族占优势的民族性格，特别是要考虑其对领土扩张的热衷。

考虑到最近发生的政治事件，就不可能认为说，像俄国这样的庞大强国除了北冰洋和波罗的海（这些地方在一年内只在特定季节

---

〔7〕 很明显地喻示了伪造的《彼得大帝遗嘱》，该遗嘱由于拿破仑的宣传以及夏尔·路易斯·勒叙尔（Charles-Louis Lesur）的书（出版于1812年）而广为流传。

才能通行）之外没有其他海上通道；也就不会认为说，俄国不会努力将那些能够确保其安全抵达地中海的领土归并。[8]

希腊独立

本书尽可能列举所有矛盾和危机情形的细节，从这些矛盾和细节中能够感受到英国对1815年之后、克里米亚战争之前的俄国的攻击性。只需要提示一些格里森所指出的最重要的转折点供参考即可：1822年希腊宣布独立；1830年波兰革命、1833年经济危机；1836年至1837年的"威克森"案件，占领波斯的卡拉克岛屿、1838年危机、1839年到1841年间的近东危机。

东正教信仰和拜占庭遗产将俄国和希腊拉近，俄国不断夺取中世纪之后被鞑靼人和奥斯曼人占领的土耳其领土。而且，希腊流民曾经统治了摩尔多瓦和瓦拉几亚（罗马尼亚）的许多公国。他们觉得自己与俄国亲近；在1768年至1774年间的俄土战争期间，俄国夺取了非常广袤的领土，同时，俄国还从土耳其苏丹那里赢得了东正教保护者的称号。

1774年《库楚克-凯纳吉和约》将俄国沙皇变成奥斯曼帝国境内东正教徒的保护者，这样就给了俄国沙皇合法的理由介入，给那些感觉自己身处危险中的希腊人提供帮助。1779年，《和约》再补充了新的协定。1783年，又补充了商贸条约。希腊人利用这种机会，挂着俄国的旗帜在黑海和地中海上航行。

1821年，希腊爆发了起义。起初沙皇不敢介入，希望遵照维也纳和会的决定保持法律地位；但是欧洲列强感到担忧，不希望在这种情形下让俄国获得优势。

经过一番周折，冲突变成了内战，直到1828年才结束。而当时1826年俄国新沙皇尼古拉一世决定将主动权掌握到自己手中，对奥

---

[8] 引自John Howes Gleason,《The Genesis of Russophobia in Great Britain. A Study of the Interaction of Policy and Opinion》，Cambridge，Harvard University Press，1950，p.45（文章来自《晨报纪事》（Morning Chronicle），Е. Д. 奇科依泽（Е. Д. Чкоидзе）翻译。

斯曼苏丹穆罕默德二世发出最后通牒。苏丹让步了。1826年10月签订的《阿克尔曼协议》（Akkerman）令俄国人在奥斯曼帝国全境都拥有商业优势，并且还获得对摩尔多瓦、瓦拉西亚和塞尔维亚的保护权。

作为对俄国获得的成功的回应，联合王国提议英国、俄国和法国在希腊和土耳其之间担任调停人。希腊无力回绝，他只能控制纳弗普利奥和伊德拉两地；但是苏丹回绝了提议。于是三大列强威胁要武力干预。由于纳瓦林港口爆发的事件，土耳其-埃及联合舰队被三大列强的联合舰队全歼。

当时，法国的考察舰队在莫里亚靠岸，[9]易卜拉欣帕夏撤退。1829年8月，俄国军队侵入罗马尼亚诸省，掌控了厄尔祖鲁姆和土耳其东部以及西部的亚德里亚堡。为了避免君士坦丁堡被俄军占领，联合王国实施了外交调停。此时，苏丹已经投降，并且于1829年9月14日与俄国签署了《亚德里亚堡和约》，并于1830年2月在伦敦会议上最终得到批准。希腊宣布独立，希腊独立由列强保障。[10]

击败波兰起义

历史已经表明，在希腊独立战争期间，英国各党派和报刊表现得非常好战，常常对俄国持歇斯底里的立场。关于《亚德里亚堡和约》，英国《泰晤士报》（The Times）是这样写的：

> 他（即沙皇尼古拉一世——作者注）的温和立场的界限众所周知。这种立场赋予土耳其的独立性，就如战胜了的罗马留给自己的竞争对手卡尔法根的独立性一样多。
>
> 在欧洲，没有一个受过教育的人会对俄国巨大的、快速增长的权力感到满意。

1827年，《泰晤士报》的竞争对手《先驱晨报》（Morning Herald）

---

[9] 伯罗奔尼撒半岛的名称从中世纪一直保留到19世纪。
[10] http://fr.wikipedia.org/wiki/Guerre_ d'independance_ grecque.

的言论表现得如此不可调和：

> 显而易见，俄国的真正意图是让希腊依附于自己，而不是依附于土耳其，同时也避免让希腊成立独立国家。
>
> 这就意味着：俄国获得了渴望已久的东西：地中海上的海军基地。
>
> 在如此迅速的权力增长之下，或许俄国正在凝神思索：不费吹灰之力就可以掌控君士坦丁堡，然后将手伸向东方，动摇我们的亚洲领地的基础。[11]

在这种紧张的背景下，1830年11月底，波兰爆发了起义。按照《维也纳条约》，被普鲁士和奥地利瓜分的华沙公国于1795年转给了俄国。沙皇尼古拉一世任命自己的弟弟康斯坦丁大公担任波兰王国的省长。康斯坦丁大公在当地居民中不受欢迎，最终爆发了起义。随之而来的是一场战争，这场战争以1831年波兰人被消灭而告终，而其结果是又在英国和法国引发了大规模骚乱。

该事件之所以广为人知，是由于法国外交部部长塞巴斯蒂安的糟糕透顶的声明："华沙秩序井然"，这句话成了格兰维尔（Granville）的讽刺画的签名，画上刻画的是一名哥萨克，脚下踩着波兰人的尸体。俄国再次征服波兰并继之以镇压，对其形象造成毁灭性影响，导致俄国沙皇尼古拉一世丧失了"希腊解放者"的美誉（这一声誉本来就饱受其他列强争议），强化了其作为亚洲独裁者的声誉。

自然，这一情节大大地强化了英帝国主义最热烈的支持者们的立场。还在1828年时，乔治·德·拉西·埃文斯（George De Lacy Evans）上校就发表了一部挑衅性的小册子《俄国的意图》，其中警告欧洲（尤其是法国）说："掌控世界上最强大的战略要地（即君士坦丁堡和海峡——作者注）将令俄国在事实上（ipso facto）获得

---

〔11〕 1829年10月16日《泰晤士报》(The Times) 和《先驱晨报》(Morning Herald) 1827年10月24日, цит. по John Howes Gleason, 《The Genesis of Russophobia in Great Britain. A Study of the Interaction of Policy and Opinion》, Cambridge, *Harvard University Press*, 1950, pp. 83, 86 (《先驱晨报》文章, Е. Д. Чкоидзе 译。

第六章 英国的恐俄症乃是一种"帝国控"

对中亚和地中海的主导地位,从而切断法国和英国的贸易和国力。有了在君士坦丁堡的基地,俄国距离统治世界就只有一步之遥。"[12]

这种剧情与现实毫无共同之处。但是,就如伪造的《彼得大帝遗嘱》一样,这一空洞幻想令英国社会各界进一步确信强大的俄国具有侵略性和危险性。

1833年7月,英国和俄国之间爆发了新的危机:出乎意料的是,俄国与奥斯曼帝国签订了关于和平、友好、防卫同盟的《温卡尔-伊斯凯莱西条约》,土耳其确实是碰到了棘手之事,其在叙利亚和埃及的领地受到威胁,且法国和英国在尼罗河三角洲和近东的利益也受到妨害。而俄国和奥斯曼帝国约定:如果遭到第三国进攻,要互相提供援助。《温卡尔-伊斯凯莱西条约》只不过是强化了英帝国游说集团对俄国的敌意,这些游说集团密切关注着俄国和土耳其的关系。

英国和法国担心,按照《温卡尔-伊斯凯莱西条约》,土耳其可能允许俄国舰队出达达尼尔海峡,英国反对派和报刊高调谴责俄国;却没有认识到,俄国的担心并不比英国和法国对土耳其崩溃的担心更少——一旦土耳其崩溃,那么,俄国的整个南部地区都可能受到威胁。

1836年:英国人武装切尔克斯人反对俄国

新的危机爆发于1836年,起因是"威克森号"(Vixen)事件。依据《亚德里亚堡和约》,切尔克斯(位于克里米亚和索契之间的黑海沿岸的山地部分)划归俄国。热爱自由的切尔克斯人不承认新主人,英国驻君士坦丁堡使馆秘书大卫·沃克华特(David Urquhart)决定绕过俄国禁止英国和法国卖武器给切尔克斯人的禁令,用英国纵帆船"威克森号"走私武器。

挑衅取得了成功,俄国军舰扣留了英国船只。在此期间,俄国

---

[12]《泰晤士报》(The Times) 1829年10月16日;《先驱晨报》(Morning Herald) 1827年10月24日;转引自 John Howes Gleason,《The Genesis of Russophobia in Great Britain. A Study of the Interaction of Policy and Opinion》, Cambridge, *Harvard University Press*, 1950, C. 101.(《先驱晨报》文章,Е. Д. Чкоидзе 翻译)。

从英国纵帆船上卸下了8门大炮，800普特子弹以及大量武器。俄国没收"威克森号"引发英国报刊的愤怒和英国政府虚伪的抗议，英国政府不能容忍俄国如此破坏贸易自由。托利党人在议会中提出一个问题：切尔克斯归俄帝国管辖是否合法？俄国遭到战争威胁，而俄国人也以同样的调门回应。

由于英国无法找到一个能够与俄国开战的大陆盟国，敌对言论的热度开始降低。英国自由派政府回答质询说，俄国控制切尔克斯是合法的，依据就是《亚德里亚堡和约》，但这仅仅是暂时推迟了战争的爆发时间。

"威克森号"事件刚刚被淡忘，沃克华特及其朋友们就再次开始在切尔克斯向俄国发起攻击。1837年，詹姆斯·贝尔（James Bell，"威克森号"纵帆船的船长之子）、《泰晤士报》的"驻外记者"约翰·朗沃思（John Longworth）带着铅和子弹登陆切尔克斯，目的是发动反俄起义。他们随身携带着大卫·沃克华特的"最新发明"——国旗。

为了效果最大化，大卫·沃克华特假称这面旗帜是先知的旗帜，是君士坦丁堡的宗教领袖们庄严尊奉的。大卫·沃克华特的遗产经历了数个世纪。该旗帜今天已经成为亚迪格（俄罗斯联邦的自治共和国之一）的官方旗帜。[13]这次考察没有继续。英国改变了政策，切尔克斯逐渐加入俄帝国。甚至克里米亚战争也没有将俄国人从切尔克斯驱逐出去，也没有妨碍俄国人终结车臣起义并给伊玛目沙米尔一个机会，以体面的条件投降。

亚洲争夺战及伦敦-莫斯科爆发"大牌局"

在历史学上，19世纪30年代开始的英-俄关系阶段被称为"大牌局"。我们要感谢英国军官亚瑟·科诺利（Arthur Conolly）发明了这个术语，他试图发动土库曼人进行反俄起义，但是于1842年在布

---

[13] Eric Hoesli,《A la conquete du Caucase. Epopee geopolitique et guerres d'influences》, Paris, Editions des Syrtes, 2006.

第六章　英国的恐俄症乃是一种"帝国控"

哈拉被斩首。俄帝国的南部边界在19世纪30年代里还曾经受两次大规模冲突。1837年秋，波斯人进攻赫拉特，引发了帝国游说集团及其控制下的报刊的又一波歇斯底里，他们认为这一事件是俄国试图攻占印度。当时在德黑兰驻有俄国大使西莫尼奇。英国人快速采取报复性措施：下令印度军队占领波斯湾里的波斯岛屿卡拉克。

冲突随即蔓延至阿富汗。英国人决定占领这个国家，以保卫英属印度。1839年夏，英国人攻占了喀布尔，任命自己的傀儡担任艾米尔。由于阿富汗人起义，英国的卫戍部队被阿富汗起义军消灭。直到1842年，局势都难以正常化。国内勉强保持和平，直到1878年至1880年间爆发第二次英国-阿富汗战争。但是，阿富汗的局势总是难以稳定。于是，第三次冲突于1919年爆发了。

1839年到1841年间再次爆发了冲突，将列强的注意力吸引到地中海地区。以仇俄派首相帕默斯顿为首的英国人沿袭了遏制俄国的政策，他们提出两项任务：帮助苏丹保住王位；防止俄国在土耳其采取独立行动。埃及的穆罕默德·阿里争取埃及独立的斗争导致欧洲国家和土耳其苏丹都做好了战争准备。

1839年埃及爆发了反对土耳其苏丹的起义，起义者消灭了土耳其军队。战争爆发了。英国人实施了常规演习，最初他们试图让法国人相信：俄国有意削弱奥斯曼帝国。梅特涅提议，愿意为将奥地利的利益扩及巴尔干而效劳。当时英国的东印度公司抓住了有利时机。皇家海军陆战队在阿登登陆，占领了沿岸地带，终结了海盗对英国的印度远征军的袭击。冲突的结果是1840年7月在伦敦签署了和约。

英国、普鲁士、俄国、奥地利商定，必须遏制穆罕默德·阿里的野心。穆罕默德·阿里得以继承权力，但名义上埃及仍处在奥斯曼土耳其的控制之下。法国对是否应该支持穆罕默德·阿里长期犹疑不决，最终还是放弃对其支持。法国被从协议中完全排除出去，引起法国政府的强烈愤怒。

1841年，一份国际公约对上一年签订的协议作出补充，确保在和平时期土耳其海峡保持中立地位，严禁军舰进入马尔马拉海。俄国与英国站在同一阵营。但是，这只是临时的喘息之机。英帝国的

163

游说集团并未袖手旁观，其支持者们在伦敦和印度的报刊发表了大量的挑衅性材料。

如此一来，到19世纪40年代初，在不到25年的时间里，英国的社会舆论已经发生彻底变化。俄国从英国首屈一指的盟国（俄国拒绝参加大陆封锁，并且站在英国人一边加入了对拿破仑的战争）变成了英国的头号敌人。俄国沙皇从自由英国的最大盟国变成了专制君主、野蛮人、背信弃义的侵略者。

英国的仇俄情绪植根于社会舆论中，因而很快就导致公开对抗，战争一触即发。而东方问题就有可能成为引爆战争的火星。

到19世纪40年代，东方问题变得日渐尖锐。[14]奥斯曼帝国这个"欧洲病夫"被所有人热议。英国永远都担心俄国向君士坦丁堡方向推进，从而使连接帝国在亚洲和欧洲领土的贸易通道受到威胁。法国则渴望得到国际承认，伤心于黑海已经变成"俄国的内湖"，试图从奥斯曼土耳其那里争取圣地"基督徒的保护者"的地位。

1844年，沙皇尼古拉一世前往伦敦，试图找到某种解决矛盾的办法，但是会谈无果而终。英国报刊并未放缓速度，仍然受到以帕默斯顿勋爵（他非常明白报刊的威力）为首的仇俄分子肆无忌惮的挑唆。帕默斯顿也成为历史上首个愿意在报纸上展示自己对体育运动和拳击的热爱的民间政治家。他运用了传统的反俄方法，将战争说成是"民主制与暴政之间的斗争"。他竟敢称专制苏丹领导的战争是"为基督教价值观而战"，对伊斯兰国家土耳其表示支持。或许，他的无耻堪比无原则的当代美国智库（think tank）：2004年前后，这些智库把车臣的伊斯兰分子说成是自由斗士。

东方问题是发动克里米亚战争的借口

在当时，无论是东正教徒还是天主教徒，都在为圣地问题而争

---

〔14〕指的是近东地区。详情请参考Jacques Fremeaux，《La Question d'Orient》的详细分析（Paris，*Fayard*，2014）。该书指出，19世纪里，由于英国、俄国、法国、德国和奥匈帝国的帝国主义者在从维也纳到新德里的广大疆域里的对抗，形成了"欧洲火药库"，导致近东地区持续不断地爆发战争，导致印度-巴基斯坦和阿富汗不稳定。

执不休。而在巴黎，对俄开战的号召也日渐增多。1853年8月，深感不安的大卫·沃克华特在《广告晨报》(Morning Advertiser)上对俄国以及英国那些主张和平的人连续发起猛烈攻击。[15] 1853年10月初，土耳其对俄宣战。11月30日，俄国舰队在锡诺普消灭了土耳其舰队。一切都是在规则范围内发生的，但是英国人的忍耐力到了极限。他们认为锡诺普战役正是开战的理由（casus belli），抓住该事件大做文章，争取社会支持。类似1965年美国自导自演的"东京湾事件"，用以证明美国入侵越南是合法的。[16]

接下来发生的事件已经人所共知。法国、英国和撒丁军队登陆。粗劣的训练水平和平庸的指挥导致战争旷日持久、代价高昂。士兵置身难以忍受的条件下，死于霍乱、严寒和艰苦条件的多于战斗伤亡。

克里米亚战争被认为是第一场"现代化"战争：战争中运用了滑膛武器、舰船、铁路、电报以及报刊的积极参与。最早的战地记者——《泰晤士报》的威廉·霍华德·拉塞尔（William Howard Russell）和《伦敦插图新闻报》(The Illustrated London News)的摄影师罗杰·芬顿（Roger Fenton）——正是从克里米亚登陆的。在战争中，为了保持社会各界的稳定以及掩盖真正的帝国主义野心，动员的巨大资源和大规模宣传在军事史上也堪称是一大创举。

克里米亚战争在很多方面都预演了当代的武装冲突。据官方说法，克里米亚战争也是依据人道公约（为的是保护巴勒斯坦的基督徒）、在反对暴政的名义下进行的。对此，即使在今天也可以提出反驳：友好的奥斯曼帝国绝非民主国家，她受害于自身坏得多的暴政要多于敌对的俄国。

这场战争是历史上首次并非出于王朝利益，而是为了所谓"善恶之争、文明与野蛮之争"而宣战的。为了证实这一点，马丁·马拉引用了英国记者的话，这位记者认为："正常的文明人应该遵循什

---

[15] Jimmie E. Jr. Cain, 《Bram Stocker and Russophobia. Evidence of the British Fear of Russia》, Dracula and The Lady of Shroud. Jefferson, *McFarland & Company*, 2006, p. 32.

[16] Jimmie E. Jr. Cain, 《Bram Stocker and Russophobia. Evidence of the British Fear of Russia》, Dracula and The Lady of Shroud. Jefferson, *McFarland & Company*, 2006, p. 39.

么规则，俄国人对此并无概念。"[17]

1855年，在攻占马拉霍夫山岗和塞瓦斯托波尔要塞之后，确保英国战胜了俄国——尽管说胜利的代价非常高昂。俄国遭到屈辱：1856年和约要求其将所占领土归还土耳其。法国在国际舞台上占据了理想位置，而英国对其所取得的胜利的喜悦比其期望少得多。

以威信扫地为代价的胜利

19世纪下半期，英国处在领土扩张和国力鼎盛时期。舰队和商业船队令英国在所有大陆上的领地增多：中国、中亚和东南亚、澳大利亚和新西兰、埃及、近东——当然，还包括非洲。

但是在克里米亚战争中，英军因指挥乏力而威望受损。社会各界感佩于护士弗洛伦斯·南丁格尔对那些被军官无耻遗弃的伤兵们的忘我照顾。尽管英国的宣传竭力让俄国人显得愚蠢、腐败、落后，但是，对于敌方的顽强防御也并非毫无体察。尽管英军于1815年获胜，即使对于吉布林、布莱姆·斯托克（长篇小说《德古拉》的作者）等爱国作家来说，英帝国并非尽善尽美也是显而易见的。

英帝国很庞大，但很脆弱：在阿富汗的第一次行动差点以灾难告终，戈登将军的部队在苏丹被消灭，在南非与布尔人的战争结果引起了担忧。在伦敦，从大卫·沃克华特到塞西尔·罗德斯（Cecil John Rhodes）的帝国主义者阵营在报纸上为了推进殖民问题而斗争。但是，疑虑始终是存在的。如果说英国在海上的优势是毋庸置疑的，那么其在陆上就相当脆弱。克里米亚战争表现出了英军的弱点，仅仅是靠着法国人才得以获胜。在苏丹，基奇纳做出了不可能之事，令世人无法抹去对戈登遭受的可耻失败的记忆。

没有陆上的强大后方的海洋帝国只是半拉帝国，其权力是不稳固的。用俾斯麦的话说，难道鲸鱼能够战胜大象吗？对于英国这一强国来说，还有什么能够比庞大的俄罗斯帝国更危险的呢——俄罗

---

[17] Martin Malia,《L'Occident et l'enigme russe. Du Cavalier de bronze au mausolee de Lenine》, Paris, *Le Seuil* 2003, p. 178.

斯帝国能够将富有的、人口稠密的欧亚大陆压在身下，而英帝国又如此急于掌控欧亚大陆。

在地理学是科学之王的时代，地理学会就是外交部和贸易部的分支机构，类似的疑虑和问题就不可避免地令英国帝国主义者感到担忧。直到19世纪末20世纪初，英国的恐俄症才暂时让位于对德国的恐惧。

如果俄国拿下君士坦丁堡，英国女王就会退位

当时，英国报刊继续充当帝国主义游说集团的传声筒，他们对克里米亚战争的结局感到不安。英国报纸叫嚣说，应该对俄国哪怕是竖个指头也好。只要稍一暗示说俄国人想要进入土耳其海峡或中亚，这些报纸就会加入斗争。19世纪80年代，反俄的歇斯底里情绪达到巅峰。紧随英国驻印度和波斯前领事亨利·劳林森（Henry Rawlinson）爵士的书（该书警告说，俄国将会坚定不移地向中亚推进，有可能对印度开战）之后，又出版了好几种类似论著。[18]

新的俄-土战争（1877年~1878年）爆发后，俄国再次向南推进，逼近土耳其海峡，英国人的不安达到极点。维多利亚女王表示：如果俄国占领了君士坦丁堡，她就要退位。她曾写信给首相迪斯雷利（Benjamin Disraeli）："如果俄国人攻占了君士坦丁堡，那么，女王会感到极度受辱，可能会立即退位。"1878年2月，迪斯雷利派出英国舰队前往达达尼尔海峡，秘密动员英国驻印度的后备军队，目的是：如果危险变得非常现实的话，就占领塞浦路斯。[19]

历史已经证明：这种担忧被夸大了。俄国人仅仅是想报克里米亚战败的一箭之仇，并不想推翻土耳其苏丹（土耳其是俄国南疆安宁的保障）。但是，英国推进到了地中海，后来，趁着第一次世界大战之机占领了塞浦路斯。

---

[18] Henry Rawlinson, 《England and Russia: A Series of Papers on the Political and Geographical Condition of Central Asia》, New York, Praeger, 1875.

[19] Jimmie E. Jr. Cain, 《Bram Stocker and Russophobia. Evidence of theBritish Fear of Russia》, Dracula and The Lady of Shroud. Jefferson, McFarland& Company, 2006, pp. 70, 178.

英国人的担忧是徒劳的：1878年，俾斯麦作为柏林会议的主要组织者，终结了俄-土战争，并责成俄国人再次放弃侵占其领土。在普-法战争结束、1870年成立德意志帝国后，"铁血宰相"俾斯麦希望博得英国人和奥地利人的好感，决定改换门庭，背叛普鲁士的长期盟友俄国。现在，德皇的堂妹、英国女王维多利亚可以松口气，她不用退位了。

1881年，《伦敦每日新闻报》（London daily news）驻外记者埃德蒙·多诺万（Edmond O'Donovan）描述了俄国征服梅尔夫期间，土库曼人实施劫掠和谋杀行动的情形，为的是在英国市民心中植入恐惧之情，[20]一篇接一篇地发表挑唆性文章。俄国人决定建一条跨里海铁路，而出乎英国人意料的是：土库曼人对俄国沙皇宣誓效忠。1994年，英国史学家、记者彼得·霍普柯克的著作出版，其中详细讲述了"大牌局"的各个阶段及随之而来的强化宣传。[21]

英国反俄著作的繁荣状况一直持续到1885年。此前几十年里，已有近十部这种题材的书出版。当时最著名、最激进的英国反俄分子是匈牙利裔阿尔米尼·瓦姆伯里（Ármin Vámbéry）。阿尔米尼·瓦姆伯里酷爱旅行，从19世纪60年代开始化装成穆斯林走遍了中亚。就如半个世纪前的沃克华特一样，瓦姆伯里通过报纸警告自己的同胞，要应对俄国威胁。1885年，他出版了一部关于中亚旅行记以及相关思考的专著，该书有一个火爆题目：《未来的印度争夺战：对俄国侵略中亚的总结及其可能对英国造成的明显困难》，该书获得巨大成功。[22]

帝国主义小说、反俄小说《德古拉》

瓦姆伯里就如其他帝国主义者一样，竭力证明英国在印度、阿

---

[20] Edmund O'Donovan,《The Merv Oasis: Travels and Adventures East of the Caspian》, New York, *G. P. Putnam's Sons*, 1883. 2 vol.

[21] Peter Hopkirk, The Great Game. The struggle for Empire in Central Asia. New York, Kodansha International, 1990. 2015年，中国青年出版社出版了中文版《大博弈：英、俄帝国中亚争霸战》——译者注。

[22] Arminius Vambery,《The Coming Struggle for India》, London, *Cassell*, 1885.

富汗和波斯的政策是正当的，必须用武力传播英国的文明——而且只传播英国的文明（因为俄国人已经证明，他们自己完全不合适）。[23]但是，瓦姆伯里的有趣之处还在于：正是他成为布莱姆·斯托克（Bram Stoker）写作小说《德古拉》（Dracula）的灵感源泉。*

布莱姆·斯托克（1847年~1912年）出生于都柏林，他终其一生都坚持认为，必须将爱尔兰纳入英帝国版图。布莱姆·斯托克对戏剧非常着迷，同时也是演员亨利·欧文（Henry Irving）的狂热粉丝，最终他成为亨利·欧文最亲近的朋友并出任亨利·欧文的剧院的主管。他曾经创作多部长篇和短篇科幻小说。英国女作家玛丽·雪莱（Mary Wollstonecraft Shelley）和罗伯特·史蒂文森（Robert Lewis Balfour Stevenson）曾以类似风格分别创作了小说《弗兰肯斯坦》（Frankenstein，发表于1818年，或译成《科学怪人》）和《化身博士》（Strange Case of Dr Jekyll and Mr Hyde，发表于1886年）。斯托克也与作家约瑟夫·鲁德亚德·吉卜林（Rudyard Kipling）相熟，约瑟夫·鲁德亚德·吉卜林曾经歌颂英国殖民冒险活动，并且创作了关于英国驻印度的爱尔兰士兵之子凯姆巴·奥哈拉（绰号"基姆"）的生平的长篇名著《基姆》（Kim）。在小说《基姆》中，父母双亡的小男孩基姆成为英国情报局的间谍，参与了英俄两帝国的"大牌局"，并且挫败了俄国对英属印度的阴谋。

斯托克的弟弟乔治·斯托克也对布莱姆·斯托克影响很大。乔治是一名医生，曾经自愿参加奥斯曼帝国军队，在野战医院担任医生。1877年~1878年间俄-土战争爆发期间曾经去过保加利亚和土耳其，从土耳其回国后，他带回了一本讽刺漫画书，该书把土耳其人的盟友英国人刻画为一些英雄，而把保加利亚人的盟友俄国人刻画为一些叛卖成性、粗鲁无礼、阴险恶毒的野蛮人。在斯托克的作品中，"在英国公众的心目中，消灭保加利亚基督徒的血腥屠大（土

---

[23] Jimmie E Jr. Cain,《Bram Stocker and Russophobia. Evidence of the Bsitish Fear of Russia》, Drakula and The lady of the Shroud. Jefferson, Mc Farland and Company, 2006, p. 82.

* 2016年，上海社会科学院出版社出版了该小说的中文版《德古拉》——译者注。

耳其人）变成了一些反抗残忍的俄国熊的进攻的英勇战士"；[24]除此之外，斯托克还辛辣地嘲讽那些报道了土耳其人兽行的英国记者们，指责他们"损害了新闻的威望"。

就是在如此浓重的帝国主义、反俄的氛围中，布莱姆·斯托克着手创作其伟大的哥特式小说。在小说中，布莱姆·斯托克综合了19世纪末维多利亚时代英国社会所有的强迫症思想、恐惧和潜藏心底的愿望。小说讲述了瓦拉几亚的德古拉伯爵（一个危险、狂躁的贵族）雄心勃勃的热切愿望。德古拉变成了吸吮受害者鲜血的吸血鬼，以便获得能量，征服慈悲、无辜的英国。

对斯托克小说的大量研究成果表明：作者的灵感很大程度上来自他所在时代发生的事件以及该时代人们的许多成见。对俄国人和俄国的许多成见充斥于通篇小说。瓦拉几亚大公弗拉德·采佩什（也就是弗拉德三世）*就是小说主人公的原型，但是实质上这只不过是一个由头。在前述的吉米·凯恩（Jimmie E Jr. Cain）的著作中，可以找到对这些研究成果的综合分析。当然，今天的罗马尼亚人积极地利用《德古拉》小说吸引游客；但是，小说中的无数细节、对小说人物的活动场地的选择以及德古拉伯爵之锁所在的位置、俄国人姓名、俄国人姓名组成的字谜都与小说文本广泛调和起来，所有这些都明确无误地将读者引向俄国。

吸血僵尸明确喻指残忍野蛮的俄国

多数研究者都认为，德古拉这个人物身上体现了邪恶的俄国天才的特征。德古拉身上的优雅、残忍的灵感直接来自伊凡雷帝的形

---

[24] Jimmie E Jr. Cain,《Bram Stocker and Russophobia. Evidence of the Bsitish Fear of Russia》, Drakula and The lady of the Shroud. Jefferson, Mc Farland and Company, 2006, pp. 103~105. 乔治·斯托克称自己的书"与凶恶之物在一起。或在欧洲和亚洲土耳其参战的两年"(《With the "Unspeakables". Or Two Years' Campaigning in European and Asiatic Turkey》, London, Chapman & Hall, 1878).

* 瓦拉几亚大公弗拉德三世·采佩什（1431年11月或12月~1476年12月），因为作战勇猛、对待敌人较为严酷，动辄施以"穿刺"之刑，因而被称为采佩什（罗马尼亚语，意为"穿刺"），即"穿刺公"，后来就成为吸血鬼传说德拉古伯爵的原型——译者注。

象,他自己就曾经宣称,他是俄国波雅尔贵族的后代。德古拉具备俄国贵族的全部特征:浪子和寄生虫,不仅不工作,也不增值资本。在性方面淫荡无比(被吸血鬼咬过的露西·韦斯顿拉就变成与吸血鬼相似的、极其好色的"女吸血鬼");除此之外,当然,他还嫉妒英国。

美国的爱沙尼亚裔口传文学研究者菲利克斯·艾娜斯(Feliksas Einas)强调:德古拉的形象与伊斯兰世界的吸血鬼迷信紧密相关,他曾写道:"在古老的俄国编年史中经常会提及吸血鬼,最早于1407年提及'乌贝里'(吸血鬼)一词,针对的是诺夫哥罗德大公。"不过,存在吸血鬼崇拜也间接地证实了通谕信的存在,牧首经常在通谕中指责给魔鬼乌贝里献祭。[25]

艾娜斯还写道:"吸血鬼并未腐朽。白天他们在坟墓里休息,半夜起来,引诱房主,喝他们的血。"这当然会令19世纪末的循规蹈矩的英国人感到恐慌!

在这些研究成果中,最令人吃惊的是:在1850年代,克里米亚战争血战正酣的时候,英国报纸上会定期地发表一些关于俄国沙皇的讽刺画,将其刻画成为有翼的吸血鬼——尤其是德古拉形象也见诸《笨拙》杂志(Punch)的插画。沙皇的翼影盘旋在英国和法国的自由的无畏斗士的上空。勇敢的英国雄狮驱走两只雄鹰和一具可怕的俄国吸血鬼。沙皇尼古拉一世唱着《赞美您,上帝》,却将一双蝙蝠翅膀藏在了身后……

英国的"兰波"从怪兽口中拯救了特兰西瓦尼亚(Transsilvania)

斯托克在小说结尾并没有留下解释的余地。英国女王的英勇间谍乔纳森·哈克(Jonathan Harker)从怪兽诺斯费拉图(Nosferatu)口中拯救了世界。

---

[25] Felix Oinas,《East European Vampires & Dracula》, Journal of PopularCulture n 16, 1982. 引自 Jimmie E. Jr. Cain. Указ. соч, p. 123.

就如电影《兰波》中的西尔维斯特·史泰龙和《失踪者》*（Missing in Action）中查克·诺里斯（Chuck Norris）一样，哈克将全世界从邪恶之中拯救出来，恢复了帝国尊严。[26]

另一位研究者大卫·格罗维尔（David Glower）描述了这部好莱坞动作片的总体剧情：

> 一支武装到牙齿的部队以真正的帝国方式对吸血鬼发起行动：军事突袭、搜索使命以及最终在特兰西瓦尼亚的心脏地带将吸血鬼消灭[27]。

小说的最后，英国在巴尔干半岛与俄国接壤处获得了如此理想的平台归其支配。

斯托克的伟大小说《德古拉》并非其对恐俄症思想发展作出的唯一贡献。1904年，英国和俄国差点再次爆发战争：当时的俄国派舰队前往远东，增援被日军包围的俄军，遇到英国舰队，误以为是敌舰，遂对其开火。斯托克在1909年发表的最后一部长篇小说《裹尸女人》（The Lady of the Shroud）中深入阐述了这一题材。小说情节仍然发生于巴尔干半岛，离黑海不远的地方，对抗的结果，自然是以英国获胜而告终。这一次，英国人于巴尔干半岛的心脏地带建立了殖民地，可以攻击德国人、奥地利人和土耳其人，还可以密切监视俄国人。

1904年到1909年间，许多情况都发生了剧变。英国海军将领和殖民游说集团对德国崛起感到担忧，而且德国打算建立一支舰队与英国竞争。土耳其借助于德国人建设了通往巴格达的大铁路，奥地利吞并了波斯尼亚，在巴尔干半岛扩大了影响。于是，面对新的威胁，英国如同法国一样，来了一个180度的大转弯，又与之前的敌人

---

* 即美国电影《Missing in Action》，中文译名为《杀出火地狱》——译者注。

[26] Jimmie E Jr. Cain,《Bram Stocker and Russophobia. Evidence of the Bsitish Fear of Russia》, Drakula and The lady of the Shroud. Jefferson, Mc Farland and Company, 2006, p. 143.

[27] David Glover,《Bram Stoker and the Crisis of the Liberal Subject》, New Literary History. N. 23, 1992.

第六章　英国的恐俄症乃是一种"帝国控"

走近。1904 年，英国与法国签订了《挚诚协定》（Entente cordiale）（英、法协约）；又于 1907 年与俄国订立协议，在阿富汗、波斯、西藏划分势力范围。前英国驻印度副总督寇松和忧心忡忡的阿尔米尼·瓦姆伯里大声疾呼这是叛变，但是他们的声音不再传达到威斯敏斯特宫。英国的恐俄症暂时减轻了。

俾斯麦：大象无法与鲸鱼搏斗

那么，又如何解释 1815 年以后英国爆发的新一波恐俄症——恐俄症笼罩了整个 19 世纪英国的国际政治。

格里森研究了英国恐俄症的产生根源，并做出总结。在他看来，当时英俄两大列强之间的竞争乃是恐俄症爆发的原因。这种看法难以令人信服。

俾斯麦是对的，大象与鲸鱼搏斗绝非易事。当时是"英国强权下的世界和平"（或所谓"不列颠治世"，Pax Britannica），不列颠帝国的军事实力无人匹敌，由此爆发了两大帝国的竞争，也产生了仇俄分子针对遥远的、被殖民程度不同的各地区的宣传。类似竞争多半就适合不太强大的强国，而他们的特殊地位并不能解释他们之间的竞争。[28]

从美国人马汉和英国人麦金德[29]的海权理论看来，这一看法显得过于稳健、折中。如果说冲突并非因列强的大小而起，那么又是因何而起？格里森提出了几种解释：西方自由派与东方专制派之战不可避免；过分夸大俄国威胁；以大卫·沃克华特为首的帝国游说集团实施的诸如"威克森案"这样的挑衅行动；波兰难民在俄国镇压 1830 年波兰起义之后采取的反俄宣传导致的致命后果；大工业家和大商人竭力扩大倾销市场带来的消极影响。格里森作出的结论完

---

[28] John Howes Gleason,《The Genesis of Russophobia in Great Britain. A Study of the Interaction of Policy and Opinion》, Cambridge, *Harvard University Press*, 1950, p. 289.

[29] 参见后二章——作者。

全称得上是一位迂腐不堪的盎格鲁-撒克逊人的观点。

归根结底,在英俄两国互相敌对的问题上,两国都是有过错的,两国都不能遵守在与拿破仑斗争期间的协议、服从长期的共同目标。在缺乏共同利益的情况下,一些微不足道的意外事件都可能产生不应有的巨大作用。

方法的差别让人产生错觉,似乎差别是客观存在的。缺乏好感产生了不信任,怀疑导致了嫉恨,于是同盟关系就变成了竞争关系。在此基础上,涅塞尔罗德(俄国外交大臣——作者注)和沙皇、沃克华特和帕默斯顿都播下了种子,这些种子逐渐长成了恐俄症的大树。所有国际关系的土壤都是如此——从这种土壤收获庄稼,就是人类的宿命。[30]

在我看来,类似的解释不能令人满意。这种误解、深刻的反感、互不信任、互相谴责是因为报刊而加深的,而报刊受到游说集团的影响,或者说他们这样做的目的仅仅是为了抬高身价,从竞争者中间脱颖而出;而这种情形常常会在历史上重演。2014年2月到8月间,乌克兰危机的突然升级以及俄罗斯与西方关系恶化就是一个最新例证。将问题换个表述方法:如果恐俄症的问题在于双方日积月累的误解,那为什么不解决这些误解?既然状况始终未能改观,那也就是说,这种状况对某些人有利。

1815年到1840年英国恐俄症的产生之所以令人感兴趣,还因为另外一个原因。如我们所看到的,作为一个与可怕的共同敌人作斗争中的盟友,俄国在几年内就变成了一度与己友好的盟邦的稻草人;尽管说俄国在任何地方都没有威胁到英国的直接利益、国界或内部安全。其与美国在1945年之后产生恐俄症的情形之相似也是显而易见的,理应深入研究。尽管说时代、作用手段、意识形态、破坏性都各不相同,但其原因、发展及其造成的后果都极其相似。

1941年到1945年间,美国曾与苏联并肩作战,对付共同的可怕

---

[30] John Howes Gleason,《The Genesis of Russophobia in Great Britain. A Study of the Interaction of Policy and Opinion》, Cambridge, *Harvard University Press*, 1950, p.290.

敌人——纳粹德国。战争结束后，已没有任何事物能够威胁到美国的安全和根本利益。美国试验核武器早于苏联，美国因战争而变得比以前更加富强，而当时的苏联却几乎破产。但是，在1945年，让美国这个盎格鲁-撒克逊人的帝国参加对之前的俄国盟友的无情斗争、挑起宣传战（70年后，这场宣传战仍在持续），只需几个月时间就已足够。

最令人惊讶的是：无论是1815年还是1945年，俄国都没有单方面占领新领土，对战利品和势力范围的划分办法也都曾在1815年的维也纳会议和1943年至1945年间的德黑兰会议、雅尔塔会议和波茨坦会议上长时间讨论。在这两种情况下，俄国都严格遵守了参加和谈的所有各方签订的条约中所规定的条件。那么，如何解释在两个世纪前和半个世纪前反俄情绪上升的情形？

在不计其数的推论中，已经举出如下看法：必须控制共产主义的颠覆活动、控制俄国的领土扩张；必须保护民主制免遭俄国专制制度和极权主义的侵害；等等，不一而足。但这更多的是一种自我开脱，而不是一种解释。因此可以认为，与格里森的看法相反，英国和美国爆发恐俄症，首先是由于英、美两国的帝国野心以及两国坚定不移地追求世界统治地位而引发的。无论过去还是现在，这两个国家都是海上强国，都在不断寻求新的领地。两国都尝试——而且，至今还在尝试——将自己的意志强加给其他国家。利用炮舰外交和B-52轰炸机或无人机的军事行动，将自由贸易强加于人的经济措施，动员"软实力"资源的文化步骤——所有手段全部动用。

高效而创新的英国恐俄症

最后，我想补充说明的是：英国的恐俄症并未达到法国那样的教义高度，但其效力和创意方法很大程度上弥补了理论上的滞后性。英国恐俄症已经超越了知识界的范围，令报刊服从自己，深入到讽刺漫画题材和小说中，完美地磨练了"软实力"技巧。英国记者、漫画家和作家在动员娱乐产业资源方面比好莱坞早得多，美国至今还在运用这种战略令恐俄症普及化。

应该指出的是：1815 年到 1900 年间，当沃克华特、吉布林、斯托克等人用文章和小说同俄国扩张主义作斗争时，不列颠帝国的领土规模已经扩大到英国本土的 20 倍；通过在非洲和印度支那的扩张，法兰西帝国在这方面也不甘落后；比利时王国占领了刚果，其领土面积增长更多；美利坚合众国征服了西部，杀死了印第安人，将黑人变成了奴隶。与此同时，被大加挞伐的有扩张野心的俄国的领土却只增长了 25%，通过比萨拉比亚、高加索、突厥斯坦和满洲而环绕其国界。俄国和西方的领土扩张速度之比为 1 比 100。还要说什么呢！

穆斯林改革家扎马鲁丁·阿里·阿富汗尼（1837 年～1897 年）在观察伦敦与印度之间的"大牌局"时指出："英国在逐渐地摧毁奥斯曼帝国，吞噬帝国各部，尽管很缓慢，但却确切无疑，就如他吞噬印度一样。"〔31〕

埃及已经屈服。靠着第一次世界大战期间"阿拉伯的劳伦斯"的活动，又开始轮到伊拉克和沙特阿拉伯了；到 1953 年，由于推翻了民主选举的总理摩萨台，又轮到了伊朗。

很多年后，到了 2015 年，可以欣赏令人惊诧的英国反俄宣传的成就，在 1945 年能够被美利坚合众国（英国的前殖民地，已经成为超级大国）重拾并放大。甚至可以同意利比亚政论家、前部长乔治·科姆（Georges Corm）的看法：这几乎是完胜。

地处欧洲北部的英国掌控了地中海、大西洋和印度洋，这一事实在大多数历史课本中都不曾被评论；而沙皇俄国或布尔什维克俄国（其国界远离地中海）想要拥有地中海出海口的夙愿却总是被解释成斯拉夫帝国主义或布尔什维克帝国主义的扭曲形式。

今天已没有人感到愤怒，距离近东 1 万 5 千公里的美国占领了伊拉克，在该国确立了美国的法律。但是，伊朗和叙利亚作为本地区的关键性国家，应该发声：由于如此的敌对行动，我们已经处在战争边缘。〔32〕

---

〔31〕 Jacques Fremeaux,《La Question d'Orient》, Paris, *Fayard*, 2014.

〔32〕 Georges Corm,《Les causes des guerres a venir》, Geneve, *Cahier du GIPRI*, 2009, N. 7, p. 21.

第六章　英国的恐俄症乃是一种"帝国控"

乔治·科姆（Georges Corm）的文章写于 2009 年。从那时起已经发动了两场新的战争——在叙利亚和利比亚的战争，乍看起来似乎是内战，但却是西方导演的战争。在乌克兰的第三场战争已经爆发，西方的大型媒体无论如何都不会破坏沉默的默契……不过，这么说是不对的，其实他们一如往常一样，将一切都归咎于俄国。

第七章
德国的恐俄症：从"生存空间"思想[1]到否定民族记忆

> 其他思维定势都包括否定性社会认同：例如，俄国人被认为侵略成性。类似的关于敌人的观念乃是关键性宣传形式。谁都不需要让这些观念成真。
>
> 汉斯·维尔内·比尔霍夫，1989年[2]

德国的恐俄症直到19世纪末才出现，比其他国家晚得多，但是德国人很快就补上了缺课：1918年的屈辱性失败和1923年~1930年间的经济危机成为纳粹国家产生种族主义意识形态的沃土。在这些年里，德国的恐俄症达到了高潮。按照国家社会主义党的种族集团分级理论，住在第聂伯河以东的斯拉夫人与黑人和犹太人处在同一发展梯级，他们也在后来为此遭到清算。本已尖锐的种族斗争因为德国针对"犹太布尔什维克主义"的意识形态攻势而继续加速恶化，纳粹党人认为，以斯大林为首的共产主义俄国乃是"犹太布尔什维克主义"的体现。这些事件的可怕后果，是人类历史上最大规模的

---

[1] Lebensraum乃是德语，意为"生存空间"，德国学者弗里德里希·拉采尔（1844年~1904年）最早于自己的学术著作《政治地理学》（1897年出版）和《生存空间》（1901年出版）两书中，将查尔斯·达尔文关于动物界的生存竞争理论引入到民族间关系的研究中，将国家描述为一些经常处在争夺生存空间的斗争中的活人。在这种情况下，国家能否继续存在就取决于是否拥有生存空间——作者注。

[2] Hans-Werner Bierhoff，《Person Perception and Attribution》，Berlin，*Springer*，1989.

第七章 德国的恐俄症：从"生存空间"思想到否定民族记忆

屠杀：在第二次世界大战期间，[3]由于纳粹分子的罪恶，超过2500万苏联公民死去——主要是犹太人和东斯拉夫人（其中1400万俄罗斯人，700万乌克兰人）。

对纳粹时期的研究已经很深入，这些事实也已经为人所共知，因此本书不打算赘述。在沉默多年之后，德国终于勇敢忏悔并给受害国家公开道歉。法西斯主义的罪行在所有方面都被认为是一个例外（尽管说，很多人拒绝承认斯大林时期的类似事件时也是如此）。我们先把第三帝国放在研究范围之外，先来看看第二帝国时期德国恐俄症的产生问题，同时也分析一下当代德国恐俄症的存在形式。

在1870年德国统一之前，日耳曼人国家与沙皇俄国的关系堪称友好（条顿骑士团强大时期发起十字军东征除外），叶卡捷琳娜二世就其血统来说是个日耳曼人，尼古拉二世的妻子亚历山德拉·费多罗夫娜是出生于德国黑森和莱茵大公国的达姆施塔特（Darmstadt）的公主，罗曼诺夫家族基本上与许多德国显贵王朝都保持着紧密的姻亲关系。从1648年欧洲三十年战争结束到1848年革命，普鲁士和俄国实际上始终都是盟友关系——只在1760年曾经爆发了为时短暂的军事对抗。

哈布斯堡王朝统治期间，俄国与奥地利也保持友好关系，俄国曾多次确保其存在，并于1848年保住了哈布斯堡王朝的王位。但在19世纪50年代，由于克里米亚战争，形势发生了变化。奥匈帝国在巴尔干半岛上的利益与俄国的政策发生冲突：俄国支持斯拉夫民族——特别是保加利亚人、塞尔维亚人、罗马尼亚人——脱离奥斯曼帝国的独立斗争。奥地利不顾自己对俄国承担的义务，果断叛变：奥利地借机将军队开入多瑙河低地以及巴尔干群山。

普鲁士致力于在自己的领导之下统一德国，因此最初持中立态

---

[3] http://fr.wikipedia.org/wiki/Pertes_humaines_pendant_la_Seconde_Guerre_mondiale. 这些数据包括了对犹太人大屠杀期间的军人和平民的受害者数目，遭到西方史学家质疑，他们喜欢提醒人们：超过100万人在战时成为斯大林大清洗的受害者。就此题目展开辩论是毫无意义的，因为同样可以认为，假使希特勒不挑起对苏战争，这些人就不会死去。可以比较一下：美国军队夺取大西洋的会战和在太平洋战场的全部阵亡人数不超过30万人。

度,免得挑衅法国和英国,但是普鲁士国王得以问鼎帝王宝座——如果奥地利放弃了的话。而这首先与哈布斯堡王朝的计划相矛盾——哈布斯堡王朝已经多次试图实现帝国构想。1866年在萨多瓦城下的速决战中,奥托·冯·俾斯麦击溃奥地利军队,之后俾斯麦只对奥地利提出一个要求:要求奥地利放弃对日耳曼民族的神圣罗马帝国王位的觊觎。[4]四年之后,1871年,俾斯麦战胜了拿破仑三世,完成了未竟事业,建立了第二帝国,并于凡尔赛宫宣布普鲁士国王为德国皇帝——恺撒。

此后,就再没有什么事能够妨碍德国的迅猛发展。德国的工业化进程全力推进,到19世纪末,德国已经感到国土狭窄,因为之前未能及时加入到对海外殖民地的争夺,德国开始寻求新的领土,将目光投向了最唾手可得的、前途无量的地区:广袤无垠的俄国。

在1904年俄日战争中俄国战败,以及1905年爆发革命之后,德国的恐俄症正是在这种沃土上产生的。一方面,沙皇帝国表明自己软弱无能;另一方面,沙皇俄国对波罗的海国家的俄罗斯化政策也成为德国介入的最好借口。经过维特改革之后,俄国于1905年至1914年间的经济快速发展令形势激化,因为德国必须趁俄国地位未稳之前加快行动。俄国的泛斯拉夫主义一直被用来吓唬德国社会,成为泛德意志主义者制订"生存空间"(Lebensraum)意识形态的绝佳借口。新的扩张主义企图针对的是东方:一开始是所谓"东方研究"(Ost Forschung),随后就变成了"东进"战略(Drang nach Osten)。

研究这些趋势的形成过程是非常有趣的。

有关德国人的民族独特性的浪漫主义观点的起源

德国恐俄症发端于德国人对文化、民族和民族国家的特殊观点,这种视角逐渐在浪漫主义思想和理想主义思想中形成,是对法国启

---

〔4〕 日耳曼民族建立的第一帝国是神圣罗马帝国,建立于962年,1806年被拿破仑消灭(参见本书第一章)。

第七章　德国的恐俄症：从"生存空间"思想到否定民族记忆

蒙思想的抽象、枯燥的普世主义的回应。

新观念是在德国伟大的哲学家伊曼纽尔·康德、浪漫主义天才莱辛、赫尔德（尤其是歌德、席勒、荷尔德林）以及从费希特到黑格尔的理想主义哲学家的影响下逐渐成熟的。正是这些哲学家成为"德意志特色"（Deutschtum，德意志人的民族独特性）思想的奠基人，这种思想利用了斯拉夫恐惧症，成为德国扩张主义政策的独特催化剂。

康德是启蒙思想家的同代人，也是启蒙思想遗产的继承人，他将理论理性提升到了前所未有的高度，将理论理性从偶然性、物质现象以及自然现象的影响下解放出来。但是与此同时，康德又批判了"纯粹"理性。在承认法国和英国现实主义的局限性（将理论理性归为自然属性）的同时，康德诉诸超越性，复兴了在认识主体内心的理性的思想。追随卢梭（已经在文学方面这么做），他用自己的理论为思维着的个人的主观主义恢复了其在哲学中的合法地位。从时代的高度观照，可以说，康德思想将对德国、后来又对世界哲学都产生了决定性影响。从某种意义上说，康德也加入了与法国启蒙哲学家的普世主义思想的辩论，将理论理性归还主体，从而证实其独特性。

当时受到法国启蒙思想影响的德国年轻一代的作家满怀激情地看待革命，是革命给了他们在政治事件中心感知自我的机会。在这种知识氛围中，对人道价值（这些价值作为无形的原则渗入到社会思想的薄弱环境中，但是很奇怪：并未得到应有体现）的不满足感在不断增长。

在发现了德语的令人惊异的优越之处的同时（其实他们做了应做之事，只是比法国的经典作家晚了一百多年），年轻的文学家们感到，需要将这些感受记录下来，以语言和德国民族精神所具有的形式来反映他们的精神探索和智力探索，结果就出现了一些反叛英雄的文学形象，体现为这样一些人物：诸如威廉·泰勒·席勒以及歌德塑造的不太政治化的人物威廉·迈斯特、浮士德，等等。从同样的愿望出发，就产生了一个德国浪漫主义文学流派："狂飙突进"运动（Sturm und Drang）。

1795年，席勒发表了其有关"德国伟大"的思考成果*：神学家约翰·哥特弗里德·赫尔德也从理论上为这种全新的世界观奠定基础，将其纳入人类历史进程中：遵照上帝意志，每个民族都在特定阶段上为人类的普遍进步作出了贡献。现在，伟大的德国"文化"时代即将替代法国"文明"。

在18、19世纪之交，德国文学界的思想浪潮适逢非同寻常的创造力高涨时期，几乎所有文学艺术形式的人士都已加入其间。贝多芬创作了《英雄交响曲》（1804年）、《第九交响曲》，《第九交响曲》以席勒的《欢乐颂》结尾：亿万人民团结起来！大家相亲又相爱！[5]

费希特、谢林、费尔巴哈（特别是黑格尔）紧随康德之后，将德国哲学提升到了一个难以超越的高度。如同其他德国浪漫主义人士一样，费希特对法国大革命及其在帝王宝座上的体现（拿破仑）很失望，称拿破仑为"无名氏"。费希特反对法国，尽管他支持民主和进步。1807年，他发表了著名的《对德意志民族的讲话》（Reden an die deutsche Nation），挑起了反对法国的社会舆论。后来，有人错误地认为，费希特的言论乃是泛德意志主义思想的最早体现。

费希特认为，民族体现为国家，以确保"所有的个人能力都能够用于种的目标"。但是，按照他的概念，国家作为人类进步的发动机应该是民主的，能够确保公民自由，给每个人以幸福顺遂地生存的机会，能够确保社会福利的公正分配。而个人应该无顾虑地、自愿地、快乐地工作。还应该给个人以时间，让他的心灵和眼睛能够升到天国，这是为了沉思而创造人的原因。这是人的权利，仅仅因为他是人。[6]

---

* 1795年席勒发表了《论人类的审美教育书简》——译者注。

[5] И. 米里姆斯基（И. Миримский）译著——编辑注。

[6] Johann Gottlieb Fichte, 《L'Etat commercial ferme》, D. Schulthess. Lausanne, *L'Age d'Homme*, 1980（引自俄文本：《约翰·哥特利布·费希特文集》二卷本，第2卷，圣彼得堡"米弗里尔"出版社，1993年出版（Иоганн Готлиб Фихте. Сочинения: в 2 т. Т. 2. СПб: Мифрил, 1993）．

第七章 德国的恐俄症：从"生存空间"思想到否定民族记忆

黑格尔及作为理论理性之体现的普鲁士国家

对德国的国家和民族概念的发展影响最大的是黑格尔思想。黑格尔用辩证法原则武装起来，试图表明：人的理论理性能够达到完全的自我认识，克服其超越的绝对思想以及对内在世界和外在世界的观念。

理性是被黑格尔从形而上学中引入到人类历史的概念，在国家（尤其是普鲁士国家）中得到体现，其任务就是完成历史赋予他的使命。黑格尔演绎了赫尔德关于文化首先体现在语言和民族之中的思想，开始将文化不是与民族，而是与国家紧密关联；更确切地说，就是与德意志国家紧密关联——而在黑格尔看来，普鲁士就是德意志国家的典范。这样一来，其逻辑后果就是：唯有普鲁士国家能够体现德国文化的浪漫主义理想。

马丁·马拉指出，在黑格尔的哲学中，"国家成为理性的真正体现"。但是，欧洲再没有任何一个斯拉夫民族（包括俄罗斯民族在内）没有自己的国家。波兰人、捷克人以及住在巴尔干半岛上的斯拉夫人就如其邻族匈牙利人一样，在与更为理性的王朝帝国的斗争中遭到失败。这样就产生了德国人独有的思想：住在东方的劣等民族根本不可能建立自己的国家，因此他们必须由别人来统治。[7]

德国知识分子之间的激烈辩论既涉及文明优劣（Zivilisation，是法国和英国的理念，将启蒙时代的普世主义和唯物主义价值观结合起来），也涉及文化理念（Kultur，以价值观为基础，同时也包括特定民族独有的历史、传统、风俗、感受和激情）。第二个概念依靠教化（bildung，对理性的完善）而不断得到充实和完善，而理性则渴望精神食粮、智力食粮和艺术食粮。稍后，社会学家在关于"法理社会"（Gesellschaft）和"礼俗社会"（Gemeinschaft）的论战中又回到这个二分法：文明所独具的、人们的发达但零散的共存状态，与

---

[7] Martin Malia,《L'Occident et l'enigme russe. Du Cavalier de bronze au mausolee de Lenine》, Paris, *Le Seuil*, 2003, p. 159.

之相对的则是更为有机、更为友爱的"德国"形式的人类共同体。

由于最初的迫切愿望，理想主义后来影响到了德国社会的启蒙思想界：政治家、史学家、科学家和艺术家。1850年之后，理想主义的最鲜明代表是瓦格纳。

1848年浪漫主义革命情绪受挫后，德意志社会的价值观变得更加布尔乔亚和实用主义。德国人程度不同地、有意识地牺牲自由和民主价值观，以换取在普鲁士及霍亨索伦王朝的领导下统一起来，并建立一个民族性的帝制国家。最终，在已经成为历史的日耳曼民族的神圣罗马帝国的废墟上，于1870年建立起第二帝国，而俾斯麦就是在资产阶级和君主制之间实现妥协的天才鼓动者。

从奥林匹斯山坠落的德意志民族精神：渗入历史学和地理学

从19世纪50年代直到第一次世界大战爆发，德国知识分子的努力主要集中在历史学、地理学和自然科学领域。这些被拔高的理想从真正的奥林匹斯山高度（是19世纪初的作家和哲学家将关于德意志国家和德意志民族的观念提升到了如此高度）重又坠落到了罪恶的尘世，成为人文研究对象和政治家们实现其政治野心的工具。

紧随奥托·兰克（他为历史学所作的贡献，就如康德为哲学所做的贡献）之后，史学家和思想家们（包括马克斯·韦伯在内）的庞大队伍就深入到了德意志民族的历史中，研究德意志民族精神的最隐蔽角落，希望找到这个年轻的民族国家肩负的使命。甚至在1859年查尔斯·达尔文的著作《物种起源》出版之后，一些精确科学也服从于这一文化律令。当时的大多数德国学者都具有非常独特的特征：从小就已培养起了对"文化"概念几乎秉持一种形而上学的看法。

在这种条件下，1866年，恩斯特·海克尔（Ernst Haeckel，就其所受教育来说，乃是一位医生、生物学家）为一门新的学科——生态学——奠定了基础。由于他在普及进化论思想方面所做的努力，查尔斯·达尔文开始在德国广为人知。他也是《人类学》（关于人类发展的理论）一书的作者。海克尔将政治视为一种实用生物学，

第七章　德国的恐俄症：从"生存空间"思想到否定民族记忆

被认为是优生学的奠基人之一，尽管说他所确立的观念与优生学毫无共同之处。作为科学家，他相信进步理论，通过进化最终运动到新高度，而不是永恒不变。

海克尔认为，生态学乃是在有限空间里对物种实施分配的科学。这就距离将这一命题运用到全人类（乃至人类的一部分，尤其是德意志民族）只有一步之遥，而这一步终于迈出。伟大的德国扩大自己的生存空间，逐渐被视为某种特殊的生物群落。在这个范围内，日耳曼人种能够（或者如后来的泛日耳曼主义者所说，应该）与自己的土地和国家和谐共生，依托德意志文化、德意志民族和德意志国家三位一体，有机地积蓄实力。

将生态学原理运用到人类社会的思想是弗里德里希·拉采尔提出来的。他本是一位药剂师，后来成为动物学家，后来又成为地理学家。他在自己的奠基性著作《人文地理学》（发表于1882年~1901年）一书中，表述了对人类和地球的系统看法。拉采尔认为，人文地理学的研究目标是描述人类社会的多样性——而自然栖息环境的多样性也不亚于此。拉采尔以自己的研究成果为当代地缘政治学奠定了基础。受到达尔文进化论的影响，拉采尔将其原理抽象出来，并将国家与生物学机体相比较。与生物学机体相似，国家在特定时间段中也都会经历发展和衰落阶段。

拉采尔认为，国家也会经受任何其他生命体都会受到的影响，国家也会产生、生存和死亡。影响地球上人类分布状况的因素也会决定其所在国家的规模。国界也无非是有机运动和非有机运动的结果。拉采尔的这种观点就为德国帝国主义奠定了基础。由此可见，拉采尔正是"生存空间"概念的始作俑者，而"生存空间"的原初意义是与文化、文明分布区及其与周边环境互动关系相关联的空间。[8]后来，这种思想被泛日耳曼主义者和纳粹分子严重曲解。依据有关日耳曼诸部落在古代历史上的分布状况的可疑结论，他们不是把生存空间解释为发展和巩固文明的手段，而是解释为一种终极目标、一项神圣权利。

---

[8] http://fr.wikipedia.org/wiki/Friedrich_Ratzel.

这种世界观（Weltanschauung）一度非常流行。随着政治上实现统一，德国的人口和经济增长速度之快超乎想象。在该时期，由于不可能掌控殖民地，实现民族野心已经在空转。国家迅猛发展与殖民地扩张受到遏制之间存在冲突，成为全民族普遍反感俄国的原因，这种反感之情表现得越来越鲜明，表达方式也越来越高调。

多民族、世界主义的俄国：不值得仿效的范例

就是在这种独特背景下，德国的恐俄症繁荣起来。确实，在这个与自己的土地和国家和谐共生的民族的意识中，并没有给异民族和异族文化留有空间。多民族的、边界不清晰的俄帝国发展缓慢，似乎每前进一步就要后退一步。19世纪末20世纪初的德国并不打算模仿俄国这个范例。

2010年，专攻欧洲当代史的南康涅狄格州大学教授特洛伊·派多克的著作问世，该书详细论述了1890年到1914年间日耳曼帝国的"俄国威胁论"的形成过程。[9]当时，德国人的民族国家感情在上升。该学者证实，在将近25年以前，德国人已经在某种刻板印象的影响下接受了俄国威胁论，从道义上已经准备面对战争。学校乃至受过泛日耳曼主义思想熏陶的整个教育体制都已成为传播反俄思想的渠道。1914年8月，德国报刊公然叫嚣"对俄一战"——当时的社会舆论已是如此。这也就意味着：在法国的支持下，俄国自身将挑起她渴望已久的战争。[10]

德国作家托马斯·曼的小说《魔山》主人公汉斯·卡斯托普的故事就是一个例证，能够直观地表明恐俄症在德国的社会意识中逐渐形成的途径。由于沉迷于俄国美女克劳芙迪娅·莎莎，汉斯·卡斯托普经常听从自己的意大利导师路德维克·塞特姆布里尼的"布

---

[9] Troy R. E. Paddock,《Creating the Russian Peril. Education, the Public Sphere, and National Identity in Imperial Germany, 1890-1914》, Rochester, NY, *Camden House*, 2010. 参见 John M. Haar,《The Russian Menace: Baltic German Publicists and Russophobia in World War I Germany》, Thesis, *Ann Arbor Michigan*, *University Microfilms*, 1986.

[10] Troy R. E. Paddock, pp. 3~5.

第七章　德国的恐俄症：从"生存空间"思想到否定民族记忆

道"，此人教会他如何区分"好样的俄国人"和"差劲的俄国人"：俄国人"在很大程度上是一些野蛮人，一句话，不文明的人"。

不过，在此地的环境下，太亚洲了，无怪乎此地充斥着莫斯科蒙古的东西。让那些人滚蛋吧，你从内心里不要倾向于他们。要让自己独处，不要让他们的观点传染你，相反，要用自己的本质——更高尚的本质——对抗他们的观点。要圣洁地珍重自己，你是西方之子、文明之子，天性和血统都是神圣的，珍重你的那些神性：例如时间。

这种慷慨大度，这种野蛮的、对时间的无度挥霍，纯粹是亚洲的风格，或许，这里的东方儿女正喜欢这样。您没有发现吗，当俄国人说"四点"的时候，不就等于我们中的某人说"一点"吗？难道说，这些人对时间的不够慎重的态度不是与他们国家占据了无度的空间相关联吗？凡是空间很多的地方，时间也是很多的——无怪乎人们说，这个民族有的是时间，他们可以等待。[11]

关于俄国"野蛮"的思想非常适于德国人，因为这满足了他们的文化优越感。在1914年之前，关于俄国的威权主义、低效率、腐败的官僚体制以及赤贫的农村、落后的经济、不识字，这些题材都被德国记者广泛报道。不过，直到1914年后，这种情况也并没有多少改观。

德国中学教材中的恐俄症

就如汉斯·卡斯托普的导师一样，地理教材对学生们灌输说，由于德国人的智力发展程度，日耳曼帝国已经处在其他欧洲民族的前列；尽管俄国国土广袤、人口稠密，但是，其文化特点及不发

---

〔11〕Thomas Mann,《The Magic Mountain》, New York, *Vintage International*, 1992, pp. 242~243. 引自Troy R. E. Paddock,《Creating the Russian Peril. Education, the Public Sphere, and National Identity in Imperial Germany, 1890 - 1914》, Rochester, NY, *Camden House*, 2010, pp. 2~3（俄文版，斯塔涅维奇翻译 В. Станевич）.

达的管理体系，就将其置于与亚洲国家而不是与西欧国家同一行列。[12]

在另一册课本中，彼得一世改革被描述为失败的改革：

> 秉性野蛮，性格暴躁，他提出的任务是俄国政治和文化发展走上新方向；而俄国是一个以东方为导向的国家，且其天性就是半个东方国家，但却有着欧洲国家的地位……
>
> 他自己并不能理解欧洲文化的本质，他的生活方式就是欧洲表象与东方习惯的混合体……

另一位作者如此"善意"地评价了亚历山大二世改革：

> 亚历山大二世不能克服俄国生活方式中与生俱来的缺陷、民族的粗鲁、管理机构的伪善、腐败和无所不在的低教育水平。[13]

从德国西部的《科伦日报》（Die Kölnische Zeitung）到东部的《十字架报》（Kreuzzei-tung），所有德国报刊文章都重复着千篇一律的陈词滥调，反复刊发。有一个情形令人惊奇，但却是事实：本书作者研究过的十多种权威报刊的记者竟然对俄国一无所知。一位著名社会学家诺贝特·埃利亚斯（Norbert Elias）如此总结道："沙皇、哥萨克、野蛮人，这就是他们了解的关于俄国的全部。"他还承认，在大学时代，直到被派往前线之前，他"除了从中学课本和报刊中收留到的一丁点思维定势以外，对俄国一无所知，绝对是一无所知"。[14]

20世纪初，在德国，积极宣传恐俄症的是史学家和政论家，其中五人发挥了特别重大的作用：西奥多·希曼（Teodor Paul Schiemann）、保罗·罗尔巴赫（Paul Rohrbach），两位是来自波罗的海地

---

[12] Heinrich Fischer, Alois Geistbeck, Michael Geistbeck, 《Erdkunde fur hohere Schulen》, Berlin, *Oldenbourg*, 1911.

[13] Cf. Egelhaaf, 《Grundzuge der Geschichte》, Lehrbuch der Geschichte. Цит. по: Troy R. E. Paddock, 《Creating the Russian Peril. Education, thePublic Sphere, and National Identity in Imperial Germany, 1890-1914》, Rochester, NY, *Camden House*, 2010, pp. 41, 45.

[14] Vejas Gabriel Liulevicius, 《Land War on the Eastern Front: Culture, National Identity and German Occupation in World War I》, Cambridge, *Cambridge University Press*, 2002.

第七章　德国的恐俄症：从"生存空间"思想到否定民族记忆

区的移民，从少年起就与强制俄罗斯化作斗争；还有三位是自由帝国主义者：马克斯·林茨（Max Lenz）、弗里德里希·梅因涅克（Fridrih Meinecke）、汉斯·戴尔布鲁克（Hans Delbrück）。马克斯·韦伯和奥托·哈奇（Otto Hatch）也经常帮助他们。五人中多数都是德国民族主义史学之父亨利·戈塔尔德·特雷奇克（Heinrich Gotthard Treitschke）的学生。

特雷奇克是民族自由党的议员、柏林自由大学教授，支持俾斯麦的政策。他尤其在1870年8月发表的题为《我们对法国有什么要求？》（Was fordern wir von Frankreich?）的著作中，充分地表述了自己的观点。他的反犹言论在德国也很受欢迎。后来的纳粹分子非常赞赏特雷奇克首发在1879年《普鲁士年鉴》（Preussische Jahrbucher）的著名口号：犹太人是我们的灾难！他的政治哲学基础是"国家即实力"（Der Staat ist Macht）的命题，该命题从国际舞台的实力（强权政治）的立场称颂国家政策。

特雷奇克认为，国家就是以各民族联盟为基础的、独立的强大实体，对于个人的自我实现来说是必需的，也是依据天意创造的。为了生存和展示自己的实力，一国必须与他国对抗。个人只有在战争中才可实现自我，因为只有在战争中他的政治属性及其最高尚的价值观才能够战胜其物质主义价值观。[15]

西奥多·希曼和保罗·罗尔巴赫也认同这种野心勃勃的看法：德国是文明领袖。他们认为，由于其难以超越的文化，德国可以与英国一起成为世界的主人，在东欧境内重复英国的殖民经验。德国知识精英在学术界占据主导地位，也是权威报刊编辑部的领导人，他们对德国的民族主义思想产生了决定性影响。

例如，以仇俄、亲乌克兰观点而知名的西奥多·希曼与威廉二世接近。威廉二世皇帝指出：希曼教授得到我的特殊信任。这是一位直线型的波罗的海人，是一位身处对抗泛斯拉夫主义、捍卫泛德意志主义最前线的斗士，一位观点深邃的政治家、杰出的史学家和作家。我经常就与历史相关的问题吸收他作为政治形势（in rebus

---

[15] http://fr.wikipedia.org/wiki/Heinrich_von_Treitschke.

politics）顾问。感谢他提供了大量宝贵的资讯，尤其是我需要更好地了解东方事务的时候。[16]

弗里德里希·梅涅克："斯拉夫人的动物属性"

无疑，弗里德里希·梅涅克（1862年~1954年）对于德国民族独特性（Deutschtum）的思想作出了非常重大的贡献。这位谦逊的斯特拉斯堡大学教授[17]当初的学位论文是关于德国元帅冯·波恩的，1908年出版了学术著作《世界主义与民族国家》（Weltburgerschaft und Nationalstaat）[18]，在德国引发了一片喧嚣。该书的书名是精心设计的。作者在该书中证明了单一制民族国家的优势，认为其力量在于其文化（Kultur）、民族和国家三者在机体上的一致性。在其漫长的学术生涯中，梅涅克多次被指持反犹主义立场，但后来则被指其提出了"斯拉夫人的动物属性"的论题。据他看来，由于俄国在种族、语言和宗教方面的混杂性，堪称是一个真正的世界主义帝国。

由于德国与法国、英国的关系的紧张度不断加剧，导致英、法对泛斯拉夫主义的攻击越加尖锐。透过倾斜的镜子，英法认为泛斯拉夫主义乃是对库兰吉（爱沙尼亚）和波罗的海国家的俄罗斯化。德国知识分子是通过德国民族主义的棱镜看待俄国民族主义的，也就是说，德国知识分子将德国民族主义视为合法追求且不可或缺的民族使命。在这种观念之下，俄国民族主义就成为在日耳曼文化鼓舞之下实现欧洲统一的障碍。[19]

德国知识界和报刊以无休止地讨论和过度曝光所谓"泛斯拉夫

---

[16] Kaiser Wilhelm II，《My Memoirs，1878-1918》，New York，Cassell，1922，引自 Troy R. E. Paddock，《Creating the Russian Peril. Education, the Public Sphere, and National Identity in Imperial Germany, 1890 - 1914》，Rochester, NY，Camden House，2010，p. 90（рус. пер. Д. Триус）.

[17] 1870到1918年间，今日斯特拉斯堡归属法国，当时属于日耳曼帝国——编辑注。

[18] 参见罗伯特·吉姆贝尔（Robert Kimber）英文版：Friedriech Meinecke，《Cosmopolitanism and the National State》，Princeton，1970.

[19] Troy R. E. Paddock, p. 74.

第七章 德国的恐俄症：从"生存空间"思想到否定民族记忆

主义者"声明为能事，这些声明是从俄国记者和政治活动家的文章和讲话中截取的。对泛斯拉夫主义的夸大和检举非常有利于德国的民族主义者，他们将目光投向了广袤无垠的东方领土。严厉批评泛斯拉夫主义和俄国侵略，非常便于掩盖德国的泛德意志主义，而泛德意志主义已经成为一种思想强迫症，将人们对不太世界主义的、并非多民族的奥-匈联盟的注意力吸引开。利用"俄国威胁"论可以掩盖日益丑陋的德国扩张主义和奥匈帝国的世界主义，而这些都与德国民族独特性理想存在重大矛盾。

例如，汉斯·戴尔布鲁克用笔名维尔·帕斯菲克（Vir pacificus，意为"和平丈夫"）于1869年写道：俄国沙文主义也要求在巴尔干半岛获得统治地位，且要求完全控制博斯普鲁斯海峡和达达尼尔海峡，因为巴尔干半岛的多数居民都是斯拉夫人和俄国人的同族人（Stammesbruder），俄国沙文主义难以阻挡，因为这些人与他们都是同教之人。[20]

确实，从1900年开始，泛德意志主义已经具备稳定学说应具备的特征。而拉采尔确定的"生存空间"（Lebensraum）的术语开始运用于东欧。1905年，约瑟夫·路德维希·雷美尔出版了400页的奠基性著作《德国的泛德意志主义》（Ein pangermanisches Deutschland）。约瑟夫·路德维希·雷美尔（Josef Ludwig Reimer）为了泛德意志主义的利益而篡改历史，通过论证德国文化对法国、比利时和荷兰三国的形成产生过的文化和历史影响，试图证明德国的优越性。

1911年，奥托·利哈德·塔宁伯格（Otto Richard Tannenberg）在对于泛德意志主义学说来说非常关键的著作《大德意志：20世纪进程中面临的工作》（《Gross-Deutschland die Arbeit des 20. Jahrhunderts》）中也表述了与雷美尔类似的观点。后来，纳粹分子用该书武装起来。1912年，弗里德里希·冯·贝伦哈迪（Friedrich von Bernhardi）出版了著作《德国与现代战争》（Deutschland und der nachste Krieg），其中首次明确将东欧标记为渴望扩张的对象。

---

[20] Vir pacificus（Hans Delbruck），《Politische Traumereien》，Preussische Jahrbucher，83：1，1896. 引自Troy R. E. Paddock, p. 67.

趁俄国尚未太强大，先发制人地发起进攻

因此就毫不奇怪：就在第一次世界大战爆发前的几星期，1914年3月2日，《科伦日报》（Die Kölnische Zeitung）发表了该报驻圣彼得堡记者，乌尔里希中将撰写的文章《俄国与德国》。该记者简短报道说：俄国暂时还很落后，不构成威胁，但是一旦做好开战准备，必定会进攻德国；俄国进攻德国的日期就在1917年秋天。

两年前对此还可以怀疑，现在就连此地（即俄国——作者注）的军事杂志也已经公开宣称：俄国随时准备对德国开战。

该文章制造了噪声，遭到包括《法兰克福汇报》（Frankfurter Allgemeine Zeitung）在内的报刊的严厉批判，该文章导致法国和俄国的证券市场的倒闭，直观地表明了战前德国知识界的心态。

此前的几个月，德意志帝国首相贝特曼（特奥巴登·冯·贝特曼·霍尔维格，Theobald von Bethmann Hollweg）在帝国国会发表演说称："俄国是一个拥有取之不尽的自然资源、地域广袤的国家"，"处在经济增长速度惊人的阶段"，"同时还进行史无前例的军队改革，无论是武器装备的量还是质，以及组织程度和能力方面都已经从和平生活阶段向战时状态过渡"。[21]

但是，应该指出的是：尽管这些判断在他们看来很危险，却并不包含任何种族主义的东西。1914年的德国仍旧坚持人道主义原则，尽管恐俄症已经在广泛传播（同时也还有反法、反英情绪的表述——尽管手法不同，因为这两个国家似乎与德国处在同一文化发展水平）。德国文化不可超越的思想还没有演化成为种族优越性的思想。德国用文化为其野心开脱，就如法国和英国以向殖民地传播文明的使命为其扩张开脱一样。在德国人的观念中，指的是速决战："秩序之战""人道之战"，无论在西方还是东方，这都符合德国文化的崇高价值。

---

[21] 引自《法兰克福汇报》（Frankfurter AllgemeineZeitung）1914年3月6日。

第七章 德国的恐俄症：从"生存空间"思想到否定民族记忆

"东进战略"（Ostforschung）的开端

战壕里的残酷现实和战败的痛苦彻底改变了德国人的这种心态。

1918年，德国走出战争状态时，已被彻底摧毁、心怀屈辱。在这样的沃土上，"人民运动"（Volkische Bewegung）和"国家社会主义"之花盛开；也正是在这一时期开始了"东进"（Ostforschung）。该术语指的是魏玛共和国在东欧进行的学术研究，目的是需求证据，以便重新审视1919年《凡尔赛和约》规定的东部国界。

让德国人承认战败是很艰难的。在德国西部，同盟国占领了莱茵省，而在东部，波兰人展开了猛烈的活动。在这种形势之下，受德国史学家阿乌宾（Aubin，在莱茵省工作）和地理学家阿尔布莱希特·彭克（Albrecht Penck）的影响，发展起了新的科学探索流派。彭克的理论成为其基础：彭克对语言和文化疆界作了区分，借此可以断定：有些领土自远古以来就是德国的。例如，该派理论宣称：德意志居民对中欧和东欧的国土产生了很大影响——尽管说这些地方并没有人讲德语。

东方问题研究正好与"民族和文化土壤研究"（Volks- und Kulturbodenforschung）流派的出现时间一致。该学派是由"民族和文化土壤研究基金会"（Stiftung fur deutsche Volks-und Kulturbodenforschung）发展起来的，而该基金会是在1923年在内务部长的倡议下成立的。在其发展的理论框架下，有三个同心区涌现："德国"（Reich）即国家控制的领土；Vorksboden是民族疆域，即在其上住着日耳曼民族的疆域；Kulturboden即文化区域，能感受到德国文化影响的区域。1926年，汉斯·格利姆（Hans Grimm）的书《没有空间的民族》（Volk ohne Raum）出版后成为经典著作，书名"没有空间的民族"遂成为纳粹党的座右铭。

几乎与此同时，德国地缘政治学派的最大理论家之一卡尔·豪斯霍夫（Karl Haushofer，1869年~1946年）也受到这些思想的影响。以拉采尔的思想为基础，卡尔·豪斯霍夫确立了自己的地缘政治理论，于1924年创办了《地缘政治杂志》（Zeitschrift fur Geopolitik），很快就在国际上拥有了读者。该杂志针对的是范围广泛的公众，但是代表的是德国地缘政治学派的观点。希特勒曾经多次与豪斯霍夫会见，广泛利用了豪斯霍夫的"生存空间"理论，以歪曲的形态将其纳入《我的奋斗》（Mein Kampf）一书。豪斯霍夫从来不曾是国家社会党的党员，相反，豪斯霍夫主张德国应该同俄国结盟，并且提出了同日本结盟建立大陆集团，对抗盎格鲁-撒克逊人的"蟒蛇战略"——该战略试图利用海洋强国的"锁链"扼死大陆国家。

希特勒在出版于1924年的《我的奋斗》（Mein Kampf）一书中循序渐进地展开了他的"生存空间"思想，在条顿骑士团之后700年，希特勒再次复兴了"东进"战略（Drang nach Osten）学说。希特勒特别关注的是"生存空间"理论中的种族主义成份，且明确将其与统治民族（Herrenvolk，即主宰种族或高等种族）联系起来，并且用这个术语指称"雅利安人"或"日耳曼种族"。

我们这些国家社会党人完全有意识地在战前的整个德国外交政策中竖起了十字架。我们渴望回到600年前我们的古老发展中断了的那个点。我们想要中止德国对欧洲南部和西部的永恒渴望，明确指向东方疆域。

我们彻底放弃战前时期的殖民政策和商业政策，有意识地转向征服欧洲新领土的政策……当我们说到征服欧洲新领土的时候，我们当然可能首先指的仅仅是俄国以及服从俄国的那些边缘国家。

然后，希特勒接着写道：

为了在反对犹太人将全世界布尔什维克化的行动的斗争中取得成功，我们必须首先要对苏维埃俄国秉持明确立场，不能借魔王之手打败魔鬼。[22]

透过种族主义国家棱镜所见的"生存空间"

1917年，当俄国走上了共产主义道路时，德意志国家毫不困难

---

[22] Adolf Hitler,《Mein Kampf-Mon combat》, Paris, *Nouvelles Editions Latines*, 1979（Г. 季诺维耶夫译本）。

第七章　德国的恐俄症：从"生存空间"思想到否定民族记忆

地将"生存空间"（Lebensraum）思想适应于反斯拉夫的种族主义意识形态。再没有什么力量能够遏制普鲁士贵族，也没有什么力量能够遏制那些赞成君主制的德国资产阶级——他们可能对沙皇帝国还怀有一定的好感。总之，难道说，布尔什维克主义岂不既是自由民主制的敌人，也是盎格鲁-撒克逊资本主义的敌人吗？

在两次世界大战之间，恐俄症已经等同于反布尔什维克主义。失去了与民族土壤和文化土壤、传统和宗教之间的联系，恐俄症就成为纯粹的抽象意识形态。因而也就再无边界。

希特勒认为，并非斯拉夫人的国家禀赋给俄罗斯国家提供了实力和堡垒。俄国的一切都应该归功于日耳曼成分，这就是日耳曼成分在较低种族内部能够发挥的巨大作用，这是一个极为优越的范例。

从1933年开始，这一理论将由"种族和人口问题总局"（Rasse-und Siedlungshauptamt）贯彻实施。希特勒认为苏联居民乃至所有斯拉夫人都是一些"劣等人""低等种族"，从而赋予自己征服他国领土的权利。这样一来，在第二次世界大战前夕，"生存空间"（Lebensraum）概念被更加广泛地解释，比泛日耳曼主义者对该概念解释得更加宽泛。

1943年，对"日耳曼族"进行地理学研究的研究所被纳入帝国安全总局（PCXA）管辖，而帝国安全总局隶属于党卫队（SS）。这些研究所更名为"帝国地理研究基金会"，这些基金会的责任是研究东部领土和收集东部领土上的人口成分和密度的统计学资料。地理学家瓦尔特·克里斯塔勒（Walter Christaller）研究了管理波兰和"东方"总计划（Generalplan Ost）的问题，而他的同事、地理学家艾米尔·梅宁（Emil Mylene）属于帝国领土问题研究局，该局还从事东部新征服领土的安置问题的研究。[23]除了进行大屠杀之外，"东方"总计划规定要从俄国西部迁徙3千万人到西伯利亚。

这些研究成果已经人所共知。对德意志国土和雅利安人血统的神秘看法转向那些从来不曾归属日耳曼人的领土，这样的观点导致

---

[23]　维基百科中有文章非常详细地谈及泛德意志主义、卡尔·豪斯霍夫、"生存空间"以及"最终解决方案"等，尤其是维基百科的英文版和德文版。

人类历史上血流成河的事件发生。其主要受害者是所谓住在苏联境内的"犹太人-布尔什维克"（是一个专门用来指称全部俄国人的名词）和斯拉夫"劣等人"。此外，还应该加上犹太人、茨冈人以及与之等同的残疾人。[24]

20世纪60年代的德国教科书：重蹈覆辙

1945年，苏维埃俄国作为战胜国，占领了德国东部领土，在这种条件下，德国的恐俄症被迫深藏地下。但是，从1946年"冷战"爆发之后，尤其是从20世纪60年代开建柏林墙之后，恐俄症重又活跃起来——此时是以反共主义的形式表现出来的。当然，反共主义在很多方面都不同于恐俄症。但是反共主义的一些基本命题都是从恐俄症那里继承而来的（参看本书第八章，关于美国恐俄症的部分）。因此，反共主义常常成为反对俄国同时又"保住颜面"的绝佳理由。否则如何解释这样一个事实：1991年以后，共产主义已经成为历史，而西方恐俄症的爆发却更为强劲。如果说，共产主义制度已经倒台后，恐俄症还在继续喧嚣，那就必须承认，恐俄症与共产主义无关，而与俄国有关。试图在普京和斯大林之间建立联系，将2000年俄国的崛起与斯大林帝国的复兴相比较，是毫无意义的，而且不合时宜。

美国学者派多克（Troy Paddock）指出：

> 从某种意义上说，第二次世界大战结束后，德国公众界的俄国威胁思想并未发生任何变化。由于冷战爆发，德国社会各界重又开

---

[24] 必须提醒大家注意的是：最早成为大屠杀受害者的，是俄国士兵。在用"毒气营"（移动的毒气监狱）屠杀犹太人之前，已经用俄国士兵做实验了。恩斯特·诺尔特和法国史学家列昂·波利亚科夫指出，还在1941年，希姆莱在维尔斯堡（Wewelsburg）的讲话中就曾提出，在东部应该消灭3000万斯拉夫人（前引书，诺尔特著作，第544页；另见列昂·波利雅科夫著作：Leon Poliakov,《Breviaire de la haine. Le IIIe Reich et les Juifs》, Paris, *Calmann-Levy*, 1951, p.398.）。接下来我们会看到：很难推论说，诺尔特对俄国怀有好感。不过，诺尔特在他那本《1941-1942年冬天：数百万俄国士兵死亡》的著作中承认：其主要因素是希特勒希望从生物学方面削弱俄罗斯民族，而斯大林对德意志民族并未怀有这样的感情。

第七章　德国的恐俄症：从"生存空间"思想到否定民族记忆

始担忧俄国这一德国东部的实际领导者，认为俄国对于联邦德国、推而广之到整个欧洲都是威胁……在德国中学课本里，关于俄国的观念并无改观。福克曼指出，1966年至1967年间对汉堡的15岁学生所做的民意测验结果表明，俄国的形象一如从前。俄国就是共产主义的同义词。用学生们的话说，俄国人很原始，不是很遥远，但是极端残忍、嗜血、邪恶、没人性、无耻、倔强得不可思议。但是，由于在东部战场的痛苦记忆还很新鲜，因而就认为俄国人是非常强悍的战士，能够干出任何兽行。福克曼（Volkmann）得出一个结论："对一个民族的刻板观念（Volkerstereotyp）"实际上等同于第三帝国中学生对俄国人的刻板观念，甚至比第二帝国中学生的刻板观念更糟。[25]

恩斯特·诺尔特及其提出的纳粹主义等同于共产主义的论题

1945年之后，德国的恐俄症继续存在，但是形式有所革新，变得更加精巧。而一个最令人惊奇的例子，是20世纪80年代史学家恩斯特·诺尔特（Ernst Nolte）搞的历史修正主义做法。

恩斯特·诺尔特生于1923年，他研究两次世界大战之间时期里的政治派别和法西斯主义，是柏林自由大学教授。他的第一部著作《大时代的法西斯主义》（Der Faschismus in seiner Epoche. Action française—italienischer Faschismus—Nationalsozialismus）比较了名为"法兰西运动"的法国民族主义运动、意大利法西斯主义和德国国家社会主义运动之间的相似之处。诺尔特深信：这三种极右派别都肇始于反共主义运动，这是欧洲三种法西斯主义出现的首要原因之一。诺尔特也对"冷战"起源问题感兴趣，并且撰写了一本关于布尔什维克主义的著作，他还将布尔什维克主义与纳粹主义进行了比较。

诺尔特在1989年出版的《1917-1945年间的欧洲内战：国家社

---

[25] Hans-Erich Volkmann，《Das Russlandbild in der Schule des Dritten Reich》，Das Russlandbild im Dritten Reich. Koln, *Bohlau*, 1994. 引自 Troy R. E. Paddock, p. 230. 该作者指出，在1945年之后，绝大多数德国中学课本的内容并没有很大改变，这些课本仅仅是标出了两个新国家的国界线。甚至在第二帝国和第三帝国之间的时期里都能看到类似情景。

会主义与布尔什维克主义》(Der europäische Bürgerkrieg，1917-1945：Nationalsozialismus und Bolschewismus) 一书中写道：

国家社会主义中最重要的要点是：其对马克思主义的态度，尤其是国家社会主义对于布尔什维克党人在俄国革命胜利后的那种共产主义的态度。

诺尔特的要点是：

法西斯主义其实是既针对布尔什维克革命，同时又针对民主制的双重反应。法西斯的各个流派中，大多数成分其实是沿袭自民主制（人民与政府一致、"共同意志"思想）和共产主义（极权主义体制、消灭反对派、社会一元化）。[26]诺尔特提醒大家说，希特勒还在他成为反犹主义者之前就已经成为反马克思主义者了。希特勒在其早期著作中曾经提及"犹太人-布尔什维克阴谋"，原因是共产主义组织中有很多犹太人。

诺尔特指出，无论是法西斯体制、还是共产主义体制，一个很突出的特点就是：将一切社会罪恶的责任都转嫁到一小撮敌人身上，而由于这些人积习难改，因而必须将其肉体消灭。这就让诺尔特有理由称之为"内战体制"。作为极权主义理论的支持者，诺尔特也在古拉格群岛和奥斯维辛集中营之间建立起因果关系，即：纳粹主义其实是对布尔什维克主义体制的回应。他写道：没有布尔什维克主义的挑衅，就没有法西斯主义。[27]

诺尔特的方法论角度和认为法西斯是"跨欧洲现象"的定义遭致批判是理所当然的。批判中最高调的是指责诺尔特试图为法西斯

---

[26] 在诺尔特的著作中，特别要强调的是《Der Faschismus in seiner Epoche》, Action francaise-italienischer Faschismus-Nationalsozialismus Munchen, *Piper*, 1963;《L'Action francaise, Le Fascisme italien, Le National-socialisme》, Paris, *Julliard*, 1970;《Der Faschismus von Mussolini zu Hitler》，参见乔治·塞姆朗（Jorge Semprun）作序的法文版著作：《Le Fascisme, de Mussolini a Hitler》, Paris, *Librairie Universelle*,《Encyclopedie politique》, 1973, 尤其是《Der europaische Burgerkrieg 1917-1945. Nationalsozialismus und Bolschewismus》, Berlin, *Propylaen*, 1987.

[27] Ernst Nolte,《Les Mouvements fascistes. L'Europe de 1919 a 1945》, Paris, *Calmann-Levy*, 1991, p.15.

第七章　德国的恐俄症：从"生存空间"思想到否定民族记忆

罪行进行开脱——特别是，对诺尔特观点提出鲜明批判的是尤根·哈贝马斯等法兰克福学派的代表。诺尔特辩称：他的主要目的是从哲学、社会学的角度思考德国历史上的国家社会主义时期。诺尔特强调说，"纳粹分子犯下了很多可怕罪行，是世界历史上前所未有的"，而他所做的分析无论如何也并不意味着他对纳粹主义持某种特别宽容的态度。

这些商榷文章以"史学家争鸣"（《Historikerstreit》1986年~1987年）为题而广为人知。诺尔特从1986年6月6日开始在《法兰克福报》（Frankfurter Allgemeine Zeitung）上发表《无论如何都不曾发生的历史》（"The Past That Will Not Pass: A Speech That Could Be Written but Not Delivered"）。作者提出一个问题："古拉格群岛是不是引发了奥斯维辛集中营"，而"布尔什维克杀害阶级敌人是不是纳粹党杀害低等种族人士在实际上和逻辑上的先声"。

诺尔特的观点在意大利和法国很受青睐——特别是法国史学家弗朗索瓦·富勒（François Furet）支持他的观点。不过，弗朗索瓦·富勒并不认为意大利法西斯主义和德国的国家社会主义其本质是一种反马克思主义意识形态，是作为对布尔什维克意识形态的一种反应或者说是布尔什维克意识形态的复制品。

诺尔特著作中的恐俄症演化路线的基本轮廓就是如此。特别具有代表性的是：《欧洲内战》的作者诺尔特试图通过共产主义来为纳粹主义辩护。诺尔特比较了两种极权主义意识形态，还试图将德国士兵在东线的战争拔高为德国"试图拯救整个欧洲，免受东方诸帐的侵害"。[28]而且还给人留下一个印象，诺尔特竭力将1941年6月德国纳粹对苏联的进攻说成是德国对斯大林不遵守1939年签订的《莫洛托夫-李宾特洛甫协定》的反应；诺尔特还声称：斯大林主义的罪行似乎比纳粹主义的罪行更糟。[29]

---

〔28〕　Troy R. E. Paddock,《Creating the Russian Peril. Education, the Public Sphere, and National Identity in Imperial Germany, 1890-1914》, Rochester, NY, Camden House, 2010, p. 230.
〔29〕　恩斯特·诺尔特：《1917-1945年间的欧洲内战：国家社会主义和布尔什维主义》的俄文版：《Европейская гражданская война 1917-1945》, Национал-социализм и большевизм, С. 497~509.

他曾写道：作为有针对性的、彻底消灭世界各民族的计划，"最终解决方案"（Endlosung）与其他大屠杀有很大不同，它是对布尔什维克主义想出的、蓄意地彻底消灭世界阶级的计划的镜像反映；而纳粹的计划只是从布尔什维克计划的社会正品改成生物学方向的复制品。[30]而众所周知，复制品要比正品的价值更低，因此，在这种具体背景下，复制品就不那么"严重"。

无论如何，有一点是毫无疑问的：诺尔特淡化了纳粹主义的意义，把纳粹主义变成是对布尔什维克党人消灭社会异己分子计划的简单重复，只不过纳粹是以生物学理由实施的。从而将原本是纳粹应该对千百万人死亡承担的责任转嫁给了布尔什维克——也就是转嫁给了俄国。不能不表示赞同的是：如此精巧的恐俄症形式首先寄希望于欧洲的反共主义者，被"冷战"几十年里为恐俄症准备的社会舆论所青睐。

20世纪80年代，这些思想的出现适逢新一代德国人上台，他们出生在第二次世界大战之后，没有参加过第二次世界大战。青年一代觉得他们这一代人比其父母对德国的罪行承担的责任更少，毕竟德国承认了自己的过错，并且曾经对受害国家公开道歉。这种"惩罚"似乎已经足够，而随着时间的流逝，忏悔的必要性似乎已不那么迫切。

德国社会情绪发生改变，也适逢欧洲共同体的建设进入新阶段。"醒悟的德国重又回归民主国家之列，在欧盟占据合法地位，通过与自己不共戴天的敌人法国结盟而最终成为建立欧盟的动力。"德国获得的新地位也导致：德国人对纳粹的可怕罪行的看法已不那么激烈。多数德国人和欧洲人都情愿抓住机会，将德国对纳粹罪行的责任转嫁给当时还是共产主义的俄国。

结果就涌现出很多研究著作，在这些著作中，希特勒与斯大林被等量齐观；也出现很多谈及集中营和共产主义罪行的书。所有这些书都将两种制度等同起来，歧视俄国，将其等同于布尔什维克主义。苏联公民——特别是俄罗斯人——在第二次世界大战中蒙受巨大损失，有充分的理由认为这种修正主义是一种侮辱——何况，

---

[30] 恩斯特·诺尔特：《1917—1945年间的欧洲内战：国家社会主义和布尔什维克主义》，第558页。

第七章　德国的恐俄症：从"生存空间"思想到否定民族记忆

1991 年以后俄国已经自行决定结束共产主义体制。

将某些罪行加在俄国人头上的技巧

在战后时期，西方的大多数仇俄分子都竭力在"共产主义"和"俄国"这两个概念之间画等号，立场最鲜明的批判共产主义的人士是俄国的持不同政见者，以及"冷战"时期西方反对共产主义体制的斗士（如安纳托里·利文、马丁·马拉、斯蒂文·科恩等许多人）。他们通常都能够在俄国与共产主义、不喜欢俄国与反对令人仇恨的政治制度之间作出清楚的界定。

但是这样的人只是少数。西方学者和知识分子人士中的主体都宁愿将这些概念混为一谈——尤其是在苏联解体之后。已获独立的国家（特别是波兰、波罗的海国家、捷克共和国）的知识分子都乐于将所有罪愆归咎于俄国，以便尽快忘记：他们自己也曾在本民族共产党的严格领导下，服膺共产主义理想。实际上，到处都作了机智灵巧的责任划分：某些罪行的所有责任都算在俄国人头上，与此同时，其他民族只愿意充当无辜、不幸的受害者的角色。

但是，事实并非如此明确。乌克兰人将声名恶劣的 1931 年～1933 年间的"大饥荒"仅仅归咎于斯大林，而实际上是在得到赫鲁晓夫等人许可，且有大量乌克兰共产党员积极参与下推行的一系列行动导致的后果。而乌克兰人却乐于"忘记"自己曾经参与 1942 年～1943 年间大规模杀害波兰人的"沃伦屠杀事件"；忘记了东方死亡营特雷布林卡（Treblinka）、索比堡（Sobibor）、贝尔赛克（Belzec）主要由是乌克兰人和立陶宛人，而不是由德国党卫军守卫的。

在这个意义上，特别值得注意的是：当谈到斯大林应该对某些严重罪行承担他应该承担的责任时，却羞于提起斯大林的格鲁吉亚出身。斯大林一贯被称为"克里姆林宫的主人"或"红色沙皇"，似乎斯大林是个俄罗斯人。将某些罪行算到斯大林头上似乎如此合乎逻辑。任何时候、任何人都不曾提出一个问题：斯大林的格鲁吉亚出身有没有对他的行为产生决定性影响。

这已经是一个二选一的问题：要么是某些罪行与俄罗斯人毫无

关系；而且，俄罗斯民族自身还是主要受害者！要么，过错在于当时国家领袖的民族出身、种族出身或社会出身。在这种情况下，那就要确定每个人的民族出身：格鲁吉亚人斯大林和奥尔忠尼启泽，摩尔多瓦人伏龙芝，波兰人捷尔任斯基，乌克兰人赫鲁晓夫，犹太人托洛茨基、斯维尔德罗夫、季诺维耶夫、加米涅夫，等等。但是这样就会很荒谬，多半没有任何人会对此感兴趣。

难道有什么合理理由可以断言：对于某些罪行，只有俄罗斯人有过错，其他任何人都没有过错吗？难道这不是一种形式独特的、针对俄罗斯人的、莫名的种族主义吗？这种种族主义就与针对这些人的反犹指责产生了矛盾：他们追随希特勒，认为：似乎犹太人为了追求对全世界的统治地位，发明出了布尔什维克主义。[31] 是的，纳粹主义是在德国的土地上发展壮大的。

诋毁苏联人民在战胜法西斯方面所起的作用

将纳粹主义与俄国共产主义相比较，已经成为贬低苏联人民在战胜法西斯和希特勒方面所作贡献的一种方法。对于俄罗斯人来说，这是尤其不公正、不可接受的，因为在俄罗斯人中，没有一个人在伟大卫国战争中不曾失去过亲人。俄罗斯人认为，将这两种制度等量齐观是试图将俄罗斯人付出的牺牲说得一钱不值，试图窃取俄罗斯人取得的胜利，这是完全错误的。战争结束后，西方国家马上就急于忘记苏联人民为战胜法西斯所作出的巨大贡献：武器和食品都是我们提供的！他们七嘴八舌地重复道。[32]

1945年距离我们已经越来越远，而对民族记忆的否定也越来越

---

〔31〕关于早期布尔什维克领袖的犹太人出身的题材仍是禁区。苏联持不同政见者伊戈尔·沙法列维奇的书——包括就此题材撰写的其他著作——在法国都是被禁止的。参见 Igor Chafarevitch,《La Russophobie》, Geneve, Editions Chapitre Douze, 1993.

〔32〕 Н. А. 纳罗奇尼茨卡娅：《我们为什么、与谁作战》（Нарочницкая, За что и с кем мы воевали. М.：Минувшее, 2007）。对于红军解放欧洲的另一种相对立的观点，是在波兰的犹太裔士兵（被编入红军的志愿军）的讲述中提出来的。他讲到了红军对犹太人的兽行，以及苏军士兵在反法西斯主义斗争中遭受的苦难。参见 Gabriel Temkin,《My Just War: The Memoirs of a Jewish Red Army Soldier in World War II》, Presidio Press, 1997.

第七章　德国的恐俄症：从"生存空间"思想到否定民族记忆

显明显，而随着时间的流逝，对战争时期遭受的苦难记忆也在逐渐抹去。人们或许还记着斯大林格勒战役，但是已经淡忘了1943年夏天在库尔斯克城下爆发的决定性的坦克大会战。我们已经忘记，1944年6月6日盟军之所以能够在诺曼底成功登陆，首先要归功于朱可夫元帅及其发起的"巴格拉季昂"行动。在这次行动中，数万士兵在东线投入厮杀，目的是吸引部分德军，阻止第三帝国将重型装甲武器运到法国。

1944年，每个登陆诺曼底的普通"大兵瑞恩"都知道，他们应该感谢那些在白俄罗斯为他们献出生命的"伊万"同志们。同盟国的报刊都正确地赞誉朱可夫和斯大林，他们两人都曾多次出现在1944年和1945的《时代周刊》（Times）的头版。但是，时间在流逝。随着"冷战"爆发，对诺曼底登陆的大肆祝贺取代了对过去的真切回忆。

通过好莱坞的电影产业，盟军在诺曼底登陆被夸大到了第二次世界大战中规模最大的行动——尽管说当盟军在诺曼底登陆之际，俄国人已在东线取得了决定性胜利。如果以这种速度到2030年，中学生会一口咬定说，第二次世界大战是美国人和法国"抵抗运动"的战士们赢得的。[33] 最近几十年里，不断归功于他们的作用，而苏联和其他盟国的作用则像是粗糙的皮肤一样，遭到不断挤压。[34]

改写历史、贬低俄国在战胜法西斯方面所起的作用的愿望是如

---

[33]　参加"抵抗运动"的法国人数只占法国人口的3%。
[34]　针对俄国及其将欧洲从拿破仑和希特勒等独裁者手中解放出来所做出的贡献，历史上有很多这样的黑洞。参见 MarkMazover,《War and Peace: The Fact-Check》, *New York Times*. 20.06.2010, http://www.nytimes.com/2010/06/20/books/review/Mazower; D. Glanz,《American Perspectives on Eastern Front Operations in World War》, Foreign Military StudiesOffice, 1987, http://fmso.leavenworth.army.mil/documents/e-front.htm. 保罗·桑德斯认为，甚至诸如以下严肃作者也不乏类似缺憾：约翰·埃里克森：《走向斯大林格勒之路》（John Ericsson,《The Road to Stalingrad》）和《走向柏林之路》（《The Road to Berlin》），理查德·奥威尔：《对俄国开战》（Richard Overy《Russia's War》），阿兰·克拉克《"巴巴罗萨计划"：第三帝国的覆灭——俄德冲突》（Alan Clarke《Barbarossa. The Russian-German Conflict》），安东尼·比沃尔《斯大林格勒》（Antony Beevor；《Stalingrad》），多米尼克·利文《俄国反对拿破仑："战争与和平"行动信史》（Dominic Lieven《Russia Against Napoleon: the True Story of the Campaigns of War and Peace》）。

此强烈，以至于2015年1月27日就奥斯维辛集中营解放70周年举行纪念性活动时，波兰认为没必要邀请俄罗斯总统普京参加活动。而且，波兰外交部部长格里格·斯海蒂纳（Grzegorz Juliusz Schetyna）非常无耻地声称：奥斯维辛集中营是乌克兰的武装部队解放的。[35] 参加仪式的欧洲国家领导人中，没有一个敢于对波兰领导人的这种修正主义说法提出质疑。

否定民族记忆是令俄国与欧洲疏离的方法

诋毁苏联在战胜法西斯方面所作贡献的同时，我们也在越来越强劲地推动对民族记忆的否定。这种趋势有利于那些试图将俄国从西方国家中剔除出去的人，有利于想要歧视俄国，将西方和苏联之间的对抗归结为民主制度与共产主义制度之争的人。当时的苏联和共产主义在事实上（de facto）对胜利事业作出了巨大贡献，将欧洲民主制从纳粹的奴役中拯救出来。仇视苏维埃制度并无任何有分量的依据，也不应该导致对苏联在战胜法西斯方面所起的作用绝口不提。

任何反共主义信念都并不能证实，当代仇俄分子将"共产主义"和"俄国"两个概念混为一谈是正确的，也不能为违背历史真相，在"俄国"和"纳粹主义"之间画等号的做法开脱。正是为了这个目的，违背健全思维，操纵性地将普京与斯大林甚至希特勒相提并论——这是希拉里·克林顿和一些欧洲国家领导人（特别是波兰领导人和波罗的海国家领导人）酷爱的方法。在报道车臣和格鲁吉亚的战争事件以及2014年乌克兰危机时，这种方法已经被记者们多次运用过。

在考察俄国在第二次世界大战这一事件中的历史作用时，俄罗斯民族对于解放欧洲所作的贡献被否定或贬低；同时，习惯性地追随在诺尔特之后，偏偏让俄国对纳粹主义（纳粹主义似乎是1917年俄国革命催生的）罪行承担责任。还有一些不太强势的言论，指俄

---

[35] 博客：Jacques Sapir，《Un scandale》，http://russeurope.hypotheses.org/3352.

第七章 德国的恐俄症：从"生存空间"思想到否定民族记忆

国挑起了第一次世界大战。剑桥大学的权威学者多米尼克·利文教授称："第一次世界大战的爆发是由于日耳曼国家与俄国争夺对东欧的统治地位，结果，出乎预料，战争以所有帝国的崩溃告终。"[36] 他明确指责德国和俄国挑起了第一次世界大战，从而就为英国和法国开脱了责任。

但是，假如英国和法国收敛其帝国野心，同意在非洲和亚洲被德国取代——就如19世纪70年代以后英、法宣称的那样，那么，德意志帝国就完全没必要在东方竭力占领领土了。假使英国担心德国舰队的急速发展危及自己的海上霸权地位，却不急于同法国和俄国订立盟约，彻底收紧围绕德国的钳形攻势，1914年的战争或许可以避免。如同19世纪英国和法国进行帝国主义宣传的时代一样，现在俄国再次成为全欧洲的不可预测的敌人形象的人质，耽于扩张主义，因而非常危险。

与否定历史记忆同步，20世纪80年代再次爆发了某种"第二次世界大战受害者竞赛"。无疑，不能不令人高兴的一个事实是：经过长期斗争，犹太人组织终于成功地争取西方承认大屠杀事件为独一无二的、可怕的现象，这是一场重大胜利，同样不能忘记。但是，随着在耶路撒冷的大屠杀纪念馆（Yad Vashem）建立起规模宏大的纪念碑，所有大城市都建起了大屠杀纪念馆。全世界都在举行纪念犹太人受害者的纪念活动，第二次世界大战中的其他受害者的不满情绪也在上升。

首先，由于大屠杀纪念馆通常仅仅涉及犹太民族所遭受的苦难，其他战争受害者理所当然地觉得自己没有被关注；其次，日益强烈地感到这些纪念仪式的实质已经被扭曲，本身已经成为政治工具，犹太复国主义者试图借助这些工具支持以色列国家，为其占领巴勒斯坦开脱。

---

[36] 多米尼克·利文教授在其著作中只是令这些尖锐言论略为柔和，恢复了俄国在第一次世界大战史上的合法地位。《The European Tragedy of 1914 and the Multipolar World of 2014：Lessons Learned》，*Horizon*. No1，2014，p. 77.（Dominic Lieven，《La finde l'empire des tsars. Vers la Premiere Guerre mondiale et la Revolution》，*Editions des Syrtes*，2015）.

回忆"市场"已极度饱和

1990年后,大多数幸存的战争受害者都觉得需要表达些什么。波罗的海诸国、波兰、捷克、匈牙利(苏联集团的所有以前的成员)的居民都发表了自己的回忆录。他们想要对共产主义报复,联合起来对付已被削弱的、之前的"老大哥",开始认为俄国是自己可怕历史的唯一根源。作为例证,我们只列举几个事实。1991年,乌克兰驻巴黎使馆向法国外交部提出官方质询,请求更换安娜·雅罗斯拉夫娜棺椁上的题字。[37]乌克兰方面提出:将"安娜·雅罗斯拉夫娜:法国女王,俄国公主"去掉,镌刻上"安娜·雅罗斯拉夫娜:法国女王,乌克兰公主"。[38] 2007年,爱沙尼亚企图否定民族记忆,决定迁走青铜士兵雕像(牺牲的苏军士兵纪念雕像),最终引发危机[39]。

爱沙尼亚宣称:"否定对犹太人的大屠杀和否定苏联共产主义罪行没有任何差别",其挪走青铜士兵纪念雕像的动机是:1944年,从法西斯分子手中将塔林解放出来的不是红军,而是"合法的爱沙尼亚政府"。[40]爱沙尼亚当局因而忘记了为解放该国而牺牲的千万名苏军士兵;他们显然也不再记得,1945年之前,在爱沙尼亚当政的是亲法西斯政府,迫害犹太裔居民。也正由于此,当1939年苏联占领波罗的海三国时,盟国并没有表示反对,并且于1945年雅尔塔会议上确认波罗的海三国归并苏联。

立陶宛在反俄的民族主义道路上走得如此之远,甚至新建的大屠杀受害者纪念馆运用的"大屠杀"概念仅仅适用于俄国人对波罗的海各民族所干的事情,却不适用于纳粹分子和当地的附逆者对犹太人所干的事情。此外,波罗的海国家的一些官方人士还公然支持纳

---

〔37〕 详情参见本书第四章。
〔38〕 参见本书第二章,以及http://fr.sputniknews.com/french.ruvr.ru/radio_broadcast/54034400/59035201/index.
〔39〕 http://fr.wikipedia.org/wiki/Soldat_de_bronze.
〔40〕 参见爱沙尼亚前总理马尔特·拉尔的文章:Mart Laar, *Imperially Deluded Wall Street Journal*. 03.05.2007.

第七章　德国的恐俄症：从"生存空间"思想到否定民族记忆

粹党卫军老兵，将其视为自由斗士，鼓励亲希特勒情绪的复苏。[41]类似事实已经足以说明问题，但是这些事实通常不仅被西方大众传媒刻意忽略，而且也被一些学界人士乃至犹太组织忽略。

幸好还有档案在。苏军记录了法西斯在 1941 年的兽行，并且于 1942 年向盟军转交了这些磁带，目的是说服他们开辟第二战场。战时的电影摄影师拍下了在爱沙尼亚、克里米亚、乌克兰和波兰实施大屠杀的镜头[42]。但是，盟军努力保留英帝国在印度和中东的领地，保持伦敦和新德里之间的联系，宁可先在北非发起反击，直到 1944 年 6 月 6 日才在法国登陆。

德国人自身也加入到对东线英雄和法国"抵抗运动"战士们的赞美活动中。与此同时，史学家们和作家们开始指责红军在进攻时犯下的兽行，且仅仅着眼于被俄国士兵强奸的德国妇女的苦难，许多人宁可忘记，恰恰是红军释放了集中营里的犯人，终结了对犹太人的大屠杀。

或许，关于战争的新论著大量涌现并不是要给纳粹主义平反，但这些论著的作者们倒是成功地让苏军蒙受恶名，贬低了苏军对解放欧洲所作出的贡献。此外，还包括 20 世纪 80 年代末到 90 年代初一些人的卑鄙企图：估算谁消灭的人更多：是斯大林还是希特勒。自然，天平会向着古拉格群岛，而不是纳粹死亡营（Vernichtungslager）倾斜。[43]

---

[41] 爱沙尼亚的党卫队老兵称，他们是为了民主而战，爱沙尼亚总理那些保护国家免遭共产主义占领的人，转引自茨岗科夫（А. Цыганков）著作。

[42] 《Filmer la guerre. Les Sovietiques face a la Shoah 1941–1946》，http://filmer-la-guerre.memorialdelashoah.org。

[43] 例如，在《共产主义黑皮书》中并未提及，20 世纪 30 年代导致大量乌克兰农民死亡的大饥荒是由于西方国家对苏联实施封锁导致的（参见《Le Livre noir du communisme：Crimes, terreur, repression》，Stephane Courtois, Nicolas Werth, Jean-Louis Panne и др. Paris, Laffont, 1997. 参见, Georges Corm, 《La question religieuse au XXIe siecle》, Paris, La Decouverte, 2006. P. 22.）。也并未考虑，对于斯大林"在一国建成社会主义"的决定、"拧紧螺丝"，而不是寻求妥协、发展新经济政策、与西方国家经商来说，这种封锁产生了多大影响。"大清洗"的爆发是由于苏联国内对这一计划的反抗挑起的。尽管说当时大多数苏联共产党员都支持这一计划（这一判断不应该被理解为是对"大清洗"事实的否定和缩小"大清洗"的规模）。今天那些因为乌克兰危机而赞成制裁俄国的人应该记住，这种制裁可能导致的可悲后果。由于制裁，被制裁的当局可能会变得更加激进。我们可以一起回忆一下 20 世纪 80 年代的伊朗和 1960 年以后古巴的情形。

个别愤怒的声音不可能打破全欧洲的沉默。对反法西斯战争的回忆也随着二战老兵的凋零而变得越来越苍白。对德国在建立欧盟方面应该占有的一席之地的关心,已经令反法西斯言论的后方变得冷清。

战争受害者(排在首位的是大屠杀受害者)之间开展"竞赛"的结果是:否定苏联公民死亡 2600 万人、俄罗斯人死亡 1400 万人的说法。我们真的想要这个结果吗?这个结果对于 21 世纪的自由、民主的欧洲来说是否值得?如果希特勒赢得了对苏联的战争,自由、民主的欧洲根本就不可能存在。

波兰同希特勒就建立反苏同盟进行的谈判

还可以举出其他一些例证:第二次世界大战历史是如何被改写的,为了让西方国家笼罩着光环,而苏联却被败坏名声,再通过败坏苏联继续败坏当代的俄罗斯。

我们举波兰为例。[44]是否还有很多欧洲人记得,1935 年前波兰独裁者毕苏茨基元帅在波兰当政,曾经梦想要让波兰"从海到海"

---

〔44〕 波兰永远都试图向东拓展疆界。波兰发展起了肆无忌惮的恐俄症,最初是以宗教理由,后来则以政治理由。起初,在波兰-立陶宛联合国家走向繁荣的时期里,波兰统治了俄国的领土,甚至在 1610 年~1612 年间占领莫斯科后的短期内,俄国都曾被波兰统治。随后,从 18 世纪末到 1917 年,力量平衡发生了变化。波兰被普鲁士、奥地利和俄国占领。从 1815 年起由赫尔佐格·华沙斯基管理。由于尼古拉一世残酷镇压了波兰的民族主义革命,波兰无法实现其扩张主义野心,1920 年后,波兰的恐俄症加深,至今也非常深重。但是与波罗的海国家不同,波兰人进行了扎实的历史研究,为 19 世纪的俄国统治时期、甚至为 1945 年~1990 年间的共产主义时期"平反"。"我们常常会忘记,19 世纪末,波兰人对俄国人的经济、政治和文化成就高度评价。我甚至要斗胆断言:大多数波兰精英人士都承认俄国的经济和文化优势"——学者托马什·扎里茨基写道(Tomasz Zaricki,《The embarassing Russian connection. Selective memoryof the Russia heritage in contemporary Poland》, Russia's Identity in International Relation. Images, Perceptions, Misperceptions; edited by Raymond Taras. London, *Routledge Series*, 2012)。日内瓦国际关系和发展研究所教授安德烈·利比什(André Leonard Liebich)在一篇对安妮·阿普勒鲍姆(Anne Applebaum)最近著作的批判文章(《瑞士时报》2015 年 10 月 1 日)中指出:"年轻学者(包括波兰的年轻学者在内)都在研究波兰社会对共产主义的接受情况,而这是一个比反抗共产主义、共产主义镇压都更具普遍性的现象";就此问题,本书也参考了美国史学家帕德里亚克·基尼(Padryak Kenney)的著作。

第七章 德国的恐俄症：从"生存空间"思想到否定民族记忆

（即吞并乌克兰和摩尔多瓦）？而在1921年到1922年间，当军事行动已经对布尔什维克不利的时候，毕苏茨基曾经提议其西方盟友占领莫斯科？还有谁记得，1938年希特勒吞并苏台德区之后，波兰外交部部长约瑟夫·贝克试图同纳粹党人订立盟约，瓜分捷克斯洛伐克；而在1938年10月2日，波兰军队就占领了捷克的希列基雅？1939年春，当希特勒还没有改变自己的计划之前，德国人和波兰人还曾长期谈判，准备在德国和波兰联合进攻斯大林的过程中，从俄国人手中夺取立陶宛、白俄罗斯和乌克兰，并将其瓜分。[45]

还有一个例证，在西方，《莫洛托夫-李宾特洛甫协定》被认为是战争的前奏——如果不是战争原因的话。这种戏法就让西方国家毫不困难地推卸了自己对于卑怯的慕尼黑阴谋的责任。1938年在慕尼黑会议上英国和法国对希特勒的投降早已被认为是战争爆发的决定性信号。

1933年希特勒上台后，德国和苏联中止了1922年《拉巴洛条约》规定的在经济和军事领域的合作——记住这些事实很有好处。俄国意识到了威胁，遂与西方民主国家——特别是同法国——走近，目的是订立新的、类似1914年之前的那种盟约。但是共产主义俄国引起了资产阶级民主制的担忧。因此1936年法国和苏联签订的互助条约就失去了实际意义。1936年之后，德国莱茵省在军事化之后，已经很显然，德国准备既进攻西边的邻国也进攻东边的邻国。剩下的问题就只是：谁会首先遭到攻击。从这一刻起，邻近德国的所有强国（法国、英国和苏联）所做的一切都是为了避免自己首先遭到打击，而让邻国先遭到打击。

应该在这种背景下解释慕尼黑的叛变行为，法国总理达拉第和英国总理张伯伦并不是傻瓜。法国与德国直接相邻，是德国最明显的攻击标靶，当然要努力首先保护自己的安全。法国的利益也与盎格鲁-撒克逊人的战略相一致：迫使希特勒首先攻击苏联。这就可以

---

[45] Н. А. Нарочницкая, 《За что и с кем мы воевали》, М.: *Минувшее*, 2007, С. 104~115.

让英国终于赢得19世纪的"大牌局",并且在欧亚大陆占据统治地位。[46] 英国人的赌注是:让德国摧毁苏联,同时也耗尽实力。然后等待一个有利时机,英国及其盟友再进攻德国,摘取德国征服的胜利果实,避免本国领土被战争破坏。英国承认了德国吞并苏台德区和捷克斯洛伐克,从而让希特勒的目光投向东边。

还应该以这些战略花招为背景,解释20世纪30年代亚洲爆发的事件。美国和英国试图在日本的帮助下推翻苏维埃政权,日本从东边而德国从西边对苏联进行围堵。从1937年底开始,日本-中国之间的战争烈度倍增,美国和英国让日本放手发动战争,从而换取两国在菲律宾和东南亚的殖民地的安宁。日本感到自己有了行动自由,于1939年5月在满洲北边的哈拉欣河上对苏联发起了进攻,目的是征服西伯利亚。日本的首要目标是中国和苏联。只是由于被朱可夫打败,日本才将部队投入到东南亚和太平洋方向,并且敢于于1941年12月7日在珍珠港对美国发动进攻。

《苏-德协定》反对《慕尼黑协定》

斯大林清楚地认识到,究竟发生了什么。处在孤立地位,对这些不可靠的西方盟友是不能抱希望的,斯大林试图掩护后方,并对英国和法国在慕尼黑的叛变行为作出回应。1939年8月,德国和苏联签订协定,该协定确保了希特勒首先向西进攻,而英国也不能利用战争之机占领整个欧亚大陆。只有本着这个原则才能解释希特勒在1939年8月11日(在签署《莫洛托夫-李宾特洛甫协定》签署前10天)发表的声明:

我所做的一切都是针对俄国的。如果西方太愚蠢和盲目,居然不能理解这一点,那么我只好先击溃西方,然后,在击败西方之后,再挺进苏联。[47]

---

[46] 参见本书第六章关于"大牌局"部分。

[47] Н. А. Нарочницкая,《За что и с кем мы воевали》, М.: *Минувшее*, 2007, С. 119.

第七章　德国的恐俄症：从"生存空间"思想到否定民族记忆

斯大林比想象中要狡猾得多，盎格鲁-撒克逊人的战略遭到彻底失败。接下来需要做的只是在一个糟糕的游戏中埋下一枚好地雷，然后再把《苏-德协定》和战争爆发的责任全部推到苏联领导人头上，似乎《慕尼黑协定》和德国吞并奥地利（Anschluss）都只是一些次要细节。

在整个历史上，对俄国人的厌恶具有很多的相似之处，形式无比复杂的恐俄症成为一种独特的忏悔时尚，在承认了对犹太人的大屠杀之后，这种时尚变得非常流行。我们已经指出，这场宝贵的胜利是在长期斗争过程中赢得的。但是谁也不曾预见到，忏悔竟会变成一种新的世俗化宗教，而这种崇拜会导致西方自我肯定了西方对世界其他国家的优越性——我们现在所看到的正是如此。

我们引述乔治·科姆的一段话：

> 突然之间，重又开始堂而皇之地接受了一种原始信仰："白人"的优越性，西方文明对其他文化、宗教和价值体系的优越性。在经过第二次世界大战的血腥屠杀之后，西方国家的国民进行了忏悔，从这种观点出发，确实只有西方国家的国民达到了道德发展的最高水准。忏悔既是以不断揭露大屠杀为基础，也是以西方国家达到民主制最高水准的想法为基础，因而已经根除了一度爆发残酷战争的国家之间的暴力。对纳粹主义的谴责遭到挤压，就像是《驴皮记》里的驴皮一样收缩，最终归结于对反犹主义和反锡安主义的谴责。[48]

在欧洲，对于肯定西方的文化优越性来说，对大屠杀题材的这种实用主义歪曲似乎并不令人感到惊讶。但是这种趋势已经在世界的其他地区引发不安，尽管说西方自身对此尚不清楚。

2014年：德国获得期待已久的东方"生存空间"

最后，我们要指出的是：在第二次世界大战期间，由于从浪漫

---

[48] Georges Corm,《La question religieuse au XXIe siecle》, Paris, *LaDecouverte*, 2006, p. 130.

主义时代沿袭下来的民族主义的致命发展,德国已经将恐俄症的激烈程度提到无可比拟的地步。之后,又将其变成了不起眼、渐进、但却有效地否定民族记忆的工具。今日西方的许多史学家活脱脱就如一千年前的教皇的神父们:他们能够依据可靠性存疑的史料,而"忘了"那些对自己不方便的档案证据,孜孜不倦地篡改历史,将俄国从欧洲历史中剔除,就如神父们抹去了对600年前的拜占庭的记忆一样。剩下的就是将责任转嫁给东方国家的国民!第二次世界大战的见证人存世的已越来越少。如果类似战略获得成功,随着时间的流逝,操纵意识的目的终将达到。关于俄国是将欧洲从纳粹手中解放出来的解放者的记忆终将被消除,取而代之的是亚特兰蒂斯(Atlantica)拯救了欧洲的神话。爆发世界大战的责任将由俄国来承担,就如基督教大分裂的责任被算在拜占庭头上一样。

就如曾几何时的波兰,德国也绝不忘记对东部的领土野心,并且渴望统治欧洲——尽管说,在1945年遭到败绩(这次战败终结了德国的军事帝国主义)后,再不敢公开宣称这一野心。我们一起来看看今日的欧洲地图。在遭受第二次毁灭性失败的70年后,难道德国没有依靠异想天开的、天才的政治路线,一步一步地实现了13世纪的第一帝国以及后来的第二帝国和第三帝国提出的政治目标(即统治巴尔干半岛、中欧的斯拉夫民族以及波罗的海国家和乌克兰)吗?而自从2014年乌克兰希望被纳入欧盟轨道之后,德国岂不是已经掌控了最后一块鞭长莫及的领土(条顿骑士团和后来的"生存空间"(Lebensraum)论的支持者们孜孜以求地渴望将乌克兰征服)。在乌克兰危机的掩护之下,难道欧盟的重心不是已经用"柏林-华沙"轴心取代了传统上的"巴黎-柏林"轴心了吗?

只要看一眼地图就可以明白:大业已成。恺撒大帝的夙愿已在2014年实现。我们重读一下德意志帝国首相贝特曼(Alfred von Bethmann Hollweg)的顾问库尔特·里茨勒(Kurt Riezler)于第一次世界大战正酣时,1915年4月15日写下的这段话:

昨天吃饭时与首相谈了很久,表述了自己的新欧洲构想:掩盖我们追求优越地位的企图,建立德意志民族的中欧帝国。互相渗透,

第七章　德国的恐俄症：从"生存空间"思想到否定民族记忆

就如股份公司一样。日耳曼帝国就是一个股份公司，普鲁士在其中控股……这就是我们需要一个团结在德国周围的国家同盟的原因。甚至可以不必由中心国家对其他国家实施吞并措施。如果能够将统一欧洲的构想合乎逻辑地完成，那么，自然就会产生结果。[49]

这难道不是14世纪恩格尔伯特·埃德蒙茨基（Engilbert Admont）神父制订的计划，[50]只不过是换了个说法吗？2015年的欧盟难道不是这一理想的完美体现吗？欧盟不就是一个由德国控股，并由安吉拉·默克尔充当董事长的巨大的股份公司吗？那么希腊、西班牙和意大利呢，难道不是被矮化到了以一纸劳动合同（而劳动合同的有效期要取决于是否保持货币同盟）为基础的临时合伙人的程度吗——尤其是希腊？

1991年，通过承认斯洛文尼亚、马其顿和黑山（然后是波斯尼亚）独立而将南斯拉夫肢解，难道赫尔姆特·科尔不是完成了无论奥地利人（尽管其在1908年吞并了波斯尼亚）还是"乌斯塔沙"（1941年在克罗地亚宣布建立法西斯-天主教体制）都没能完成的事业？德国岂不是征服了塞尔维亚和巴尔干半岛各民族，先肢解南斯拉夫，再于2008年通过承认科索沃独立而肢解塞尔维亚本身，从而于21世纪最终实现了哈布斯堡王朝的夙愿？

允许欧盟和北约从容不迫地、出乎意料地深入到波罗的海国家和苏联集团的成员国（这些国家中，大多数国家在二战前都是德国的盟友）的同时，德国岂不是已经通过和平手段建立了极为理想的"生存空间"（而为了夺取生存空间，德国一度发动了两次血腥的世界大战）？在这种情况下，西方很少关注乌克兰民族主义者、亲纳粹的领袖班德拉的追随者对马伊丹广场抗议者提供支持，也不关注他们可能涉嫌参与了开枪（开枪导致了亲俄罗斯的亚努科维奇政府被推翻），对此有必要感到惊讶吗？一切都将按照原来的南斯拉夫和科索沃的计划图发生。而还原真相、揭开其伪造图像资料的情形以及

---

[49]　Gabriel Galice,《Du peuple nation》, Lyon, Mario Mella Editions, 2002, p.144.
[50]　参见本书第四章。

伪自由斗士的罪行的行为，只能在这些事件所造成的政治后果已经不可逆转之后，才有可能发生。[51]

　　德意志精神隐藏在温柔的面具下，我们对此感到高兴。但是，德意志精神照旧还在追求自己的目标：戴着天鹅绒手套的铁腕。其他欧盟成员国完全被愚弄了。[52]甚至美国也落入彀中。美国急于支持马伊丹广场的抗议者，希望将乌克兰这一著名的"地缘政治核心"收入囊中，希望俄国继续向西伯利亚后退。安吉拉·默克尔赋予约翰·拜登和维多利亚·努兰行动自由，之后她只需要摘取果实。其既巧妙地完成了德国的使命，同时还在西方和俄国之间的冲突问题上充当中立的法官，真正是非常、非常强劲的进程。

　　受害的只是俄国，她妨碍了这些意图的实现。我们还是给伊曼纽尔·托德（Emmanuel Todd）一个做总结的机会吧！

　　统一的德国重新获得（就如1870年一样——作者注）东欧这样的经济扩张区域（确实，东欧一度是俄国的势力范围，现在变成了德国的势力范围），与法国已经无法比拟。但是法国不可能予以承认……新德国再不是一个可爱的、安静的、阿登纳式的联邦制国家，这是一个巨大的独立国家。

　　还需要用什么来证明呢？

　　还没等意识到发生了什么，在某个美好的日子里醒来时，欧洲就已经处在德国时代——在不到四分之一的世纪里，在公众的掌声中，德国不费一枪一弹已经赢得了世界大战。

---

　　[51] 例如，关于"科索沃解放军"（UCK）的罪行（包括人体器官走私），国际法庭前南斯拉夫事务检察官卡拉·德·庞特（Carla Del Ponte）和瑞士侦查员迪克·马蒂（Dick Marty）已经说了很久，但是，直到科索沃已经"独立"之后，这些罪行才得到国际承认。否则就完全不可能。因为有人试图用"塞尔维亚的罪行"来为科索沃独立寻求依据。与"很坏"的塞尔维亚人相比，科索沃的居民必须看起来是"很好"的。现在，科索沃独立已是既成事实，而那些支持科索沃独立的人已经下台，可以说出真相了。

　　[52] 参见就此题目所做的访谈：Emmanuel Todd,《Ne sousestimonspas cette formidable puissance》, La fin du modele allemand, Books. No 60, 2014.

第八章
美国的恐俄症，或自由专政

在伊朗问题、科索沃问题、美国的反导弹防御系统问题、伊拉克问题、高加索问题、里海油田问题、乌克兰问题等（这份清单还在继续增长）上，俄罗斯与美国及其盟国陷入冲突。在"冷战"胜利之后，已经联合起来的西方国家首次碰到了比之前的所有模式都坏的模式。

"普京乃是一种制度"（Puting institutionalized），载《华尔街日报》（The Wall Street Journal）2007年11月9日

实际上真相本身并不重要，重要的只是人们认为的真相是什么。

亨利·基辛格

美国恐俄症的基础是法国的自由-民主主义恐俄症、英国的帝国主义恐俄症和德国恐俄症三者的动态合成物。在厌恶俄国和俄罗斯的一切这方面，美国人比法国人、德国人和英国人都要走得更远。但是美利坚合众国从法国那里继承了一些哲学和原则：自由、民主和人权；从英国人那里继承了一些目标（海上霸权地位以及能够进入主要的大陆市场）和战略（依靠军事预算而保持军事优势，确保其防务支出超过其他所有国家的国防预算的总和；通过"软实力"资源的不断机动化，确保对通讯手段的控制）；从德国人那里继承了

非常出色的工具:纳粹研究出来的大众传播技术,以及同强敌(苏维埃布尔什维克)作斗争的意识形态动机。

美国的恐俄症肇始于1945年以后。在整个"冷战"期间不断发展,从20世纪50年代粗糙的麦卡锡主义逐渐变成了20世纪80年代与极权主义作斗争的深思熟虑的命题。现在到了世纪之交,美国的恐俄症是在反普京的辩论的轨道上复兴的。

美国恐俄症的产生,在很多方面与英国的类似进程很相像。起先为了反对共同敌人而结盟(英-俄结盟是为了反对拿破仑的法国,而美-苏结盟是为了反对希特勒的德国),在取胜后,两国很快就转变为不可调和的对抗。就如1815年后的英国一样,美国于1945年后突然激烈反对俄国。当时,两国处境实质上都是相同的:美国和俄国都作为战胜国走出了第二次世界大战。伴随着这场胜利而来的,是两国都成为对方的"战友",有朝一日他们发现:对方已经变成了一个过于强大因而于己不便的盟国。因此完全可以预料的是:即使双方不会爆发公开斗争,至少也会对对方推行遏制政策。[1]

1945年之前,美国人对俄国并无重大意图。1867年,俄国没怎么犹豫就把阿拉斯加让给了美国。在第二次世界大战之前的整个历史时期里,美国能够指责俄国的或许是1880年~1905年间的屠杀犹太人事件。但在席卷欧洲(包括法兰西共和国和维多利亚时代的英国)的狂热反犹的时代,这还不足以成为美、俄公开敌对的理由。在俄国革命期间,美国希望俄国跟随美国一起发展自由民主制。美国确信,被世界大战肢解的俄国人会仿照美国的道路。但是,俄国人跟着布尔什维克走了。但是,甚至直到1919年俄国再次受到政治孤立之后,美国也并不认为有什么理由仇视俄国,也没有什么理由对俄国发起军事行动。

我们来试着弄清:为什么美国和俄国在20世纪40年代初的友

---

〔1〕 参见本书第六章。

第八章　美国的恐俄症，或自由专政

谊骤然变成了激烈的公开敌对。[2]

19世纪80年代末，美国的处境与德国相同，刚刚完成了领土统一。1840年~1850年间，从得克萨斯到加利福尼亚之间的墨西哥领土全部被美国侵占，然后就开始了残酷程度前所未有的西进运动。当无偿的、输入性的奴隶劳动力已经不足时，美国开始灭绝大平原上的土著居民，幸存的印第安人被赶入"保留地"。[3]依靠这次我们今天常说的民族清洗，美国领土上的墨西哥人和其他红种人（其文化与这个年轻国家里崇尚自由意志的个人主义和资本主义胜利后

---

[2] 美苏在第二次世界大战期间的同盟关系也能够证明：反对共产主义并不是"冷战"爆发的原因，而是其结果。否则干嘛要联合起来。当时斯大林的政权照样是稳固的，即使他被更换，那么多半也只会变得比20世纪30年代更好。共产主义更多的只是"冷战"爆发的一个借口，而不是其理由。不应该忘记：以往的敌对是在普京时代升级的，那时共产主义已经消亡十年了。最后，美国与中国极度模糊的关系也是一个反证：假使不考虑美国仪式性地指控中国侵犯人权以及在白宫接待达赖喇嘛，那么，美国与共产主义中国已经建立起密切的商贸联系，其关系堪称良好。无论美国反对共产主义和捍卫自由、免遭威权体制侵害的做法么么起劲，始终就不是美国外交政策的决定性因素。

[3] 需要提醒大家注意的是：最早的集中营是在英国-布尔人战争期间，由英国人倡议下，在南非共和国里出现的。当代的大规模流放，其前身是19世纪上半期美国对印第安人的大屠杀。佛罗里达、佐治亚和密西西比的土著居民（米诺尔人、切罗基人、乔克托人）被强制迁徙到了大平原上的荒漠地带，他们几乎因饥饿而灭绝。后来，奇利卡瓦人和阿帕奇人也遭此厄运。

希特勒和纳粹分子不止一次地承认，建立集中营和大规模流放犹太人到东方以"彻底解决犹太人问题"，他们是受到了对印第安人的惩治办法和对亚美尼亚人的大屠杀的启发。如果说，犹太人的大屠杀历史能够被记录下来并且广为人知，要归功于劳尔·希尔伯格（Raul Hilberg）的研究成果和普利莫·列维（Primo Levi）的著作，那么，令盎格鲁-撒克逊人感到更为震惊的，奥斯曼土耳其对亚美尼亚人的大屠杀却没人做任何事情。

1944年~1945年间，斯大林将高加索和克里米亚的一些民族流放到哈萨克草原也类似一个世纪之前美国迁徙印第安人。但是，如果说许多史学家和媒体孜孜不倦地、众口一词地谈论斯大林流放事件，那么，对于美国迁徙印第安人的事件却从来没有人提及。令人感喟的是：最有权威的西方非政府组织密切地关注克里米亚的少数民族鞑靼人，目的是揭露一切破坏人权的情形。但是，为印第安人争取权利的斗士们却在1973年的美国翁迪德尼镇（Wounded Knee）事件之后被审判，其命运无论多么悲惨，却没有任何人感到不安。显然，并不是所有的少数民族的权利都是平等的。同样的双重标准从美国对车臣叛乱者的全方位支持中也可以看到；与此同时，西方的非政府组织和记者对于追求独立的夏威夷土著居民却视而不见。有人可能会反驳说，这完全是两码事，不该混为一谈！或许，与时而争取释放米哈伊尔·霍多尔科夫斯基、时而争取释放俄罗斯女权组织"造反猫咪"成员或尤莉亚·季莫申科的运动不同，国际社会要求美国从监狱里释放争取美国印第安人权益的斗士莱昂纳多·佩尔提尔（Leonard Peltier）是不值得非政府组织关注的。

的需求格格不入）被清除。

19世纪80年代初，美国人觉得其新国界比较拥挤。1885年，乔赛亚·斯特朗（Josiah Strong）撰写了《我们的国家》（Our Country）一书，获得巨大成功。其中解释说，益格鲁-撒克逊人应该将诸如民主制、基督教新教、自由企业制度这样一些福祉馈赠世界。1890年，史学家、政治理论家弗里德里希·杰克逊（Frederick Jackson Turner）完全遵循时代精神，声称：关闭西部"边疆"（Frontier）〔4〕将导致罢工运动和社会紧张度尖锐化。没有一个安全阀（即：离开城市，到西部广袤空间殖民的机会），逐渐地美国社会就会成为像欧洲国家那样的沸腾的大锅。

美国就如该时期的德国一样，渴望寻求海外殖民地。中美洲和加勒比海诸岛就变成了美国得天独厚的狩猎场。1890年美国占领了中途岛和夏威夷群岛，并且违背岛上居民的意愿，于1898年将其合并。同年，在威廉·伦道夫·赫斯特（William Randolph Hearst）〔5〕及未来的总统西奥多·罗斯福的领导下，美国借口发动对西班牙的解放战争（帝国主义游说集团挑起的），征服了波多黎各，又将宗主权扩大到了古巴、菲律宾及巴拿马——对于在太平洋地区发展贸易来说，这些地方占据极端重要的地位。巴拿马、夏威夷群岛和菲律宾为美国确保了一切必要环节和链条，帮助美国扩大海上霸权地位和繁荣对亚洲的贸易。

夏威夷群岛与菲律宾：美国竭力占领海上空间

与德国不同，美国两面临水，因此美国并不需要强大的陆军，

---

〔4〕 "边疆"（Frontier）在美国历史上是指美国的蒙昧的西部开发地区，位于今日美国的北达科他州、南达科他州、蒙大拿州、科罗拉多州、堪萨斯州、尼布拉斯卡州、德克萨斯州。"边疆"逐渐扩大，向西延伸，直到太平洋沿岸地区。到1890年，边疆线分成一些孤立的区段，消失了——编辑注。

〔5〕 伦道夫·赫斯特（1863年~1951年），美国媒体巨头，建立了新闻产业，并最早想出用八卦和丑闻赚钱。诸如"黄色报纸"与社会各界的关系"（PR）及"媒体巨头"等概念都与他的名字紧密相关。是奥尔森·威尔斯（George Orson Welles）的电影《公民凯恩》中的主人公凯恩的原型——编辑注。

第八章 美国的恐俄症，或自由专政

而是需要像英国那样的强大舰队，能够确保其海上权力。无怪乎其主要的军事理论家、战略家是一位海军军人、阿尔弗雷德·马汉上将。正是马汉创立了美国的海军学说，并为美国的侵略性政策奠定基础。其著作《海权对历史的影响：1660-1783》（《The Influence of Sea Power Upon History：1660-1783》）于1890年出版，成为当时在军事战略和对外政策方面最为重要的著作。

在马汉的印象里，英国是依靠海军力量充实实力的，因此马汉坚持必须在美国建立强大的海军舰队。确实，英伦诸岛依靠贸易而大发其财，强大的贸易船队服务于商业，而辅之以海军舰队，在世界各地保护英国商品，最终建立起一个陆上帝国，用必要的原料供应英国的工业需求并成为其工业制成品的倾销市场。

马汉认为，这五点对于确保美国的强大和繁荣来说是互相补充的、必需的，否则美国就会处在文明的边缘地带，因此英国的例证堪称是一个鼓舞性的因素。

在美国海军部长本杰明·特雷西（Benjamin Franklin Tracy）、声望卓著的参议员亨利·卡伯特·洛奇（Henry Cabot Lodge）及西奥多·罗斯福的支持下，马汉得以在创纪录的短期内建立起令人瞩目的海军舰队。在1898年的美国-西班牙战争中，美国海军计有5艘装甲舰。1900年，按照吨位来说，美国海军排世界第三位，到1908年排名世界第二。美国牢记了马汉的主要教导：

> 海军实力应该首先是为了贸易，目的是走最有利的贸易通道。军事实力应该保护贸易并对其提供协助。[6]

第一次世界大战之后美国跻身世界主要强国之列。回到孤立主义政策的决定和1929年危机导致美国在20年时间里都满足于充当二等角色。而当时自恋的日本却在积蓄实力。美国对亚洲（该地区必须处在美国的影响之下）的地缘政治兴趣在觉醒。在同一时期里，希特勒已经接管了渴望复仇的德国。

---

[6] http://fr.wikipedia.org/wiki/Alfred_Mahan.

在这种条件下，美国对地缘政治再次发生兴趣。到 20 世纪 40 年代初，美国发现了杰出的英国地缘政治专家哈尔福德·麦金德的思想，这些思想至今都在鼓舞美国的政治活动家。

欲征服世界，必先征服世界岛（俄国）

就如自己的同行，德国人豪斯霍夫一样，麦金德确信自己的种族优越性。他认为，英国可以为落后民族带去文明。他的思想最终形成是由两个历史事件促成的：1899 年~1902 年的英国-布尔人战争及 1904 年的日俄战争，正是在 1904 年麦金德发表了其著名论文《历史的地理轴心》（The Geographical Pivot of History），该文为他后来提出的世界岛理论奠定基础。

追随弗里德里希·拉采尔，麦金德也认为：应该看到，世界的前景是极化，而不是如格哈德斯·墨卡托（Gerhardus Mercator）的构想那样，把地球看成一个整体，这个整体是由世界岛（Heartland，即欧亚大陆和非洲所占据的地球的六分之一）和外部群岛（地球陆地的十二分之一，即美洲和澳大利亚）以及世界大洋（占地球的十二分之九）组成。

要掌控世界，就要掌控"世界岛"——从中欧一直延伸到西西伯利亚一个巨大平原，对地中海、近东、南亚和中国构成一个半月形。作为其论纲的插图，麦金德列举了 13、14 世纪成吉思汗和帖木儿统率下的蒙古人大侵略。用他的话说就是：在那个时代，乌克兰平原乃是骑兵迅猛进攻的理想平台。

麦金德的地缘政治规律表述如下：

谁掌握了东欧，谁就掌握了世界岛；谁掌握了心脏地带，谁就掌握了世界岛；谁掌握了世界岛，谁就掌握了世界。

实际上，麦金德只是将英国伟大航海家沃尔特·雷利（Walter Raleigh）的一段话略加改造：

谁掌握了海洋，谁就掌握了世界贸易；谁掌握了世界贸易，谁

第八章 美国的恐俄症，或自由专政

就掌握了全球财富及全球本身。

1940年，美国人尼古拉斯·斯皮克曼（Nicholas John Spykman）吸收了麦金德的理论并创造了自己的"边缘地带"构想：

> 谁控制了"边缘地带"，谁就能控制欧亚大陆；谁控制了欧亚大陆，谁就能够将世界的命运掌握在手中。

斯皮克曼的构想体现在他的两部著作中：1942年出版的《国际政治中的美国战略》（Amerycan Strategy in World Politics）和1944年在其死后出版的《和平地理学》（Geographiy of The Peace）。

遵照斯皮克曼的理论，世界可以分为三部分：心脏地带，由东欧和俄国组成，乃是世界的中心；"边缘地带"（rimlend，或称为"内弧""内新月形地带"）；海外大陆（或称为"外弧""外新月形地带"）或世界的其他部分——包括英国、日本、澳大利亚、南美洲、北美洲和非洲。

斯皮克曼认为，随着海空军力量的发展，原来的心脏地带理论已经老化，他坚持"边缘地带"（rimlend，介于心脏地带和大洋沿岸地带之间的过渡地带）具有关键性作用。对于斯皮克曼来说，"边缘地带"就是那个历史轴心，就如麦金德认为心脏地带乃是历史轴心一样。[7]

斯皮克曼认为，建立一个统一的、具有相同价值体系的国际社会是不可能的。要达到和平，只能借助外交政策，而这种外交政策必须是从安全角度来说非常有效的，能够将其他国家进攻的风险降低到最低限度。他写道："因为一国的安全基础乃是其国防实力，因而要想在战时处在制高点，和平时期就不能解散武装力量。"

类似的地缘政治视角将海洋强国和陆上强国置于对峙地位，因而麦金德和斯皮克曼都认为控制着心脏地带的俄国很危险，他们的担心逐渐变成一种痴狂。从那时起，"鹰派军人"就警惕地注视着

---

[7] Arnaud Leclercq,《La Russie, puissance d'Eurasie. Histoire geopolitique des origines a Poutine》, Paris, *Ellipses Editions*, 2012.

俄国。

在漫长的美国-苏联关系史上,美-苏结盟反对纳粹德国和日本看起来似乎只是一段微不足道的插曲。同长达75年的紧张关系相比,4年的友好关系算什么。就如1914年前夕的英国人和法国人一样,直到美国意识到,一旦强大起来的德国与俄国缔结同盟,就会终结盎格鲁-撒克逊人的优势地位;直到这时,美国吓坏了。与俄国结盟看起来似乎很投机取巧,但是,美国也只能两害相权取其轻。1941年~1945年间,为了更重大的目标,美苏两国间深刻的历史和地理矛盾被暂时淡忘。

不过,第二次世界大战刚一结束,成为主导性世界强国的美国立即就开始反对昨天的盟友。学者们认为,正是斯皮克曼的思想在后来成为外交官乔治·弗罗斯特·凯南制订的"遏制"政策的基础。

1946年围绕苏联的军事基地链条在收紧

在美国加入对德战争之前,凯南已经在柏林担任外交职务,而在1945年~1946年间曾在莫斯科工作过。1947年7月,他用笔名X在《外交事务》杂志(Foreign Affairs)发表了《苏联行为的根源》(The Sources of Soviet Conduct)一文,其中将斯大林的外交政策概括为马克思列宁主义意识形态的体现。这种意识形态告诫说,资本主义将在全世界灭亡,并且希望利用"资本主义包围圈"作借口"拧紧螺丝"和巩固政权。凯南认为,美国应该推行遏制苏联的扩张主义的政策。这样,就产生了著名的"遏制"原则。

该文的发表令美国政界人士产生分裂。记者沃尔特·利普曼(Walter Lippmann)主张肢解德国,激烈批判凯南的分析报告。他声称,在接近苏联的通道处驻扎军队并不能确保美国的安全,相反只会破坏美国的自信心,将挑起危机的主动权交给苏联;形形色色的盟国环绕着美国,而这些盟国只是热衷于利用"遏制"学说实现自己的目的。当时凯南的真实姓名还被掩盖。但是,一个事实是:文章作者乃是美国国务院政策研究室领导,这就将他提出的学说变成了官方学说。

第八章 美国的恐俄症，或自由专政

稍后凯南让人们确信：他并不追求决定该政策的未来。他曾多次表示，他的警告并不就决定了其后美国政府采取的、遏制苏联扩张主义的所有政策。

我的"遏制"思想被扭曲了，仅仅被当成军事学说，并且被作为军事学说而付诸实施。结果，我们在四十年时间里卷入了毫无意义的、代价昂贵到不可思议的"冷战"当中。

直到 2005 年去世之前，凯南都坚持这一观点。

但是，恶行已经做出。到 20 世纪 40 年代末，美国已经在边缘地带（Rimlend）增加了军事基地的数量，为了孤立苏联，美国与其他国家一个接一个地签订军事和经济合作条约。1949 年成立了北大西洋公约组织。

近些年来美国的永久同盟政策明确无疑地是针对苏联的。成立美洲国家组织和北大西洋同盟、太平洋安全公约组织（ANZUS）、《日美安保条约》《东南亚条约组织》（CEATO）、《中央条约组织》（CEHTO）能够证明，美国希望控制欧亚大陆的边缘地区，对抗苏联。与此同时，斯大林首先感兴趣的是铸造东欧之盾，并且取得了局部成功——如在伊朗。他坚持俄罗斯经典的地缘政治原则，意识到自己力有不逮，因而并不追求世界统治地位。[8] 美国则在和平时期也像战时一样，竭力防止旧大陆的强国联合起来并结盟，敌视其利益。

在整个"冷战"时期，类似的世界观都在美国占据主导地位。在控制了边缘地带（rimlend）国家（以及石油和天然气）之后，美国就在国内外对共产主义挑起了无情的意识形态战争。"红色威胁"取代了"俄国威胁"，在 1938 年美国国会人士成立的"反美活动调查委员会"（HUAC, the House Committee on Un，也叫"非美活动委员会"）领导下，开启了猎巫的时期。

---

[8] Arnaud Leclercq,《La Russie, puissance d'Eurasie. Histoire geopolitique des origines a Poutine》, Paris, *Ellipses Editions*, 2012, p.174.

借口反对"红色威胁"而实施的意识形态遏制

  1946年，美国总统哈里·杜鲁门成立临时委员会，审查联邦官员的忠诚度。该委员会需要查清颠覆分子：被美国人贴上极权主义标签的外来意识形态和制度的支持者。五个月后，美国政府发布9835号行政命令，令该项计划获得长期性地位。1947年，美国司法部发布了"颠覆组织"清单，联邦调查局收集了可疑人士的资料，1950年，美国政治舞台上占统治地位的是约瑟夫·麦卡锡（Joseph McCarthy）。1953年~1954年间，这位国会参议员领导下的委员会跟踪共产主义间谍、支持者和同情者。尤其重视对知识分子、工会领导人、创造性工作人员的监视，他们被怀疑与莫斯科有关。

  正是在那些年里形成了"冷战"的意识形态基础：用自由和民主反抗压迫，反抗共产主义专政。反对共产主义的斗士从"专制制度""暴政"等概念上掸去灰尘——而这些概念曾几何时是给俄国贴的标签。美国支持那些能够发动国家政变的组织，并在其控制的领土上建立军事独裁政权或保守独裁政权（拉丁美洲的-波斯湾的君主制国家和伊朗、亚洲的独裁政权）。因此，"独裁者"一词就逐渐被"极权主义"取代，为的是限制友好国家和可恨的社会主义体制。1965年，法国哲学家雷蒙·阿隆〔9〕完成了这一语义学转换：词汇的调整有助于制订有效的传播战略，将欧洲民主国家的社会舆论与"边缘地带"依附国家的威权体制相对抗。

  在整个20世纪50、60年代，"冷战"从未停止。这种意识形态对抗适逢去殖民化时期，以及马克思主义派别的解放运动走向繁荣的时期，这些马克思主义派别支持苏联。但是，到了1975年，越南战争和从殖民压迫中解放出来的运动走向终结，东西方对抗陷入僵局：既没有胜利者，也没有失败者。苏联保留了成立于1945年的集团。尽管四分五裂，但是共产主义仍然在很大程度上推动了非殖民

---

〔9〕 雷蒙·阿隆：《民主与极权主义》（Démocratie et totalitarisme），俄文版为Раймон Арон，《Демократия и тоталитаризм》，М.：текст，1993.

化运动，并在从中国到非洲的广大地域站稳脚跟。

美国首先控制了拉丁美洲、亚洲和非洲的独裁体制。通过皮诺切特和维德拉将军发动的政变，美国的影响扩大到了智利和阿根廷，在"边缘地带"（Rimlend）的主要国家以及盛产石油和天然气的近东威权主义君主制国家（伊朗、沙特阿拉伯和波斯湾国家）扎根。

1975年《赫尔辛基协议》令反对苏俄的意识形态斗争发生新转折

到20世纪70年代中期，两大强国都已经倦于厮杀——不论厮杀结果如何。美国在越南战败，以及智利和阿根廷的军事独裁政权的反对者被大规模拷打和流放颠覆了人们对"自由世界"的信任。而当时的苏联也因为经济困难而非常脆弱。将军队开入捷克斯洛伐克动摇了苏联的国际威望，对苏联非常有利的非殖民化进程也已完成。

"冷战"走向衰落。苏联和美国都意识到，必须进行对话，改善关系。于是就在1975年7月开启了谈判，到1975年8月1日，已经在35个国家之间（包括两个超级大国美国和苏联、加拿大和所有欧洲国家，除了阿尔巴尼亚和安道尔）签署了一系列协议，协议文本并非法律意义上的条约，但是成为首届欧洲安全与合作会议（the Conference on Security and Cooperation in Europe）的最终协议。

会议的最后文件包括国家关系的十条原则：各国主权平等；尊重主权国家的权利；不动用武力或不威胁动用武力；边界不可侵犯；领土完整；和平调解争端；不干预内政；尊重人权和基本自由；各民族平等且各民族都有支配自己命运的权利；各国之间进行合作；履行国际法义务。

关于人权和基本自由的第7条让美国的反苏宣传具有了新的动力。正是在1976年，在吉米·卡特当选为美国总统之后，出现了与极权主义作斗争的最新一种形式：以捍卫人权为借口。非政府组织接连涌现。继亚历山大·索尔仁尼琴之后，苏联持不同政见者的作品越来越经常地在西方出版。捍卫人权的斗争具有了前所未有的规模和效果。

应该指出的是：在签署上述协议之后，美国建立了"赫尔辛基观察"小组（Helsinki Watch）——也即未来的非政府组织"人权观察"组织（Human Rights Watch，简称HRW），该组织捍卫美国的利益，积极披露俄国，以及1991年苏联解体后出现的其他独立国家中的破坏人权的状况。

赫尔辛基协议给美国提供了绝佳的机会，重提关于人的自由和权利的辩论。与战后的其他美国总统不同，吉米·卡特是一位引人注目的演说家，他以真诚赢得人心。但是，1979年，美国再次受挫：失去了原本在美国控制下的一个关键性政权——谢赫执政的伊朗。美国原打算镇压伊朗的革命运动，安排阿亚图拉霍梅尼从巴黎返回德黑兰。美国错误地认为，伊朗的神权体制比左派的世俗政权对自己更有利，但是再次失算了。

对于美国人来说，幸运的是：就在当年年底，苏联犯了更加笨拙的错误：掉进了吉米·卡特的顾问兹比格纽·布热津斯基设下的阿富汗陷阱，[10]红军入侵阿富汗彻底破坏了苏联在第三世界中的形象，加剧了苏联经济的危机。

1980年，由于吉米·卡特在伊朗犯下的错误导致雷纳多·里根上台。他并不想如其前任那样沉迷于关于人权的理想主义幻想，而宁可纯粹功利主义地把自由理念作为一件武器，同共产主义作斗争。而玛格丽特·撒切尔夫人担任英国首相一职，对于里根来说不啻是天赐大礼。

自由须服务于反极权主义斗争

作为个人解放和民族解放的手段（按照以卢梭为首的启蒙思想家们的理念），自由已经逐渐丧失反抗色彩，而仅限于在经济领域发

---

〔10〕 这里是指1979年7月在华盛顿支持下的阿富汗圣战士们展开的"旋风"行动。布热津斯基在公务日志中称：美国援助将挑起苏联入侵阿富汗。1979年12月，果然发生了这样的事件。20年后，作为对指责他发起这次挑衅行动的回应，他不无自豪地宣称，苏联落入了"阿富汗的陷阱"：我们没有推动俄国人介入，但是有意提高了他们这么干的可能性。

第八章 美国的恐俄症，或自由专政

挥作用。新自由主义者们的全部努力都着眼于，将经济自由和经济宽松政策伪装成自由在普世意义上、人道意义上取得的胜利。在反对暴政和贵族垄断财富的斗争中，自由概念被法国哲学家和革命者上升到盾的高度；而这种有限自由与自由概念很少有共同之处。但是，自由成了西方反苏、反社会主义宣传中非常好的一个促因。

罗纳德·里根作为好莱坞的一名真正的演员，与反共人士很亲近，受到一些"冷战"老兵的熏陶，这些人把对西部的血腥征服变成一部伟大的、自由意志主义的长诗，而对印第安人的大屠杀就变成了微不足道的过激行为。罗纳德·里根具有天才的协调关系的能力，而这对于彼时的美国非常需要。他发表的捍卫自由和人权的动人演说在欧洲社会被视为最优秀的美国传统，而且与威权国家里大企业家及被监督的独裁者的雄心也并不矛盾。不过，这些独裁者的立场已经软化，直到在苏联解体后已经完全融入自由民主制。从智利到菲律宾，拉丁美洲和亚洲的独裁者们相继停止存在。威权体制仅在近东国家里保留。

里根赋予自由思想以某种末世论和先验论的维度，引起西方知识分子的笑容，也得以掩盖美国传统的地缘政治构想和经济构想。在善恶斗争（即自由的西方同俄国、伊朗、古巴——一定程度上也包括与中国——之间的斗争）的幌子下，神圣成分、宗教成分回到政治背景中，赋予美国的十字军东征以特殊的光环和意识形态力量。对于达到这一目标来说，本着19世纪精神的、直抒胸臆的帝国主义口吻已经不再合适。

苏联越是深陷阿富汗，就越是难以摆平波兰的"团结工会"，苏联经济就越是喘不过气来，而美国的宣传就运转得越是高效。最后，从世界舆论的角度看来，苏联就与从前的殖民者而不是殖民地成了一丘之貉。这样，就在不到五年的时间里，从1980年到1985年间，天平就开始向另一侧倾斜，以美国为首的西方就无可争议地获得了自由旗手和自由捍卫者的地位。

到20世纪80年代末，在内部矛盾和计划经济失败的影响下，苏联解体了。在整个"冷战"期间（即从1945年到1989年间），在反共主义旗帜下，美国十分成功地在英国帝国主义者指出的两个方向

（军事-地缘政治斗争和争取自由、人权的斗争）动员自己的力量。

1991年苏联解体，似乎应该可以熄灭这团火焰了。米哈伊尔·戈尔巴乔夫的顾问格奥尔基·阿尔巴托夫也表达了这样的看法："我们打算做一件可怕之事……让你们失去敌人。"

然而，生活的判断却与此大相径庭。

共产主义敌人消失后，俄国敌人走到前台

1991年苏联解体后，完全可以合理地判断：在四十年时间里，已经习惯于为反对共产主义极权主义制度而战的、自由的捍卫者们，他们的使命已经完成，可以允许年轻、民主的俄国安心建设新社会了。在这里，再次引用著名俄国问题专家、信心满满的反共主义者马丁·马拉的话恐怕并非多余：

> 这样，俄国再次回到初始的赤贫强国的地位，在超现实主义的苏联社会主义世界里的滑稽现代化垮台之后，俄国努力实现真实的现代化。现在，俄国还在现代化的半路，似乎未必能够达到西方的经济发展水平，填充中欧政治中留下的地缘政治空白。同样也不能想象，俄国的新民族主义能够赢得西方国家的好感或其吸引力能够超过沙皇政府。
>
> 甚至，哪怕俄国以不可思议的努力为代价，能够重新统一以前的加盟共和国（这些共和国比俄国自身还要赤贫），俄国也不会因此而变得更加危险。问题就在于：在当代，国际实力不是取决于其控制的领土的大小，而是取决于经济、技术发展水平。在政治、经济和道义方面，庞大帝国的时代已经一去不回了。在今天，扩大自己的领土几乎是完全不被许可的。[11]

在20世纪90年代初，在大多数好战的反共主义者看来，俄国的前景就是如此。而他们中间最信心满满的人等来的只是迅速失望。

---

〔11〕Martin Malia,《L'Occident et l'enigme russe. Du Cavalier de bronze au mausolee de Lenine》, Paris, *Le Seuil*, 2003, p. 457.

第八章　美国的恐俄症，或自由专政

共产主义的敌人们不得不告别地缘政治对抗：再没有任何东西能够鼓舞美国鹰派去追求世界性统治地位。在鲍里斯·叶利钦担任第一任总统期间（1992年~1996年），事件是按照可预测的脚本发展的。国际货币基金组织的意识形态专家（特别是杰弗里·萨克斯）在经济上将"休克疗法"强加给俄国，从而在四分五裂的俄国移植了新自由主义流派的自由。在向资本主义过渡的借口下，私有化进程让一小撮掠夺者掌握了民族财富，而当时西方媒体为叶利钦鼓掌喝彩，号令他用坦克向合法选举出来的议会开炮。[12]但是，到了1996年，当叶利钦承认借鉴西方的模式遭到失败，并吸收真正忠诚的爱国者到政府中（稍后又任命前外交部部长叶甫盖尼·普里马科夫为总理）之后，一切都发生了改变。从这一刻起，美国的反俄宣传再次蓬勃发展起来，用旧题材武装起来，却是用来反对新俄罗斯。当然，倒是再没有习惯性地谈到对极权主义的揭露。但是，很快就再次爆发了对1917年以后已被忘记的、俄国对扩张主义和具有返祖倾向的专制制度的指责。反俄宣传是按照习惯性模式展开的：一方面说俄国的领土优势、地缘政治野心，另一方面是宣扬自由、进步和全球化福利；而且是用第二方面掩盖第一方面，因为像反对共产主义这样的方便借口已经不复存在。

布热津斯基改造了关于俄国扩张主义的旧的地缘政治理论

最早着手对俄战斗的是兹比格纽·布热津斯基，他继承了地缘帝国主义者马汉、麦金德、斯皮克曼的优秀传统，无视他人就领土帝国已经衰落、西方地缘政治学已经老化发出的质疑声。1997年，他出版了著作《大棋局：美国的首要地位及其地缘战略》(The Grand Chessboard: American Primacy and Its Geostrategic Imperatives》），[13]该

---

[12] 参见本书第三章。

[13] Zbigniew Bzrezinski, 《Le grand echiquier》, Paris, *Librairie ArthemeFayard/Pluriel*, 2010. *Цит. по*русскому изданию: Збигнев Бжезинский, 《Великая шахматная доска: господство Америки и его геостратегические императивы》, М.: *Международные отношения*, 1998（пер. с англ. О. Ю. Уральской），引自俄文版（乌拉尔斯卡雅译自英文）。

著作切合后苏联的新现实，将前人的理念进行最新应用。在切合中国实力增长的情形、于2012年提出新模式之前，他于2004年出版著作《大抉择——全球统治或全球领导》(The Choice：Global Domination or Global Leadership)表述了同样的思想。[14]

在克林顿和布什当政期间，布热津斯基的书对于美国人的对俄观念形成产生了很大影响。波兰人布热津斯基和波罗的海民族主义者们与仇俄分子的观点非常接近。这位前民主党人在与奥巴马重新走近之前，已经改换门庭，成为共和党了。布热津斯基非常熟悉华盛顿政界人士，而且与所有美国保守派、民主党和共和党的智库都有非常稳固的关系。克林顿的国务卿、捷克裔的马德琳·奥尔布赖特也经历了与布热津斯基相似的职业生涯：她永远反俄，而在南斯拉夫爆发战争期间，她也反对塞尔维亚人。此外，布热津斯基还与拜登这位根深蒂固的保守分子的关系非常亲近。

他写道："所以，欧亚大陆是一个棋局，在这个棋局上，争夺世界统治地位的斗争还在继续"；接着又指出："本书的目的是制订一项无所不包的、循序渐进的欧亚地缘战略。"[15]

加布里埃尔·哈里斯（Gabriel Halys）[16]指出："（布热津斯基）的推论和判断具有真正的学术严谨性。由于欧亚大陆的中心地位，要想获得世界性统治地位，美国在这个地区的存在就是必需的。欧洲是欧亚大陆民主制的根据地。北约和欧盟有责任扩大自己对欧亚大陆的影响。美国应该与德国和法国协同行动（参看相关的势力范围图）——他们是美国的忠实盟友，尽管无足轻重、甚至很任性。"对乌克兰这一"地缘政治轴心"已经考虑好久了。

美国越来越热衷于赋予美国-乌克兰以优先地位——尤其到1994年时……大约在2005年到2010年间，乌克兰应该做好准备，与欧

---

[14] Zbigniew Bzrezinski，《Strategic Vision：America and the Crisis of Global Power》，NewYork，*Basic Books*，2013.

[15] Zbigniew Bzrezinski，《Strategic Vision：America and the Crisis of Global Power》，NewYork，*BasicBooks*，2013，pp. 24，25.

[16] Gabriel Galice，《La crise ukrainienne dans une perspective etatsunienne et la problematique de l'empire》，аналитическая записка No 2，Женева，GIPRI，25. 05. 2014.

第八章　美国的恐俄症，或自由专政

盟以及北约认真谈判。[17]

二十年过去了，可以说，布热津斯基的计划几乎完全实现了。所有利益相关的力量都严格遵循了他的计划。在波兰和波罗的海国家的支持下，乌克兰走上了西方轨道。布热津斯基没能预见到的仅仅是：乌克兰东部居民作出了另外的选择，出乎他的意料。他们追求与俄罗斯统一，或获得独立，而无论如何都不是与西方走近。

布热津斯基还对俄罗斯提出了强硬要求：

> 为了获得可以感受得到的优势，这种有利于欧洲和美国的选择要求俄国首先要明确告别自己的帝国过往，其次，对于欧洲和美国在政治和安全领域扩大联系不应提出任何质疑。[18]

换句话说，俄国应该躲在自己的窝里，不吠叫，不露出自己的牙齿，不伸出指甲（单方面解除武装）。但是，布热津斯基对于消极、中立的俄罗斯仍然不能满意，他的梦想更大：在他看来，俄国应该被肢解，再不能恢复以往的强大，在军事方面极其软弱，无力反对欧洲。他还直抒胸臆地解释，欧洲为什么需要将北约的影响东扩，将俄国劈成几个碎片。

> 新欧洲已经日渐成型，而如果她在地缘政治方面仍然是欧洲-大西洋空间的一部分的话，那么，北约东扩就是必须的。此外，北约已经承诺要东扩，如果现在放弃的话，就可能摧毁欧洲东扩的构想，让中欧国家士气低落。[19]

接下来的一页，他又作了解释，为什么在任何情况下都不能允

---

[17] Zbigniew Bzrezinski,《Strategic Vision: America and the Crisis of Global Power》, New York, Basic Books, 2013. C. 140.

[18] Збигнев Бжезинский,《Великая шахматная доска: господство Америки и его геостратегические императивы》, М.: Международные отношения, 1998（пер. с англ. О. Ю. Уральской）, С. 158.

[19] Збигнев Бжезинский,《Великая шахматная доска: господство Америки и его геостратегические императивы》, М.: Международные отношения, 1998（пер. с англ. О. Ю. Уральской）, С. 256.

许俄国加入北约:[20]

如果必须在建立更大的欧洲-大西洋体系和与俄国改善关系两者之间作出选择的话,那么,对于美国来说,前者无可比拟地高于后者。由于这个原因,在北约东扩问题上,一切与俄国走近的举措都不应该归于实际上把俄国变成能够作出决策的联盟成员,从而减弱北大西洋公约组织的特殊性质……因为这样就会为俄国打开机遇,利用其在北约的存在,实现其利用美国和欧洲的分歧而削弱美国在欧洲的作用的目的。

在布热津斯基这样赤裸裸地表明了对欧洲问题的立场后,仍有一些政治家和记者确信:似乎是侵略成性的俄国否决了西方与其接近的所有尝试!

布热津斯基提出:将俄国一分为三

为了实现其穷兵黩武的计划,布热津斯基公然提出要把俄国分割成几部分:

一个四分五裂的俄国对联合为一个帝国的召唤就不会如此敏感。俄国应该按照自由邦联原则建立,由欧俄部分、西伯利亚共和国和远东共和国组成,就会更容易与欧洲、中亚新独立国家乃至东方国家发展更紧密的经济关系,从而也就会加速俄国自身的发展。邦联的三个成员中的每一个成员都会有更加广阔的机遇,利用当地的创造性潜力——这种创造性潜力已经被莫斯科官僚制度的铁腕压制几百年了。[21]

如果有人提议,将美利坚合众国分解为三个新国家:大西洋国、

---

[20] 在该时期,鉴于共产主义威胁已经消失,一些国家和专家都曾提议:接受俄国加入北约或者与其签署伙伴协议,紧密合作。

[21] Збигнев Бжезинский,《Великая шахматная доска: господство Америки и его геостратегические императивы》, М.: Международные отношения, 1998, C. 258~259.

西班牙语国家和太平洋国家,目的是更有效地发展其创造性潜力,那么,美国人会怎么说?宣扬经典帝国已经衰落的人,以及宣扬非物质权力(经济权力、政治权力、文化权力)的理论家们确信:美国这个超级大国不需要"控制领土"来进行统治,不妨重读一下布热津斯基的这段文字。

当俄国起来捍卫新独立国家中作为少数民族的俄罗斯族的利益时,那些无端指责俄罗斯"复兴从前的帝国主义传统"的人应该问问自己:难道北约武装力量入侵阿富汗和伊拉克、轰炸利比亚和叙利亚不也是在实现古老的军事优势思想吗?

在完成地缘政治示威和军事示威之后,布热津斯基开始谈论美国对俄国战略的第二部分——"软实力"构想:

> 如果美国能够成功实施其对俄国战略的第二个重要部分——即加强美国在后苏联空间里占优势的地缘政治多元化趋势,俄国有很大可能会认为加入欧洲胜过回到帝国。因此,巩固这些趋势就可以减少其回到帝国的诱惑。[22]

非常合乎逻辑的一个推断是:以捍卫民主的旗号为掩盖,美国的非政府组织及其欧洲分部先是在1999年在塞尔维亚对米洛舍维奇总统试验其构想,而后又于2003年开始在乌克兰、格鲁吉亚和吉尔吉斯等国的"颜色革命"期间试验了其构想。

"软实力"与反俄"智力"轴心

20世纪90年代初,由于互联网的发明、新信息技术的发展,社会各界对军事入侵比较反感,美国利用有利时机,制订出攻击力空前的构想。约瑟夫·奈(Joseph Nye)曾任吉米·卡特总统时代的副国务卿的顾问、比尔·克林顿时代的国防部副部长的顾问,赖他的贡献,这一攻击力空前的构想被称为"软实力"(Soft Power)。这位

---

[22] Збигнев Бжезинский,《Великая шахматная доска: господство Америки и его геостратегические императивы》,1998,C.259.

哈佛大学约翰·肯尼迪政府学院教授约瑟夫·奈在美国外交领域是以显赫的自由主义思想家而知名的。其同事塞缪尔·亨廷顿则是美国外交领域的保守派的领导人。

约瑟夫·奈对撰写了《大国的兴衰：1500年到2000年间的经济变迁与军事冲突》（The Rise and Fall of the Great Powers: Economic Change and Military Conflict from 1500 to 2000）一书的保罗·肯尼迪（Paul Kennedy）的颓废观点提出商榷。约瑟夫·奈称："美国这样的大国会衰落是难以想象的，相反，美国在近几十年里实际上还将变得更加强大"，因为对"大国"的概念必须重新审视。[23]一方面，美国无论过去还是现在都是最强大的军事强国，另一方面，美国还拥有了比较新的优势，这些优势令美国能够在未来发挥日益重要的作用——这是一种吸引和说服他国的能力，而不是动用武力或进行威胁。约瑟夫·奈认为，这是指当代国际政治生活中的新的权力形式，这种权力放弃了挞伐和蜜糖，仅仅建立在信念的基础上——也就是建立在将自己的意见和意图灌输给他人的基础之上。

"软实力"或这种说服能力是以这样一些非物质资源为基础的：国家的正面形象或正面名声，国家威望（常常建立在经济或军事指标的基础上）；传播能力；社会开放程度；无可指责的行为（包括内政、外交）；文化和思想的吸引程度（宗教、政治、经济和哲学等方面）、科学技术发展以及在国际组织中的成员国地位（影响议程的能力，以及决定哪些问题值得讨论、哪些不值得讨论的能力）。所有这些都令一个国家保持对自己最为有利的力量对比。

约瑟夫·奈还划分了"发号施令的权力"，即借助强制或许可而改变他人的行为，同化的权力——即改变他人意图的能力。而这种同化权力是建立在吸引力或者建立政治问题等级表（其方式是：不让他人表达最重大、最有说服力的观点）的可能性的基础之上的。

由于其"软实力"，美国一贯都是国际舞台的主角。"软实力"

---

[23] 约瑟夫·奈在其几部主要著作（主要是《软实力》一书（Soft Power: The Means to Success in World Politics））中都表述了自己的观点。针对他人对自己提出的"软实力"概念的批判，他又在《权力的未来》The Future of Power（PublicAffairs，2011）一书中提出了"巧实力"这一新概念作为回应，马德琳·奥尔布赖特为该书撰写了前言。

第八章 美国的恐俄症，或自由专政

补充了传统的"硬实力"，开始充当第一小提琴手——尤其是在全球化导致的动荡背景之下。须知，在边界开放和交通成本降低的条件下，诸如恐怖主义、全球变暖、非法毒品贸易、全球性流行病的爆发等跨国问题就只能协同应对。

按照约瑟夫·奈的理论，有三种资源：军事资源——是"硬实力"的基础（在这方面，美国没有对手）；经济资源（这是所有工业化大国乃至快速发展的中国都具备的资源）；非物质资源——这种资源是所有政府、非政府组织、企业和文化机构都不同程度地具备的资源。

在短期内，美国必须利用国际组织，捍卫自己的普世价值、保持吸引力，以便推行自己的政策，防止出现反美情绪。长期来说，新技术的发展将会减少美国的物质资源，导致世界力量的分配更加平衡。约瑟夫·奈将克劳塞维茨的话进行了改造，[24]从约瑟夫·奈的角度来看，"软实力"就是战争通过其他手段的理想延续。这是美国民主制的绝对武器，而民主制是服从于社会舆论的，不愿意、也不可能发动真正的战争。

在 21 世纪里，约瑟夫·奈磨练了自己的理论。他确信：美国应该运用自己的"巧实力"：即如同"冷战"时期那样，将"硬实力"和"软实力"结合起来。2009 年，当时担任美国国务卿的希拉里·克林顿决定用"巧实力"武装起来，实现奥巴马行政当局的战略。

电影、智库和非政府组织：美国"软实力"的军事化之翼

运用"软实力"和由"软实力"动员起来的资源的能力取决于美国总统们的政治直觉。这种构想的可能性是真正不可限量的：可以时而运用挞伐之举（如在索马里和阿富汗登陆，入侵伊拉克），时而又运用蜜糖（宣传美国的民主多元主义和经济自由主义模式）。而运用"软实力"的绝对是所有行政部门，因为这种"软实力"可以

---

[24] 指的是普鲁士军事理论家卡尔·冯·克劳塞维茨在其著作《战争论》中的表述：战争是政治通过另一种手段的延续——编辑注。

不流血。

更左派的观点的服膺者或人道主义者——如政治学家本雅明·巴勃[25]提议用预防性民主制替代预防性战争,做"猫头鹰派",而不做"黑鸢"和"鹰"。换句话说,温柔的野兽总要优于猛兽——哪怕说,只有猛兽能够输出"市场民主制"(即纯粹资本主义)。

推动民主价值观的传播的愿望,是预防性民主制的关键性成分,而这种预防性民主制意味着国家安全政策。但是,人们也常常将其与同样强烈的、输出资本主义和扩大世界市场的愿望混同起来。[26]

军事实力、"民主"同盟和经济利益三者之间的紧密联系,乃是西方对俄国边缘地区的征服战略中的不可分割的一部分。用加布里埃尔·哈里斯的话说,2013年欧盟向乌克兰提出的联系国协定直观地刻画了:西方竭力赞叹乌克兰的财富(地下矿产和粮仓以及石油-天然气管道),通过收买乌克兰的新精英,为了自由的、不受扭曲的竞争、工作人员流动、取消或返还投资资本及借助资本而获得的一切利润。

其军事方面也没有被忘记:帮助乌克兰在外交和安全领域与欧盟逐渐接近。协议第10条规定:乌克兰可以参加欧盟在克服危机情形方面的民事和军事行动以及相应的演习和训练——特别是在共同的安全和防务政策框架内的演习和训练。贸易庇护神水星与战争之神火星携手!就在第10条内,还提到要提高军事技术合作潜力和军事潜力。需要提醒一下:从2009年到2013年间,乌克兰在军火出口方面排名世界第八,欧洲人和美国人打算将其军事工业现代化,以便一箭双雕。欧-美帝国岂不是在向我们招手了吗?[27]

---

[25] 诸如《Jihad versus MacWorld》,Paris, Desclee de Brouwer, 1996 и《Comment le capitalisme nous infantilise》,Fayard, 2007. 等著作的作者。

[26] Benjamin Barber,《L'empire de la peur》,Paris, Fayard, 2003. 转引自 Gabriel Galice,《La crise ukrainienne dans une perspective etats-uienne et la problematique de l'empire》,《分析报告》No 2, 日内瓦, GIPRI, 25.05.2014, p. 2.

[27] Gabriel Galice,《La crise ukrainienne dans une perspective etatsunienne et la problematique de l'empire》,《分析报告》No 2, 日内瓦, GIPRI, 25.05.2014, p. 3.

第八章 美国的恐俄症，或自由专政

更激进的左派倡导说，应该中断美国帝国的全球化进程，例如法国学者、政治家萨米·纳塞利（Samy Naceri）提议"从更激进的角度分析世界的变迁"："尽管美国前所未有的强大，可决定世界面貌的不是实力，而多半是全球市场帝国的形成，这个帝国有其自身活力。该帝国将政治、文化和社会体制来个一锅烩，用法律的威力或强制方法，灌输唯一的激进变革：扩大商品对人的权力。"

"欧洲建设、世界精英的形成、阿拉伯-穆斯林世界的悲剧、无休止的以色列-巴勒斯坦冲突……这个世界性商品帝国不可遏制的扩张之举在其所到之处都播下动乱……她能让人和文化的多样性都服从于对所有人一视同仁的市场平等法则吗？或者，我们将会面临新一轮的各个民族国家、各种形式独特的公民主权和各民族团结反对商业极权主义斗争高潮？"[28]

但是，无论权力的角度和形式如何，是"软权力"还是"硬权力"，在个人生活和社会生活的所有领域，权力终归是权力。甚至，即使市场帝国主义有朝一日变成独立的"世界性制度"，能够自己养活自己，而民族的胃口仍将保留。

诸如美国这样的地区性帝国将自己定位为多民族的公司，努力通过消灭竞争者扩大其市场份额。在这场无情的竞争中，俄国乃是一块肥肉。

在英帝国主义时代，统治大脑的人是作家拉迪亚德·吉布林、布莱姆·斯托克，而在今日，电影已成为美国"软实力"的最强大媒介之一。但是，拍摄电影远非美国"软实力"的唯一工具。智库、政治人士和各种名声显赫的基金会里的专家们不断增加，为媒体提供用于评论、分析和热点访谈的材料。非政府组织也成为主要的公民社会力量，他们占据了信息空间，走上了联合国讲台，让总部设在纽约的联合国安理会和总部设在日内瓦的联合国人权理事会这样权威的国际性团体都服从于自己。

自从科菲·安南为非政府组织敞开通往联合国的大门之后，"公

---

[28] Sami Nair,《L'Empire face a la diversite》一书的前言，Paris, *Hachette Litteratures*, 2003.

民社会"一词就进一步具有了新的意义。这种来自民间的补充力量出色地充实了强国美国的军事化之翼,因为大多数非政府组织都是由美国人领导的,而西方政府通过一些十分可疑的私人基金会网络资助这些非政府组织。我们只需举出一个非常著名的基金会即可:美国的亿万富翁、匈牙利裔乔治·索罗斯建立的"开放社会"基金会。

美国的民族隔阂和反俄游说集团

我们已经弄清了"软实力"的实质,现在该来看看美国的恐俄症表现,搞清楚其动力是什么。安纳托里·利文指出,当代恐俄症并非植根于意识形态矛盾的基础之上,而是很遗憾地植根于传播民族仇恨。在这一恐俄症的建筑中,仇恨是选择性的,或者说完全就是一些虚假的历史事实:关于"敌对国家",关于其文化属性和种族属性;这些虚假的历史事实被从具体情境中剥离出来,建构为现成的智力图表,指控对立面永远邪恶。在这种情况下,任何反证或对自身罪恶的回忆都被压制。[29]

安纳托里·列文认为,西方恐俄症有很多根源,而其中最重要的一个因素是经常受到麦克·曼德尔鲍姆(Michael Mandelbaum)所说的"前精英"(即那些在"冷战"期间发挥了重大作用的集团或个人,他们因为灵活性不足,不能适应新现实)的影响。还应该补充的是:包括那些试图做官的人,他们坚持到苏联境内扩大美国的影响,直接与俄罗斯竞争,由于历史原因,很多民族游说集团都仇视俄罗斯或不信任俄罗斯,他们存在的唯一意义就是:推动反俄的地缘政治行动计划。最后,他们还是这样一些人:由于其集体利益或纯粹心理性原因,他们必需一个敌人形象。

美国的反俄游说集团数量巨大,具有多面性,能量强大;与此同时,亲俄势力却几乎并不存在——尽管美国有几百万俄罗斯移民。

---

[29] Anatol Lieven,《Against Russophobia》, World Policy Journal, 01.2001, p.2(参见上一章,关于否定民族记忆部分)。

第八章 美国的恐俄症,或自由专政

安德烈·茨岗科夫(Андрей Павлович Цыганков)认为反俄的游说集团可以分为三类[30]:第一种是"军方鹰派",他们努力把美国变成霸权强国,而把俄国归为仆从国的角色。他们往往围绕《华尔街日报》(The Wall Street Journal)、《欧亚大陆日报》(The Eurasia Daily Monitor)等报纸、战略和国际研究中心(The Center for Strategic and International Studies, CSIS)、詹姆斯敦基金会(The Jamestown Foundation)、遗产基金会(Heritage Foundation)、胡佛研究所(全称为"胡佛战争、革命与和平研究所",The Hoover Institution on War, Revolution, and Peace)、哈德逊研究所(Hudson Institute)、布鲁金斯学会(Brookings Institution)形成帮派,以揭露俄国人的"帝国野心""能源讹诈""野兽般的残忍"为能事,且乐此不疲。

第二类反俄游说集团是"自由鹰派",其反俄情绪并不弱于"军方鹰派",他们占领了《纽约时报》(The New York Times)和《华盛顿邮报》(The Washington Post)的版面,但是他们在多数情况下都是民主派,在美国某些内政问题上与保守派存在分歧。他们的"教区"是卡耐基国际和平基金会(Carnegie Endowment for International Peace)、自由之家基金会(Freedom House)、国家民主基金会(The National Endowment for Democracy)、索罗斯基金会(Soros Foundation)、德国马歇尔基金会(German Marshall Fund)。其中大多数都与极端反动的"新美国时代"项目(Project for New American Century,领导该项目的是罗伯特·卡冈、威廉·克里斯托尔、参议员约翰·麦凯恩、前中央情报局局长詹姆斯·伍尔西)关系密切。

而在欧洲更知名的是另外一些美国人:马德琳·奥尔布赖特、理查德·霍尔布鲁克(Richard Holbrooke)、拉里·戴蒙德(Larry Diamond)、斯蒂文·赛斯塔诺维奇(Stephen Sestanovich)及美国副总统约瑟夫·拜登等人。这些反俄的自由派人士更习惯于用言论而

---

[30] Andrei P. Tsygankov,《Anti-Russian Lobby and American Foreign Policy》,*Critique internationale*, 03. 2010, № 48, pp. 21~45 和 62~63. 美国的大多数反俄智库都在布鲁塞尔设立了分部,或者资助与北约有关的、欧洲的专家组织,如"国际危机组织"(*International Crisis Group*)以研究危机为理由,支持北约入侵阿富汗,并且在乌克兰与俄罗斯爆发冲突后,无条件地站在乌克兰一边。

不是用武器战斗。他们动员"软实力"资源反对莫斯科,资助"颜色革命"。2004年"橙色革命"、2014年独立广场革命、2003年格鲁吉亚的"玫瑰花革命"、2005年吉尔吉斯的"郁金香革命"是由不计其数的非政府组织完成的,而这些非政府组织就是为此目的而专门建立的。

同时也不能忘记东欧民族主义者阵营——第三类反俄游说集团,主要是反俄的波兰人和波罗的海人。那位马德琳·奥尔布赖特就与捷克人团结在一起,保罗·戈布尔(Paul A. Goble)与波罗的海人团结在一起,汤姆·兰托斯(Tom Lantos)、乔治·索罗斯与匈牙利人团结在一起,波拉·多布良斯基(Paula Jon Dobriansky)及无所不在的乔治·索罗斯还与西乌克兰人联合起来,兹比格纽·布热津斯基、理查德·派普斯(Richard Edgar Pipes)也与波兰人团结在一起,而斯蒂文·赛斯塔诺维奇与塞尔维亚人团结在一起。该阵营的人士设立了一个"被奴役民族周",每年7月在华盛顿举行,以表示"对千百万被俄国奴役的人们的支持"。他们也对否定俄国的民族记忆贡献不小。[31]

拥有强大攻击力的美国反俄游说集团甚至可能寄希望于全欧洲的学术界和大学教师网络。特别是东欧学者能够经常性地获得美国大学的资助,回到祖国之后会建立研究所和科研中心,继续传递接力棒。掌握英语之后,他们就会获得美国大学以及国际性学术会议的邀请,其文章就可以发表在乔治·索罗斯的"辛迪加"项目机构的大型刊物上,在该项目的框架下,其所有文章都可以被翻译成所有欧洲语言,能够获得极为广泛的知名度。

在别斯兰恐怖袭击事件之后,2004年9月底,正是"辛迪加"项目机构散发了115位大西洋人士的著名公开信。[32]该网络的中欧

---

〔31〕 参见本书第七章。
〔32〕 参见本书第二章,公开信署名人的全部名单以及每一位署名人的简历都可以在reseauvortaire.net网页找到:《115位大西洋派人士。在"停止亲吻普京"的公开信上签名的人士名单》。特别是举出了一位保加利亚人伊万·克拉斯杰夫(Ivan Krastev)的职衔:"开放社会"研究所、伍德罗·威尔逊研究所、德国马歇尔基金会的前研究人员,牛津大学圣安东尼学院教师,伊万·克拉斯杰夫还是保加利亚大西洋俱乐部成员,"东方-西方"

第八章　美国的恐俄症，或自由专政

分部成员还响应瓦茨拉夫·哈维尔和莱赫·瓦文萨的倡议，于2009年7月发表了反俄声明。该网络定位为一个知识分子和前政治家集团，他们主张同美国发展友好关系，且在希拉里·克林顿和拉夫罗夫决定"重新审视"俄-美关系之后，"对未来美国与中欧国家的关系深表担忧"。[33]

每当俄-美关系稍有接近，"军方鹰派"和东欧民族主义者就会联合起来，将这种企图扼杀。这种情形在2001年和2009年已经发生过两次了。中东欧国家游说集团（Central and Eastern Europe, CEE）由受到西方欢迎的从前的持不同政见者和反苏分子组成，他们是美国反俄分子们牌局中的王牌。他们在操控"鹰派"所担心的社会舆论和媒体方面很成功，他们对美国的民主党总统（他们很容易被怀疑对俄罗斯持宽容态度）和西欧国家的政府（包括法国和德国政府）都拥有施压的杠杆——后者被指责打算与俄国妥协，试图与莫斯科进行对话。

从20世纪90年代中期开始，由于叶弗盖尼·普里马科夫登上权力高层，美国不能借寡头之手夺取俄国的资源，而俄国希望获得

（接上页）研究所（纽约）、自由之家、美国国际发展署（USAID）的咨询师，东南欧国家民主与和平中心（在希腊的塞萨洛尼基）和国际巴尔干问题委员会执行主任、自由战略研究中心主任（在保加利亚首都索非亚）。之前还曾担任伊拉克解放委员会执行主任的职务。克拉斯杰夫感到骄傲的是：他加入美国主要的反俄分析师之列，经常奔走于欧洲各大学讲学，他的文章发表于"辛迪加"项目下的许多杂志。

[33] 2009年7月16日，"自由欧洲"广播电台播出了中东欧国家人士致奥巴马政府的公开信。在公开信上签名的有瓦尔达斯·亚当库斯（Valdas Adamkus）、马丁·布托拉（Martin Bútora）、艾米尔·康斯坦丁尼斯库（Emil Constantinescu）、巴沃尔德美什（Pavol Demes）、留波什·多布罗夫斯基（Luboš Dobrovský）、玛奇亚什·埃尔什（Eörsi Mátyás）、伊什特万·加尔马季（István Gyarmati）、瓦茨拉夫·哈维尔（Václav Havel）、拉斯季斯拉夫·卡切尔（Káčer）、桑德拉·卡尔涅捷（Sandra Kalniete）、卡莱尔·施瓦尔岑伯格（Karel Schwarzenberg）、米哈伊尔·科瓦奇（Michal Kováč）、伊万·克拉斯杰夫（Ivan Krastev）、亚历山大·科瓦希涅夫斯基（Aleksander Kwaśniewski）、马特·拉尔（Mart Laar）、卡德利·利伊克（Kadri Liik）、亚诺什·马尔托尼（Martonyi János）、亚努什·奥尼什凯维奇（Janusz Adam Onyszkiewicz）、亚当·洛特菲尔德（Adam Daniel Rotfeld）、瓦伊拉·维克-弗雷伯格（Vaira Vīķe-Freiberga）、亚历山大·万德拉（Alexander Vondra）、莱赫·瓦文萨（Lech Wałęsa）。

完全独立并在国际舞台得到应有的地位,反俄游说集团遂从多个方向发起进攻。

反俄偏见的游戏:专制制度和扩张主义

由于"共产主义幽灵"已经被终结,美国那些主张对俄国发起十字军东征的人又将19世纪的一些结论掸去灰尘,将其适应于"冷战"思维方式。正是在此期间,兹比格纽·布热津斯基更新了对俄国的地缘政治观念,将俄国视为美国的一个扩张主义对手。

但是,随着1999年夏天第二次车臣战争爆发,美国的仇俄分子出现了更受欢迎且不太学术的观点。截至2001年9月11日,在两年多时间里,当社会各界对伊斯兰恐怖主义不再公开地表示好感的时候,与华盛顿的反俄游说集团关系亲近的专家和记者们都处心积虑地给驻车臣俄军贴上了俄国"压迫"和"兽行"的标签。在这样的宣传攻势的背景下,前克格勃军官弗拉基米尔·普京当选总统只会对他们有利。

"9·11"之后,俄国在反对恐怖主义的斗争中给布什总统提供了帮助,美国对俄国的攻击一度消停了几个月——尤其是在俄国没有妨碍美国和北约军队于2001年秋开入阿富汗之后。但是,到了2003年毒药以更大的威力发作了。当时俄国拒绝承认以所谓萨达姆·侯赛因手中有大规模杀伤性武器这种可疑的借口侵略伊拉克是反恐斗争;而在"尤科斯"石油公司将控股权卖给得克萨斯"埃克森-美孚"石油公司之前,俄国政府逮捕米哈伊尔·霍多尔科夫斯基就彻底激怒了反俄游说集团——传统上他们处在美国石油巨头的利益核心。

美国仇俄分子争取车臣独立是有其自身原因的。我们可以回忆一下,英国人是如何心灵契合地看待19世纪切尔克斯人的命运的。[34] 150年之后,对高加索的战略和能源的兴趣再次复苏了。甚至剧中人物都没有改变(切尔克斯人和车臣人永远都是反俄的,尽管说在高加索也有一些亲俄的穆斯林民族),方法也一如从前(物质技术支

---

[34] 请参见本书前几章,特别是第六章,关于英国恐俄症的章节。

持、秘密行动、信息战、揭露俄国人的野蛮和残忍)。

就如19世纪英国人支持切尔克斯人一样,美国的仇俄分子也捍卫前总统阿斯兰·马斯哈多夫(他解散了议会,实施伊斯兰教法)为首的车臣的独立。当时野战指挥官沙米尔·巴萨耶夫曾邀请"基地"组织代表到车臣,目的是准备发起叛乱,控制数百名外国"圣战士"[35]的布防。

虽然很奇怪,但是,在2001年"9·11"之后,亲西方的专家和记者(他们曾给克里姆林宫的政策及其在车臣的所作所为贴上了野蛮的标签)中没有人想过要将车臣伊斯兰分子同"基地"组织联系起来,也没有人反对针对阿富汗的联合空袭、对关押在关塔那摩的那些被认为是恐怖分子的人(其中一些人甚至已被确认是无辜的)的拷打。关于俄国人在车臣的兽行的大作的作者们却只字不提堪与俄国人罪行相提并论的,盟国在阿富汗和伊拉克犯下的"罪行"。而在这两种情况下,伊斯兰分子可都是同一伙人!

反俄游说集团的另一个攻击点是俄国"亘古不变的威权制度"、践踏出版自由和人权。一位狂热的仇俄分子、过渡时期民主制研究所和美国负责北约东扩事务委员会(U.S. Committee to Expand NATO)会长布鲁斯·杰克逊(Bruce Jackson)认为:不能说"俄国的民主制在退化",因为俄国的民主制"已经被杀死"。[36]无怪乎《经济学人》杂志记者安妮·阿普勒鲍姆(Anne Elizabeth Applebaum)曾经撰写一部关于"新铁幕"的著作,不久前还曾发表了关于"古拉格群岛"的众说纷纭的历史著作,她曾言之凿凿地断定:"回眸历史,我们或许会意外地发现,2004年是欧洲降下新铁幕的年份。这个大陆不是按照德国中部划分的,而是沿着波兰的东欧边界划分的。"[37]

专门提出"威权暴政"命题,目的是为反对普京"新专制"的"颜色革命"开脱,来自之前叶利钦团队甚或普京团队的俄国的各种西化派们(诸如经济顾问安德烈·伊拉里奥诺夫、前国际象棋冠军

---

[35] Gordon M. Hahn,《Russia's Islamist Threat》, New Haven, YaleUniversity Press, 2007.

[36] Bruce P. Jackson,《Democracy in Russia》, The Weekly Standard. 18.02.2005.

[37] Anne Appelbaum,《The New Iron Curtain》, Washington Post, November 24, 2004. 引自文章的俄文译文,参见 Anne Appelbaum,《Le Goulag, une histoire》, Folio, 2014.

加里·加斯帕罗夫、前总理米哈伊尔·卡西亚诺夫、前副总理鲍里斯·聂姆佐夫[38])、乌克兰和格鲁吉亚的"颜色革命"的预言家尤里·季莫申科、维克多·尤先科、米哈伊尔·萨卡什维利等在迪克·切尼、参议员约翰·麦凯恩、国务卿希拉里·克林顿及布什总统政府里的其他高官的支持下，千方百计地试图发起争取自由、反对专制制度的斗争。

希拉里·克林顿和约翰·麦凯恩设立反共老兵奖

2005年，希拉里·克林顿和约翰·麦凯恩加紧游说，要求授予米哈伊尔·萨卡什维利和维克多·尤先科诺贝尔和平奖，为反共老兵及现在的反对新苏维埃主义的斗士们设立"进步"荣誉奖章。处在这场斗争的风口浪尖的，永远是国际共和学会（International Republican Institute，IRI，也译作美国国际共和研究所）和国家民主基金会（National Endowment for Democracy，NED）。反共思想令大量的东欧非政府组织广受欢迎，这些非政府组织从事反对派人才的培养（如"自由之家"）和捍卫人权（如人权观察组织）活动。

到2004年及之后2008年德米特里·梅德韦杰夫当选总统时，美国报刊充斥着反对普京和梅德韦杰夫的文章，将普京比作墨索里尼、皮诺切特甚至希特勒。一些西方国家领导人继续进行类似的比较——如希拉里·克林顿在2014年春所作的类比。《华盛顿邮报》倨傲地将选举称为"波将金式的选举"，而《纽约时报》则给梅德韦杰夫扣一顶帽子"迷你普京"。在这种情况下，没有一家西方报刊敢于直言，布什家族在25年内已经三次提出自己的候选人，而克林顿家族在15年内已经两次提出自己的候选人。

下一个攻击点是俄国返祖式的、与生俱来的扩张主义。保守派记者威廉·萨菲尔（William Safire）于1994年断言：俄国的扩张主义威

---

[38] 2015年2月27日鲍里斯·聂姆佐夫在莫斯科被杀害让习见的"克里姆林宫之手"的命题增加了新的分量。参见雅克·萨丕尔2015年3月1日发表于博客的文章《莫斯科谋杀案》(《Assassinat a Moscou》) (russeurope. hypotheses. org/3509)。

胁美国安全，要知道，当时距离俄国丧失40%的领土和人口才过了三年多！他看到了北约向东欧、波罗的海地区和乌克兰扩大的"机会之窗"，因为"俄国从本质上说是威权主义的，习惯于、热衷于追求扩张"。

"趁俄国很虚弱、忙于自身的生存问题时，应该立刻付诸行动，不能再晚了，不能等到这一进程变成超级大国无法容忍的挑衅"。2004年在北约峰会上，萨菲尔重复了自己的警示："北约不会忘记自己的初始目标：遏制俄国熊。"[39] 他的要求被采纳了。经过四分之一世纪，北约仅仅接受了乌克兰和格鲁吉亚两个成员国。

当时，借口萨达姆·侯赛因有大规模杀伤性武器，"鹰派军人"甚至绕过国务卿科林·鲍威尔——布什政府中最后一个理性的声音。2008年，威望卓著的参议员理查德·卢格（Richard Lugar）提请表决：提供1千万美元贷款，为格鲁吉亚加入北约做准备。

在军备竞赛和加强军队方面，"鹰派军人"千方百计地保持美国在核导弹和常规武器方面的优势地位。2006年，美国驻北约代表、原迪克·切尼的首席副顾问维多利亚·努兰（就是此人，于2014年前往独立广场，奥巴马授权其作为国务卿助理，组建乌克兰新政府）主张尽快地在世界各地部署美国军队：从非洲到近东等地。[40]

2001年，就是这些活动家成功说服布什政府退出《限制反弹道导弹系统条约》（Treaty on the Limitation of Anti-Ballistic Missile Systems——ABM），1990年和2000年他们积极活动，争取在波兰等东欧国家部署反导弹系统——名义上这些反导系统似乎是针对伊拉克的。这些人至今仍然在位。2012年3月，共和党提出的总统候选人米特·罗姆尼（Willard Mitt Romney）声称："俄国是我们在地缘政治方面的头号敌人。"

近十年来，美国的仇俄派积极操弄的最后一个题材是：俄国人

---

[39] William Safire,《Strategic Dilemma》, New York Times. 01. 12. 1994. 也请参见《Putin's Creeping Coup》, New York Times. 09. 02. 2004. 引自俄文版安德烈·茨冈科夫《恐俄症：美国的反俄游说集团》（А. Цыганков,《Русофобия：антироссийское лобби в США》）.

[40] Daniel Dombey,《US chooses awkward time to transform Nato》, Financial Times. February 6, 2006 另外参见《国防部四年防务评估报告》, 美国国防部2006年2月6日。关于维多利亚·努兰，也请参见本书第三章。

的能源讹诈。2003年10月米哈伊尔·霍多尔科夫斯基被捕之后，这个题材在美国特别流行。21世纪初，米哈伊尔·霍多尔科夫斯基曾与布什家族、卡莱尔集团公司以及美国的几大石油公司关系亲近。尤科斯集团（IOкос）与埃克森-美孚公司（Exxon Mobil）、雪佛龙-德士古（Chevron-Texaco）等集团公司谈判，埃克森-美孚公司和雪佛龙-德士古应该于2003年收买尤科斯公司的股份，并对其控股。

出售"尤科斯"公司数额达200亿美元的股份，就可能将经营自然资源的、俄国最大的公司置于美国投资人的控制之下。依靠其美国友人的帮助，报纸上充斥着相关的报道文章，霍多尔科夫斯基很快就成为被俄国当局践踏自由的象征。在他被拘押的十年时间里，关于他的文章有好几千篇，这些文章都被冠以非常明确的标题。[41]

---

〔41〕此处只列举法文维基百科的相关部分中举出的文章标题：《En Russie, Khodorkovski libere de son camp》（《霍多尔科夫斯基在俄国被释放》），*Liberation*，2013年12月20日；Pierre Avril，《Dix ans de camp pour avoir ose defier le maitre du Kremlin》（《因挑战克里姆林宫的土人而身陷囹圄十年》），《费加罗杂志》（*Le Figaro*）2013年12月21-22日；Bloomberg Businessweek，《When Powers Collide: Putin vs. Khodorkovsky》（《实力冲突：普京对霍多尔科夫斯基》），2004年5月30日；Andrew Meier，《Autumn of the Oligarchs?》（《寡头之秋?》），《纽约时报》（*New York Times*），2003年11月5日；《Affaire Ioukos, une accusation absurde》（《尤克斯案：荒唐的指控》），*L'Express*，2010年3月4日；《Poutine enonce son verdict a Khodorkovski: "Le voleur doit aller en prison"》（《普京判决了霍多尔科夫斯基："小偷就应该坐牢"》），*L'Observateur*，2010年12月16日；《Russie: Poutine accuse Khodorkovski d'avoir commandite des meurtres》（《俄国：普京指控霍多尔科夫斯基雇凶杀人》），*La Libre Belgique*据通讯社报道，2010年9月6日；《Russie: Khodorkovski condamne a quatorze ans de prison》（《俄国：霍多尔科夫斯基被判14年监禁》），*Liberation*，转自Agence France - Presse，AFP，2010年12月30日；《Russie: pas de clemence pour Khodorkovski》（《俄国：对霍多尔科夫斯基绝不宽恕》），*Le Figaro*，2011年5月24日；《Le prisonnier de Poutine》（《普京的囚徒》），*L'Express*，2006年7月11日；《Mikhail Khodorkovski aurait ete agresse dans sa cellule》（《米哈伊尔·霍多尔科夫斯基在狱中遭袭》），*Le Figaro*，15 апреля 2006 год；《Mikhail Khodorkovski harcele dans sa prison siberienne》（《米哈伊尔·霍多尔科夫斯基在西伯利亚的监狱中遭袭》），*Le Figaro*，2006年4月18日；《Deux hommes d'affaires russes adoptes en tant que prisonniers d'opinion apres confirmation de leur condamnation》（《两位俄国商人在判决后成为良心的囚徒》），*Amnesty International*，2011年5月24日；《European Court Finds Grave Violations Of Fundamental Human Rights In First Khodorkovsky Case》（"欧洲法院认为，在霍多尔科夫斯基的第一宗案件中，严重破坏人权"），米哈伊尔·霍多尔科夫斯基新闻发布中心，2011年5月31日。

第八章 美国的恐俄症，或自由专政

"霍多尔科夫斯基案"和"别列佐夫斯基案"成为反俄大辩论的论据

就如霍多尔科夫斯基的命运一样，另一位俄罗斯寡头鲍里斯·别列佐夫斯基（最初曾支持普京当选，希望将普京变成其手中玩偶）的命运对于第一代寡头来说也非常典型。

在人民（他们对寡头极为敌视）的压力下，再次当选的总统发起反腐斗争。一些材料将其解释为"猎杀富人"的民粹之举。在普京主持之下，警察机关和税务机关着手调查包括霍多尔科夫斯基和别列佐夫斯基在内的亿万富翁们的活动——不久前他们引发怀疑。俄国司法机关指控别列佐夫斯基犯下巨额诈骗——特别是涉嫌非法将俄国航空公司（Аэрофлот）私有化以及政治腐败。

2000年7月，别列佐夫斯基放弃了议员豁免权并且于2003年10月前往伦敦。从那时起他就有时住在英国首都，有时住在法国东南的蔚蓝海岸的昂蒂巴（Antíbol）海角的别墅里。在俄国政府的压力下，别列佐夫斯基卖掉了一部分股份，2002年初，他失去了在（OPT）电视频道的份额，到5月份，克里姆林宫控制了原本由这位失宠寡头控制的另一个频道TB-6。

2004年7月，美国《福布斯》杂志记者保罗·赫列布尼科夫在莫斯科被杀害，他曾经撰写了大量的有关别列佐夫斯基可能从事的犯罪活动的文章，并且于2002年出版了著作《克里姆林宫的教父鲍里斯·别列佐夫斯基，或掠夺俄国史》(Godfather of the Kremlin: Boris Berezovsky and the Looting of Russia)。该书将鲍里斯·别列佐夫斯基刻画为一个伸手掠夺国家的、真正的黑手党。2003年，通过在调查别列佐夫斯基期间在车臣建立起来的关系，保罗·赫列布尼科夫出版了第二部书：《与野蛮人的谈话：与车臣野战指挥官霍加-艾哈迈德·努哈耶夫对谈伊斯兰教中的匪帮》。此外，他还准备了一系列关于身家百万的毛拉们以及伊斯兰分子与黑手党的关系的文章，但是这些文章并未引起特别的反响。

作为报复，别列佐夫斯基在伦敦流放地开始揭露普京总统的

"威权倾向",为的是将公众注意力从对其指控的罪行上吸引开。西方报纸乐于引用别列佐夫斯基的言论,却绝口不提他与车臣分裂主义代表扎卡耶夫之间的关系——尽管俄罗斯已经指控扎卡耶夫组织匪帮队伍及涉嫌制造 302 项谋杀案和绑架案,并就此发出通缉令。而别列佐夫斯基与之前的俄罗斯情报局特工、叛逃者亚历山大·利特维年科的关系也成为西方报刊无数文章的题材。

2006 年底,利维年科死于铊中毒,报刊杂志立刻表示,怀疑是克里姆林宫的报复行为,尽管缺乏任何证据。认为是黑帮火拼所致的说法要更接近真实,而报刊却刻意无视。西方报纸还对别列佐夫斯基被指控的所有要点都保持缄默:私吞公司财产、非法转移"罗格瓦兹"(Логоваз,汽车贸易公司)公司的股份到瑞士"安达瓦"(Andava)商业公司(总部设在洛桑)的账户。洛桑还以高提成的方式,从俄罗斯航空公司获得巨额收益。2000 年,巴西和法国检察院都对别列佐夫斯基提起了诉讼案。到 2013 年,这位寡头自杀身亡。

别列佐夫斯基的命运酷似霍多尔科夫斯基,只是更加耸人听闻,其令人惊奇之处在于:其本身是 20 世纪 90 年代到 21 世纪初的俄国史和俄国寡头史的一幅插画,也是对西方媒体解读该历史的一幅插画。西方媒体竭尽所能地、高调支持反对克里姆林宫的寡头们,当他们对寡头们犯下的罪行想要三缄其口而不得时,就会选择最柔软的表达方式。

很有意思的是:关于保罗·赫列布尼科夫被杀的报道是在他死后几周才出现在报刊上的;与两年后的安娜·波利特科夫斯卡雅被杀不同。要知道,保罗·赫列布尼科夫揭露车臣和西方的黑手党所冒的生命危险并不更少!但是,他的被杀无论如何都不能归咎于克里姆林宫,他所作的调查丝毫没有反对普京……

由于夺取"尤科斯"公司的企图失败,美国石油巨头们感到失望已极,美国的反俄游说集团和西方媒体前所未有地活跃,为此展开的激烈辩论持续了整整十年。每当谈到绕过乌克兰经由里海、土耳其、格鲁吉亚、保加利亚或波罗的海运输石油和天然气时,或者谈到乌克兰不愿意支付费用时(乌克兰的寡头们非法切断过境天然气),记者们都感到深恶痛绝。

第八章　美国的恐俄症，或自由专政

夺取"尤科斯"公司的企图失败后，美国石油游说集团感到不满

《金融时报》（Financial Times）称"尤科斯"被俄国政府收归国有乃是"古拉格群岛式的辛迪加"；而布热津斯基则将普京总统命名为"莫斯科的墨索里尼"。反俄游说集团的网页火上浇油，指责俄罗斯总统搞威权主义和独裁，瑞典人安德斯·艾斯仑德（Anders Åslund）是保守派卡尔·比尔特（Nils Daniel Carl Bildt）的支持者（也曾经在别斯兰恐怖袭击案件之后在115位大西洋派人士的公开信上签名），他也积极操弄此类火爆的活动：如，他被迫离开与之合作的"卡耐基"基金会，转投另一家自由派智库：彼得森国际经济研究所（Peterson Institute for International Economics）。[42]

这种施压的企图对俄国没有产生任何影响。鉴于乌克兰危机，西方于2014年夏天对俄国的许多个人和商品实施制裁，俄罗斯决定与中国等亚洲国家进行合作，放弃天然气管道"南流"的建设。到2014年底，由于美国依靠页岩气石油而实现的能源供应多元化以及石油成本降低，暂时缓解了能源战线的紧张度。

2015年1月7日，巴黎发生了恐怖袭击事件，该恐怖事件本应不自觉地迫使美国更专心地倾听俄国发出的关于伊斯兰恐怖主义危险性的警告。俄罗斯已经与车臣伊斯兰分子、"基地"组织的网络以及诸如"高加索哈里发国家"等计划斗争了近20年，对于伊斯兰恐怖分子的阴谋诡计有切身体会。从此以后，西方将更难说服社会各界相信：与逊尼派原教旨主义相近的"伊斯兰国"等所有运动是联合了一些无辜的、争取独立的斗士——他们在俄国应该被宽宥，而在伊拉克和叙利亚则应该予以轰炸。

---

[42] Robert F. Amsterdam, Financial Times, 1.05.2006; Edward Lucas, The Times, 05.02.2008; Leon Aron, american.com, 08.01.2007; Anders Aslund, Moscow Times, 05.07.2003; Michael MacFaul, The Weekly Standard, 07.11.2003; Zbigniew Brzezinski, The Wall Street Journal, 20.05.2004; http://www.wsj.com/articles/SB109563224382121790.

第三部分

恐俄症的使用方法

第九章
反俄新语汇的单词和句法

> 词语就如小剂量的砷发作一样。当你吞下时很难觉察到,似乎一切正常。过一段时间,毒性就已发作了。
> 《第三帝国的语言》(Lingua Tertii Imperii),维克多·克莱普勒(Victor Klemperer)
> 21世纪报刊的缺点是:其中太多宣传,很少新闻
> ——无名作者

2014年夏天,当以色列进攻加沙地带时,美联社(The Associated Press,缩写AP)前驻耶路撒冷记者马蒂·弗里德曼(Martti Friedman)撰写的出色文章解释了:为什么对以色列发生的事件的报道如此虚假,以及此事为何重要。[1]

弗里德曼写道,从阿勒颇到巴格达,近东有不少地区危机频仍或战火纷飞,没有人对以色列在这些地方的存在提出指责。但是西方报刊却将所有灾难都归咎于以色列,似乎如果以色列算不上火山上的一个爆发点,那也是火山本身。作者写道:犹太人永远都象征着一切不好的东西。如果谈到诸如厚颜无耻这样的罪恶,那么,犹太人就厚颜无耻;谈到胆小怯懦,犹太人就是一些胆小鬼;如果您是资本主义者,那么,犹太人就是共产主义者;如果您是共产主义者,那么,犹太人就是资本主义者。

---

[1] Matti Friedmann,《An Insider's Guide to the Most Important Story on Earth》, http://www.tabletmag.com/jeuwish-news-and-politics/18033/israel.

如果记者们高度关注地谈论以色列所参与的战争，那么，以色列在其中注定就是不对的，并不取决于其与谁打仗。记者们以此让人明白（有意或无意地）：世界上没有比以色列人更坏的人了。犹太人变成了地狱里的恶魔，遭到整个文明世界亘古不变的仇视。世界各国的媒体上演了一出闹剧，而以色列在其中扮演了一个恶棍角色。

弗里德曼接着写道：被以色列的军国主义所激怒的英国人似乎已经忘记，2003年英国军队入侵伊拉克造成的伤亡三倍于整个以色列-阿拉伯冲突造成的伤亡的总和。再比如法国人，他们批评以色列搞殖民主义，却忘记了他们在阿尔及利亚所做的勾当。美国人指责以色列人将阿拉伯人从原属于他们的土地上排挤出去，却忘了曼哈顿和西雅图原本是属于印第安人的，而印第安人也是被美国人从那里逐出的。俄国人指责以色列人残忍，但却忘记了他们自己在车臣的行动也很残忍。比利时人批评以色列对非洲人的做法，而他们对比利时的刚果殖民地的土著居民又是怎么做的？弗里德曼写道：几年前，一些美国记者愤怒地谈论运送巴勒斯坦工人的汽车上的"种族歧视"，许多对纳粹主义有好感的西方记者愤怒于以色列对阿拉伯人的"种族灭绝"。

无需成为心理学家就可以明白：以色列被刻意地当成了替罪羊，对自身乃至自己国内所仇视的一切都被泼到了以色列身上，全世界的报刊都是这么做的。

报刊都很肤浅，不舍得花功夫弄清任何事情。比如，1991年苏联解体，这一事件对于记者们来说完全出乎意料，而他们不能对照分析一些事实：既不能从历史角度纵向地对照分析，也不能从地缘政治角度横向地对照分析。2014年夏天，报刊也没有费功夫分析加沙地带发生的事件的因果链条，弄清在伊朗、沙特阿拉伯和"运动"、圣战分子和一些伊斯兰激进集团之间究竟发生了什么。

马蒂·弗里德曼在文章结尾得出结论：以色列并不是一种思想、一个象征，也不是善或恶的化身，更不是一张测试自由度的试纸。西方有很多人喜欢持一种老旧的立场，目的是方便咒骂犹太人，因为这样会让自己获得一种优越感，不必触及棘手的、令人不悦的现实。这样做非常简单：让自己相信，所有问题都只与以色列有关，且所有问题都是以色列造成的。记者们利用其职业地位和西方的炒作意愿，创造出一种符合读者期待的事件版本。于是就出现了奥威尔提出的命题：世界创造一种狂热，促其自身走向灭亡。

我感谢我的以色列朋友，他们给我寄来了这份关于世界各国报刊的反犹主义成见的深入分析材料，尤其是：分析材料的作者是完全正确的。作为回应，由于热衷争论和挑动，建议他们用"俄国"和"俄罗斯人"置换"以色列"和"犹太人"等词，或者也还可以用"伊朗"将其置换。

从这个角度出发，就可以对西方报刊所写的一切进行分析，任何情况、任何事件都可以变得简化，有时候甚至如一幅漫画：世界可以分为"好人"的世界（西方）和"坏人"的世界（即其他人，如塞尔维亚人、犹太人、俄国人、阿拉伯人、穆斯林）。不论是否在某事上有过错，或从客观角度来说他们是好还是坏，"他者"都将永远被消极评价；不论他们做了什么好事，永远都不要期待会得到客观评价或称赞。

弗里德曼描述的、针对以色列的"认知偏见"一如针对俄国的认知偏见，只是对俄国的偏见比对以色列的偏见深刻十倍。因为西方报刊和学术界针对俄国而研究出来的修辞学已经形成不止十年。这套修辞学更有敌意，因为俄国与以色列不同，在华盛顿，缺乏来自对俄国有好感的定期出版物的得力支持。没有人邀请普京到美国众议院发表演讲，但是以色列总理本雅明·内塔尼亚胡被邀请到众议院发表过讲话。

这种认知操纵（准确说，是一种认知扭曲）是如何发生的呢？"操纵"一词此处并不完全确切，因为该术语表示经常性、按计划实施的恶意，类似一种新闻阴谋。而在实际上，记者们只是机械地复制已有的陈词滥调和思维定势，有时候甚至他们自己都没有意识到这点——就如一些非政府组织的积极分子自己也没有意识到这一点一样，而确信自己是在"争取自由和民主"，是在支持"被当局压迫的少数民族和俄罗斯人民"。

词汇的选择和词义变形

修辞分析自古以来就是一项学术研究，有关针对俄国的报刊文章的语言的研究成果也已很多，这里我们不打算深入研究这一问题。我们的目的是用一些具体案例来表明：报刊和学术文章中的反俄修辞是如何形成的。在学术文本中，这种反俄修辞是极度模糊、复杂的，是一种语义含混的特殊俚语。[2]

歧视俄国的最简单办法，是选择特定词汇。在报道乌克兰冲突时，不仅可以谈"好战的顿巴斯分裂派"或"反乌克兰的反抗者"，还可以谈"俄国吞并克里米亚"，也可以说是"克里米亚收归俄国母亲掌中"，要知道这说的是同一些人和同一些事。媒体会谈及"自封的顿涅茨克共和国"及"合法的基辅政府""由俄国武装起来的恐怖分子"和"乌克兰常备军的士兵"。同样的情况也涉及"波罗申科总统"和"独裁者普京"，更无须说，在媒体上，"受害者"永远是乌克兰人，而"侵略者"永远是俄国人（在极端情况下，则是亲俄国的人）。这样就造成一种印象，似乎所有炮火都是从俄国飞来的，最终落到了不幸的乌克兰人头上。

所以，选择词汇乃是一个根本性问题，可以产生一种属于同一阵营的感觉——或者相反，就会引发不信任和敌意。精心挑选词汇（Wording Sprachregelung, usage controle des mots）还只是媒体语言变异的初级阶段。从事这一工作的是传播学方面的专业人士，是他们琢磨出了这些传播学用语和陈词滥调，便于一再重复，随后就会稳定地通用，出现在报刊的头条。当乌克兰危机爆发时，一切就是这么回事。

如果在冲突爆发之初就分析其报刊语言并追踪事态发展（涉及任何冲突），就会不难捕捉到某一时刻，负责研究词汇的通讯社形

---

[2] 希望更详尽地研究这一问题的读者，我推荐阅读费莉西塔斯·麦克吉尔克里斯特（Felicitas Macgilchrist）的библиографию《Journalism and the Political. Discursive tensions in new coverage of Russia》, Amsterdam/Philadelphia, *John Benjamins Publishing Company*, 2011.

成一套陈词滥调,然后,这些陈词滥调就会被西方媒体掌握,将社会舆论引向自己希望的轨道上。2014年乌克兰危机爆发时,好几十位美国传播学专家被派往乌克兰,听命于乌克兰政府,他们负责制订反俄新词。

直到克里米亚自决公投乃至敖德萨爆发流血事件之前,记者们还在犹豫不决,尝试了各种措施,无法在两大阵营之间作出选择。俄国被贴上标签,自决公投遭到批评,但是仍然不能完全歧视人民的投票举动。敖德萨悲剧的情形也正是如此:西方媒体抓住乌克兰民族主义者的宣传,但是当他们获知俄国的支持者们被活活烧死之后,就放慢了节奏。但是,经过对形容词的精挑细选之后,不确定性很快就被克服,让位于对"好的乌克兰人"和"坏的俄国人和亲俄战士"的激进划分。

词汇学专家阿里斯·克里格·普兰克(Alisia Krieg)指出,在这个问题上,媒体应该承担起传播新闻的倡导者的角色,而不是充当陈词滥调的创造者和发起人的角色[3]。那么,谁是发起人?

发起人就是得到国家和大企业资助的新闻局和通讯社。

似乎是随机地、无意中说出的话,依据一定模式而建构的论据,在政治话语中,一些善于形成问答的、独特的语言成分发挥着举足轻重的作用。正是这些词汇风靡全世界,变成了约定俗成的陈词滥调。[4]

自由派哲学家喜欢谈论"思想市场",这样你就会看到,一些公民消费者到这个市场上消费,与超市里看到的情形一样。但是,就如一切资本主义市场一样,思想市场没有自由竞争。思想市场实际上得到精心研究,是由销售专家们制订的,他们追求的是扩大"主导性大公司"的地盘,确立其强硬措辞,损害那些不太强劲的竞争

---

[3] Цитируется в Thierry Herman,《Aucun mot n'est innocent》, Klartext, Journal des journalistes suisses, No 5, 2014.

[4] Цитируется в Thierry Herman,《Aucun mot n'est innocent》, Klartext, Journal des journalistes suisses, No 5, 2014.

者的利益。在媒体竞争的光鲜面之下,言论自由被言论操纵所掩盖,强化了市场主人的地位。

可以举《以色列2009年项目:全球语言词典》(Israel Project 2009. Global Language Dictionary)作为传播学专家应媒体需求而制订的"语言手段"的例证。以色列在世界媒体中常常被展示其丑陋的一面,但却能够挺立在那里。犹太人对于任何可能针对他们的指责的情境和相关的回应制订了一份问答录。无论外国记者提出任何问题——举凡巴勒斯坦问题、轰炸加沙地带、开发阿拉伯人所占土地、恐怖袭击事件、和平谈判、耶路撒冷地位、哭墙等问题——在这本书里都有现成答案。该书中还写到,如何看待大学校园里的右派问题,可以从奥巴马总统的讲话中得出什么结论……基本上包含了展开政治辩论的最为重要的25条原则。该书中甚至还给出了答案,如何说服西方公众:必须对两大阵营都表示好感,并且明确将巴勒斯坦与"哈马斯"(今天已经成为以色列的头号敌人)区分开来。

该词典甚至还提议,应该说"所有人都会犯错误,以色列也并不例外";以色列想要为包括巴勒斯坦人在内的所有人建设美好的未来。该词典建议永远不要说"以色列允许或不允许巴勒斯坦人做某事或不做某事"。该书的第四章给出建议,如何孤立伊朗支持下的"哈马斯",表明其妨碍和平事业。第六章解释了,如何证明"以色列在加沙地带只是捍卫自己保护国界的正当权利"。

同样地,也不能让自己的对话者谈到"让巴勒斯坦人回到自己故土的权利"。应该对其纠正,并解释说,"1948年阿拉伯国家没收了犹太人的财产,强迫他们离开自己的住所"。至于说1948年被以色列逐出自己家园的以色列的巴勒斯坦人,应该解释说,他们有权与自己的民族住在同一国家里,他们有权拥有自己的巴勒斯坦国家……以色列的想法是建立两个国家,为犹太人建立一个犹太人的国家,而为巴勒斯坦人建立一个巴勒斯坦国家。但是,将几十万巴勒斯坦人移居到以色列、犹太人的国家里,是绝对不被容许的。

该书对于每一种情况、每一个棘手问题都作出提示,应该列举何种论据、说什么话,以及什么话在任何情况下都不应该说。这简直是天才的做法!而且在这本书里没有谎话:所有的事实都是明摆着的。简直是传播学的标准范本！但是，该书教会了沉默应对、兜圈子、提出反证、巧妙表达的技巧。要说服人，无须说谎，只需正确地展示事实，选择恰当的字眼，建立证据链。西方媒体正是如此逐字逐句地建构出一幅"好叔叔"的木版画，对抗针对他的、可怕的"恶棍形象"。

2003年霍多尔科夫斯基被捕、2008年格鲁吉亚战争以及后来索契奥运会、乌克兰危机之后形成的反俄修辞的情形也与此类似。所有的美国、格鲁吉亚、东欧国家和乌克兰官方言论都进行了精心的词汇处理，目的是让媒体的言论更加有力，令社会舆论印象深刻，并证实西方国家反对俄国立场的正当性。新闻稿、报刊的官方言论以及对官方人士的访谈、权威研究中心的专家发表的"独立言论"、大多数权威媒体发表的言论以及著名画家发表的讽刺画，一切都服务于令反俄语言积淀下来，需要用以定型："普京是新的希特勒，渴望侵占其弱小邻国的领土。"

信息源的选择和语义歪曲

认知变异的另一个非常有效的方法，是精心选择信息源：偏好一些信息源，而无视另一些信息源。在这种情况下，提交的材料似乎非常客观。这种方法可以根本改变文本的基调，从而创作出一篇令敌对方具有负面色彩的文章，或者相反，对于需要以有利的方式展示的一方就赋予其正面色彩。谈论中国也是以这种套路：90%的文章讲的都是环境问题和破坏人权问题，从而就造成了一种印象：中国是一个下流社会，其中生活着14亿没有权利的中国人，经常遭受一切所能的凌辱。但是，在西方媒体上谈论腐败、破坏人权等问题的，只是中国的持不同政见者、非政府组织人士，他们只占中国国民的0.01%。无疑，他们也会写真相，他们的观点也应该被重视。但是，如果我们不知道其余99.99%的国民的想法，我们如何能够理解中国？

而当问题涉及俄国时，这一现象的范围就更加宽广。实际上，在涉及俄国发生的事件（关于别斯兰悲剧事件、俄国大选、车臣危机、乌克兰战争或关于制裁及其导致的后果）时，其观点被经常引用的专家们都是为美国（欧洲）的智库服务的，或者就是非政府组织的领导人，这些非政府组织得到美国（欧洲）的基金会的资助，或者与乌克兰政府部门有着密切关系，或者就是北约的密探，却精心伪装为"争取欧洲民主和安全中心"（"报刊自由和人权事务研究所"英文名称、"和平智库"）[5]。所有这些组织和专家都在莫斯科、布鲁塞尔、柏林、巴黎、伦敦和华盛顿占据稳定地位。因此，报纸对于任何问题，都首先感兴趣于他们的看法和评价，而无视其他信息来源。他们也不吝于为报纸提供访谈、分析文章乃至长篇累牍的评论。如果我们突然发现报纸在某处引用了一位俄罗斯人的言论，那么，十之八九这位俄罗斯人是为西方的基金会服务的，因而他多半是从批评克里姆林宫的政策的立场出发，表明了自己的亲西方观点。例如，莫斯科出版的英文报纸《莫斯科时报》（Moscow Times）就会高度精选其信息来源。斯蒂文·科恩指出，赞同政府观点、或仅仅是表现出独立观点的俄国知识分子（不论其民族属性如何），就会被西方媒体指责为"散布宣传说法"，被剥夺话语权。[6]

如果读一读某份"值得信任"的美国报纸或欧洲报纸，那么，你很快就会明白：关于乌克兰战争的全部信息，要么是乌克兰政府提供的，要么就是亲近北约和基辅的军事专家提供的。报纸准备让其发声的专家和评论员其实都反复强调了同一个东西，而对立面的俄罗斯方面的说法如果被提及，也仅仅是在报纸末段被概括为一句话，估摸着大多数读者都不会读到。

访谈也会被巧妙操控：问题只对那些反俄分子提出，而且问题的设定本身也只对乌克兰方面有利，几乎从来不给俄国人发言权。

有良知的记者应该选择各种信息源，而且不应该隐瞒说话者的幕后者是谁。这样一来，他们所说的一切就具有了另一种意义。例如，要知道，支持独立广场叛乱，并且任命了阿尔谢尼亚·亚采纽

---

[5] 类似的组织实际上并不存在，这些组织的名称只是作为可能出现的例证而杜撰的。

[6] 参见本书第二章和第三章。

克(维多利亚·努兰自己称之为"亚茨")为乌克兰总理的美国助理国务卿维多利亚·努兰是罗伯特·卡根的妻子,而罗伯特·卡根则是一位立场鲜明的、反俄的军方鹰派人士、新保守主义领导人,[7]这非常重要,但是媒体并不透露类似信息。

作为例证,还可以引用约翰·拉夫兰(John Laughland)2004年9月8日发表在《卫报》(The Guardian)上的文章,其中竭力表明美国反俄游说集团的真正实质。他指出,别斯兰事件爆发时,美国的一个神秘组织"美国争取车臣和平委员会"发起了反俄宣传,过了一段时间之后,该组织更名为"美国争取高加索和平委员会"(ACPC)。

该组织成员"美国杰出人物"的名单中充斥着各种声名显赫的新保守主义者的名字,他们满怀热情地支持"反恐战争"。

列入名单的还有五角大楼的著名咨询专家理查德·佩尔(Richard Perle);在伊朗门事件[8]中广为人知的艾略特·阿布拉姆斯(Elliott Abrams);肯尼迪·阿德尔曼(Kenneth Lee Adelman,曾担任大使,轻率地号召政府入侵伊拉克,就如谈论的是轻松的太空漫步一样);美国国防部长多纳尔德·拉姆斯菲尔德的传记作者、右翼的"遗产"基金会主任米奇·迪克特(Midge Rosenthal Decter);来自极端好战的"安全政策中心"的弗兰克·加夫尼(Frank J. Gaffney);前情报局军官、军工康采恩"洛克希德-马丁"公司的前副总,现任北约的美国委员会主席布鲁斯·杰克逊(Bruce Jackson);美国企业研究所(American Enterprise Institute)的麦克·莱登(Michael Arthur Ledeen),曾是意大利法西斯的支持者,现在倡导要更迭伊朗政府;过去曾担任美国中央情报局局长的詹姆斯·伍尔西(James Woolsey),现在成为活跃在布什总统幕后的丑角,目的

---

[7] 参见本书第二章。
[8] 伊朗门事件,是一桩重大政治丑闻,20世纪80年代末于美国爆发。当时人们获知:里根政府部门的个别成员向伊朗秘密地运送武器,破坏了当时对伊朗实施的武器禁运政策。而卖给伊朗武器所获金钱又用于资助尼加拉瓜反政府武装,绕开了美国国会众议院关于禁止资助该国的禁令——编辑注。

是按照美国模式改造伊斯兰世界。[9]

代表这种观点的、争取俄国民主和车臣民族自由的斗士们看起来略显另类，因而很少能够引起信任。这不，他们的真面目很快就被揭开了。

与非政府组织相关的一切都蒙上了令人羞愧的保护层。在当代，文明社会和非政府组织获得如此多的溢美之词，因而对于"谁补贴了他们"以及"他们是如何工作的"这样的问题感兴趣也变得不恰当。在这种情况下，没有什么比非政府组织更黑暗、更反民主的了。媒体对于政治机构的资金情况发生兴趣是完全正当的，但却不能讨论非政府组织：无论其提出的目标还是其资金来源。尤其是：大多数争取人权和言论自由的人花费的都是使用方向明确的私人资源和国家资源。这样就解释了：为什么媒体对"朋友"和"盟友"的表现如此感同身受，而对"敌人"（换言之，即委内瑞拉、俄国和伊朗）表现得如此不宽容。

类似非政府组织披露其杜撰的，俄罗斯破坏索契的性少数派的权利的情况，此类现象具有同样的法则：例如，所有人都毫不关心沙特阿拉伯发生了什么。或者，再举另一个例子：2015年2月初，来自布鲁金斯学会[10]的美国"鹰派"发起渗透性进攻，目的是将美国武器卖给乌克兰。当时没有一家报纸关心，这些"专家"的幕后是一些什么人，他们与谁打交道，为什么他们会在顿涅茨克机场陷落、乌克兰政府对分裂分子的进攻陷入僵局的当口发表那样一份报告；是否与几天前发表在国际性大报上的署名乔治·索罗斯和贝尔纳尔·安利·列维的社论有关；该社论号召"拯救新乌克兰"，号召欧盟对基辅的新政府提供财政援助："要知道，亲欧洲的乌克兰改

---

[9] 参见 Felicitas Macgilchrist,《Journalism and the Political. Discursive tensions in new coverage of Russia》, Amsterdam/Philadelphia, John Benjamins Publishing Company, 2011, p. 197.

[10] 布鲁金斯学会（Brookings Institution）是美国的研究中心，成立于1916年，是美国最重要的智库之一。专门研究社会科学、公共管理、外交政策和世界经济。2009年巴拉克·奥巴马就任美国总统之后，该学会的许多研究人员转任奥巴马政府及美国国务院的高官——编辑注。

革家们迫切需要资金,反抗俄国侵略者".[11]

研究话语权的专家梵·迪克(Teun A. Van Dijk)出色地表明,选择某一信息源对于刻画现实来说会产生怎样的影响。技巧在于:不歪曲事实,而仅仅对事实略作"修正"。可以通过如下方法做到这一点:

1. 强调我们的优点和善举;
2. 强调对方的缺点和恶行;
3. 缓解我们自身的缺点和恶行;
4. 令对方的优点和善行最小化。[12]

这样一来,就无需感到奇怪:西方人听取俄国"士兵母亲委员会"的抗议时极度关注,见诸西方的所有频道;那么,乌克兰母亲也可以尽情地斥骂乌克兰的领导人,但是没有人打算采访他们,因为必须强调对手的缺点,掩盖自身的缺点。关于"不驯服的分裂分子"的行动的恶意报道比比皆是,而关于采用最新技术(说实在的,并非武器)装备起来的、乌克兰的极右民族主义营的材料却实在是少得可怜。如果欧洲报纸的记者被派往克里米亚,那么,他们被派往那里并不是为了会见占半岛居民90%的俄语居民,而是为了报道"对少数民族克里米亚鞑靼人的排挤"的情况。如果他在分界线附近与一位受欧洲安全与合作组织(OSCE)委派保护分界线的将军列队

---

[11] Bernard-Henri Levy, George Soros,《Save the new Ukraine》, International New York Times, 28.01.2015. 其时机重合或许是个偶然,但是足够引人注目。几天后,一些观察家指出,或许是个意外,为了迫使欧洲对美国提供给乌克兰军火买单。安吉拉·默克尔和奥朗德决定给俄国"最后一次机会",对其提出"和平计划"被证明是完全正确的:因为欧洲不可能抛弃乌克兰,听凭其被命运摆布——哪怕仅仅因为乌克兰是被美国武装起来的。至于说美国的"鹰派",他们玩的是一石三鸟的游戏:卖自己的武器,让第三方为这些军火买单,按照阿富汗-伊拉克的模式在欧洲的核心地带保持旷日持久的冲突,最终能够巩固北约并确保美国在北约中的领导地位。在这种情况下,能够在许多年里确保美国对欧洲的优先地位。

[12] Teun van Dijk,《Opinions and Ideologies in the press》, Allan Bell & Peter Garrett, Approaches to Media Discourse, Oxford Blackwell, 1998. 参见《Ideology: A multidisciplinary Approch》, London, Sage, 1998.

行进，那么他也不会与一位俄罗斯将军这么做，而是与一位乌克兰将军这么做。[13]

上述一切情形涉及经济、对俄制裁以及油价下跌、资本流失、卢布崩溃以及拜科努尔航天发射中心的失败发射。发言权只给那些多半会持批评立场的人，因为他们的超级任务是"将失败夸大，将成就最小化"。这是对那些号称值得信赖的记者们和定期出版物的玷辱，一些陈词滥调可能是外部强加的，而对于信息来源的选择则完全取决于主编。

显而易见，对信息源的选择依据两个标准：抹黑对手、洗白自己。最主要的是：为新闻采访找到正确的人，对其提出正确的问题。我们已经看到，在采访若泽·曼努埃尔·杜朗·巴罗佐（Jose Manuel Durao Barroso）时是怎么做的。

正是出于这一原因，报刊文章里永远不会提及对手的成就。西方媒体的雷达仅仅搜索俄国体制的脱靶、瑕疵、缺陷。

事实的选取和歪曲

第三种非常普遍的方法，是歪曲实际，胡乱选取一些事实歪曲事实，混淆事件爆发的起始点；歪曲因果关系，这种戏法要求读者（观众、听众）对相关事件及其发展要掌握充分的知识，还要持之以恒，也会对忙于日常事务、不能消化每天都在更新的井喷般的信息的读者发挥作用。

有助于偏袒一方而打压另一方的经典方法是：混淆冲突爆发的日期。这是一种相当安全的方法，因为对事件爆发日期的确定通常都会引发争议。

我们以乌克兰为例来看看。观察事态发展的人们都会感到惊讶，

---

〔13〕 指的是发表在《瑞士时报》（Le Temps）2015 年 1 月间的系列报道。2 月 9 日，该记者还发表了关于娜杰日达·萨夫琴科的肖像文章，"身陷俄国拘留所的乌克兰女英雄"，因涉嫌参与杀害两名俄国记者而等待判决。直到文章看完了，你才弄明白：原来，这名妇女曾在阿富汗作战，驾驶过直升机，后来被招募到非法组织担任志愿者，加入"艾达尔营"，其战斗任务是瞄准、射击顿巴斯的平民。

第九章 反俄新语汇的单词和句法

主流的反俄媒体都把乌克兰冲突的爆发日期确定为2014年春天，即所谓"克里米亚被吞并"的日期。在这种情况下，独立广场的活动根本就没有确定时间。因此，克里米亚和顿巴斯的抗议活动在2月份已经发生了，就意味着必须承认：基辅的新政府是通过武力夺权的方式上台的，而且他们所做的第一件事是禁止教授俄语，尽管乌克兰45%的国民都说俄语——这就是冲突爆发的原因。但是，如果认为吞并克里米亚是起始点，那么，对所发生的一切承担责任的就是俄罗斯。

在歪曲事实方面，时间因素发挥了重要作用。我们前边引述的绝大多数例证（如马来西亚的波音客机在乌克兰上空坠毁）中，能够第一个获得发言权的，也就有更多的机会在未来拥有话语权。正是由于这个原因，在客机坠毁几小时后，乌克兰和美国的官方人士已经着手争先恐后地指责俄国，尽管说还没有任何证据。而在危机期间，信息不足的感觉如此强烈，以至于媒体准备刊发几乎一切多少貌似官方报道的东西，而不论其中讲了些什么。那些最早发表声明的人当然知道他们在做什么。最主要的是要第一个发声，而且要高调发声。由于这个原因，具有反俄和亲西方倾向的声明就更受喜欢。所有的传播学专家都知晓这一规则，因为这样可以快速地将社会引导到需要的方向。一旦"恶魔"已被确定，社会舆论已经形成，要将其扭转就会非常困难。[14]

传播学领域的专家们掌握的不仅是措辞方面的经验，也在于快速反应，走在别人前面的报道就会被报纸杂志多次引用，而新的报道哪怕措辞很给力，也很少能够改变什么。正是因为这个原因，推断俄国入侵顿巴斯的声明就在一周内被经常重复，等到分裂派被揭露并作出反应时，反俄的版本早已扎根了。乌克兰上空的客机坠毁事件的情形也是如此：妙手释放的版本很快开花结果了，而顿巴斯的叛乱者已经不能改变任何事情，尽管说事实照旧很矛盾。至于说

---

〔14〕 在事件爆发的初期阶段，指控俄国毫无依据，但是这一事实完全不重要。对信息的需求如此巨大，以至于谁都不会加以检验。当风暴略微消停后，对"证据"（无论是真实的、还是伪造的证据）的需求就产生了。一切就开始步入正轨：清洗出来的"卫星照片"、匿名视频、导弹的可能飞行路线，等等。

独立广场发生的事件，加拿大进行的调查表明[15]：关于枪击从何处开始的问题，已经明确指出是乌克兰的非法武装集团最早开始枪击的。但是这一信息已被媒体否定，因为发布得太晚，谁也不想重提旧事："关于这些事情大家早已忘记了"。

事件的历史联系有时候也成为争论的对象。可以回忆一下，从18世纪起，克里米亚就已经属于俄国了。该时期里，科西嘉岛刚刚归属了法国；而比利时成为比利时国家还是半个世纪之后的事情。当人们谈论2014年俄国"吞并"克里米亚时，却没有人愿意回想这些事情。"我们让历史安宁吧！"——西方派如是说。而他们自己也提醒人们，克里米亚归属乌克兰只是1991年与俄国签署协议之后的事情。为什么偏偏是1991年事件成为这一地方的起始点呢？

另一个歪曲事实的例证是：将科索沃从事件的链条中剔除。科索沃人的分裂情绪于20世纪90年代引发了血腥镇压，而他们被西方媒体刻画为反对排挤他们的塞尔维亚人的"解放"斗争，因此批准其独立就无需塞尔维亚的民主投票。这一事实现在已经没有人感兴趣——当需要依据边界不可更改原则将克里米亚归还乌克兰时，人们努力不想起这些事实。

这里再给您提供一个例证：西方对乌克兰军事形势的关注度提高，指责亲俄武装的非法行动和"不体面行为"。与此并行不悖的是，西方对2015年1月奥巴马前往沙特阿拉伯参加沙特国王的葬礼奇怪地保持了沉默。实际上，如何能够笨拙地向公众舆论解释：出于何种原因，美国总统奥巴马突然要急于赶赴利雅得，为自己"亲爱的朋友"哭泣——而这位亲爱的朋友还曾在2015年1月砍下（在广场上，公开砍下！）七位被判死刑者的头颅（相当于"伊斯兰国"在同时期处死的人数的三倍）。对这些事件，媒体的反应是死亡般的沉寂；但是，当两名日本记者被砍下头颅时，媒体连续两周都在头版头条讨论该话题。而就在当月，在莫斯科逮捕了几名"造反猫咪"（pussy pait）小组成员，引发了多大的喧嚣啊！

由此可以得出的结论是：请不要将禁止妇女驾车，宣布如果搞

---

[15] 参见本书第三章。

同性恋就要判处死刑并且公开砍下被判死刑者的头颅的"亲爱的朋友",与捍卫顿涅茨克平民免遭乌克兰军队轰炸的狡猾、机智的敌人混为一谈。

在由于天然气供应而定期爆发的俄罗斯-乌克兰冲突中,被瞄准的永远是俄罗斯:俄罗斯总是"讹诈"贫穷的乌克兰,对其关闭"天然气开关"。只有一家中国的通讯社"新华社"公开指责乌克兰搞能源讹诈——其他通讯社都将脏水泼在克里姆林宫头上。

俄罗斯天然气工业公司运用匪帮方法和讹诈手段,是俄国从苏联时代继承下来的……西方应该向俄罗斯说明,如果她想加入文明国家行列,那么,这种行为是不被许可的……利用自己的自然资源来施压自己的邻国,这是一种中世纪的施政方法,在当代世界已经不能继续采用。[16]

而乌克兰从天然气管道偷窃过境天然气,却不想按价付钱,这对于西方来说仅仅是一个半真半假的事实,西方媒体宁可不愿意触及。霍多尔科夫斯基案件也正与此相似:西方媒体认为只不过是腐败的俄国政府竭力控制石油贸易而已,而绝不是俄国政府希望保护自然资源,免得被廉价卖给美国人(众所周知:美国人总是与穷人争利)。

当别斯兰爆发血腥事件时,西方媒体被挤到角落里。如果说,1999年,西方媒体将莫斯科的居民楼被炸毁归咎于俄罗斯,且紧随安娜·波利特科夫斯卡娅之后,奋起捍卫"遭到俄军残酷镇压的、不驯服的车臣人";那么现在,正是这些车臣人把几千名小孩抓为人质,且开始杀害他们。在事件爆发后的最初两天里,大多数西方媒体尽管情非所愿,但还是支持俄罗斯维护法律秩序的军警力量。但是,两天之后,几乎所有报纸都转而攻击俄罗斯,指责俄国政府残

---

〔16〕 Daily Telegragh,03.01.2006,See Felicitas Macgilchrist,《Journalism and the Political. Discursive tensions in new coverage of Russia》,Amsterdam/Philadelphia,*John Benjamins Publishing Company*,2011,p. 46.

忍、释放假信息、无视事实。[17]

对读者施加影响的另一种方法是：对敌人采用歧视性的评价。作为例证，本书将引用丹麦学者皮特·伍尔夫·莫雷尔（Peter Ulf Moller）的著作，他曾提出了八种类似的评价定势：

（1）俄国人身体强壮、耐力好；

（2）俄国人在智力上很落后、粗鲁；

（3）俄国人很迷信，在宗教信仰方面很粗浅；

（4）俄国人很粗鲁，受教育程度低下；

（5）俄国人很驯服，愿意生活在奴役之下；

（6）俄国人偷盗和说谎；

（7）俄国人不整洁，身上散发着怪味；

（8）俄国人都嗜酒如命。[18]

事实上，很少情况下这些特征中的某一条不被归之于俄国人。否则，如何将关于"欧洲大门口站立着的野蛮人"这样的命题植入话语？

还有一个歪曲事实的例证：西方媒体总是重复说，2008年8月爆发的与格鲁吉亚的战争是俄国挑起的；而当时的调查表明：战争是格鲁吉亚发动的，正派媒体也都承认这一点。[19]多次重复的意义在于：让读者产生一种印象，似乎俄国注定且永远都扮演的是侵略者的角色，而俄国在乌克兰也就是推行了这样的政策，也将在现在和未来的所有战争中都推行类似政策。这样一来，又一个消极特征被加在俄国头上：她是侵略者。

在报道乌克兰的事件时，西方媒体的这种战略表现得尤为明显。西方媒体喋喋不休地重复说，"俄国占领了乌克兰"，尽管这么说毫无健全思维。结果，俄国在上个月占领了乌克兰，又在本月再次占领了乌克兰……但是，问题是：如果乌克兰已被俄国占领，那么干嘛还要再次占领呢？或者说，上个月发表的所有报道都只不过是彻头彻尾的谎言？这不妨碍西方媒体在一年中40次宣称俄国坦克

---

[17] 参见本书第二章。

[18] Peter Ulf Moller,《Russian Identity as an East-West Controversy Outlining a Concept》, *Slavica Lundensia*, No 196, 1999.

[19] 参见本书第二章。

和俄军"入侵"乌克兰。结论是：40 种情况下，有 30 次都是在说谎……[20]

干嘛要总是重复一些推翻了之前判断的判断呢？这就意味着，其意义并不在于此。按照西方的观念，必须要歪曲事实，宣称并不存在的俄国入侵，[21]以达到在社会舆论看来，发动一场绝对非法的战争是正确的效果。而在实际上，由于乌克兰危机是叛乱和叛变（2月 21 日，欧洲各国的部长与乌克兰前总统亚努科维奇之间已经就一年后举行合法大选达成协议，但是未得到遵守）导致的结果，这样一来，乌克兰政府也未能解决其内部问题——这些问题在匆忙举行的非法选举之后变得尖锐起来。

此外，由于西方民主国家的法律需要得到社会舆论的支持，西方国家在参战之前必须能够确切证明：参战并不追求自私的目标。要证明发动战争是正当的，只有两种情况：即开战是为了自卫；或是为了正义事业（为了和平、民主和解放各民族）。换句话说，西方发动战争需要得到人道主义力量的祝福。

从前的君主们（上帝派到尘世的总督们）需要证明：开战是为了履行上帝的意志，并请神父们为军队祝福。今天，能够对开战进

---

[20] 自我催眠对那些不够严谨的记者们产生了何种令人震惊的效果，请参考 Jean-Christophe Emmenegger,《"Chars russes" en Ukraine: un exemple de desinformation jusque dans la pressesuisse》, arretsurinfo. ch, 1-er fevrier 2015. 这家瑞士网站讲述了一个故事，有关俄国坦克的报道被瑞士网站 Newsnet 紧紧抓住，该网站宣称俄国恢复入侵，无数的俄军坦克开入顿涅茨克。文章还加上了一个副标题：《俄军增派 700 辆坦克》，并引用了说法："这一事实已被大量观察家确认。"而当进行调查之后，发现"弄错了"，看到的那些坦克并不是俄罗斯的，而是乌克兰的。或许（此处应该打个问号）说的根本就不是坦克，而是 700 名俄军士兵。奇怪的是：在整个 2015 年里，宣称俄军入侵顿巴斯的报道都见诸报端。如果把从冲突之初就在顿巴斯"看见"的全部俄国坦克和俄军士兵都算上，这就差不多是全部俄军的一半了。那么，这些卫星和监视飞机都是干什么吃的——如果这些卫星和飞机一直在监控这些地区，却什么都没看见？

[21] 我们说的恰恰就是入侵。我们对这样一个事实并无异议：俄罗斯人确曾从物质、技术和人员方面帮助分裂派，就如我们也不否认，西方用军事手段（军事和技术专家、非致命性武器）帮助乌克兰。虽说乌克兰的武器已经绰绰有余，而且乌克兰本身还是排名世界第八的武器生产大国，因此提供武器给乌克兰对于乌克兰来说并无太大意义。问题在于另一方面：西方报刊竭力闭口不提的美国的军事援助是不是就比俄国人的军事援助更合法？

行祝福的是人道主义活动家们——他们能够确保：干预他国内政乃是被迫之举，是为了和平和民主在尘世赢得胜利而应尽的神圣责任。传统上在开战前的涂油仪式现在已经被"思想的君王"* 们实施的世俗的、言论上的涂油仪式所取代。19世纪的帝国主义者确信，他们能够为其他大陆带去文明；现在这种信念已经被关于人权的夸张判断取代。

那么，从这个观点出发，重复"俄国占领了乌克兰"这句话就只有一个目的：让人们相信，侵略者正是俄国，而合法但却弱小的乌克兰新政府迫切需要西方的援助。否则如何解释这种前所未有的歪曲事实之举？而如果遵循这一逻辑，就可以明白：为什么一篇接一篇的社论重复说，是俄国在南奥塞梯挑起了战争。最主要的，是不能破坏逻辑链条，而当乌克兰政府任命亲西方的格鲁吉亚前总统萨卡什维利的班底成员担任政府部长时，一切也都很明白了。[22]

这里还有一个例证，可以证明：针对俄国现实生活的每一方面，西方媒体都会利用一些歧视性措辞。例如，在谈及俄国的教育体制时，就会说："在俄国的教育体制中，起作用的是按照民族特征进行选拔的机制"；谈到移民问题时，就会说："规定非常严厉"；谈到宗教时就会说："对非东正教的信仰非常敌视"；谈到俄国的腐败时就会说："不会停止增长"；如果谈到同性恋者的处境时就会说："处境非常糟糕"；谈到法律体系时就会说："非常腐败，运转不力。"

至于说说谎，西方媒体有自己的辩证法。所有政治家都会说谎，所有领导人无一例外是如此。这种情况有一个自己的名称，叫"国家考量"或"国家利益"，原则上说，大多数公民都会对此表示认

---

* 最早见于普希金的诗作《致大海》：
　……拿破仑就在那儿消亡。
　在那儿，他长眠在苦难之中。
　而紧跟他之后，正像风暴的喧响一样，
　另一个天才，又飞离我们而去，
　他是我们思想上的另一个君主。
　——译者注。

[22] 2月17日，在一家法语广播电台，一位原萨卡什维利政府部长从中立、无利害关系的专家的立场评论了乌克兰的战争，这又是一个成见式的选择信息源的例证。

可。问题的另一方面是：谁说谎更多。普京经常被指责说在说谎，违背了自己作出的承诺（可以认为，其他国家的领导人都兑现了承诺！）；政治家之间的游戏在于互相用手指戳：我没说谎，是他在说谎！在这个游戏中，民主制受到牵连，因而能够胜出的是那些比所有人都更狡猾的人。但是，有哪家西方报纸敢于揭露奥巴马总统说谎——他在第一届总统任期之初就已经答应要关闭令人诅咒的关塔那摩监狱。直到他的第二届总统任期都要结束了，关塔那摩监狱仍然没有关闭。或许应该要求他归还诺贝尔和平奖——他在获得诺贝尔奖之后不久就让许多人陷于苦难，并且用无人机杀死了许多人，破坏了人权。

御用记者（因为，御用记者确实是存在的，就如曾经存在过御用诗人一样）的伟大技巧在于：按照公认的观点，建构一种话语，玩弄花招，巧妙地对现实进行各种歪曲，利用符合具体情境的话语强调或者无视某些事实。其主要任务是：适应刻板印象，按照既定模板做到神不知鬼不觉，天衣无缝！类似的歪曲行径对于新闻来说是非常危险的，也是导致读者不喜欢读大报的原因之一（除此之外，还有一个原因是因特网的普及）。

"我们"与"他们"之分

新闻社作出文字报道或在新闻中的题字和视频解说绝不是一个冷冰冰的、完全中立的活动方式。相反，选择词汇工具、语调、塑造形象、隐喻、利用集合词"我们"都可以产生亲近感、共同体的感觉、人性温暖的感觉。但是，也可以将"我们"与"他们"对立起来。"他们"就是一些异类，是所有那些未能加入幸运选民的圈子中的其他人。

费莉西塔斯·马克基尔克里斯特对乔治·麦罗恩（George Malone）发表于《华尔街日报》上的文章进行了分析，[23]表明：该作者似乎

---

[23]《Descriptions of two kinds of other》, *The Wall Street Journal*, 07.09.2004. Felicitas Macgilchrist,《Journalism and the Political. Discursivetensions in new coverage of Russia》, Amsterdam/Philadelphia, *JohnBenjamins Publishing Company*, 2011, pp. 147, 152.

是持反对恐怖主义的立场的,但却善于在"我们"(美国人)和"他们"(俄国人)之间作出区分。从下面列举的一些片断可知,乔治·麦罗恩是如何通过建构话语而歧视俄国总统的——表面上,作者也对恐怖袭击事件表达了同情。[24]

(1)弗拉基米尔·普京总统反对入侵伊拉克的立场并未拯救俄国免遭伊斯兰的兽行。[25]在俄国对其境内和境外的伊斯兰教所犯下的一长串错误中,普京总统在车臣分离主义问题上的错误立场已经司空见惯。

(2)四年前,普京对车臣的分离主义和法制荡然的状况的强硬反应在俄国很受欢迎。

(3)但是,至今为止,这种强硬反应没有任何结果,摧毁性行动进一步破坏了俄军本已低下的战斗精神,巩固了车臣起义者的决心。

(4)普京似乎希望通过控制俄国最声望卓著的一家大众媒体、电视频道来妨碍公民社会的发展。

(5)老旧的苏联式的保密做法和国家操纵习惯在俄国很难消亡。当国家对自由讨论和自由的社会机制没有变得更加宽容之前,积极的公民社会未必能够发展起来。

(6)但是,尽管小布什当局对普京先生对车臣人的态度早有一种不祥的预感,普京无疑必定会欢迎一切提议,支持美国在近东的目标。

---

[24] 很有意思的是:在分析概念"我们"和"他们"的时候,费莉西塔斯·麦克基尔克里斯特(Felicitas Macgilchrist)区分了西方对俄国的两种具有重大隐喻性的看法。每个民族都竭力将自己展现为上帝选民,且是一个伟大民族。从这一思想出发,一些人承担起"严父"的角色。他们的观念是:与俄国对话徒劳无益,俄国能听懂的语言只是实力。这是军方鹰派的断然立场。美国的自由派人士和欧洲所持的另一种态度则是"慈母"的立场,表示愿意随时听取意见,宽容,对话。这种立场则寄希望于公正和文明的交流方式。但在这两种情况下,都并未谈及要重视俄罗斯的利益和要求。她对欧洲开出的条件是欧洲不能接受的。例如,第二种立场的支持者们要求俄国"终结腐败",废除"反对非政府组织的法律",放弃对车臣人的镇压,放弃"严厉的"警察式措施,放弃对同性恋者的"排挤",放弃"吞并"流散在俄国境外的俄罗斯族(甚至哪怕境外俄语居民遭受新独立民族国家的迫害)。而与要求俄国无条件屈服于西方,放弃本国法制并无二致。实质上,第一种立场和第二种立场的差别仅仅是话语的腔调和形式。

[25] 引自维克多·费多托夫(Виктор Федотов)的文章,从英文翻译的俄文版,发表于 httpp://www.inosmi.ru:2004年9月7日——编辑注。

第九章 反俄新语汇的单词和句法

这一文本分析表明，该记者或编辑部文章的作者，夹在锤子和铁砧之间（在这种具体情境下，是在谴责灭绝人性的恐怖袭击事件与歧视俄国的超级任务之间保持平衡），通过巧妙地将恶棍划分等级，最终出色地完成了任务。首恶是恐怖分子，位列其后的就是俄国，因为不能容许美国读者对饱经虐待的俄国小孩表达同情和悼念。

读到文章结尾，读者们几乎已经不再怀疑：这是受害者和刽子手之间的对抗，假如不是普京先生令车臣分裂分子们蒙受屈辱，一切都不会发生。

文章作者作出的第二个（潜意识的）结论是：就如瑞士人所说，"没有任何人比我们更好"；在恐怖分子的兽行和俄国人的残忍之间并无很大差别，"但是我们比所有人都好，我们生活在自己的文明世界中，非常美好"。

每当俄国发生恐怖袭击事件或灾祸时，持这种见解的文章就出现得非常频繁。

当然，批评的视角或强度会发生变化，或许取决于当时的具体情况或地缘政治需求。安德烈·茨冈科夫想要表明：从2001年（当时纽约爆发了"9·11"恐怖袭击事件。之后，俄国对美国的反恐斗争提供了援助）到2003年间（当时俄国反对美国入侵伊拉克），美国的立场是如何发生变化的。[26]

表格可以直观地表明美国立场的变化过程

	2001年"9·11"恐怖袭击事件之后	美国入侵伊拉克之后
历史评价	俄国是新生国家；俄国是战略伙伴	俄国继承了苏联体制；此前的俄国是各民族的压迫者，现在则是一个行将解体的帝国
车臣/恐怖主义	对俄国最低限度的批评；着重于必须反恐	强化对俄国批评，特别是批评俄国不愿意寻求政治解决车臣问题

---

[26] Andrei P. Tsygankov,《Russophobia. Anti-Russian Lobby and AmericanForeing Policy》, New York, *Palgrave Macmillan*, 2009. p. 9.

续表

	2001年"9·11"恐怖袭击事件之后	美国入侵伊拉克之后
军事合作	为了共同反恐而合作；提议接受俄国加入北约	不与俄国磋商，北约进一步东扩；在与俄接壤的国家部署反导系统
能源合作	在天然气开采和利用方面紧密合作	能源领域的激烈竞争，对"霍多尔科夫斯基案"反应激烈

我们可以再次确信：西方的观点会随着具体历史时刻的战略利益而急剧转变，而很少以俄国是否遵守民主原则而发生变化。在比较了2009年（即俄格战争爆发后一年）的"重启"俄美关系（希拉里·克林顿与拉夫罗夫），以及2011年俄国拒绝履行西方的要求，继续支持阿萨德总统之后俄-美关系急剧恶化，随后是激进伊斯兰分子的强化；最后，到2014年，随着"伊斯兰国"的成立以及原本支持阿萨德的人调头发起了反对阿萨德的军事行动；如果将其进行比较，也能得出同样的结论。

安德烈·茨冈科夫的研究也能够表明：通过有计划的意识形态工作（这些工作通过一系列具体措施而得到巩固），反俄的美国游说集团得以在"我们"和"他们"之间竖起一道鸿沟。[27]

1. 目的：重新审视俄国历史

思路：俄国是一个弱民族。俄罗斯国家希望回到苏联的现实中去。

具体措施：散布俄国"帝国主义意图"的思想；恢复对抗以及恢复"冷战"时代的概念；支持波罗的海国家发起的反俄行动。

例证：关于俄国在搞新帝国主义的文章；攻击普京是美国的敌人；希拉里·克林顿设立"冷战胜利"奖章；建立共产主义受害者纪念碑；在"青铜骑士"雕塑事件上支持爱沙尼亚。[28]

---

〔27〕 Andrei P. Tsygankov,《Russophobia. Anti-Russian Lobby and American Foreing Policy》, New York, *Palgrave Macmillan*, 2009. pp. 171~179.

〔28〕 参见之前引用的兹比格纽·布热津斯基（Zbigniew Brzezinski）、威廉·萨菲尔（William Safire）的文章以及爱德华·卢卡斯（Edward Lucas）的著作《The new Cold War. The Future of Russia and the Threat to the West》, 2008. 以及波兰作者 Janusz Bugajski,《Cold Peace: Russia New imperialism》, 2004.

2. 目的：重新审视俄罗斯国家的实质

思路：将俄国说成是一个镇压少数民族（特别是车臣人）的殖民强国。

具体措施：散布俄国是一个野蛮堡垒的形象；否认车臣分离主义与伊斯兰恐怖分子之间存在联系；强迫克里姆林宫与马斯哈多夫和谈；将车臣冲突的解决国际化；俄国"车臣化"政策的反对派。

例证："人权观察组织"关于俄军于2000年到2001年间的野蛮行径的报告；发展阴谋论，指责克里姆林宫于1999年在莫斯科策划了恐怖袭击事件；鉴于俄国与恐怖分子的关系，美国企业制度研究所召开学术会议（2003年）；制订"里希特施泰因计划"（Lichtenstein）（2002年）；[29] 115位政治家和知识分子联名签署致各国领导人的公开信（即2004年在"别斯兰人质劫持事件"之后，"115位大西洋派人士公开信"）；为了终结"对车臣局势的缄默"，发表了公开信（2006年）。

3. 目的：证明俄国政治制度已经失败

思路：俄国是按照斯大林精神建立起来的独裁国家。

具体措施：资助和支持"颜色革命"，支持那些反对克里姆林宫的反对派；在举行俄-美首脑峰会之前进行媒体准备；散布批评俄国政策的文章和报告。

例证：在格鲁吉亚、乌克兰、吉尔吉斯斯坦建立"全国民主基金会"（National Endowment for Democracy）；与"另类俄国"运动协调关系；将加里·卡斯帕罗夫的文章在美国报刊发表；在布拉吉斯拉夫举行峰会之前，媒体对布什施加压力（2005年）；反俄的智库如"自由之家"基金会将俄国评定为"不自由国家"（2005年）；国际关系委员会发表了关于俄国"管理错误"的报告（2005年）。

4. 目的：从安全角度重新审视俄国的地位

思路：俄国是新帝国主义国家。

---

[29] 指的是车臣"外交部部长"艾哈迈德·扎卡耶夫与俄国政治家鲁斯兰·哈斯布拉托夫、伊万·雷布金、尤里·谢科奇欣、阿斯兰别克·阿斯拉汉诺夫于里希特施泰因进行了谈判。谈判是由里希特施泰因政府资助，在兹比格纽·布热津斯基和美国前国务卿亚历山大·黑格参与下组织的——编辑注。

具体措施：支持美国国会众议院关于北约东扩的决定；支持东欧的理念和东欧国家的政府；在核领域放弃与俄国合作；为让全世界相信俄国军事衰弱，发起媒体运动。

例证：美国国会众议院投票赞成乌克兰和格鲁吉亚加入北约（2008年）；美国国会参议员卢格反对邀请普京总统参加布加勒斯特的峰会（2008年）；"新美国时代"中心发表报告（2000年）；美国《外交事务》杂志发表了关于美国核优势的文章（2006年）。

5. 目的：指责俄国搞能源讹诈

思路：俄国从事能源讹诈。

具体措施：将俄国从能源领域驱逐出去；阻碍俄国在欧亚大陆订立合同，操控价格；推动可替代性的能源生产方法。

例证：理查德·佩尔正式支持霍多尔科夫斯基和"尤克斯"公司以及其他俄国政治家（从2003年秋天开始）；参议员卢格提出建立"能源北约"的思想（2006年）；媒体发起了支持跨里海石油管道项目和"纳布科"项目的宣传运动。

如果说，安德烈·茨冈科夫已经表明了：媒体是如何进行歧视俄国的宣传活动，那么，埃泽基尔·阿达莫夫斯基则编制了一份语言工具清单。这些语言工具能够推动"我们"（热衷于民主的西方居民，处在较高的发展阶段上）与"他们"（即俄国人，他们在发展方面是一个迟到者，支持其专制者和暴君）之间鸿沟的加深。下述图表可以展示这些语言对立面[30]：

我们（西方）	他们（俄国）
文明	野蛮
高发展程度，进步	崇拜传统，低发展水平，停滞
自由	专制，极权主义制度
民主	专制

---

〔30〕 这是一份补充性清单，其基础是埃泽基尔·阿达莫夫斯基所举的例证：《Euro-Orientalism. Liberal Ideology and the Image of Russia in France（1740-1880）》，Oxford/Berne, Peter Lang, 2006. C. 265~266.

续表

我们（西方）	他们（俄国）
中产阶级	缺乏中产阶级
公民社会，结社自由	缺乏公民社会
非政府团体	镇压非政府组织
私有制	集体所有制
多样性，差异性	单一性
个人	群体
自由主义	共产主义
多元主义	一党制
有教养	无教养
和谐	矛盾
有规则	违背规则
理性	反理性
真实，天然，正宗	伪造，仿制，歪曲事实（波将金农村式的仿制品）
无数的机遇，效率高	没有前景，效率低
积极	消极，不参与
透明	不透明，隐瞒真相
开放	不开放，封闭
捍卫人权	破坏人权
宽容，尊重他人	社会关系粗暴，不宽容（单独个体毫无意义）
诚实	腐败
繁荣	赤贫，寒酸
关心少数民族	镇压少数民族
普遍安全	"冷战"
自然增长	扩张主义

这个清单还可以无限延伸，因为西方媒体不断地出现一些新文

章，这些文章的作者正是在这个领域里工作的。

对抗之策

如何与之对抗？

费莉西塔斯·马克基尔克里斯特曾列举了对反俄话语的几种可能的反应，这些回应的方法都能够"发挥作用"。

第一种方法在于：直接宣称，与所有那些思维定势的观念相反；例如，民主在俄国不仅没有消亡，相反，正在发展。合众国际社（United Press International，UPI）、"自由欧洲"广播电台等美国通讯社前记者皮特·拉威尔（Peter Lavelle），后来担任了"今日俄罗斯"电视频道的"相声"（Cross talk）栏目主持人，他就是这么做的。2005年，俄国通过了针对非政府组织的法律，拉威尔称：该法律并不像媒体所写得那么严厉。而其导致的后果立竿见影：没有一家西方媒体再谈论这一题目。那些能够塑造俄国正面形象的新闻不会引起媒体的兴趣，因此他们自己都会立即否定一开始断言的那些东西。

至于说事情的实际情况，应该是这样：就如许多严肃的研究成果所表明的那样，国内形势在向着发展民主的方向扭转；在社会方面取得了重大成就；人们主动参加公众生活；有许多特征能够表明司法体制得到改善，司法体制变得越来越独立（71%的原告在对国家机关的诉讼中胜诉）。[31]但是，所有这些题材中，没有一个题材曾经引起西方记者和大学学者的兴趣。[32]换句话说，这种战略并非很有效。

第二种保护方法是滑稽模仿。

如果你相信（或者不相信）耳闻目睹的关于俄国的一切，那么，你的想象力为你勾勒出的普京形象就会类似伊凡雷帝，住在规模宏

---

[31] Felicitas Macgilchrist,《Journalism and the Political. Discursivetensions in new coverage of Russia》, Amsterdam/Philadelphia, *JohnBenjamins Publishing Company*, 2011, p. 214.

[32] 两名研究者对我坦承：由于缺乏资金，由于项目不符合关键性的国家政策路线，他们被迫中止自己的研究。

大的克里姆林宫里，爱惜地整理着从克格勃获得的奖章，将车臣视如草芥，摧毁了一切民主萌芽，扼杀了还在颤栗不已的大众媒体，现在用铁腕建设独裁制度。[33]

这是一种很欢乐的方法，但是不能常用，否则就会让人觉得无聊。

对恐俄症的第三种回应方法是：情境化。必须用他人的视角看待事件，在历史前景和地缘政治前景中看待事件，将这些事件与其他被从事件背景中蓄意剔除的事件和现象联系起来。本书利用的正是这样的方法。确实，这是一部"泰坦尼克号"式的著作，没能跟上当代媒体的飞快节奏。

完全地或部分地矫正被扭曲的前景也很有效。2004年9月8日，在别斯兰事件爆发之后，约翰·拉夫兰在《卫报》上就是运用了这样的方法。他表明了：指责俄国对别斯兰的血腥事件负有责任实际上会对谁有利。顿涅茨克的局势也完全可以如此解释：将亲乌克兰视角转换为亲俄视角。

我们举出这些例证，是作为可能的回应方法的插图；但是我们对记者们的实际可能性并不抱有幻想。报刊机构只选取那些符合公认观点的信息。在这种情况下，身处事发现场的记者们试图向主管领导解释说，实际情况并不符合其期望，需要作出修正，但是所有努力都是徒劳的。最终，要么是不符合编辑部要求的文章被扔到废纸篓，要么是记者冒着失去工作的危险，要么是（第三种可能性）记者会被怀疑是"斯德哥尔摩综合征"病患，开始对恶棍产生好感。

由此可见，驳斥反俄话语并非易事——尤其是事件已经走入历史并且成为神话。这种情况恰恰就曾经发生在西方的集体意识中。在下一章里，我们将研究这种情况。

两个概念："软实力"与"有经验的牧羊人"

在得出结论之前，需要提醒大家注意的是：在巴拉克·奥巴马

---

[33] The Independent，15.02.2006.

担任美国总统之后,"软实力"这一概念的意义已经发生了一些变化,其含义接近于纳尔逊·曼德拉运用的概念"身后的领导人"(leader from behind)。他在自传中曾经写道:真正的领导人应该表现为一位有经验的牧羊人,走在羊群后面,把他们赶往需要去的方向。[34]

最好的统治方式,是待在民众身后,而他们就在你的眼前——尤其当庆祝胜利和为成功欢呼的时候到来时;而当危险到来时,领袖就应该走在他人的前面,让他人跟随自己。人民珍视的恰恰是这样的领袖。

2011年春,在北约空袭利比亚时,巴拉克·奥巴马的顾问曾运用过"软实力"概念。在不妨碍欧洲、中国和俄国行动的情况下,奥巴马能够在这一问题上得到联合国安理会的支持。此前,无论是在1999年空袭塞尔维亚时,还是在2003年入侵伊拉克时,克林顿和布什都不曾得到过这样的支持。奥巴马的行动遭到了诸如查尔斯·克劳特哈梅尔(Charles Krauthammer)、理查德·科恩(Richard Cohen)等保守派的批评,将这种柔软和谨慎的政策视为放弃了美国的传统领导地位,是绝不被许可的。因为非常自然而然:超级大国会引发邻国的嫉妒和仇恨,被指需对地球上所发生的一切罪行负责。[35]

总结一下这种新战略,其实质是避开打击,在时机未到之前不摘下面具,西方在乌克兰对俄国运用这种战略相当成功。反俄游说集团发起的反俄运动是由美国副总统乔治·拜登、国务卿助理维多利亚·努兰、参议员麦凯恩领导的,派出并鼓动"马伊丹广场"的民主派,允许对2月22日的叛乱进行一番伪装,并且允许美国人的门徒阿尔谢尼·亚采纽克上台,后来又对乌克兰新政府予以军事援助。此外,还巧妙地将坠机事件用于反俄宣传,其结果就是在两周时间内就对俄国实施制裁。

---

〔34〕 Nelson Mandela,《Un long chemin vers la liberte:autobiographie》,Paris,*Librairie génerale fransaise*,1997.

〔35〕 http://www.washingtonpost.com/opinions/the-obama-doctrineleading-from-behind/2011/04/28/AFBCy18E_ story.html.

而与此同时，乌克兰的战争还在延续。2015年2月初发生了新的转向：布鲁金斯学会发布了由好几位声名显赫的美国军事专家签名的报告。遵照该文件，美国应该承担起责任，每年对乌克兰提供价值达10亿美元的武器，连续提供3年。[36]1月份，美国海军上将、前北约盟军最高军事长官詹姆斯·斯塔夫里迪斯（James Stavridis）及前德国国防部部长卡尔·西奥多·楚·古滕贝格（Karl-Theodor zu Guttenberg）发表了一篇文章，为北约在欧洲的全部活动寻求依据，并且指责俄国对乌克兰危机和欧洲紧张度的加剧负有责任。[37]

而这与欧洲安全与合作组织（Organization for Security and Co-operation in Europe，OSCE）秘书长朗贝托·赞尼尔（lambeto Zannier）所写的文章中的观点相矛盾。具体来说就是：2013年11月，在维尔纽斯，欧盟试图阻碍乌克兰和俄罗斯之间发展商贸，"对这两个邻国的合作协议持不可调和的立场"。欧盟委员史蒂芬·富勒（Stefan Fule）也持强硬立场，声称"自由贸易协议与参与（俄国的）关税协定是不相容的"，必须在二者之间作出选择。[38]赞尼尔还强调说，在各国之间敌对关系（包括制裁）占上风时，建设性地解决问题是非常困难的。双方立场如此矛盾，和解是难以达成的任务，乌克兰和国际社会要花去很多时间。

那么，西方恐俄症导致的后果是什么呢？西方本想按照"冷战"时代的模式，将普京塑造成主张运用粗暴的实力与西方对抗，而西方自身似乎已经克服了这一国际关系初级阶段，只在言论层面展开行动。但是，事与愿违。无比强大的美国仍然是军事实力的主要信徒，其军备花费超过其他所有国家的军费总和。入侵伊拉克、空袭

---

[36] S. Pifer, S. Talbott, Ambassador I. Daalder, M. Flournoy, AmbassadorJ. Herbst, J. Lodal, Admiral J. Stavridis, General C. Wald, 《Preserving Ukraine'sIndependence, Resisting Russian Agression: What the United States and NATO Must Do》, http://www.brookings.edu/research/report/2015/02/ukraine-independence-russian-aggtession.

[37] James Stavridis and Karl-Theodor zu Guttenberg, 《Who is to blame?》, *Horizons*, No 2, 2015. pp. 60~72. Их имена значатся также среди 115 подписавших Открытое письмо, о котором речь шла выше.

[38] Lamberto Zannier, 《Ukraine and the Crisis of European Securuty》, Horizons, No 2, 2015. pp. 44~58.

利比亚以及伊拉克的"伊斯兰国"的行动都能够表明：美国绝不放弃"硬实力"（Hard power）。

由此可知，当代的西方恐俄症乃是硬实力（Hard power）、软实力（Soft power）和巧实力（Smart power）三者组成的复杂、虚伪、扑朔迷离的混合体。[39]是美国由于地缘政治原因，追求对全世界的经济、政治和军事优势，同时也是一种对自由市场经济和多元主义民主制的狂热热衷。而且很难说，此处何者为因、何者为果：是军事优势服务于自由理想，还是相反，自由理想服务于军事优势？答案取决于美国和欧洲的救世意图的真诚程度。

受法国影响的欧洲人在很大程度上是一些不可知论者，甚至是一些反教权主义者、世俗理想的捍卫者。在美国的修辞中，他们不能测量宗教信仰程度的分量，但是，实际上这种信仰程度是很高的。宗教观念是美国话语不可分割的一部分，被视为当然之物。这些宗教观念也与美国的心理状态紧密共生，就如什叶派伊斯兰教与伊朗共生，或瓦哈比派教义与沙特阿拉伯牢牢共生一样——尽管说，也被一些经济概念严重稀释。[40]

这种以信仰上帝和美元坚挺为基础的救世思想也是美国软实力和美国受欢迎的基础，这种救世思想赋予这种崇拜神职人员、传播民主福音的非政府组织里的传教士、倡导资本自由流动的资金使徒以真诚的力量。他们认为自己有权将这种信仰强加给宗教分裂派并烧死那些异端，他们这么做是出于一种信念，在西班牙收复失地运动时期和西班牙、葡萄牙征服拉丁美洲时期，西班牙的宗教裁判所也曾经怀着这样的信念，试图让犹太人、穆斯林和印第安人改宗基督教。

---

[39] "硬实力""软实力"和"巧实力"都是"软实力"（Soft Power）理论的制订者约瑟夫·奈运用的术语。这位美国政治学家认为，美国公共外交失败的原因，是美国拥有的真正的"软实力"已被无效的国家宣传所取代——编辑注。

[40] 关于这个问题，我想起了与贝宁共和国前总统马蒂厄·克雷库（Mathieu Kérékou）会见的情景。2001年，总统在首都科托努接见了我们的代表团，在其宫殿中接见我的时候发表了关于"美元上帝"的大段讲话。他表明：美国人在1美元钞票上都印着"我们信仰上帝"（in God we trust）和上帝之眼，让自己的货币具有神性，将上帝与财神合而为一，将这种崇拜强加给全世界。

第九章　反俄新语汇的单词和句法

这种政策所运用的方法也一如从前：入侵欠发达国家（阿富汗、利比亚、叙利亚和伊拉克）并且迫害那些拒绝服从的国家（委内瑞拉、古巴、伊朗、朝鲜）。[41]

至于俄国，她觊觎在全世界的领导地位，拥有军事潜力和核潜力，拥有取之不尽的自然资源和学术资源，在两个大陆的交汇处拥有主导性地位，拥有深广、多样性的文化，却拒绝承认美国的霸权地位，必然会被美国视为应予消灭的敌人。尤其是：俄国断然拒绝承认民主理想和美国式的行动自由。可是，要知道，如果有人确信自己掌握了天堂的钥匙，那么就不可能容忍他人喜欢生活在地狱里……

---

[41] 对这份清单还可以加上中国和北朝鲜——但却是出于另一种原因：朝鲜处在"邪恶国家"的中心，而中国则更适于充当"伙伴-对手"的角色，西方不得不予以考虑。

第十章
恶棍形象或恶熊神话

> 战争是如何爆发的？当政治家对记者们说谎，而政治家自己又相信了报纸上所写的东西时，战争就爆发了。
>
> 卡尔·克劳斯：《语词及其驳斥》，1932年

要说服别人，单靠言论是不够的。如果总是重复同一件事，就会变得很单调。制订修辞、建构话语当然重要，但这并非全部。要让他人听到你，让更远地方的人听到你，需要想出一个情节，玩阴谋、讲故事。需要创作出一种神话，将其植入人们的集体意识中。

创作一个故事用于歧视俄国乃是一件高度复杂之事。如专家们所指出，应该创作的不仅仅是一个故事，而应该是一个元故事：故事中还有故事，历史中还有历史，这些故事应该延续其业已开始的路线，相互隐藏，就如俄罗斯套娃一样……一件事能够唤起记忆中的另一件事，交织成为一个完整的事件链条；一种观点能够引发另一种观点，能够引发以前的时代，引发其他文化以及遥远的大陆。但是所有这些故事都应该与西方，与欧洲、美国发生的事件紧密联系在一起。

这种故事形成的网络就会变成一个英雄故事、一个"超级故事"，产生一种新的神话体系，而这个神话体系中的主要神话就是残忍的俄国熊，随时准备冲出自己所在的茂密森林，闯入文明世界，扑向可怜的小红帽。要知道，作为一个故事而没有怪兽、食人族，没有恶棍，没有无辜受害者是不可能的。而我们永远都希望，恶棍

第十章　恶棍形象或恶熊神话

最终死去，邪恶得到惩罚，因此，恶棍（在此种情况下，恶棍往往指的是普京）是神话的必备特征。

人类学家认为，神话的功能就是"置换现实，制造恐惧，并对可怕之事和难以理解之事作出解释"。[1]元故事的本来意义是"关于现实的故事，其意义是将过去和未来合法化"。这是一种超级话语，"能够将官方政策合法化，通过统一和集体自我认同而建立起一个共同体"。而这种"统一性话语能够将一些新篇章纳入信仰体系，为所有人标识出共同的航标"。这样就是一种以某种方式建构"宏大历史"，能够分分秒秒地将现在和未来变成历史，目的是延长政治共同体（这种政治共同体实际上已经过时了）的构想。这样一来，元故事就把我们所有人都变成了神话和礼俗的共同参与者，而经由这些神话和礼俗，政治就创造出了神话传说、传统和象征物，而这些对于公民从自己的责任中解脱出来是必需的。[2]

如此一来，元故事就包含各种各样的神话，这些神话竭力改变人们对现状的观念，其功能主要是政治性的。但是，为了改变现状，还必须要改变历史。而这就解释了：为什么反俄修辞和话语并不忽视历史。他们的任务是将俄国在欧洲历史上的作用最小化，让新版本的历史服从于当下时刻的需求：依据新版本的历史，欧洲永远都是统一的，且将华沙、柏林、布鲁塞尔、巴黎、伦敦和华盛顿联合起来，在今日的大西洋集团的框架内建立起集团。

如同教皇支持下的查理大帝和早期的罗曼-日耳曼皇帝的时代一样，必须将莫斯科（在那些时代，则是拜占庭）从欧洲人的集体记忆中抹去。这是给西方现在和未来的统一献上的赠礼。当代的意识形态专家正是如此判断的，他们在创造欧洲-大西洋集团历史上就是

---

[1] Christian Ruby,《Des mythologies quotidiennes aux metarecits: mythologies du XX siecle》, conférence de l'Association francaise pour l'information scientifique, 10.05.2001, www.pseudo-sciences.org. 另请参见杂志 Raison Présente,《Mythologies du XX siecle》, Paris, *Ecole Polytechnique*, No 136, 2001.

[2] Christian Ruby,《Des mythologies quotidiennes aux metarecits: mythologies du XX siecle》, conférence de l'Association francaise pour l'information scientifique, 10.05.2001, www.pseudo-sciences.org. 另请参见杂志 Raison Présente,《Mythologies du XX siecle》, Paris, *Ecole Polytechnique*, No 136, 2001.

统一的神话,并将其与关于可怕的俄国熊的神话对立起来。

由此也就可以理解:为什么俄国采取的任何步骤都会被解释为对西方的威胁。任何事件,哪怕是最微不足道的事件都会立刻在欧洲的反俄价值体系中找到位置。普京的任何言论、分裂分子意外开枪、卢布的微小下跌、导弹发射失败、希腊总理会见俄国大使、俄国代表在联合国安理会上眉头紧锁、对西方有好感的俄国持不同政见者的任何并无恶意的推特文章,它们立即就会被精心分析,并被改头换面、无限放大以及被神话化,以便在所谓俄国企图对欧洲大西洋同盟制造的恐惧的广角镜中占据特定地位;而欧洲-大西洋同盟自身则只有一个目的:确保自己的人民和平、民主、繁荣。

一条公理:"普京是恶人,俄国是侵略者"

可以理解的是:为什么西方竭力伪装自己的行动(例如,北约已经偷偷潜入俄国的边界),要知道,不能在不经意间唤醒恶熊。微不足道的误会,任何纤芥小事都足以引发可怕的事件。

假如说,北约率先表现出了侵略性(在俄国如此做之前),那么,神话体系就会崩溃。换句话说,假如说俄国并没有(上百次地)"侵略"乌克兰,那么西方就需要作出解释,为什么西方支持波罗申科——要知道,波罗申科轰炸了顿涅茨克,枪杀了那里的平民(在1992年~1996年围困萨拉热窝的血腥时刻,也曾发生过同样的事情)。因此,媒体和从事欧盟问题研究或关心建立美国优势的科研院所都从同一些来源获取信息,采访的都是同一些人士,引用的都是同一些专家的观点,重复的都是同一些标签:"普京是恶人,而俄国想要侵略我们。"

从而也就可以理解:为什么自从查理曼大帝打算在欧洲建立一个罗曼-日耳曼帝国之后直到今日,普京的所有前任(伊凡雷帝、彼得大帝、尼古拉一世等)都被用阴暗的基调刻画为嗜血、渴望牺牲品的独裁者、恣意妄为者。如果说,好沙皇的基因通常认为受之于上帝,那么,所有的恶沙皇都被认为是来自地狱的恶魔。重要的是其继承性,就如指环王一样,恶人不可能与善良的小精灵出自同一种族，而善良、淳朴的霍比特人无论如何都不可能产生兽人。如果弄混了角色，那么，神话体系也会崩溃。

现在我们来看看，反俄的元史学及组成其神话的成分是如何建构的。第一个神话是：其主宰者很可怕。我们已经看到，西方记得的俄国沙皇有一个很长的名单：他们是一些"残酷的专制者，痴迷于恢复俄帝国和夺取他国土地的思想"。在当代，这一角色已经分派给了普京。关于这一题材的绝大多数著作和文章都乐此不疲地描述俄国统治者对人类所做的可怕之事和野蛮行径。

残酷沙皇的形象

将对手"恶魔化"[3]的方法自古以来就已为人所知。还在史前时代就有一种拿敌对部落的领袖开心的习俗，在作战之前象征性地将其心脏吃掉。尽管说现在窗外已是第三个千年，是西方极力标榜的高科技时代，但这一古老方法却还在照旧运用。

我们来回想一下侯赛因·萨达姆的故事。最初西方将其捧到了天上，此人曾经对伊朗和阿亚图拉霍梅尼宣战，在20世纪80年代初，伊朗乃是美国的头号敌人。后来，当1991年伊拉克试图将科威特（是一个富藏石油的酋长国，英帝国前殖民地，1914年建国于从伊拉克夺取的土地上）收归己有时，萨达姆自身成为美国的头号敌人。结果，2004年，借口伊拉克似乎掌握了大规模杀伤性武器，美国特工对伊拉克开战，萨达姆战败。后来，萨达姆干脆被吊死了。

萨达姆的故事很像塞尔维亚总统斯洛博丹·米洛舍维奇的故事，1992年~1999年间的南斯拉夫战争期间也被指犯下所有真实或难以想象的罪行。北约空袭了南斯拉夫，但是空袭并未获得联合国授权，

---

[3] 与作者运用的、源自"恶棍"的法语表述不同，俄语中更普遍采用的术语是将敌人"妖魔化"或"非人类化"，看起来表达力要差许多。指的是一些宣传手法，把敌人（构成威胁，且只追求一些毁灭性的目标）塑造成一个侵略者的形象，借以形成社会舆论。妖魔化的目的是为了建立稳定的个人、群体、意识形态、思想乃至整个国家的心理状态，目的是为了唤起对敌人的仇恨，这对于用更简单的手段与之开战非常必要；同时，也是为了团结盟友，令敌人非道义化——编辑注。

表明空袭破坏了国际法。但是，这种违反国际法的行动却得到了所有西方国家的支持；而当谈到克里米亚自决时，他们就要吹毛求疵得多。就如伊拉克的情形一样，军事入侵南斯拉夫也是始于杞人忧天的指责。我们回想一下，例如，1992年7月拍摄的波斯尼亚人菲克列特·阿里奇（Фикрет Алич）在铁丝网前的赤膊照片；耸人听闻的英国报刊将照片以《1992年的卑尔根-贝尔森》为题发表，似乎这个男人是集中营的一名囚徒。[4] 1999年冬天，该故事再次被重复：几家报纸都发表了一幅照片，照片上的人似乎是在科索沃的拉察克村被塞尔维亚人野蛮杀害的阿尔巴尼亚平民。[5]

西方对普京也运用了同样的方法。但是，由于普京特有的冷静，普京一次都不曾被挑唆，而是始终如一地保持平静，同时也遵守国际关系准则。至于美国和欧洲对俄国实施的经济制裁，这些制裁绝对是违法的。

要想理解西方是如何塑造"恶棍"形象的，在我们这里，只需走入任何一个不起眼的小书亭就够了：您可以找到不计其数的反普京印刷品。2015年2月，我在外省的一个书店的书架上发现，摆放最热门书籍的书架上放着至少5种关于普京的书，一本比一本可怕。[6]

---

〔4〕 照片后来被确认是伪造的，是特意制作的，为的是让铁丝网放在前面。照片是一家英国私人电视公司拍摄的，该公司需要一张俗气的照片。摄影师给几位在不远处休息的波斯尼亚人递去香烟，让他们靠近障碍物一些。因为当时很炎热，多数人都脱得只剩下短裤。

〔5〕 照片似乎是这样加工润色的：衣服上的潮湿斑点看起来好像是血迹。同期拍摄的另一幅照片可以看出，身上穿着军服。该照片在报纸上瞬间引起愤怒，许多人开始要求逮捕米洛舍维奇。此后不久，北约就开始轰炸南斯拉夫。当然，不能从上述得出结论说，萨达姆和米洛舍维奇的罪行是可以宽恕的，我们想要强调的仅仅是：不能仅仅依据一些伪造的照片就指控一个独裁者并将炸弹投到一个国家。

〔6〕 Christine Ockrent，《Les Oligarques》，有广告磁带，Le systeme Poutine，*Robert Laffont*；再版的 Tania Rakhmanova 的著作，《Au Coeur du pouvoir russe. Enquete sur l'Empire Poutine》，*La Decouverte*；Helene Blanc（dir.），《Goodbye Poutine. Union europeenne-Russie-Ukraine》，*Ginkgo*；Michel Eltchaninov，《Dans la tete de Vladimir Poutine》，*Solin/ActesSud*。所有这些作者都以各种恶劣口吻描述普京，只有一本书例外（Frederic Pons《Poutine》，*Calmann-Levy*）：该书的基调是中立的，依据的是真实可靠的材料。该书作者是一位军事专家，是唯一一位没有陷入反俄歇斯底里的作者，也是唯一一位没有歪曲事实并渲染欧洲面临威胁的作者。

第十章 恶棍形象或恶熊神话

由于版权法，不允许我们复制近 15 年来关于普京的杂志封面，但是，只要在网络上用英语或法文键入"Putin cover"或"Poutine couvertures"就可以检索到几百幅令人压抑的封面图。书店里充斥着的都是反普京论著。即使是开膛手杰克和历史上最可怕的恶魔都不可能被如此多的传记（何况还是如此披露性传记）"吹捧"。"噩梦般的普京"是在杂志封面上最经常看到的字眼。[7]

尽管冒着令读者厌烦的危险，我还是要列举最敌视普京的几种著作的名称，目的是让大家有个概念：这些书是些什么货色。我只限于英文书和法文书。不过，在欧洲各国里，类似著作的内容、书名和封面拼贴都非常雷同。例外的只是欧洲南部国家：西班牙、意大利、希腊和塞浦路斯。

这些书名如下：《普京式的俄国》《普京的秘密生活》《普京与欧亚大陆》《普京谜一样的崛起》《克格勃官员与库尔斯克号沉没》《弗拉基米尔·波拿巴·普京》《囚徒普京》《俄国的间谍们：从斯大林到普京》《弗拉基米尔·普京与普京主义》《普京先生，可以吗？》《克格勃上台》《普京体制》《普京：将死》《从拉斯普京到普京》《影子人》《普京：没有面目的人》《斯大林的幽灵》《普京的迷宫：俄国总统的阴暗面》《俄国的反犹主义：从叶卡捷琳娜二世到普京》《普京：全罗斯教父》《从斯大林到普京的俄国》《普京与高加索》《广袤无垠的帝国》。[8]

---

[7]《L'effrayant M. Poutine》，在 Monde des livres 中对塔尼亚·拉赫曼诺娃的著作的书评（2012 年 1 月 19 日）。

[8] I, Putin；The Strongman and the Fight for Russia；Putin's Kleptocracy；The War against Putin：What the Government-Media Complex Isn't Telling You About；The New Cold War：Putin's Russia and the Threat to the West；Red Notice：a True Story of High Finance, Murder, and One's Man Fight for Justice；Putin's Wars：The Rise of Russia's New Imperialism；Vladimir Putin：The Controversial Life of Russia's President；Mr. Putin：Operative in the Kremlin；The Putin Mystique；Nothing is True and Everything is Possible：The Surreal Heart of the New Russia；Sex, Politics and Putin：Political Legitimacy in Russia；Fragile Empire：How Russia Fell In and Out of Love with Vladimir Putin；Putin's Russia：Life in a Failing Democracy；Petrostate：Putin, Power and the New Russia；Putin Redux：Power and Contradiction in Contemporary Russia；Putin's Putsches：Ukraine and the Near Abroad Crisis；Putin and the Oligarchs：The Khodorkovksi-Ioukos Affair；The Corporation：Russia and the KGB in the Age of President Putin；Putin vs Putin：Vladimir Putin Viewed from the Right；Ruling Russia：Authoritharism from

照片拼接：长着希特勒式小胡子的普京

这些书中写了些什么？这些书的内容几乎完全雷同。我们引用一段法国《世界报》(Le Monde) 对玛丽·曼德拉斯（Marie Mendras）的著作《俄国政权的阴暗面》所写的书评中的一段话：

她的著作能够表明普京为了散布谎言所运用的方法：这些谎言说普京巩固了国家，而且，他统治期间与叶利钦时代相比有更多的合法性，而在叶利钦时代，国家似乎完全处在无政府状态。

玛丽·曼德拉斯写道："而在实际上则恰恰相反。普京有计划地摧毁了国家和社会机构；我们能够看到，显而易见的是：普京放弃了自由、民主和自由竞争的理想。"〔9〕

就其所受教育和其从事活动的种类来说，普京是个间谍，而其所运用的方法也是间谍式的方法。其统治体系从上到下都已腐败，而对于托克维尔高度珍视的、民主社会的自由结构和过渡性权力结构，普京要么是加以伪造，要么就是予以消灭。

除了大量涌现的反普京书籍，还有不计其数的电视节目、电台节目和访谈也对俄罗斯总统提出了类似指责。

（接上页）the Revolution to Putin；Kremlin Rising：Vladimir Putin's Russia and the End of Revolution，Putin's Death Grip；Putin's Venom；The Putin Corporation：The Story of Russia's Takeover；Putin and the MH370/MH17；Putin's Shoot-Down；Putin's New Order in the Middle East；A History of Russia and Its Empire：From Mikhail Romanov to Vladimir Putin；Putin's Evil Empire；Putin：Russia's Choice；Putin's Dilemma；Putin's New World Order；Russia Out of Control；Putin's Game of Shadows；Hybrid War in Ukraine，Propaganda and Fascism（на обложке - Путин с усами Гитлера）；Russia UnderYeltsin and Putin：neo-Liberal Autocracy；After Putin's Russia：Past Imperfect，Future Uncertain；Putin's Energy Agenda；Kicking the Kremlin：Russia's NewDissidents and the Battle to Topple Putin；Putin's Russia Demystified；The Search for Modern Russia；Russian Populist：the Political Thought of Vladimir Putin；Television and Culture in Putin's Russia；Remote Control；Putin's Oil；Snippets of Vladimir Putin.

〔9〕 Marie Mendras，《Russie, l'envers du pouvoir》，Paris，*Odile Jacob*，2008，in Le Monde，11. 12. 2008.

第十章 恶棍形象或恶熊神话

媒体（主要是彩版杂志）则用无数照片刷新雪崩般的著作，这些照片专门用最糟糕的角度刻画俄罗斯总统。[10]

带有普京肖像的杂志封面似乎展开了一场竞赛：有的杂志选取一些令人惊叹的称号，有的杂志琢磨出了挑衅性的蒙太奇手法。杂志标题、照片和指控是如此恬不知耻，以至于产生了反作用：即，其越是具有攻击性，人们就越是对受害者产生更多好感。

我们举一些最严肃、最受人尊重的杂志为例。在所有的杂志上，俄罗斯总统的目光总是威胁式的：《从来不会微笑的人》、怪物、坏蛋、希特勒第二（给普京描上了小胡子）。德国《明镜周刊》（Der Spiegel）发出号召："立刻阻止普京！"美国的《每周新闻杂志》（Newsweek）用了大号字的标题："帝国"。破折号之后写着："贱民。掩体。里边藏着西方世界的头号敌人。"而波兰人也以同样方式刻画普京：极度游移的目光，穿着紧身衬衫。《时代周刊》（Times）的标题是："第二次冷战：西方将会在普京的危险牌局中输掉""如何阻止新的冷战？"《经济学人》（The Economist）则推出了系列文章："谎言之网""普京是个大麻烦""俄国在复兴：西方应该如何应对？"；然后，到了2015年2月14日，则推出了文章"普京已对西方宣战"。类似的文章的清单远不止此：如，《新政治家周刊》（New Statesman）刊发了"普京的恐怖大行其道"，《理财周报》（Money Week）的文章是"普京输了"；而波兰的《历史》杂志的文章是"弗拉基米尔雷帝"；《每日邮报》（Daily Mail）的文章标题是"查尔斯王储：普京的表现如同希特勒"；法国的《国际邮报》（Courrier International）的文章标题则是："普京翻盘""普京与查韦斯：带引号的民主派""回到苏联"（甲壳虫乐队的歌名）、"皇帝普京"；法国的《新观察家》杂志（Le Nouvel Observateur）的文章则是"普京的面具下藏着什么？""普京意欲何为？"；《图书》（Books）的文章

---

[10] 与此同时，西方还对新建立的乌克兰当局"洗白"，出版了一些著作对其提供支持（Alain Guillemoles,《Ukraine: le reveil d'une nation》, Les Petits matins, 2015）。但是，新当局已经初现裂痕，且似乎与前任一样腐败。参见有关瑞士进行的、对波罗申科的亲信进行的调查的文章《La justice suisse enquete contre un proche du President Porochenko》, Le Matin Dimanche, 22.03.2015.

"俄国是个黑帮之国";《律师》(Advocat)杂志的文章"年度人物"(封面是普京,但其面貌却是希特勒);《每日快报》(The Daily Express)的文章标题是"普京不是希特勒,但……"。

类似文章的清单没有尽头,但内容却千篇一律。尤其令人惊奇的是"老调重弹"的情形不计其数。奥地利《新闻杂志》(News)刊发了编辑部文章:"弗拉基米尔·普京是人类公敌",并且配发了丑化普京的照片:普京被刻画为一个吸血鬼,长着血腥的牙齿。必须指出的是:英国漫画家在1850年也是这样刻画沙皇尼古拉一世的。顺便还应该说明的是:小说《德古拉》一书的作者、英国作家布莱姆·斯托克笔下的著名主人公的形象正是源自俄国沙皇。[11]在那个时代的漫画中,俄国沙皇要么飞翔在欧洲的上空,伸展其吸血鬼的翅膀,挥舞着镰刀;要么就是弹着钢琴,再次伸展翅膀,庆祝欧洲人的死亡。俄国沙皇就如现在的普京一样,被西方的统治者刻画成为吸血鬼的舞会,这些吸血鬼随时准备吮吸无辜的欧洲人的鲜血。

分析所有反普京的书籍和文章(这些书籍和文章足够单建一个图书馆)会占去太大的篇幅。无论如何,这些书籍和文章都重复着同一件事:普京是说谎者、克格勃分子,是一个僭越者、(对各族人民)施暴者、压迫者、侵略者、斯大林主义者、法西斯分子、反动派、保守分子、新的墨索里尼(布热津斯基语)、新的希特勒(查尔斯王储、希拉里·克林顿、波兰总统、波罗的海国家总统语),不能容忍其复兴俄罗斯帝国和苏联。"他曾提议西方,应该订立一份社会谎言协议",[12]"普京的目光冷冰冰的,玻璃状"[13];他长着一副没有表情的、蜡像般的面孔,对肌肉吸脂和注射肉毒杆菌有一种病态热情。普京"执着于(所有俄国专制君主们的对无限制地扩大帝

---

[11] 我们已经在本书第六章表明这一点。

[12] Mickhail Chichkine,《Ce que Poutine, roi du mensonge, prepare al'Europe》, *Le Temps*, 15.10.2014.

[13] Guy Sorman,《Poutine le Terrible》, *L'Hebdo*, 04.12.2014;以及Christophe Passer,《L'internationle poutinienne》, *L'Hebdo*, 24.07.2014.

国疆域的原始动力）"。[14]甚至哪怕这些指责是互相矛盾的，对于指控者来说也无关紧要：只要击中目标就好。

反普京论著的作者似乎大多数都是多纳迪安·阿尔方斯·法兰高斯·迪·萨德（Donatien Alphonse François, Marquis de Sade）的拥趸，他们也以与萨德同样的激情描写"恶魔"及他们认为的恶魔的"罪恶"。他们在苦苦地寻求答案：在俄国总统的脑袋里发生了什么？至少有十家法文报刊都试图用类似的标题吸引读者：《观点》(Le Point)、《费加罗杂志》(Le Figaro)、《影视观察》(Tele Obs)、《快报》(L'Express)、Atlantico 网站、《回声报》(Les Echos)、《加拿大通讯》(The Canadian Press)、Mediapart 信息网站、actu. orange. fr 网站、iTELE 网站、《比利牛斯山共和报》(La République Pyrénées)、Tropic FM 广播电台、甚至《哲学杂志》(Philosophie magazine)。2015年初，所有媒体都非常赞赏米歇尔·叶尔恰尼诺夫的新著《弗拉基米尔·普京的头脑中》。[15]

尽管有不计其数的论著问世，普京的心理仍是一个谜。但这丝毫都不会妨碍作者们争先恐后地作出诊断，并提出一个比一个大胆的推论。例如，2014年3月，安吉拉·默克尔发表了一篇评论，该评论被《纽约时报》拾起并放大，引发了一轮众说纷纭的猜测。德国总理暗示，普京是反理性的，因为他曾对奥巴马称："他生活在另一个世界里。"[16]结果，出现了一大批文章，论述俄罗斯总统的心理状态。

2015年2月，又有许多文章告诉西方读者：俄国总统患上了阿斯佩各综合症，换句话说，俄国总统患上了一种自闭症。

五角大楼的军事专家们依据对普京的行为及普京的视频的分析，得出一个结论，俄国总统在童年时受过伤害，对其成长发育产生很

---

[14] Guy Sorman,《Poutine et l'invasion barbare》, L'Hebdo, 07.08.2014.

[15] Guy Sorman,《Poutine et l'invasion barbare》, L'Hebdo, 07.08.2014. 在对普京的大脑进行研究后，作者得出了普京怀有帝国主义企图的结论。

[16] John J. Mearsheimer,《La responsabilite de l'Occident en Ukraine》, перевод текста Foreign Affairs в Horizons et Debats 17.09.2014, Le jeu dublame contre Poutine.

大影响，导致神经错乱。[17]

除了前述的对普京的各种指责之外，又加上了关于普京心智错乱的说法。对此再加评论已属多余。我们只想指出的是：五角大楼的报告发表于2008年，之后，《今日美国》（USA Today）又转载了该报告，然后，几乎整个西方媒体也都转载了该报告。我们还想指出的是：当该报告见诸报端后，美国的右翼势力立即展开活动，以此证实援助乌克兰是正确的。

颇有趣味的是：除了一部书例外，[18]几乎所有著作都并未关注普京本人的文章和声明，而且也并没有留意政治或心理学角度。所作的结论仅仅依据普京偶尔说的话（而且永远是同一些话，例如"必须将恐怖分子溺死在马桶里"之类）。而且把家族统治、前间谍习性、对民族主义者哲学家亚历山大·杜金（杜金几乎被说成是一个法西斯分子）的欧亚主义思想有好感等也归咎于普京。但是归根结底，没有人明白普京为何物，普京在想什么。而大众媒体还在继续提同一个问题，已成为修辞学问题：普京究竟想干嘛？

为了理解这个问题，只要读一读普京的著作和公开讲话稿就够了，一切都是高度透明的。普京在2007年慕尼黑安全会议上的演讲已经非常明确地界定了：普京想要为俄罗斯做什么，他如何认识自己国家的安全，他如何看待世界未来，他想如何建设与西方的关系。

2014年秋，普京在"瓦尔代"国际辩论俱乐部的演讲是对国际局势的出色分析，该演讲被翻译成各国文字。对该讲话可以赞同也可以反驳，但是，该讲话无疑是一个主权大国的理性的、合乎逻辑的立场依据。此外，在这次讲话中只字未提对欧洲和美国的攻击，一些揶揄式的评论与奥巴马对俄国的公然攻击相比，完全没有恶

---

[17] Anne Prigent,《Poutine et Asperger：un diagnostic peu vraisemblable》, in sante. lefigaro. fr, 06.02.2015. 这种版本在所有欧洲和美国的网站都可以看到，而且比《费加罗杂志》更加明确。

[18] 例外的只是弗里德里克·彭斯（Frédéric Pons）。出处同上。

第十章　恶棍形象或恶熊神话

意。[19]从这些所有人都可以看到的材料中，普京看起来完全不像是反俄宣传中刻画的那样，是那么神秘，或者像是一个不祥的恶魔。

早在1999年普京刚一上台，西方就发动了反普京攻势，到今天已经持续多年（其间经历了两次短暂的停歇：2001年到2003年，以及2009年），其目的显而易见：歧视俄罗斯及其总统，在国际社会的心目中固化之，让其对世界上发生的所有坏事承担责任。还必须让其对乌克兰发生的一切承担责任，因为只有这样才能够准备旷日持久的欧洲战争，并且证明发动这场战争是正确的，就如南斯拉夫战争和阿富汗战争一样。将普京和希特勒等量齐观，将普京与斯洛博丹·米洛舍维奇、萨达姆·侯赛因和本·拉登相提并论，这场宣传攻势的倡导者就放开了手脚。

我们把回答所有这些荒谬问题的机会留给一位公认的专家，美国政治学家约翰·米尔沙伊美尔（John Mearsheimer），本书曾多次引用其观点：

尽管说，普京无疑地表现出某些独裁气质，但是我们没有任何依据认为他是心智不全的。相反，这是一位高级战略家。

至于说，断言普京就是希特勒的当代化身，似乎渴望控制整个欧洲，这种看法经不起任何的认真推敲。假使普京真的希望扩大俄罗斯国家的边界，那么，这种意图应该远在2014年2月22日之前很久就已有所表露。

在2014年2月之前，并无任何预兆能够表明，普京打算吞并克里米亚或任何其他的乌克兰领土……这是一个完全出人意料的步骤，是对亚努科维奇被推翻的同步反应。

分析越南、伊拉克、阿富汗和车臣的经验，"普京似乎明白，他想让乌克兰服从自己的难度不亚于吞下一只刺猬。他在该地区实施

---

[19]《Discours de Poutine en 2007 a Munich》, arretsurinfo. ch；《Le discoursde Poutine a Valdai, 24 octobre 2014》, fr. sputniknews. com；另请参见《LaRussie est un pays qui ne produit rien》de Barack Obama. 此外，还可参考《Obama contre Poutine：les mots tuent》，引自 Dedefensa 和 m. alterinfo. net. 等网站。

的不是进攻性行动,而是防卫性的行动"。[20]

在国际社会的心目中将普京妖魔化

这是对关于普京是恶棍的神话的简短驳斥。但是,对于我们来说,更重要的不是驳斥神话,而是理解这些神话在反俄话语中的作用。在这些反俄话语中,这些神话充当的只是背景,而其主角——恶熊——就是在这样的背景下出现的。将一国领袖说成怪物和恶棍,是对该国进行妖魔化的必要阶段。如果不首先取笑、侮辱一国的领袖,如何能够将该国与肮脏之物混同起来:俄国、伊朗、伊拉克、委内瑞拉、古巴、叙利亚。要知道,"邪恶帝国"是不可能拥有令人愉悦的、魅力型总统的。

如此一来,就必须首先在符号层面,然后在政治层面赢得战斗,最后是在某些条件下,赢得军事层面的战斗。对塞尔维亚、伊拉克和叙利亚已经取得成功,而要吞掉俄罗斯就要困难一些。不过,战役的第一阶段——妖魔化其总统——进展顺利,现在需要做的全部事情就是继续保持业已塑造的形象,让社会舆论一直相信神话。现在,这一阶段已经过去,西方社会舆论(顺便说说,也包括当地的社会舆论)将合法政权看得一文不值,[21]于是第二阶段就开始了。在这个阶段,西方的全部"软实力"机构(非政府组织、智库、成

---

[20] John J. Mearsheimer,《La responsabilite de l'Occident en Ukraine》. 在一位长期居住在圣彼得堡的美国妇女所写的随笔中可以找到对普京的善意看法:Sharon Tennison,《Poutine raconte par Sharon Tennison》, French Saker, 19.09.2014, http://thevineyardsaker.fr.

[21] 歧视普京的最常见和最有效的方法之一,是指其煽动对外战争,而他之所以需要战争只是为了保住和巩固权力。为此就必须找一些能够为之效力的、与在莫斯科的美国"思想工厂"相关的政治学家。伊曼纽尔·格林斯潘是瑞士报纸《瑞士时报》(Le Temps)驻莫斯科记者。2015年2月11日,他在自己关于"普拉基米尔·普京在乌克兰的战略"的文章中,就引用了两位这样的专家的观点。这一因素无疑需要更为细致的研究。但是,任何人,在任何时候都不敢断言说,乔治·布什入侵伊拉克是出于外交考量,或是为了石油;或者,巴拉克·奥巴马对俄国发泄怒火是为了安抚共和党人,创造条件,将民主党人士选为总统;或者说弗朗索瓦·奥朗德派军队到非洲是为了维持法国岌岌可危的地位。这种败坏他人的方法具有双重好处:首先是,将国家领导人展示为一个仅仅专注于自身利益的自私自利者;其次,推动了国家的分裂,在社会舆论和政府之间制造矛盾。

第十章 恶棍形象或恶熊神话

群的知识分子和大众媒体）就开始粉墨登场了。如果不培育社会土壤，就不可能挑起"橙色革命"，而为了支持当地非政府组织花费的数十亿美元也就无法帮助撼动政权。[22]

没有一个栩栩如生的恶棍形象，俄国侵略成性的神话就不能成立。法国兰斯管理学院教授、史学家保罗·桑德斯（Paul Sanders）在其一篇出色论文中表明，这种元史学是如何在大学里形成的。他的著作名为《在西方观点的影响之下：元史学如何影响我们对俄国的观念，为什么说，作出实质性改变的时机已经到来》。[23]

到此为止，我们谈论的还只是媒体的话语，学院的话语暂时搁在一边。不过，大学、史学家和政治学家在创造反俄神话方面发挥了关键性作用：他们在社会中受到尊崇，因为诸如信息和知识这样的重要领域掌握在他们手中；此外，他们中间的多数人都对历史学的发展作出了重大的个人贡献。在这种情形下，恰恰是他们成为元史学的作者，然后又以原创文章的形式转战媒体。

因而保罗·桑德斯分析了他们这些人对近30年来美国大学中反

---

[22] 参见本书第二章：由于美国花费50亿美元用于制造乌克兰的不稳定，而且在2014年2月乌克兰发生政变之前没有产生任何效果，令维多利亚·努兰感到紧张不安。约翰·米尔沙伊美尔（John Mearsheimer）在其2015年2月11日接受瑞士《时报》（Le Temps）访谈时确认：有证据能够证明，美国促成了2014年2月推翻乌克兰总统维克多·亚努科维奇的行动。对美国的非政府组织，或得到美国支持的非政府组织（诸如从塞尔维亚的"奥特波尔"组织脱胎而来的"应用非暴力行动和战略中心"，Centre for Applied Non-Violent Action and Strategies，CANVAS）在实施"颜色革命"方面所发挥的作用的研究已经非常细致深入。为了避免争论，我们只参考极端反俄的《解放报》（Libération）：一位女记者Veronique Soule的文章。2005年6月22日发表的《L'ombre de Washington sur la revolution orange a Kiev》；以及Sara Floundres，《Des milliers d'ONG financees par les USA a l'assaut de la Russie》，northstarcompass. org；《Les ONG internationales occidentalesdans les revolutions colorees：des ambiguites de la democratisation》，cairn. info；《EuroMaidan：le role des Americains et des Europeens》，arretsurinfo. ch；Andrew Wilson，《Ukraine's Orange Revolution，NGO's and the Role of theWest》，Cambridge Review of International Affairs，vol. 19，No 19，2006；GeraldSussmann and Sascha Krader，《Template Revolutions：Marketing US RegimeChange in Eastern Europe》，Westminster Papers in Communication and Culture，vol. 5，No 3. pp. 91~112.

[23] Paul Sanders，《Under Western Eyes. How meta-narrative shapesour perception of Russiua-and why it is time for a qualitative shift》，Vienna，*Institute for HumanScience*，http：//www. iwm. at/read-listen-watch/transit-online/under-western-eyes.

俄话语形成所作的贡献。

他首先划分出三种话语战略的类型。第一种战略在于：将一切都归咎于普京。西方和俄罗斯的关系损坏的过错在于普京；俄国总统引导俄国反对西方；而在其国内推行了反民主政策；结果，西方被迫对抗俄国。这一战略的实质是寻找一个过错者。施暴者常常用类似理由自我开脱："我没有错，是她自己要这么做的。"

第二种话语战略是：认为恐俄症的原因在于西方和俄罗斯之间不断加深的鸿沟。自从普京上台后，俄国在民主和经济自由方面已经严重退化。但是，如果研究一下由严肃的"列瓦达"民意测验中心和高校里的社会学家们进行的民意测验结果，驳斥这种理论非常容易。上一章我们已经谈到此事。

第三种类型的话语战略，是依据一些思维定势，诸如"新冷战""统治上层和民族主义者的反西方情绪"，等等。该话语的构成成分被俄国社会生活和政治生活所汲取。例如，其喜欢运用的方法之一，是无休止地转述和夸大俄罗斯知识分子和政治家们对西方所作的负面评价，结论是：必须要提防俄国。总之，要弄清这些错综复杂的问题绝非易事。一些西方学者甚至断言，所谓西方恐俄症纯粹是杜撰，是俄国当局为了巩固自己的地位和独裁统治方法而臆想出来的。[24]

可这就如同依据"茶党"运动和参议员约翰·麦凯恩评判美国，依据"国民阵线"（National Front）* 评判法国，依据独立党（United Kingdom Independence Party，UKIP）** 评判英国，依据"北方联盟"***

---

[24] Valentina Feklyunina,《Constructing Russophobia》, in RaymondTaras, Russia's Identity in International Relations. Images, Perceptions, Misperceptions, London/New York, *Routledge*, 2013, pp. 91~109.

* 法国国民阵线（Front national）由让·玛丽·勒庞于1972年10月组建。1986年议会选举中首次进入法国国民议会。代表极端民族主义思潮，强调"要把法国从欧洲控制和世界主义中拯救出来"，呼吁"进行一次反对新共产主义和世界主义的十字军讨伐"。玛丽娜·勒庞于2011年1月开始担任党主席，2017年4月24日宣布辞去主席职务——译者注。

** 独立党（United Kingdom Independence Party，UKIP），是英国一个极右翼政党，反泛欧主义（Euroscepticism）的政党，旗帜鲜明地支持英国脱欧，是英国第三大党——译者注。

*** 北方联盟（Northern League），意大利政党。成立于1989年12月，属极右翼——译者注。

评判意大利，然后又指责这些国家的政府纵容民族主义和极端主义政党和运动一样。类似指责的唯一目的是：让其对所有灾难承担责任，而自己却在社会舆论中看起来纯洁无瑕。这是一种很高明的策略，但是不可能长久运用。

苏联解体之后，西方正是从这三种立场出发，研究俄国所发生的一切。车臣战争、布琼诺夫斯克医院和莫斯科剧院劫持人质事件、别斯兰人质事件，围绕塔林的青铜士兵事件爆发争论以及 2008 年的格鲁吉亚战争都经过了这种过滤器的过滤。在每一个单独的情形下，不论是悲惨事件还是滑稽情节，在一大堆事实中，西方只捞取那些能够为官方意识形态服务的东西：俄国是一头可怕的野熊，最好不要落入其爪下，这头熊被狡诈的暴君用皮带牵着，而这位暴君大脑不太清醒。

从 20 世纪 70 年代开始，西方的伪史是围绕两个概念建立的：民主和自由。而这两个概念是在"冷战"年代依靠所谓"软实力"形成的。这样一来，西方的自由派或民主派（俄国的持不同政见者也被划入其阵营）反对俄国的"民族主义者""赞同恢复帝国的人"，以及接近克里姆林宫和支持普京的"新反动分子——斯大林主义者"；而普京打算终结民主制，终结非政府组织的言论自由以及相邻的弱小民族的独立地位。

美国的救世思想输给了俄国革命

从苏联解体的那一刻起，这一神话就被多次研究和分析，一些观点引发了高度关注，另一些观点则遭到严重质疑：例如叶利钦政权和普京政权之间的继承性。叶利钦家族成员断言，二者之间并无继承性，而将叶利钦评价为一个对西方民主制有好感的民主派。

在新千年的最初几年里，形成了两种截然相反的理论：一种理论赞同"民主化已经崩溃"，而另一种则主张民主制发生了演变。保罗·桑德斯认为，第一种理论同新"冷战"定理结合起来，占据主导地位；第二种理论对俄国更加居高临下，倾向于逐渐恢复业已动摇了的民主制，但是很快就遭到失败。先是 2003 年俄国拒绝将"尤克斯"公司卖给德克萨斯的石油巨头,到2006年,俄罗斯又由于天然气问题同乌克兰发生争执;然后是2008年的格鲁吉亚战争,这些事件都巩固了主张"民主化已经崩溃"理论者的地位,促使反俄话语在大众媒体、大学、研究中心和欧美各国的部长办公室里稳稳地确立起来。

为什么自由和民主成为判断俄国发生事情的标准?除了我们在前几章中列举的几种解释之外,桑德斯还补充了:欧洲竭力将俄国定位为异类、怪物,将其等同于"东方"。至于说东方的概念,爱德华·萨伊德已经表明:西方制订出该概念,是为了确立自身对穆斯林文化的优越性。

在这方面,就如马丁·马拉写道,西方对俄国的看法的改变(尤其是在19世纪里)与其说是与俄国国内发生的事件和进程相关,不如说是与西方社会自身的内部变化相关。对于西方的智识发展来说,俄国既是一个起始点,也是西方的替身-对体。[25]

大卫·福格尔森(David Foglesong)研究了1914年以来的俄-美关系,得出一个结论:美国坚持这样的立场,在很大程度上是由于美国的"救世周期"和无法遏制的干预俄国内政的愿望,目的是教会他们实行民主制,从而在俄国实现"人民当家作主"。[26]而当这场十字军东征以失败告终,而布尔什维克革命胜利后,美国"救世主"就回家了,着手深入阐述"俄国与西方民主理想在文化方面不相容"的命题。如我们所看到的那样,这种思想在"冷战"岁月里不断地培育了美国的恐俄症。这也同样能够解释,为什么法国侯爵阿斯托尔福·德·古斯丁的恐俄症著作《俄国在1839年》在美国多次再版。

美国民主救世思想的崩溃也影响到了欧洲的世界观。欧洲将俄国视为"不平衡"的地缘政治单位,这样一个地缘政治单位是不能有计划地、平稳发展的。对于欧洲来说,俄国处在不断的西化状态

---

〔25〕 Paul Sanders,《Under Western Eyes. How meta-narrative shapesour perception of Russiua-and why it is time for a qualitative shift》,Vienna,*Institute for Human Science*,http://www.iwm.at/read-listen-watch/transit-online/under-western-eyes/.

〔26〕 David Foglesong,《The American Mission and the Evil Empire》,Cambridge,*Cambridge University Press*,2007.

第十章 恶棍形象或恶熊神话

中，但是表现为一个站在"文明世界大门口的野蛮人"。在相对幸运的时期里，欧洲对待俄国就像对待一名不能掌握经济自由和民主多元化精髓的、懒散、疏忽的学生一样。无论俄国怎样努力，她也只不过是在"复制"西方（就如 18 世纪里所说，"模仿"欧洲）——但是，在复制欧洲方面，俄国永远都不会做到尽善尽美。

无论是农奴还是无产阶级，俄国人永远都将是暴政的奴仆。

对于俄罗斯人来说，这种看法比起上述几种看法并不更令人厌恶，何况这种看法植根于久远的历史。将俄国历史描述为一部持续不断的独裁制度的历史（从彼得大帝到斯大林，然后，再从 2000 年普京上台直到普京执政的此刻），已经成为一种传统。我们已经看到，恩斯特·诺尔特和弗朗索瓦·富勒试图证实：德国法西斯主义和斯大林的共产主义乃是一体之两面、一柄之双刃。[27]

在美国，历史学中的反俄派别体现为两个流派，这两个流派在某些问题上一致，在某些问题上又存在分歧。但是，归根结底两者都提出了同一个版本。第一个学派捍卫的是史学家理查德·派普斯提出的理念，即俄国制度的"世袭制"和"世袭宗法制"（请读作父权制）理论；俄国史被看成是一部暴政史，经济权力和政治权力都集中在一人之手，无限制地主宰着没有任何反应的奴仆大众——这些奴仆大众是什么人，是农奴还是红色无产阶级，本身并不重要。在共产主义制度之下如同在沙皇制度之下一样，个人毫无价值，私有制实际上并不存在，只有统治者有权获得一切。派普斯认为，1917 年并非是相对于过去的分水岭，而是建立起了"新奴隶制"，意味着回复到古老的俄国传统。

在 1996 年发表于美国《评论杂志》(Commentary) 的文章中，[28] 派普斯表述了一种思想，认为苏联共产主义仅仅是俄国人的某种产物（尽管说，在欧洲和美国，共产主义者也并不少），如果深入考察的话，也可以说是俄国近千年的历史产物，或者说是一种"俄国政

---

[27] 参见本书第七章。

[28] Richard Pipes,《Russia's Past, Russia's Future》, Commentary, June 1996. 也请参见《A Nation With One Stuck in the Past》, London Sunday Times, 20.10.1996. 关于理查德·派普斯（Richad Pipes）及其史学影响和对反俄神话形成产生的影响，请参见第十章。

301

治文化"的产物。[29] 从彼得大帝到列宁,再从斯大林到普京不曾发生任何改变,也永远不会发生改变;仍旧是原来的宗法制度,仍旧是原来的君主专制,而后共产主义的俄国、民主制的俄国实际上与红色近卫军、党内清洗时代的俄国并无二致——如果再回眸时代最深处,那么就会发现,甚至与叶卡捷琳娜二世皇帝的时代也并无二致。

这种理论在西方获得巨大成功。媒体精英和政治精英无条件地接受了这一理论。他们似乎已经忘记,1991 年俄国主动撤离东欧,随后,允许 15 个新独立国家以和平方式出现在世界版图上。

另一个史学流派则依据的是"路径依赖"(Path dependence)假定,或所谓"选择不自由"。这种路径依赖妨碍俄国卸下历史包袱,轻装前进。在接受了东正教和拜占庭的沙皇-宗法制制度之后,紧随其后又遭受了蒙古人的入侵,深受其影响,俄国就走上了与欧洲不同的道路,走上了亚洲式道路——至今都无力摆脱这种亚洲式道路。

俄国的政治领导人并不一定都是统治着一群奴仆的、独裁式的专制君主,他们完全可以归入"主-藩"模式,利用自己至高无上的地位挑唆各个敌对部族(或各个政党、集团)之间的不睦——就如蒙古人当年的习俗一样(斯大林也曾在布尔什维克党内挑动敌人互相冲突)。这样一来,俄国就走上了"无政府的现代化"道路,从而与西方道路有着根本的不同。[30]

以此为背景,在热衷于恐俄症的学术界人士中,针对 1917 年俄国革命所发挥的作用的问题展开了激烈辩论。沙皇保卫局与苏俄的"契卡"之间是否存在继承性?布尔什维克的胜利是偶然的,还是第一次世界大战的必然后果(在这次大战期间,列宁巧妙地利用了人

---

[29] Anatol Lieven,《Against Russophobia》, World Policy Journal, 01. 2001. Geoffrey Hosking,《Russia and The Russians. A History from Rus tothe Russian Federation》, London, Allen Lane, 2001. Paul Sanders,《Under Western Eyes. How meta-narrative shapes our perception of Russiua-and why it is time for a qualitative shift》, Vienna, InstituteforHuman Science, http://www.iwm.at/read-listen-watch/transit-online/under-western-eyes/.

[30] Geoffrey Hosking, Russia and The Russians. A History from Rus to the Russian Federation, LondonAllen Lane, 2001.

民和士兵的普遍不满)？或者说，正好相反，布尔什维克的胜利乃是长期发展的结果，这种发展是由于君主制分化和诞生了新社会力量。

铁幕降下的问题也引起争论：1991年的俄国已经结束了苏维埃历史，还是说，接下来的历史发展仍然是苏维埃历史的延续？论点和论据互相冲突，互相交织在一起。普京时而扮演了希特勒的角色，时而扮演了斯大林的角色，时而被视为叶利钦的继承人，时而又被视为叶利钦的对立面。但是，所有这些矛盾并不重要，因为最主要的是：在西方社会的形象体系和修辞体系中，普京认真扮演了分派给他的恶人角色。

还有一个引发争论的问题是：第一次世界大战的历史作用问题。谁给这个世界带来了野蛮的杀人方法，是俄国、还是仍旧是欧洲？要知道，正是欧洲发动了战争，最初打算对敌人实施总体性的肉体消灭的。正是这场战争导致了新政治精英的形成，他们具有新的道德规范。这种新的道德规范和新式武器就决定了可以在保持进攻方的人力资源的同时，对敌人实施大屠杀。新型作战方式既对战胜国产生了深刻影响，也对战败者产生了巨大影响。[31]

某些盎格鲁-撒克逊人史学家认为，正是1914年～1918年间的战争导致了人们思维方式的可怕改变，产生了以消灭"低等"种族为取向的纳粹德国。在发明新式杀人方法、消灭不良分子方面（斯大林的"大清洗"、集中营等拐点），纳粹德国比共产主义思想有更多过错。从前士兵的道德规范要求仁慈地对待那些战败者——如同对待平民一样。新的道德规范产生于凡尔登要塞的战壕里，而绝非产生于革命后的俄国。但是西方不喜欢这种理论，因为这种理论会将西方的其他全部观念都彻底颠覆……

对于1990年俄国爆发的经济震荡，史学家和经济学家们也展开激烈争论。要让俄国从计划经济压力下和社会主义集体所有制的义务下解放出来，是否应该对俄国实施"休克疗法"？这个问题将人们

---

[31] Paul Sanders,《Under Western Eyes. How meta-narrative shapesour perception of Russiua-and why it is time for a qualitative shift》, Vienna, *Institute for Human Science*, http://www.iwm.at/read-listen-watch/transit-online/under-western-eyes/.

分为新自由主义者（赞同下猛药者）和主张渐进改革者两类。美国经济学家约瑟夫·斯蒂格利茨甚至因为"用信息不对称理论分析市场"而获得了诺贝尔经济学奖。这位学者批评"市场布尔什维克党"，他们于1992年~1993年间摧毁了俄国经济，结果，俄国国内生产总值下降到了原来的40%。还有一些学者认为，俄国经济崩溃的原因在于法制体系的缺陷（例如，缺乏能够确保私有制不受侵犯的法律）。

真相是什么？

关于普京在俄国历史上的作用问题，也引发西方学者的争论。普京究竟是什么人，是宗法制度、沙皇体制的继承人，还是斯大林主义、集体主义的继承人？或者，他可能是一位为寡头们和最粗鲁的资本主义清理道路的极端自由主义者？也可能，他是一位东方专制制度的追随者？或者，他是一位理性的改革家，寄希望于俄国社会按照自身规律实现内部发展，不理会西方的批评？或者说，他真的赞同领土扩张？可是，如何解释，自从他当选总统职务之后，一次也不曾觊觎他国领土，甚至还从俄-格战争期间临时占据的地区撤军？[32] 客观地说，在所有这些说法中都有真理的成分，而何者更好一些，取决于其对普京的敌视程度和其是否有弄清一切的愿望。因此，归根结底，最重要的是视角：是从友好的视角，还是从敌对的视角看待问题。

乍看起来，反俄话语显得非常矛盾。但是，这种矛盾本身并不重要，因为：就如法国哲学家米歇尔·福科所写的，由于某些神秘

---

[32] 普京总是强调说，他打算捍卫与俄国邻近的国家中作为少数民族的俄罗斯族——如果他们遭到当地政府迫害的话；但他从未觊觎他国的领土。德涅斯特河沿岸共和国、阿布哈兹、南奥塞梯和车臣的问题，远在他上台之前就已存在了。至于说格鲁吉亚战争，按照欧洲安全与合作组织和欧盟委员会的官方资料，冲突乃是由萨卡什维利政府挑起的。至于俄国吞并克里米亚的情况，已经弄清：全民公决是在2月22日基辅发生政变之后宣布的，是作为对乌克兰新政府禁止在中学教授俄语的命令的回应。此外，克里米亚的全民公决类似于1991年1月乌克兰政府自己实施的民意测验（该次全民公决的结果是在美国压力下取消的）。详情请参见本书第三章，关于乌克兰问题的。

第十章 恶棍形象或恶熊神话

原因，人们会定期地忘记一些神话，同时又抬出另外一些神话，似乎这些新神话更符合实际。桑德斯指出：这些"更具有优先权"的神话经由学术界人士的合法化，进入了政治轨道。

现在，反俄话语刚好就发生了这种情况。此刻被认可为一成不变的真理的说法被当局武装起来，成为施压的工具，甚至可能影响到现实：例如，挑起革命和政变。

针对地理学的神话

"一定要消灭俄国！"美国政界人士和北约人士就是这样本着老加图的名言的精神重复说这句话。[33]但是，俄国只能被弄弯曲，而不可能将其摧毁。不论是蒙古人、还是拿破仑、希特勒都未能毁灭俄罗斯，不论西方如何运用一些历史和文化必要性概念，都不能摧毁俄国，因为西方完全无视这个国家的地理特征。同俄国的任何分歧都具有地缘政治性质。自由经济和资本主义如何能够同极夜和永久冰冻以及高寒（个别地方甚至三个月内温度低于零下50度）结合起来？

这些艰难的地理条件和气候条件还带来另一个后果：国家的作用非常重要。在西方，一切都恰恰相反：从以里根和撒切尔夫人为标志的新自由主义时代开始，所有人都只是幻想着减少国家的分量，国家乃是头号大敌。在俄国，国家一度几乎总是也还将是头号大敌。但是，也有一些情况可以发现，国家也是朋友，而且是唯一的、不可替代的朋友。如果没有国家，那么，是谁建起了道路、西伯利亚大铁路和核潜艇？在这样的气候条件下，这样漫长的距离，且不说如此低的人口密度，任何资本投入都不可能带来收益。如果得不到国家的支持，资本主义企业还没等收获一个铜板的利润，就已经破产了。因此，在俄国，自由主义必然会碰到对强大国家的需求——

---

[33] 与"一定要打败迦太基！"（Carthago delenda est）这句话相似，其在广义上意味着经常回复到同一个问题，而不论共同的讨论主题是什么。罗马统帅和国务活动家老加图（Cato Censorius）不论讨论任何问题，每次在元老院演讲结束时都要说这句话——编辑注。

不管是不是普京当政。正由于此，俄国人习惯性地对国家不信任。同样，其对外国人的不信任也并不比对国家的不信任更少一些。在俄国，缺乏国家就意味着陷入混沌状态、无政府状态、饥荒、内战和外敌入侵。尽管说国家并不完善，是小偷式的且非常严酷，但是仍然强于完全没有国家，因为缺乏国家就意味着俄国完蛋了。对于自由主义的西方社会来说，没有国家乃是一个美好梦想，而对于俄国来说则是一个噩梦。

对于俄国人、中国人和印度人来说，成为自由人意味着没有任何外力能够主宰其行为规则，指点他应该怎么生活。他们不喜欢他人对其指手画脚——尤其是不喜欢外国人这样做。西方试图用经济手段或军事手段征服全世界，将自己的理想和文化价值强加给所有人，自认为有特殊权力可以这样做，却无论如何都不能明白：为什么非西方民族对此表示反抗。

此外，俄国对待私有制有另一种态度。在一个绵延11个时区的广袤国家里，如伦敦、日内瓦或纽约一样搞地籍划分没有任何意义。而严酷的生活条件在更大程度上迫使人们寄希望于邻居，而不是法律关系。"连环保"（круговая порука）概念对于理解俄罗斯来说非常关键，但是西方专家几乎从来不会想到这一点。[34]"连环保"意味着双方（帮忙的一方和被帮助的一方）共同承担责任。这一概念与村社的功能相关，而村社乃是罗斯的古老生活方式，其基础是人与人之间的非官方关系、互相帮助和物质支持。这种关系类型与生活在个人主义社会中的西方人是绝对格格不入的。在西方社会里，所有的社会关系都得到严格规定。

"连环保"还是一种社会保障形式，确保社会成员的安全。如果意识到这一点，就会重新看待遭到西方如此批评的官僚主义和腐败等概念。

由上述可知，俄国既非欧洲也非亚洲，不能归入任何西方哲学

---

[34] 参见 Alena Lededeva,《How Russia really works. The Informal Practices That Shaped Post-Soviet Politics and Business》, Ithaca, *Cornel University Press*, 2006. 也请参见：《The Genealogy of krugovaya poruka: force truist as a feature of Russia political culture》, I. Markova,《Trust and Democratic Transition in Post-Communist Europe》, *Oxford University Press*, 2004.

类型和政治类型。西方认为这是对自己的挑战，对其反应极端病态。在这种情况下，西方不能理解的是：并不是俄国对西方发出挑战，而是西方对俄国发出了挑战。西方不能意识到，西方习惯于依据的那些标准在这种情况下是不适用的，西方对于自己片面的自由和民主观念需要换一种方式看待。

西方挑起了大战，试图将自己的观点强加给俄国，这场大战已经持续千年，而且，如果西方不放弃主宰世界的想法，这场大战就不会终结。关于恶熊的神话也未必会终结——哪怕乌克兰危机已经以一个皆大欢喜的结局告终。因为，无论是欧洲还是美国，都不打算放弃自己的目标。

支撑他们的首先是这样一种信念，即：西方是老师，而俄国是学生。其次，是东欧国家极为活跃的对俄抗议。捷克作家米兰·昆德拉在描写苏维埃体制下的东欧国家时，首先运用了"被绑架的西方"这个表述。[35]瓦茨拉夫·哈维尔和波兰知识分子接过了接力棒。当"铁幕"降下，用掺有对共产主义的仇恨的母乳滋养大的一代人上台了，他们加入了反对俄国的行列。他们这些人是可以理解的，因为苏联的友谊经常是用开入坦克加以巩固的；而且，当苏维埃体制崩溃时，就必须探索自己的道路。[36]

1991年之后，中欧国家脱离俄罗斯，"友好国家"的概念崩解了。这些都帮助中欧国家在获得自由的同时还获得了新的认同，快速加入欧盟和北约。但是，寻求认同的过程是很艰难的：这些民族绝大多数都不像西欧人那样是拉丁人或日耳曼人，而是一些斯拉夫人；但是，西斯拉夫人都是一些天主教徒或新教徒，他们并不感觉自己属于东正教，他们觉得自己是过渡性的、中间状态的。由于不确信自己属于哪一个阵营，这就迫使他们加入更强者的阵营——换句话说，就是加入西方阵营。而为了加速其融入欧美世界的进程，他们更愿意宣称自己面临源于俄罗斯的危险。

---

[35] Iver B. Neumann,《Uses of the Other: The East in European Identity Formation》, Minneapolis, *University of Minnesota Press*. p. 103.

[36] 同上。另外请参见 Larry Wolff,《Inventing Eastern Europe. The Map of Civilization on the Mind of Enlightenment》, Stanfiord, *Stanford University Press*, 1994.

这就常常会造成文明的欧洲与难以理解的、遥远的俄罗斯之间的对抗，在西方和俄罗斯之间竖起了敌对的藩篱。柏林墙曾经将欧洲区隔为西欧和东欧，现在出人意料地东移了2000公里，将俄罗斯孤立起来，令俄罗斯与白俄罗斯和乌克兰更加紧密。乌克兰到2004年暂时还没有，但是到了2014年就已经成为权力斗争的牺牲品。随着东欧和乌克兰的民族主义情绪的加强，疏离感和敌意就演变为不加掩饰的仇恨和侵略性。这在爱沙尼亚就导致移走青铜士兵雕像的事件，而在乌克兰则导致了顿巴斯的反抗运动——作为对2014年2月基辅爆发的政变的回应。

反对俄国是为了加入欧盟

对于米兰·昆德拉和瓦茨拉夫·哈维尔来说，俄国就是邪恶的化身。在他们看来，就是俄国摧毁了形成一百多年的中欧文化。[37]而实际上，第一个占领中央欧洲的是希特勒，希特勒在中欧建立起了专政，消灭了哈布斯堡帝国的古老传统。但是，年轻的中欧国家和波罗的海国家对俄国的仇恨之所以需要，只是为了强调他们属于欧洲。相应地，以此来证实他们加入欧盟和北约是正确的。俄罗斯早已不再干预他们的内部事务，只是反对这些国家压迫俄语居民——在这些国家里，俄语居民处在无国籍者的地位，被剥夺了政治权利。

甚至在诸如米兰·昆德拉和瓦茨拉夫·哈维尔这样的天才作家的著作中，中欧国家急切寻求身份认同也融入了西方炮制的反俄话语的巨大画布上。这种反俄话语是在两个方向上发展起来的：垂直方向（传统的宗法制度、世袭制度）和水平方向（非独立性，不能选择自身发展道路）。这一元事件还附着了各种临时性的神话和故事、中欧国家的反俄情绪、反普京修辞、对专制制度的批评。随着

---

〔37〕 中央欧洲（准确说，是中部欧洲）是在第一次世界大战正酣，德国政治活动家弗里德里希·瑙曼在其同名著作中提出的构想。中欧被视为德国的势力范围，预想中的德国战胜之后，德国的疆域将因此而扩大——编辑注。

时间的流逝，视继任的俄罗斯统治者支持何种观点而定（持亲西方观点还是持民族主义-爱国主义观点）：这些元事件也会很容易发生改变。

所有这些神话和话语杂音给人造成一种印象，似乎在进行热烈且内容丰富的讨论，因此受到大众媒体的高度珍视。实际上，在这些神话之间并无任何差别，他们都可以归结为一点：统治俄罗斯的是一位"紧抓权力不放的"总统，仅仅"追求一己之目标"，而损害人民的利益，而俄国是一个希望我们遭受邪恶的国家。

这就是反俄神话的全部内容和实质，除此之外并无任何意义。

结 论
共存，多极化与和平

> 终有一天，你们手中的武器也会落下！终有一天，就如今日在鲁昂和亚眠之间、波士顿和费城之间不可能爆发荒谬绝伦的战争一样，巴黎与伦敦之间，彼得堡和柏林之间，维也纳和都灵之间同样不可能爆发荒谬绝伦、不可思议的战争。终有一天，法兰西，和你们住在俄罗斯、意大利、英格兰、德意志，和你们住在这个大陆上的所有民族，无需丢掉你们各自的出色特点和闪光个性，都将紧紧地融合在一个共同的整体；一个统一、不可分割的整体；如同今日法国各省份诺曼底、勃艮第、洛林、阿尔萨斯都融入了法兰西，届时你们也将建立起全欧洲的兄弟友情。
>
> 维克多·雨果《关于欧洲的演讲》，1849年8月21日，
> 巴黎，和平大会

澳大利亚前总理陆克文在其出色论文中表明，中国人的世界秩序观念是如何在不公正的欧洲人的影响下逐渐发生改变的[1]。在鸦片战争（1839年~1860年）期间，欧洲人表现为一些疯狂的殖民者，而在义和团起义（1898年~1901年）期间以及清帝国末期（1912年），欧洲人是一些真正的刽子手。

---

[1] Kevin Rudd,《China's Long View：European Imperialism in Asia》. *Globalist*, 30.01. 2015. Gian Pozzy 翻译, *L'Hebdo*, 19.02.2015.

结 论 共存，多极化与和平

陆克文写道："1916 年，协约国说服中国加入战争，反对德国。实际上是强制中国承担国际社会全权参与者的角色，支持盟友"。数十万中国劳工被派往欧洲前线挖战壕，很多人在枪林弹雨中牺牲或因传染病死去。我们的史学家或许是不了解，或许是不想记住这一段往事，甚至直到 2014 年纪念第一次世界大战 100 周年时都没有人提及。

战后，西方对于同属战胜国阵营的中国不是表示感谢，而是禁止中国参加凡尔赛和会，尤其是（西方轻蔑到极点），从前德国在中国的殖民地没有交还中国，而是转交给了日本！可以想象到，中国是何等失望。两年之后，毛泽东成立了共产党。接下来发生了什么，已是众所周知。

这些往事让人用另一种眼光看待中国历史、毛泽东取得的成就，以及中国共产党的权威、中国人对西方及其承诺的深度不信任。中国人在略微强大之后，希望改变世界、恢复正义，这有什么好奇怪的？难道不是西方人应该"理解中国人观点"，而不是等着中国接受西方的世界观、接受现有的世界秩序吗？这完全是陆克文的功劳，他提醒我们：相信世界秩序永远，乐见这种世界秩序永远，如其所是；已经远远不够了。

就中国所说的一切，在很大程度上也涉及俄罗斯。但是，如我们在本书所表明的那样，反俄偏见是如此牢固地扎根在集体意识和潜意识中，就需要十个、一百个，甚至一千个陆克文来克服这种偏见。谎言编织其网络的时间已经如此长久，通过各种种类繁多到不可思议的形式深入到人们的大脑中，变成了官方真理。谎言是如此的官方，以至于没有一个政治家敢于驳斥。欧洲人或美国人更容易承认自己对中国（而不是俄国）的过错，因为俄国太近了，因为，如果承认俄国在某些方面可能有一些是对的，就意味着会对自己的个体造成无法挽回的损害，我们千年以来对待世界态度的依据也就会遭到无法挽回的损害。

正由于此，当涉及乌克兰、格鲁吉亚、叙利亚或地球上的任何一个点的时候，用媒体的说法就是：西方就会迫使普京"倾听理智的声音"——似乎普京已经疯狂。实际上，这句话证明了一种恐慌性的害怕心理：要知道，如果假设普京没疯，而且普京还是对的（哪怕只有部分是对的），那就不得不承认："我们是错的。"而对于神圣地相信自己的政治、社会和道德准则（无可置疑）的整个欧洲大陆来说，自己竟然会犯错误，简直是不可思议之事。

我们今日在东欧观察到的一切，也都是当年教会大分裂的翻版，充满谎言和骗局。为了巩固帝国、获得教皇对其他基督教大主教的至高无上地位，皇帝和教皇摧毁了君士坦丁堡，令拜占庭和东部教会服从自己。但是教会分裂的历史被篡改了，其基调是要将导致教会分裂的全部过错都让东部基督教徒来承担。

现在，这段历史的新篇章已经翻开。我们就眼睁睁地看着这段历史的书写。苏联已经和平地解体了，而俄罗斯回到了自己历史上的边界。但是，西方觉得这还不够。欧盟和北约希望将新独立国家收入囊中，指责俄罗斯企图"侵占"这些国家。只是让人难以明白的是：俄罗斯刚刚才解放了这些国家，干嘛又要侵占他们？但是，事实没有意义，言论才有意义。因为恰恰是言论掩盖了我们的真正意图。将我们的所有坏事都转嫁给我们的邻居，反过来，我们自己都具备一切可以想象的或不可思议的美德：我们有自由，有民主，我们争取人权……可以认为，除了我们之外，没有人追求这些。

关于俄国吃人熊和残酷专制君主的神话只有一个任务，目的是要表明：对于俄国自身遭受的不幸和他强加给全世界的灾难来说，俄国自身是有过错的。关于俄国"传统的宗法制"和"俄国道路是由历史和地缘政治因素预先注定的"等这些高调的学术理论之所以需要，仅仅是为了证明"俄国返祖般热衷于独裁制度和扩张主义"，自然，也是为了洗白和掩盖欧美的帝国主义面目。

当俄罗斯试图反抗时，欧洲和美国就会惊讶地皱眉："怎么回事？俄国的反应干嘛如此激烈？要知道我们是想让俄国好啊。如果说我们想获得你的石油，那也是为你好啊，孩子。如果我们想在你的鼻子底下部署反导盾牌，将军队开入乌克兰和格鲁吉亚，那也是为了更好地保护你自己啊！"

西方的政治领导人、史学家、记者甚至都没有认真地想过：或

结　论　共存，多极化与和平

许，我们在有些地方真的是有过错的。我们的利益真的就比他国的利益更重要吗？难道说，不是所有人都应该对地球上发生的事情承担责任吗？

当谈到地缘政治目标和主宰全世界的愿望时，所有这些问题都毫无意义。在国际层面，起作用的是丛林法则，但是我们可以将这些问题纳入话语，将其变成修辞的一部分，那么，这些问题就能够潜移默化地作用于民主领袖们能够倾听的社会舆论。

因此，如果我们希望有朝一日终结将欧洲一分为二的古老冲突，就必须采取行动。必须改变话语，必须远离旷日持久的对抗，走向谈判、共存和多极化——最重要的是：要走向和平。

至少可以说，这本来不是应有的行事方式。而自两年前本书的法文版出版以来，各方面的情况还都在进一步恶化。

2015年9月，俄罗斯军队介入叙利亚，与叙利亚政府军并肩作战，再次引发西方主流媒体的歇斯底里。在几周之内，俄罗斯的空袭行动导致当地局势的逆转和对"圣战"分子的胜利，而美国领导下的广泛联盟表面上在打击"伊斯兰国"，连续轰炸数月，却没有取得任何实际成效。俄罗斯军队对塞莱菲耶派"叛乱分子"的胜利越多，西方媒体对俄罗斯的愤怒就越强烈。西方媒体对俄国的猛烈抨击在2016年秋达到顶点：当时，由俄罗斯、伊朗和叙利亚政府领导的联盟对位于阿勒颇东部的伊斯兰分子叛乱的堡垒发起了攻击。借助精心策划的宣传运动，西方主流媒体将俄罗斯发起的每一次军事行动、每一次空袭都谴责为战争罪、反人类罪和针对平民的令人厌恶的犯罪行径。与此同时，因圣战分子袭击而导致平民受害的情形却体制性地未做报道。沆瀣一气的主流报刊刊登了大量关于"白头盔"的报告——该组织作为国际红十字会成员的正义的急救人员出现，但其一幅照片很快就被彻底揭穿了。

由于西方主流媒体和新闻机构记者的共谋，小芭娜·阿贝德的推特和截屏在社交网络上疯传。即便是阿勒颇东部的最后一次沦陷，以及俄罗斯士兵为让民众重返家园而进行的排雷行动，也未能抵消主流媒体的宣传。而通过《每日邮报》（Daily Mail）的遮眼镜，看到的被解放的阿勒颇东部就是这类奇迹。

2014年9月和2015年2月,乌克兰、俄罗斯、法国和德国领导人签署《新明斯克协议》;从那以后,乌克兰军事局势已经冻结,迄今为止未能取得任何具体进展。相反,该地区的经济和政治局势还在不断恶化。2014年2月政变两年以来,新政府的腐败问题已变得与前政府一样显眼,上届政府引发了独立广场示威活动。

因此,西方支持下的、所有有外国血统的乌克兰政府成员——包括前格鲁吉亚总统米哈伊尔·萨卡什维利(他现在是敖德萨省的省长)——都辞职了。与此同时,极右分子和新纳粹分子却被提名到最高职能部门,如乌克兰警察局长,他是右翼的自由党党员,西方媒体一直在抨击法国国民阵线(National Front)和奥地利联邦警察(FPO)等民粹主义政党,而对于乌克兰的情形却从未发表任何负面评价。

欧盟和美国对俄罗斯实施制裁,经常获得主流媒体的慷慨批准。

更糟糕的是,欧洲领导人意识到他们的传播失败,公众对俄罗斯媒体的反响日益强烈,试图建立新的机构和资助中心,应对俄罗斯卫星通讯社(Sputnik)和"今日俄罗斯"(RT)的危险"宣传"。

"今日俄罗斯"比CNN和西方主要新闻频道更受关注,它的成功让西方媒体陷入混乱。在北约的帮助下,爱沙尼亚建立起一个中心。而欧洲议会尽管关心人权和言论自由,却只能提出一项试图审查俄罗斯媒体的决议。在此过程中,他们忘记了:西方宣传频道为洗脑俄语受众而设立的"自由欧洲"电台(radio Free Europe/Liberty)、"德国之声"(Deutsche Welle)电台、法国24小时广播电台的预算远高于俄罗斯卫星通讯社和"今日俄罗斯"频道的预算。

而在美国,在过去两年里,反俄歇斯底里达到了疯狂的程度,尤其在希拉里·克林顿(Hillary Clinton)与唐纳德·特朗普(Donald Trump)的总统竞选的最后几个月里。

如果"维基解密"透露的情况不假,希拉里·克林顿的候选人资格立即得到民主党的批准,民主党尽其所能地清除更重要的候选人伯尼·桑德斯(Bernie Sanders),共和党方面则是唐纳德·特朗普赢得了初选,却令党内领导人和新保守派惊愕不已。他们认为,他们无法控制特朗普，外界认为特朗普的统治地位不可预测。

从竞选活动之初，特朗普就远离传统媒体而偏向社交网络，并通过推文进行沟通，以便人们在没有媒体掺假的情况下获悉他的意见，但他犯了一个致命错误，即承认他对普京抱有同情，认为普京"比奥巴马总统更像领导人"。到 2016 年 7 月底，这位共和党候选人果然在新闻发布会上宣布他的境况不妙："俄罗斯，如果你正在听，我希望你能找到消失的 3 万封电子邮件。"特朗普说，如果俄罗斯这样做，将得到"媒体给予的极大回报。这一声明立即被华盛顿的所有当权派（包括共和党人和民主党人）认为是"超越了界限"，是一种反美叛国行为。在夏末至 11 月 8 日的大选期间，民主党的竞选活动几乎完全纠结于俄罗斯和普京，候选人希拉里·克林顿不断谴责她的对手效忠莫斯科。

"维基解密"（WikiLeaks）一批接一批地公布了希拉里·克林顿竞选经理约翰·波德斯塔（John Podesta）的电子邮件，揭露了民主党为了击败伯尼·桑德斯（Bernie Sanders）所用的策略。在希拉里·克林顿的秘密邮件中，在她为华尔街银行家们举办的盛大会议上，在她对民主党选举人的演讲中，以及克林顿基金会（Clinton Foundation）的见不得人的交易中，都显示出了她的虚伪。这些被曝光的邮件在很大程度上加剧了这种局面。

俄罗斯立即被指责为这些爆料的源头，且被指责组织了对民主党服务器的黑客攻击。几乎所有追随希拉里·克林顿的媒体都在传播这些信息，并将其夸大。匿名信息来源提供了大量信息，称新披露的信息是俄国干预美国总统大选的证据。而且，令人高兴的是，这样就免于处理泄漏材料的实际内容。如果希拉里·克林顿当选总统，故事本可以就此结束。但令整个美国政界和媒体界震惊的是，不可思议的事情发生了，唐纳德·特朗普击败了希拉里。希拉里在一阵恍惚之后，感到极度失望，紧接着就表现出了复仇精神。

如果主流媒体承认错误，他们很快就会恢复原本的反应，因为他们的预测都失败了，他们把提供信息与宣传希拉里·克林顿的使命混淆了。如果希拉里落选了，如果他们自己背叛了使命，那不是他们的错，而是俄国人的错！在即将下台的奥巴马政府的督促下，在失败的羞辱下，在绝望中，不得不将权力移交给一个新的竞争精英，而这是他们无法控制的，当权派找到了理想的替罪羊：普京及其手下黑客。这就是"俄国黑客"在奥巴马政府退出前两个月里成为主要攻击目标的原因。美国的所有情报机构都奉命提供证据，这些证据在2017年1月初公布的一份报告中公布。

而这些所谓证据并无真正实质性内容，只有一堆各种各样的间接证据，它们拼凑在一起取得的"证据"——仅仅是一些推论，任何法庭都不会用这些推论来判定一方有罪。据称，所谓俄国黑客事件影响了美国选民对唐纳德·特朗普的支持。而如果你记得，卡内基·梅隆大学（Carnegie-Mellon University）的一项研究显示，在1846年至2000年期间，美国曾是外国100多起选举操纵事件的源头，这种情况就显得相当糟糕。至于俄罗斯，他们没有忘记：1996年，比尔·克林顿（Bill Clinton）在任期间，其团队曾经操纵俄罗斯的总统大选。那一年，克林顿的团队破坏了俄罗斯的选举，转而支持他们偏爱的候选人鲍里斯·叶利钦，击败俄罗斯人民喜爱的共产党人久加诺夫（俄罗斯共产党领导人——译者注）。

《莫斯科时报》（The Moscow Times）记者迈克尔·克莱默（Michael Kramer）在1996年7月15日发表的出色调查中，详细记录了民主党总统的机构如何操纵民意调查和目标群体，创造相互分裂的候选人，利用其掌握的主要媒体和电视频道和与他们关系密切的寡头，贿赂政党，并利用一切可能的影响手段强加一名候选人——该候选人当时已被绝大多数俄罗斯选民放弃。

毫无疑问，在莫斯科以及奥巴马政府的民主党圈子里，有人记起了这个悲伤事件：是时候发明俄国黑客操纵美国大选的寓言了。最后，正如爱德华·斯诺登（Edgar Snowden，有史以来最重要的举报者）揭露：当美国发起一项全面的、全球性的间谍运动时，这种对俄国黑客行为的歇斯底里又如何能被证明是合理的呢？当告密者为政府服务时，就鼓励他们，而当他们揭发政府的行为时，又如何能够将其定罪呢？难道不是自相矛盾的吗？

2017年1月20日，当选总统唐纳德·特朗普上台。他是否知道如何、是否仍然想要、是否会放弃扭转局势的尝试，并在西方和俄罗斯之间的关系中恢复文明的做法？在最终被证明是一场新"冷战"的情况下，能否暂时实现缓和？我们当然希望如此。

毕竟，即使这项任务几乎是超人所为——读过这本书后没人会怀疑这一点——然而，它或许也并非完全不可能。

附

反神话：《俄罗斯-怀特与邪恶女王的故事》

正如我们所看到的，西方与俄罗斯之间的关系史更接近于恐怖电影而非童话故事。尽管如此，在一群所谓的专家的鼓噪下，在冷静和理性的背后，反俄话语首先是狂热、非理性的。什么是非消极的故事，一个积极的故事应是什么样的？这样的故事应该是：从俄罗斯的观点、而不是从西方观点来叙述这种关系史。我们准备接受挑战，并借用了广为人知的、白雪公主的故事框架。就是这么回事。

西方王国有一位皇后，有一天她坐在自己宫殿里的窗前，宫殿位于无垠的雪原中间。她缝着衣服，雪花从天空飘落，就如同从撕开的枕头掉落绒毛。她看着带有乌木的窗外，稍一不小心，扎了自己的手指，三滴血滴落到自己缝补的衣服上。白色衣服衬着鲜红的血液，显得非常鲜艳、漂亮，皇后想道："但愿我小女儿的皮肤长得白里透红，看起来就像这洁白的雪和鲜红的血一样，那么艳丽，那么骄嫩，头发长得就像这窗子的乌木一般又黑又亮！"

过了一段时间，皇后就生下一个白雪一样的女儿，她的皮肤真的就像雪一样的白嫩，又透着血一样的红润，头发像乌木一样的黑亮。所以她被起名为俄罗斯-怀特。而她的母亲生下她之后就去世了。

过了一年，国王又结婚了。王后很漂亮，但是很凶狠、傲慢、善妒。她都不能容忍别人有想法，认为某人比她更漂亮。她还有

附 反神话:《俄罗斯-怀特与邪恶女王的故事》

一面魔镜,她喜欢照镜子,而且每次照镜子的时候还要向魔镜发问[1]:

> 镜子啊镜子　快说说
> 告诉我真话
> 世界上是不是数我最可爱
> 数我最红润、最白皙?

魔镜永远会这样回答:

> 当然!世上数你最可爱
> 长得最漂亮
> 皮肤最白皙

与此同时,这位俄罗斯-怀特公主一天天地长大,一天天地变得漂亮。当她7岁时,她变得非常漂亮,就像白色的太阳一样,她的美丽令自己的继母黯然失色。但是,有一天,继母成了大教皇。又有一次,她又拿起了魔镜,问:

> 镜子啊镜子　快说说
> 告诉我全部真相
> 世界上是不是数我最可爱
> 数我最红润、最白皙?

魔镜是怎么回答的呢?

> 你当然很漂亮,教皇,毫无疑问
> 但是,正统的俄罗斯-怀特比你更漂亮!

听完这番话,嫉妒得脸色由蜡黄变绿了,差点被气死。从此后,不论是白天还是夜晚,当她看到俄罗斯-怀特时,她的心就会因为对

---

[1] 与原文不同,为了读起来琅琅上口,本章译文用了普希金《死公主和七勇士的故事》中的相关句子,是对格林关于白雪公主的童话的自由发挥——编辑注。

这个女孩的嫉妒和仇恨而无法平复。嫉妒就像心里长起了杂草一样。然后她召集了三名猎人,一名德国人,一名波兰人和一名瑞典人,命令他们:

"把小女孩给我弄到森林里!我不想再让她住在宫殿里。把她给我弄死。把她的肝挖出来,带给我,作为证明。"

猎人们不敢不从,就把小女孩带到森林里。已经拿来了刀,准备挖俄罗斯-怀特的心脏,小女孩哭了起来,说:

"啊,你们这些好心的基督徒,不要害死我,发发慈悲吧!我要到茂密的森林里去,再不会回到出生的家了。"

她是如此漂亮,猎人们都觉得惋惜,就说:

"逃命去吧,可怜的孩子。"

他们心里想,"可能,野兽把她吃了也是一样的"。这使他们的心里感到轻松一些,因为他们没有让一个无辜的人流血。这时候,刚好从灌木丛里跳出来一头小野猪。猎人们杀死了小野猪,把野猪的肝带给皇后看,证明他们忠实地完成了皇后交给他们的任务。

可怜的小女孩一个人孤零零地在森林里,不知道该去哪里。她感到害怕,开始奔跑逃命:在多刺的松针上、尖锐的石头上跑,灌木丛挂住她的衣裙,野兽紧随其后,用饥饿的眼神盯着她,但却不敢动她,她跑啊跑,直到腿都抬不动了,天已经黑了。突然,俄罗斯-怀特看到,前面是莫斯科河在流淌,拐弯处有一处房屋,于是她走进了房屋里。周围的一切都看起来很小,很干净整齐,就像是玩具的一样。一张桌子上铺着白布,上面摆放着七个小盘子,每个盘子里都装有一块面包和其他一些吃的东西,盘子旁边依次放着七个装满葡萄酒的玻璃杯,七把刀子和叉子等,靠墙还并排放着七张小床。此时她感到又饿又渴,也顾不得这是谁的了,走上前去从每块面包上切了一小块吃了,又把每只玻璃杯里的酒喝了一点点。吃过喝过之后,她觉得非常疲倦,想躺下休息休息,于是来到那些床前,七张床的每一张她几乎都试过了,不是这一张太长,就是那一张太短,直到试了第七张床才合适。她在上面躺下来,很快就睡着了。

天完全黑下来了,夜晚来临,房子的主人们回来了,他们是七个在山里开矿采金子的小矮人。每个人都手里拿着一盏小灯,当他们都回到屋里后，屋里变得非常明亮，就如白天一样。七个小矮人发现，屋里有人进来了，因为屋里的一切都与他们离开时不一样。

第一个小矮人问："谁坐过我的凳子？"他叫希·萨沙，来自诺夫哥罗德。

第二个问："谁吃过我盘子里的东西？"他叫快乐哥萨克，生于基辅。

第三个生气地问："谁吃过我的面包？"他叫小傻瓜彼得，生于普列奥布拉任斯科耶村。

第四个惊慌失措道："谁动了我的叉子？"他的名字叫西伯利亚大睡者。

第五个惊讶地问："谁用过我的叉子？"他的外号叫"库图佐夫教授"，出生于斯摩棱斯克。

第六个问："谁用我的小刀切东西了？"他的外号叫阿嚏－朱可夫，来自卡卢加。

第七个问："谁喝了我杯中的酒？"他的外号叫暴脾气普京，出生于圣彼得堡。

第一个接着向四周瞧，走到床前，叫道："是谁睡在我的床上？"其余的一听都跑过来，紧跟着他们也都叫了起来："我的床也有人睡过！""还有我的床！"

第七个小矮人暴脾气普京一看他的床，看见了俄罗斯-怀特在睡着，她什么都没听见。立刻把他的兄弟们都叫了过来，他们拿来灯，仔细照着俄罗斯-怀特看了好一阵子，非常喜欢这个小女孩。惊奇地感叹道："万能的上帝哪，她是一个多么可爱的孩子呀！"他们欣喜而又爱怜地看着她，生怕将她吵醒了。可是，第七个小矮人该去哪里呢？晚上，第七个小矮人轮着和其他的几个小矮人兄弟每人睡一个小时，度过了这个夜晚。

第二天早上，俄罗斯-怀特醒来后，见有七个小矮人围着她，吓了一大跳，但他们非常客气和善，很快她就不害怕了。他们问她："你叫什么名字，孩子？"她回答说："我叫俄罗斯-怀特。"小矮人们又问："你是怎样到我们家里来的？"于是，俄罗斯-怀特向他们讲述了凶狠的继母想要弄死她，但是好心的猎人们给了她生命，她才逃走了。跑啊跑啊,就跑到他们的这间非常舒服的房子里来了。他们提议道:"如果你愿意,你可以留下来。"你什么都不必知道。但是,你要干一些家务活:拖地,整理床,纺线,缝衣服,保持房子整齐干净。你同意吗?俄罗斯-怀特回答说:"非常愿意。"这样,俄罗斯-怀特就留在七个小矮人那里,她亲吻了七个小矮人:希·萨沙、快乐哥萨克、小傻瓜彼得、西伯利亚大睡者、库图佐夫教授、阿嚏-朱可夫、暴脾气普京。他们都极不喜欢猎人:德国人、波兰人、瑞典人。

白天七个小矮人到山里挖铜和金子,俄罗斯-怀特则待在家里干些家务活。等七个小矮人晚上回到家的时候,总是有可口的晚饭在等着他们。但是,因为白天只有俄罗斯-怀特一个人待在家里,因此他们很担心。害怕俄罗斯-怀特的继母会打听到她躲在哪里。出门的时候他们会叮嘱俄罗斯-怀特,把门锁得死死的,不要给任何人开门。

凶恶的王后吃掉给她呈上来的肝后,觉得这下她在这个世界上再没有对手了,很快她就成为最伟大的女皇了。她走到魔镜面前说:

　　镜子啊镜子　快说说
　　告诉我全部真相
　　世界上是不是数我最可爱
　　数我最红润、最白皙?

镜子是怎么回答的呢?

　　你当然很漂亮,毫无疑问
　　但在那绿色的树荫下
　　俄罗斯-怀特和小矮人住在普通小屋
　　她比你更漂亮!

王后听完后很震惊,她知道这面镜子从不说假话,一定是猎人们蒙骗了她。她开始左思右想,因为只要有一个比她更漂亮的人活在这个世上,她就不得安宁。她想啊想,终于想出一条妙计:她把

附 反神话：《俄罗斯-怀特与邪恶女王的故事》

自己装扮成一个法国的卖杂货老太婆，头上戴着一顶竖起来的帽子，没人能够认出她来。她到了森林里，来到了那七个小矮人的住处。她敲着门喊道："便宜卖了，等于是白送呀！"俄罗斯-怀特从窗户往外看去，说道："你好，我的好夫人！你卖的是什么啊？"她回答道："好东西，好漂亮的东西，有各种颜色的带子和线筒。你看看，好好看看。"俄罗斯-怀特暗想："我可以放这位可敬的老人家进来。"就打开门。俄罗斯-怀特买了一条彩带，老太婆说道："孩子，你看起来很不好，让我给你好好系上新带子。"老太婆给她系着系着，猛地用力将带子拉紧，俄罗斯-怀特便被勒得透不过气来，很快倒在地上，就像死人一样。

"现在我就是最漂亮的人了"，王后自言自语道。

到了晚上，七个小矮人回来了，看到他们诚实可爱的俄罗斯-怀特躺在地上一动不动，就猜出了事情的原委。急忙上前将她抬了起来，剪断了妨碍她呼吸的带子。过了一会儿，俄罗斯-怀特慢慢地开始呼吸了，睁开了眼睛。库图佐夫教授说道："这个老太婆根本不是什么货郎，就是王后，你要当心，千万不要再让任何人进来。"

王后回到宫殿里，过了一段时间，她就成了大独裁者。有一次她又想起魔镜。就像往常一样，问了最主要的问题。

> 镜子，镜子
> 世界上是不是数我最可爱
> 数我最红润、最白皙？

镜子回答说：

> 当然，独裁者，我看你最美丽
> 但是，在七个小矮人居住的森林里
> 俄罗斯-怀特仍然活着
> 没有人像她那样美丽

知道俄罗斯-怀特仍然活着，恼怒与怨恨使王后浑身血气翻涌，心里却凉透了。"但现在"，她说，"我要想出一个办法，能让你彻底死去。"借助巫术,她做了一把有毒的梳子。然后她把自己化装成另一个老妇人的样子,鼻子底下粘着黑色小胡子。头上披着饰有头骨和骨头的斗篷。然后她来到森林里,来到小矮人住的地方,敲着门喊道:"便宜卖东西啦,等于白送!"俄罗斯-怀特在里面听到了,把门打开一条缝说道:"你走吧,老大娘,我可不能给你开门。"王后连忙说道:"嘿!你从窗户看也可以",她坚持说。说完把那把有毒的梳子递了进去。梳子看起来的确很漂亮,俄罗斯-怀特经不起诱惑,给老太婆打开了门。

"来吧,孩子,让我帮你好好地梳梳头",老太婆说。

可怜的俄罗斯-怀特毫不怀疑地把头伸给她,老太婆给她梳头发,梳子上的毒力发作了,俄罗斯-怀特倒在地上,失去了知觉。这个邪恶的女人冷笑着,举起右臂大声说道:"去死吧,小美人。"转身消失了。

幸运的是这天傍晚,小矮人们回来得很早,当他们看见俄罗斯-怀特像死了一样躺在地上时,知道一定又发生了不幸的事情,马上就怀疑是她的继母干的,急忙将她抱起来,发现了那把有毒的梳子。他们将它拔了出来,不久,俄罗斯-怀特恢复了知觉,她讲述了事情发生的经过,七个小矮人再次告诫她要警惕,任何人来了都不要再开门,也不要向窗外看。俄罗斯-怀特亲吻了阿嚏-朱可夫和西伯利亚大睡者,感谢他们的救命之恩,是他们将她从邪恶的老妇人的魔爪下救了出来。

在家里,成为大总统的王后在镜子前坐下来问道:

> 镜子,镜子
> 世界上谁最美丽?

镜子像以前一样回答:

> 当然,大总统,我看你最美丽
> 但是,在七个小矮人居住的森林里
> 俄罗斯-怀特仍然活着
> 没有人像她那样美丽

附　反神话：《俄罗斯-怀特与邪恶女王的故事》

"俄罗斯-怀特一定要死，"她喊道，"即使这会让我失去生命"。

她悄悄地走进一间最偏远的密室里，她在那里制作了一个美丽的毒苹果。这苹果的外面看起来红红的，非常诱人，让人口水都要流出来，但是，只要咬一口就会死去。王后给苹果注入剧毒。她将自己装扮成一个招人喜爱的货郎，货担里装满了熟透的水果和关于自由、民主、市场经济、法治社会的辞藻，到了森林里。来到小矮人的房舍前，伸手敲了敲门。俄罗斯-怀特把头从窗户里探出来说道："我不敢让人进来，老大娘，因为小矮人们不允许。""不用开门，不用。我在别的地方卖自己的魔果。我就当礼物送给你吧。"

俄罗斯-怀特说："不行，小矮人不许我收别人的礼物。"

老农妇急了："你担心这苹果有毒吗？来！我们两人分吃这个苹果：你吃红的半个，我吃白的半个。"这个苹果是人工加工好的，红色的半个下了毒。俄罗斯-怀特很想尝一尝那苹果。她看见那农妇吃了那一半，没什么事，就忍不住伸手接过红色的、有毒的半个苹果咬了一口。苹果刚一进口，她就倒在地上死去了。王后一见，脸上露出了快意的狞笑，说道："白得像白雪、红的像鲜血，黑发像树脂，你的末日到了，这次小矮人也不能救你了！"王后回到王宫，立刻来到魔镜前，镜子回答道：

你当然很漂亮，毫无疑问
全世界数你最可爱

听到这句话，王后恶毒、嫉妒的心才安定下来。

夜晚，小矮人都回到了家里，他们将她抱了起来，寻找毒药藏在哪里。解开衣裙，给她梳头发，用酒和水为她洗脸，但一切都是徒劳的，因为小姑娘看来已真的死了。他们极为伤心地将她放在棺木里，七个小矮人坐在旁边，守着棺材整整哭了三天三夜。最后他们准备将她入土掩埋，但看到俄罗斯-怀特的脸色红润依旧，栩栩如生，就像是刚刚睡着不久。就改变了主意，做了一口从外面也能看见她的玻璃棺材把她放了进去，棺材上用金字写上俄罗斯-怀特的名字，并写上：她是国王的女儿，是一位高贵的公主。小矮人们将棺材安放在一座山上，由一个小矮人暴脾气普京永远坐在旁边看守。天空中飞来不少鸟儿，先是一只猫头鹰，接着是一只渡鸦，最后飞来的是一只鸽子，它们都来为年少的俄罗斯-怀特哀悼痛哭。

俄罗斯-怀特公主就这样睡在棺材里，她的皮肤仍然如雪一样的白嫩，脸色仍然透着血一般的红润，头发仍然如乌木一样又黑又亮。有一天，一个王子在森林里哭泣。请求到小矮人那里过夜。他叫查尔斯·温斯顿·布朗德·罗斯福王子。他看到了山上的棺材，漂亮的俄罗斯-怀特公主躺在棺材里，他还读出了上面用金字写的东西。对小矮人说：请把棺材给我吧！你们想要什么，尽管提出要求。但小矮人说："就是用世界上所有的金子来换，我们也不会给你"。王子哀求道："就请把她送给我吧！如果我不能看到漂亮的公主，我将无法活下去。我会把她当成自己最宝贵的财产。"听了这番话，善良的小矮人被打动了，就把棺材交给他。

罗斯福王子派来了仆人，请他们把棺椁带回去。但就在他叫人把棺材抬起时，棺材被撞了一下，那块毒苹果突然从她嘴里吐了出来，俄罗斯-怀特公主马上醒了。她抬起棺材盖子，坐起来，茫然问道："天啊，我这是在哪里？"这位英俊的查尔斯·温斯顿·布朗德·罗斯福王子回答说："别害怕，我和你在一起"。接着，就把发生的一切都告诉她，最后说道："我爱你胜过爱世界上的一切，走吧！和我一起到王宫去吧"。俄罗斯-怀特公主对王子微笑着，并与王子举行盛大的婚礼，举行了各种仪式，邀请了许多与国王有血缘关系的客人来参加婚礼。

在他们邀请的客人当中，其中就有邪恶的继母王后，她将自己打扮得富贵典雅，对着魔镜说道：

  镜子啊镜子 快说说
  世界上是不是数我最漂亮？

魔镜回答说：

  你曾经很漂亮
  但是，年轻王后最漂亮

这个邪恶的女人发出了诅咒，痛苦不堪。由于嫉妒心作怪，她都不想去参加婚礼了。但是，好奇心占了上风，她想看看：这位敢于自封漂亮的、美貌让自己黯然失色的新娘是谁？她走进婚礼大厅，看到了年轻的王后，一下子认出来这新娘正是她认为已经死去的俄罗斯-怀特公主。她气得站在那里，一动不动。但是，一双铁拖鞋已经被放在火上，随后用火钳拿进来，放在她面前。然后，她不得不穿上那双火红的鞋子，跳着舞，最终倒地而死。

吉·梅坦的恐俄症新导航图

> 重要的并非真相本身,而是人们所认为的真相是什么。
> 亨利·基辛格(引自吉·梅坦的著作)

在不同的时代,关于恐俄症的著作已经不少。显然,本书不仅有着特殊的、深入阐发的观点,而且是在特殊历史情境下出版的。因此,尤其有意思的是需要知道:这位当代欧洲人就此问题能说出什么新东西?我们所经历的时代的新鲜处和戏剧性就在于:显而易见,俄罗斯面临一个真正的历史性任务:要在正在形成中的新世界体系中占据一席之地。"美国需要的不是盟友,而是藩属国"——普京的这句带着激情和隐喻的简短总结中,反映出他对俄罗斯在25年里试图"融入"正在形成中的世界秩序的结果的理解。西方不想把我们看作一个权利平等的盟友,而我们自己也不想成为藩属国,因为我们意识到,这会让我们面临彻底丧失认同的危险。即将产生一种新的世界秩序,这个世界秩序是用一个术语"多极世界"来命名的,而"多极世界"这个术语暂时还没有用明确概念或地理边界加以规范。在这种背景下,恐俄症问题再次被提到首位。要知道,在很多方面,俄罗斯与西方的关系继续决定着俄罗斯在新世界秩序中的地位。不过,这一题材令人艳羡地经常性回到公众辩论的日程,已经一百多年不止,而且恰恰是在我们民族国家历史上最为尖锐、复杂的时刻重回日程的。因此,自然而然,俄罗斯读者会对这部著作产生兴趣。

吉·梅坦的恐俄症新导航图

不过，在读完本书之后，有充分的理由认定：本书作者并非出于"题材的现实性"，尤其所谓"俄国的形象"等投机性考虑驱使。他是一位在瑞士和欧洲都十分成功且被认可的记者和社会活动家，早已不是信息宣传战场的"消息灵通人士"，而是一位研究者，早已达到了中立、客观的评论家的水平，这种水平是我们所有人都常常难以企及的。吉·梅坦勾勒出来的恐俄症（始于东、西方基督教分裂及其民族变种）的"简明基因学"全景图，到当代仇俄写手所用的关键性概念和西方媒体在几百年里建构起来的对俄国的观念和看法的思维定势体系的"简明词典"，这样的篇幅让人不会怀疑：显然，这部书的写作准备是非常认真、扎实的。读者们很快就会理解：摆在他们面前的这部书不是小册子、也不是颂词，本书的写作不是为了"应景"，其目的是要完成一个根本性的、理想主义的、某些方面甚至是神秘主义的任务：试图发现隐藏在俄罗斯与西方数百年复杂关系背后的、导致恐俄症的首要原因。

显然，还需要对俄罗斯读者作一个解释性说明：不应该在读完本书之后，依据某种并不聪明的图式（这种图式是今日俄罗斯的政治语境中建构或想要建构的）——在本书中寻找或估算只有他自己才知道的，"赞同"或"反对"普京的理由的分量。原则上说（有人会说，是由于作者不够敏锐），作者似乎忽视了今日在俄罗斯和俄罗斯以外的国家运用的"普京当局"这一题材乃是一个"我-他"识别系统，该系统依据对俄罗斯总统的言论和行动作何评价而定（就如我们俄国人一样，他们也都知道，俄罗斯总统并非总是言行如一）。在这种情形下，用萨尔蒂科夫·谢德林致那些"将祖国和陛下混为一谈"的人的名言提醒一下，恐怕并非多余。同时，吉·梅坦先生显然不愿意追随当代西方主流观念中的思维定势，把普京塑造成为"希特勒第二"。同理，一些俄罗斯读者或许是出于论辩激情，或许是出于误解，自信满满地认为，"世界围绕俄罗斯旋转"。对于他们来说，必须要努力弄清：第一，绝非如此。第二，由本书内容可知，吉·梅坦先生首先感兴趣和关心的绝非"普京当局"，而是在其本土西方的社会舆论（更确切地说，是西方的政治文化和整个心态）中数百年来针对俄罗斯形成的、不断扭曲的观念，而俄罗斯对他来说，也并非无动于衷。

跟随作者，读者会逐渐地理解本书的主要定律：历史是被支配的，恐俄症非常稳定，但却并非致命，是"造出来"的，是"人工"之物。揭示其弹性，既不意味着应该陷入反西方主义思想，也不意味着为俄罗斯历史上所做的一切开脱，并且"因为普京而激动得颤栗"。如作者所宣称，主要任务在于："试图消除或哪怕减少西方对俄罗斯成见的藩篱。"换句话说，作者关注的焦点并非为俄罗斯的缺点开脱、揭露或反对（我自己斗胆认为，我们最终大概会觉得我们的感觉更好，比外部观察家更好；主要的问题是：我们经常能够在他者中看到我们蒙受灾难的原因），而是努力给西方读者（现在是给俄罗斯读者）揭示被称为恐俄症的"疾病史"，也就是说，尽力克服思维定势，用更加客观的眼光看待所研究的事物。

挖掘恐俄症的真正原因，就意味着试图弄清所研究现象的起源、神话和规律。仅仅透过对当代媒体空间的研究棱镜，当然是将题材简化了。由于这个原因，吉·梅坦沉入了历史，建构起真正的、数百年西方的"俄国面目"形成的全景图（这一全景图常常具有自己的内在逻辑，也就是说，不一定总是与俄国自身发生的变革有关）。此前也有许多人这么做过，但是，吉梅坦或许是第一个如此系统、可信地在书中将历史和现实结合起来的人。而且，现在也给俄国读者们不少题材，就此主题继续进行思考和研究。

我要提请读者们注意的，仅仅是从本书关于基督教会分裂为东西两部的章节中可以得出的结论——原来，我们与西方曾有过竞争七个世纪的共同历史！在这些结论中，西方的政治文化和外交文化原理的诞生看起来是最为重要的，对于今日的政治乃至整个国际关系来说，这些原理具有非常确定的后果。在这个分裂进程中产生的、西方的政治观念略图包含了这样一些特征：包括必须建立强大的集权性的官僚等级制度，应用自身的普世主义观点，政治利益（当时是巩固绝对君主制）高于宗教利益（现在则是意识形态利益），且利用第二种利益来实现第一种利益，追求终极真理，绝不宽容不同意见（将教义绝对化，今天已被整合为"政治正确"），凌驾于道德和宗教之上的复杂的法律机构；扩张性政治战略的规模（对陆上

"势力范围"的划分),制订和推行长期政治战略的能力(从战术灵活性直到无原则性);利用将对手进行大规模政治意识形态歧视的方法(将拜占庭的神学辩论传统展示为"残忍的拜占庭主义"和"政权交响乐",直到今天,在欧洲的观念中,这仍然是东方专制主义、阴险狡诈双重含义的同义词);战术观望以及趁敌方虚弱发起攻击(君士坦丁堡面临来自奥斯曼人的威胁),对被征服者、被推翻的敌人(哪怕是同教者!拒绝支持拜占庭应对奥斯曼人的进攻)冷酷无情且无视其请求,对拜占庭(以及几百年之后的俄罗斯)没有任何"历史感恩"的意思。而拜占庭则承受了来自亚洲的打击,保护了基督教的欧洲,使其能够实现文艺复兴和启蒙,利用大陆东部的"他者"建设自己的欧洲认同和国家实体。

自然,从历史中萃取出来的这些"西方政治形态学(角度)"起源的观点在今天的欧洲对俄政策中也可以看到。吉·梅坦恰当地注意到,今天的读者们很难理解的、当初关于"及圣子"和信经的辩论对于建立"地中海世界"是如此重要,就如今日提及"民主"和"人权"对于"全球世界"来说一样重要。这里非常重要的是:作者提出了总结性的政治意识形态结论:假如当初俄国接受了西部基督教而不是东部基督教,1054年东、西部教会分裂之后以及1453年拜占庭陷落之后的整个欧洲历史就会走上另一条道路。今天,无论是西方还是东方都没有人会怀疑:俄国就是欧洲的一部分(不过,今天的东正教神学家和思想家都坚信:没有任何的"假如",也不可能有什么"假如")。自然而然,后来在西方的解释中,就为俄国东正教准备了一个导致"永恒的俄国落后性"的主要原因之一的角色。

* * * * * * * * * * * * * * * * *

或许,本书关于西方主要大国恐俄症特征的极其有趣的章节会吸引俄罗斯学者(美国问题专家、德国问题专家、法国问题专家以及英国问题专家)的关注。我将仅限于对最重大的、保留了今日印记的涉及法国的例证作出评论。作者正是从这个国家开始观察的。用他的话说,这个国家在"恐俄症形成过程中"历史性地发挥了"主导作用",其中包含两个主题:俄国所独有的东方扩张主义和专制制度。法国外交官在波兰人、匈牙利、乌克兰政治家和外交家帮助下伪造的、两页纸的文件《彼得大帝遗嘱》还在1760年路易十五的时代似乎就已经揭示了俄国现有的建立欧洲霸权的计划，是在这条道路上迈出的一大步。更有趣的是：伪造的文件被积极地利用，不少于200年，"从拿破仑到杜鲁门"，一直都在发挥作用。吉·梅坦从其对人们思想以及后来对俄国的看法影响的时间长度方面，不无风险地将这份被揭穿的造假文件同臭名昭著的《犹太长老会纪事》文件的作用进行比较。

对俄国极具侮辱性的评论和与法国启蒙运动的公理（进步思想、用共和制取代君主制、分权理论）的比较也在西方的俄国观之中扎根下来。可以理解的是：对于西方思想界发生的如此重大的创新，俄国曾作壁上观，而且也不会有别的可能性。要知道，如此深刻的变革要发生，必定是酝酿好几百年了，某些方面至今都没有成熟，被认为是从旧时代继承下来的。例外的只是18世纪，当时，彼得一世和莱布尼茨，稍后则是伏尔泰和叶卡特捷娜二世曾经有过书信往来。这些西方大思想家在近代首先"改换门庭"，并在当时首次谈及"俄国具有神话般的潜力"，以及俄国在西方文明和中国文明之间的"桥梁"作用，甚至还曾谈到"开明君主制"可能是俄国向西方模式快速进步的手段。在此处，吉·梅坦还曾有一个重要看法，有助于理解俄国接下来的历史进程：西方曾应许俄国前途无量，同时，俄国又被视为"白纸一张"（tabula rasa）。

在勾勒法国恐俄症的起源时，自然，作者不可能不关注阿斯托尔福·古斯丁的著作《俄国在1839》。用作者的话说，该书是"恐俄症的《圣经》"。1996年，《俄国在1839》一书的第一个俄文版全译本出版之后，俄国各界已对该书发表许多评论；现在已经很难补充什么新东西了。如果跳出对俄国的政权属性和社会制度的辩论，以及当时和今日的俄国人被"德·古斯丁的著作刺激了病态自尊"引起的屈辱感，而仅仅从政治家对本书的利用的角度来审视此书，那么在我们面前就会展开一幅西方对俄罗斯的外交意识形态全景图。据古斯丁的看法，俄国意图的实质是"强烈的、令人惊慌的侵略野心，这样的野心只可能在被压迫者的内心才会出现"，因为"这个民族就其根本来说是侵略性的","想要将暴政移植给他人",是一个"奴颜婢膝却幻想征服全世界"的民族。同时,用吉·梅坦的话说,已经150多年了,欧洲和美国仍然将该书视为恐俄症建造的、最为宏大的纪念碑。结果,西方就把这种面目当成是俄国的真实,而"正常国家"对俄国唯一的可能反应就是回击战略,遏制并削弱如此危险的威胁。因而非常合乎逻辑的是:西方几百年来的回应式外交学说就此消退,误解的恶性循环就此闭合。

说到恐俄症的"法国变种",我们还应该提到历史上西方对俄国看法的变化(从不可调和的批评到合作)的原因。以19世纪末法国著名史学家的著作为例,吉·梅坦引导读者理解这种变化的规则,直到今天都没有丧失其重要性。他还解释了这种变化的具体原因:在法国的情况下,其动机纯粹是政治性的:法国在普法战争中战败,打算遏制正在崛起的德国,为此就需要吸收俄国为自己的盟国。用吉·梅坦的话说,为此目的,"发生了前所未有的矛盾综合"。除了永远不变的"永恒的俄国落后性"论题之外,还引入了一个新的论题:"俄国的情况可以补救";当然,用19世纪的辞藻说,开发俄国,条件是用高尚的西方价值观(包括技术、进步、工业发展、外国投资、资本主义发展,同时也夹带着给俄国带去了西方的制度、法制、法律及政治制度)灌溉俄国。这些思想和计划注定不会完全实现。但是,时间已经表明:这一规则在100年后又复活了,而且,这种规则未必能够很快被替代。

* * * * * * * * * * * * * * *

即将合上本书时,读者一定会问:难道,真的如吉·梅坦先生描绘的,这种图景如此晦暗,是"基因注定了毫无希望"?或许,他只不过是选取了这样一种极度消极的角度,审视俄国-西方问题?要知道,很遗憾地,在国际关系的参与者之间永远存在竞争、施压和各种歧视,而俄国也并非例外。那么,值不值得围绕恐俄症这一主题打转转——如果说,今天我们的国家本身远非尽善尽美?考虑到影响国际关系的因素的多样性,解决这些因素常常不是取决于抽象图示,而是取决于政治合理性。因此,要回答这些问题就至为不易。由此可见,各方进行对话、进行政治和外交斡旋的空间始终是存在的。换句话说，如果由于恐俄症，而将"俄国是一座围城"这种摩尼教观点移植到21世纪的国际关系中，将是一种非常危险的迷误。与此同时，恐俄症真实存在于"总和的欧洲"，且常常成为欧洲的意识形态背景和宣传背景，欧洲以此为背景建立其与俄国的关系。想来，如果不是把恐俄症仅仅看成是"迷误、扭曲和歪曲的持续积累"，而是看成某种几百年形成的"历史性存在"，对事物的观点可能就会发生改变。在这种情况下，当然也应该研究，并且对这种"历史性存在"作出回应。但是，如果把反对恐俄症作为头等重大的政治任务，变成日常辩论，助长了俄国社会对来自西方的批评（有些批评常常是正确的）作出病态反应，恐怕也未必有意义。总体来说，我国媒体对于任何他人的批评的反应如此尖锐，就如对任何来自国外的赞美之词一样敏感（顺便说说，凭我多年的经验，我知道："我们的西方伙伴"通常都对此处之若素）由于许多原因，与西方的这种辩论仍将是一条"单行道"。

俄国出生的每一代人迟早都会回到这样一个永恒问题（是在读了吉·梅坦先生的大作之后产生的）：我们究竟是欧洲，还是什么特殊之物？这种争论已经不止一百年了，而且也不会结束。每一代俄国人也都会用普希金说过的一段名言来衡量自己："……俄罗斯与欧洲其他地区从来不曾有任何共同之处……"例如，还有一种关于俄国历史的周期性的看法，特别是涉及俄国同西方的关系的问题，令人信服地表明：在过去300多年里，俄国曾经14次（！）对西方世界扮演的角色发生了改变！在这种情况下，吉·梅坦的大作在回答西方如何看待俄国自身这一问题时，为该主题补充了一个非常重要的视角。在我看来，在比较俄国-西方问题的两个角度（我们自身的定位，以及外部世界对我们的观念）之后，我们就能够理解所研究的主题的最重要角度之一：关于俄国认同的问题，准确点说，就是在俄国内部这种意识也并不明确。在俄国人们非常善意地看待亨廷顿的观点：亨廷顿认为，俄罗斯是不同于欧洲的、特殊文明的一部分，但是他认为"俄罗斯是世界上最大的断裂文明"的评价，不知为何却很少引起人们注意。简单来说，"断裂性"的实质在于：在这样的国家里，存在好几个文明集团，这些集团分别倾向于不同文明，是一些稳定的共同体。至于说俄罗斯，那么，至少从19世纪中期开始，俄罗斯和国外的一些严肃学者对此也并不怀疑，就如亨廷顿断言的那样。对此问题的思考，在后苏联时代又强劲地恢复了，构成了我国内政外交生活中的核心成分。

作为一个"认同分裂"的国家，俄罗斯是一个方便西方批评并施加影响的对象。如果在外交方面遵循这种"分裂性"，有时候即使不能让一些外交努力"归零"，也能够对旁观的观察家形成关于俄国是一个用"旧指南针"管理国家的观念。例如，从重要分水岭（政治文化差异，历史上我们与西方的共同之处少得多）抽象出来，我们常常会呼吁说，俄罗斯与西方有共同的"基督教文明根源"，有着共同的文化，这是对的。历史上这种"换位思考"从来没有分量，也从来不曾让外交形势稳定过——无论任何国家都是如此。因此，在这种背景下，并非偶然的是：吉·梅坦的大作（法文版）的最后一章的名称是《俄罗斯之镜中的西方》，与欧洲对自身认同的寻求直接相关。对于"联合起来的欧洲"来说，这一任务非常迫切，同时也证实了这样一个著名原则：要形成和保持自己的认同，就必须有一个"他者"。一些西方理论家承认，这一"他者"形象早已分派给俄罗斯，而乌克兰当局试图将这一"他者"形象分派给俄罗斯，也证实了这一论题。

总之，西方对俄罗斯的观念是否存在改变的可能性——要知道，用吉·梅坦的话说，恐俄症在西方已经从"集体无意识"变成了唯一被许可的"官方真理"。显然是完全不可能的。但是，双方都接受和认可这一"存在"乃是客观现实，意识到双方属性的差别，因而也意识到双方有共同利益，就是往前迈出的不小的一步。最后应该承认，欧洲和俄罗斯走过如此不同的道路，其历史进程是不可能得出相同结果的。应该期待类似的同一性吗？要知道，世界如此多样绝非偶然。政治和外交永远都在忙于"互相辨识"，制订各自目标，解释伙伴的目标，协调对话，而不是寻找互不相容的原因。但是，政治家和外交家了解俄罗斯与西方分歧的深刻原因，了解在政治学中将这些分歧称之为各国之间"政治文化"的差别——也就是说，在不同文明取向的国家之间可能达成妥协，是非常有益的。吉·梅坦的著作也终将服务于这一目的。认识到各方属性的差别，尽力克服这些差别，以便实现共同目标——想来，建设新的世界秩序的主要任务之一也在于此。今天，我们不仅应该利用一切关于人和社会的学科成就，还应该寄希望于外交这一19世纪的"艺术"，宣传和反宣传这一21世纪的"手艺"，寄希望于公众观点（对于今日代表"他者"的国家的观点）积极变化的不断积蓄。

  总之，由书中获知的、西方几百年里刻画的俄国形象看起来很阴暗，但是对此的反应不应该是屈辱感爆发。照例又喃喃自语道："为什么他们不喜欢我们？"相反，吉·梅坦的书应该帮助我们平静、清醒地——最主要的是，要用相关知识——直面现实。是的，世界上的主要大国正是如此看待我们的。读完本书之后，我们更多地了解了这些刻板印象的"活力"，将会继续"修正我们的错误"。因为正是由于我们在这条道路上取得成功，我们才能根除西方的这些刻板印象。与此同时，无论今天西方和俄罗斯的关系如何陷入危机状态，这一切都绝不应该妨碍我们与西方的互动。

  在我看来，还有一个非常重要的原因，可以对恐俄症的未来持"历史乐观主义"，这一原因基于世界进程的宏观层面。想来，随着时间的流逝，在全球化的国际共同体中未来的必然变革的压力之下，我国必然会出现产生相互观念的新基础，不同于从宗教分裂时代沿袭和培育起来的基础。现在已经有一些征兆：我们习见的国际议程在未来几十年可望发生重大变革，在这些变革的压力之下，完全有可能出现建立国家间关系的新基础。有鉴于此，未来国际秩序问题，人类演变的方向、内容和内涵都将成为核心问题。尤其重要的是：俄罗斯可以对探索"未来世界图景"作出怎样的贡献——而俄罗斯需要以自身成功作为令人信服的范例，巩固其贡献。在这种前景下，恐俄症能否顺利度过这样的过渡时期，是存在疑问的。

* * * * * * * * * * * * *

  吉·梅坦的大作首先涉及的是西方自身：在西方，这种三缄其口的方法太过完美，主流意见和这种"密封思维"的压力太过强大。而对于今日来说，摆脱其影响是真正的大功一件！但是，史学家和政治家还在继续就同一些历史事实的解释问题进行辩论，而无所不在的媒体宣传的优先方向并不是寻求真理,而是在寻求其他。在这种条件下,吉·梅坦的新著看起来就几乎是一个事件:标志性的、应时而生、应运而生的事件。因为他提出的"永恒主题"的特征之一是:欧洲和俄罗斯新生的每一代人都要一再地为自己揭开这些主题。现在这代俄罗斯人(包括俄罗斯政治活动家这样一些特殊的俄罗斯读者在内)也并非例外。

在一篇后记中,甚至都不可能提到本书总结的主要结论。就让每一位对该题材感兴趣的读者自己阅读本书吧。从其被译成俄语的那一刻起,本书就获得了新生。无疑,本书在俄罗斯会有远大前景。确实,今天可以推断的仅仅是:这种前景将会非同寻常。而且,本书或许对于好几代俄罗斯读者都将引发辩论。

法学博士、国际问题学者
阿列克谢·科热米亚科夫
2016 年 4 月

声　明　　1. 版权所有，侵权必究。

　　　　　2. 如有缺页、倒装问题，由出版社负责退换。

图书在版编目（CIP）数据

致命的偏见/(瑞士)吉·梅坦著;侯艾君译.—北京:中国政法大学出版社,2018.9
ISBN 978-7-5620-8555-3

Ⅰ.①致… Ⅱ.①吉… ②侯… Ⅲ.①国际关系－研究－俄罗斯 Ⅳ.①D851.22

中国版本图书馆CIP数据核字(2018)第217203号

出 版 者	中国政法大学出版社
地　　址	北京市海淀区西土城路25号
邮寄地址	北京100088信箱8034分箱　邮编100088
网　　址	http://www.cuplpress.com（网络实名：中国政法大学出版社）
电　　话	010-58908586（编辑部）　58908334（邮购部）
编辑邮箱	zhengfadch@126.com
承　　印	北京中科印刷有限公司
开　　本	650mm×980mm　1/16
印　　张	22.5
字　　数	300千字
版　　次	2018年9月第1版
印　　次	2018年9月第1次印刷
定　　价	66.00元